Die Geschichte des Buches in 100 Büchern

5000 Jahre Wissbegier der Menschheit

OBEN **Esther-Rolle, eine *Megillah*** (Buchrolle). Der hebräische Text des Buches Esther, der an Purim vorgelesen wird, mit Feder und Tinte auf Pergament geschrieben, zu einem Leporello gefaltet und mit einem reichen, getriebenen Silbereinband versehen. Die Silberpunze zeigt die Einfuhr in die Niederlande an. Ein Buch, berühmt für seinen Inhalt, ästhetischen Wert, seine Materialien wie auch Herkunft und Geschichte.

Die Geschichte des Buches in 100 Büchern

5000 Jahre Wissbegier der Menschheit

Roderick Cave & Sara Ayad

GERSTENBERG

INHALT

Die Originalausgabe erschien 2014 unter dem Titel *A History of the Book in 100 Books* bei The British Library

Aus dem Englischen von Anke Albrecht

2. Auflage 2016
Deutsche Ausgabe

Satz: Daniel Förster, Belgern
Redaktion: Tilman Pflock für bookwise GmbH, München
Printed in China
www.gerstenberg-verlag.de
ISBN 978-3-8369-2104-6

Coverabbildungen

Vorderseite: *Gilgamesch-Epos*, 7. Jh. v. Chr. Tontafel-Fragment mit neuassyrischer Keilschrift

Rücken: Lucy Aikin, *Robinson Crusoe in Words of One Syllable*. New York, 1882

Rückseite: Ptahschepses der Schreiber, 5. Dynastie, um 2450 v. Chr. Bemalte Kalkstein-Figur aus Sakkara

Nähere Angaben finden sich in den Bildnachweisen.

Kapitel 3 42

DIE GROSSEN KLASSIKER

Kapitel 4 56

MITTELALTERLICHE WELTEN & BÜCHER

Kapitel 5 76

LICHT AUS DEM OSTEN

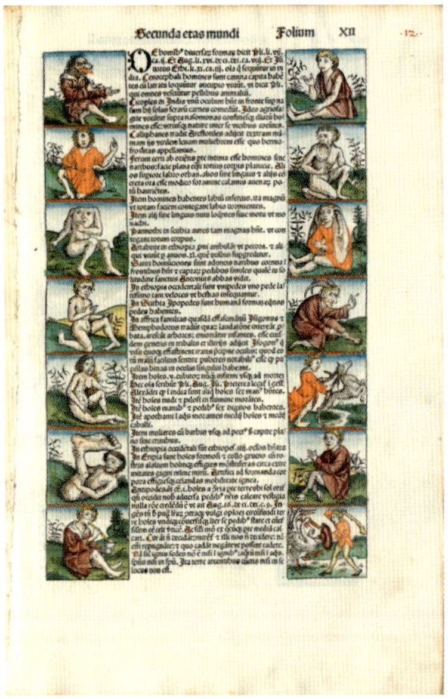

Kapitel 6 94
WANDELBARE TYPEN

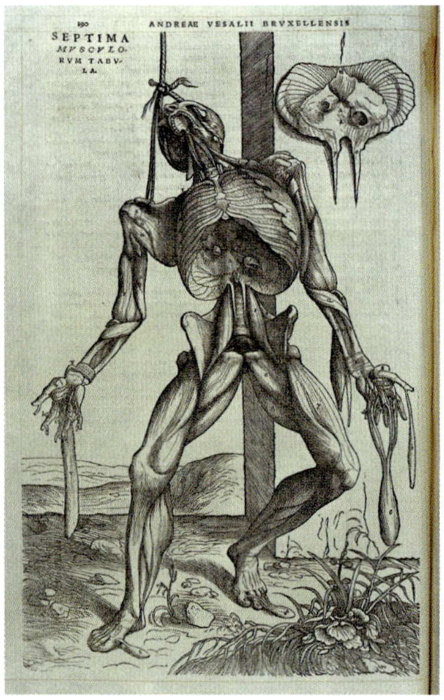

Kapitel 7 120
EINE GEFÄHRLICHE ERFINDUNG

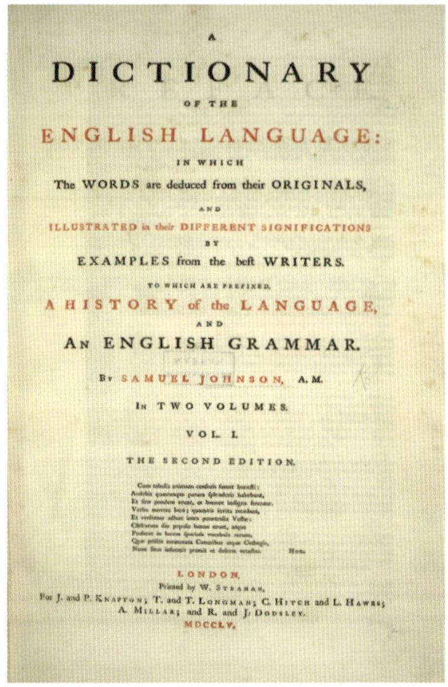
A DICTIONARY OF THE ENGLISH LANGUAGE: IN WHICH The WORDS are deduced from their ORIGINALS, AND ILLUSTRATED in their DIFFERENT SIGNIFICATIONS BY EXAMPLES from the beſt WRITERS. TO WHICH ARE PREFIXED, A HISTORY of the LANGUAGE, AND AN ENGLISH GRAMMAR. By SAMUEL JOHNSON, A.M. IN TWO VOLUMES. VOL. I. THE SECOND EDITION.

LONDON, Printed by W. STRAHAN, For J. and P. KNAPTON; T. and T. LONGMAN; C. HITCH and L. HAWES; A. MILLAR; and R. and J. DODSLEY. MDCCLV.

Kapitel 8 148
DRUCKKUNST & AUFKLÄRUNG

ROBINSON
CRUSOE

МОСКВА
1927
АРХИТЕКТУРА
АРХИТЕКТУРА
ВХУТЕМАС

Vorwort

Die Menschen lieben Listen. In der Buchwelt bilden sie ein eigenes Genre: die besten Bücher des Jahrhunderts; 100 Bücher, die man gelesen haben muss, bevor man stirbt; und so weiter. Auch dieses Buch gehört dazu, es ist eine Liste von wunderbaren Werken, die dem Leser Vergleiche mit und Verbindungen zu anderen Kulturen und Zeiten aufzeigt.

Nur wenige Menschen aber verfügen über das notwendige profunde Wissen, um eine solche Liste zu erstellen. Roderick Cave beschäftigt sich seit Jahrzehnten mit dieser Materie und hat Dutzende von Büchern und Artikeln veröffentlicht. Kaum jemand weiß so viel wie er über das Buch in all seinen Erscheinungsformen und dessen Platz in der Geschichte. Es ist also nicht verwunderlich, dass in diesem Band Themen behandelt werden, mit denen sich zuvor kaum ein Autor, der über die Geschichte des Buches schrieb, befasst hat. Caves Koautorin Sara Ayad ist Expertin für Literatur, bildende Kunst, Verlags- und Buchgeschichte. Gemeinsam verknüpfen sie die Erzählfäden der ausgewählten Bücher zu einem so schönen wie spannenden Stoff.

Natürlich finden sich hier unverzichtbare Klassiker: Zeichen auf Höhlenwänden und Tierknochen, Tontafeln, Palmblättern, Papyrus und Bambus, die *Ilias* und der *Beowulf*, mittelalterliche illuminierte Handschriften (wie das *Book of Kells*), die Gutenberg-Bibel, die *Schedel'sche Weltchronik* und viele mehr. Doch wir sehen auch ein Quipu aus den Anden der Vor-Inkazeit, die *Tripitaka Koreana* und eine äthiopische Bibel, die sogenannten Abba-Garima-Evangelien – um nur einige Beispiele zu nennen.

Kurze Essays ordnen alle Bücher in ihren historischen Kontext ein, der von der Höhlenmalerei bis zum E-Book reicht. Die Auswahl berücksichtigt Bücher aus vielen Bereichen und Genres, alle – auch die weniger bekannten – sind bedeutend und von besonderem wissenschaftlichem wie populärem Interesse. Die originelle Konzeption und Themenauswahl, die einzelnen Werke, die herrlichen Illustrationen und die sie begleitenden Texte machen dieses Buch zu einer faszinierenden Lektüre.

Anders als die meisten Bücher über Bücher berücksichtigt dieses Werk umfassend wie fundiert Palimpseste, Bilderromane, Miniatur- und Nanobücher, Texte über Tanz, Kryptografie, Pharmakologie und Orakelsprüche; es erörtert Literatur aus etwa einem Dutzend Länder sowie Themen, die für die Buchgeschichte der westlichen und östlichen Kultur belangvoll sind.

Aus den 100 Büchern sprechen Geschichte und Überlieferung, Literatur und Wissenschaft, Popkultur und Gelehrsamkeit – außerdem Roderick Caves umfassende Kenntnis der Geschichte, des Druck-, Verlags- und Buchwesens. Diese reizvolle und lehrreiche Liste gehört ins Regal eines jeden an Büchern, Geschichte und Kultur Interessierten.

Sidney E. Berger &
Michele V. Cloonan

Einleitung

In einer Zeit, in der allgemein über das Ende des gedruckten Buches spekuliert wird, lohnt es sich, darüber nachzudenken, was Bücher in der Vergangenheit waren und wie die Zukunft der schriftlichen Kommunikation aussehen mag. Manche Journalisten, Bibliothekare und Computerenthusiasten betrachten das Aufkommen des E-Books als totale Revolution und glauben, in naher Zukunft werde rein elektronisch publiziert. Obwohl das bereits vor 20 Jahren so sicher prophezeite papierlose Büro noch immer nicht Realität geworden ist, rechnen sie weder mit Druck noch Papier, sondern mit Informationen, die nur als Darstellungen auf Bildschirmen erscheinen.

Möglicherweise werden E-Books immer beliebter, und vielleicht verschwindet das auf Papier gedruckte Buch – so wie die babylonischen Tontafeln und ägyptischen Papyri, die schon lange niemand mehr verwendet. Wir sind aber keinesfalls davon überzeugt, dass Bücher zukünftig nur noch in elektronischer Form veröffentlicht werden. Wir wissen, dass die Menschheit in den letzten gut 10000 Jahren Methoden entwickelte, um Informationen zu bewahren und zu übermitteln, die tief in unserem Unterbewusstsein verankert sind.

Aus unserer Auswahl wird ersichtlich, dass wir uns dem physischen Buch emotional verbunden fühlen. Wir haben uns widerstrebend entschieden, weder die Kunst des Buchbindens noch Zeitschriften oder Zeitungen in dieses Buch aufzunehmen, obwohl sie von großer Bedeutung sind. Eine chronologische Herangehensweise hätte uns nur erlaubt, ein Buch pro Jahrhundert abzubilden, daher mussten wir bei unserer Auswahl sehr selektiv vorgehen. Sollten ein oder zwei Bücher dramatische Werke repräsentieren? Eines für Innovation stehen? Wie viele für verbotene Bücher? Die Auslese der 100 erforderte zahlreiche Überlegungen und Diskussionen mit den Menschen, die uns berieten.

Wir wollten nicht die 100 besten Bücher zusammenstellen (wie auch immer man »beste« definieren mag). Nicht die 100 ältesten Beispiele für dies oder das. Nicht die berühmtesten, schönsten, einflussreichsten oder wertvollsten, obwohl diese Kriterien unsere Auswahl beeinflussten. Nicht die naheliegendsten, auch wenn wir nicht umhinkamen, die ältesten Drucke aus Asien und Europa sowie einige andere Bücher aufzunehmen.

Mit Ausnahme der Antarktis haben wir Bücher aus allen Kontinenten ausgewählt – Bücher, die das große Spektrum von Formaten und Formen aufzeigen, Bücher, aus Schnüren gefertigt, auf Knochen, Baumrinde, Palmblätter, Tontafeln, Papyrus oder, wie in Europa und Nordamerika, auf Pergament und Papier geschrieben. Wir haben uns bemüht, Bücher auszuwählen, die charakteristisch für ihr jeweiliges Genre, aber nicht unbedingt die bekanntesten sind.

Die Abbildungen in diesem Band zeigen, dass wir auf einige Bücher verzichtet haben, die so bekannt sind, dass man sie nicht mehr hervorheben muss (wie die King-James-Bibel oder die First-Folio-Edition von Shakespeares Werken). Stattdessen präsentieren wir Bücher, die in ihrer Sphäre ebenso wichtig und einflussreich waren: etwa die Gustav-Wasa-Bibel als Beispiel für nationale Bibelausgaben; schließlich war sie ungemein bedeutend sowohl für die Verbreitung der lutherischen Reformation in Nordeuropa als auch für die Herausbildung der modernen schwedischen Sprache und die Verbreitung deutscher, gebrochener Schrifttypen.

Es heißt, wenn man eine bestimmte historische Periode oder Zeitströmung verstehen wolle, müsse man das Großartige und Schöne betrachten, das sie hervorgebracht hat – doch man lernt wesentlich mehr von den weniger gelungenen Beispielen. In diesem Band findet sich eine Mischung aus beidem, die das Interesse des Lesers anregen und ihn verleiten soll, Neues zu entdecken – es existieren so viele Schätze!

Sind die Tage des gedruckten Buches in einer Zeit, in der mehr »richtige« Bücher als jemals zuvor erscheinen und Self-Publishing immer einfacher wird, gezählt? Unsere Antwort lautet: nein. Es wird neue Entwicklungen geben, andere – und bessere – als das E-Book. Doch selbst im 21. Jahrhundert gibt es, wie unsere Abbildungen zeigen, Menschen, die neue Formen des geschriebenen oder gedruckten Buches ersinnen. Dabei wenden sie Techniken an, die bewusst rückwärtsgewandt und eigenwillig sind und die Digitalisierung vollständig ignorieren. Das traditionelle Buch ist noch lange nicht tot.

Roderick Cave & Sara Ayad

KAPITEL

1

RECHTS **Höhle El Castillo**
Diese paläolithischen Malereien in Nordspanien sind mindestens 40 800 Jahre alt und somit die älteste bekannte Höhlenkunst in Europa, 10 000 Jahre älter als zunächst geschätzt. In 11 Höhlen fand man 50 Handabdrücke und Zeichnungen von Scheiben, ob moderne Menschen oder Neandertaler sie schufen, ist ungeklärt (siehe Seite 14–15).

Am Anfang …

Die Ursprünge des Buches sind ebenso wenig fassbar wie die Ursprünge der Sprache. Dieses Kapitel umspannt Hunderttausende von Jahren – von der Urgeschichte bis zur Zeit um 1000 v. Chr. – und zeigt, wie verschiedene Kulturen Wege fanden, Wissen und Informationen festzuhalten und zu bewahren.

Am Anfang steht ein Geständnis: Wir wissen so gut wie nichts darüber, wann oder wie oder wo »das Buch« erfunden wurde. Schließlich können wir nur solche Texte kennen, die erhalten sind – und die Chancen, dass antike Schriften bis heute überdauert haben, sind gering. Dort, wo welche bewahrt blieben, etwa in Mesopotamien, Ägypten und China, und wir sie entziffern können, hatte die Menschheit den Schritt von der Vor- in die Frühgeschichte bereits getan. Doch schon vor dieser Zeit unterschied uns (unter anderem) die Entwicklung der Sprache von allen anderen Primaten. Genauso entscheidend wie die Sprache war die Entwicklung eines organisierten Gedächtnisses. Wir lernten, unser Wissen zu äußern und uns Wörter einzuprägen, und dazu verwendeten wir vor allem grafische Mittel. Das konnten Bilder oder Symbole sein, die es dem Urheber erlaubten, den Inhalt seiner Botschaft zu wiederholen und weiterzugeben. Die Völker der Vorgeschichte hinterließen auf der ganzen Welt Zeichen und Bilder, die in der Regel nur noch in Höhlenmalereien erhalten sind. Egal ob abstrakte Muster oder bildhafte Zeichnungen – für ihre Schöpfer und »Leser« besaßen sie eine Bedeutung.

Wege der Kommunikation

Einige moderne Forscher interpretieren die piktografischen Elemente von Höhlenmalereien als eine entwickelte und allgemein verständliche Ausdrucksform, eine Art Bildsprache (siehe Seite 14–15). Ihre – allerdings durchaus umstrittene – Theorie sieht in den Malereien Symbole, die über Zehntausende von Jahren benutzt und wiederholt wurden. Sind das die ersten zaghaften Beweise dafür, dass der Mensch begann, ein Schriftsystem zu entwickeln? Falls ja, dann geschah dies vor etwa 20 000 Jahren – aus archäologischer Sicht also vor nicht allzu langer Zeit.

Abgesehen von den Bedeutungen, die man den Höhlenmalereien zumisst, waren die ersten Versuche, Informationen festzuhalten, wohl recht einfach. Der Mensch lernte bereits sehr früh zu zählen. Die ältesten erhaltenen Belege sind der Lebombo-Knochen aus Swasiland und der Ishango-Knochen aus der Demokratischen Republik Kongo, die ihre Besitzer vor etwa 20 000 Jahren (um 18 000 v. Chr.) einkerbten (siehe Seite 16–17). Waren es mathematische Zeichen oder astronomische Berechnungen? Die Zeit zu bestimmen war für unsere Vorfahren genauso wichtig wie für uns heute. Der Gebrauch von **Rechenstäben** bis hin in die jüngste Zeit beweist, welch großen praktischen Nutzen solch vermeintlich primitive Instrumente haben.

Wenn wir davon ausgehen, ein Buch müsse eine **Schriftrolle** oder eine Sammlung von Blättern (ein **Kodex**) sein, deren Oberflächen mit Bildern oder Wörtern bedeckt sind, die eine andere Person zu lesen versteht, setzen wir eine erheblich entwickelte Geisteskraft und Kultur voraus. Ein Wort ist ein Lautfolge, die eine Bedeutung besitzt, und dafür mussten grafische Zeichen erfunden werden, die andere entziffern konnten. Weil sie zu schreiben lernten, waren unsere Vorfahren erfolgreicher als andere Urmenschen, und das erkannte man früh. In zahlreichen Kulturen verehrte man Götter für ihre Gabe des Schreibens: Thot und Seschat in Ägypten, Nabu in Babylonien, Quetzalcoatl in Mexiko.

Formen der Aufzeichnungen

Jede Kultur verwendete die Materialien, die verfügbar und nutzbar waren. Uns mag es mühsam erscheinen, Zeichen in Tontafeln zu ritzen, doch diese hatten den Vorteil, haltbar zu sein – das ist einer der Gründe, warum wir heute so viel über die babylonische Geschichte wissen. Die Vergänglichkeit von **Papyrus** bedeutete für die Völker, die ihn benutzten, dass Texte wieder und wieder abgeschrieben werden mussten. Die Inkas errichteten das einzige Großreich, das über kein Schriftsystem verfügte. Allerdings ermöglichten ihre Knotenschnüre, **Quipus**, Informationen im Gedächtnis zu bewahren und weiterzugeben. Diese Systeme überdauerten Tausende von Jahren, unter anderem weil die Materialien so haltbar waren (siehe Seite 20–21).

Das Schreiben wurde nicht einhellig als Segen betrachtet. Jahrhundertelang betrachteten konservativ denkende Menschen den Gebrauch der Schrift als Fehler, weil er das Erinnerungsvermögen der Menschen schwäche. Und das Gedächtnis erfordert außerordentliche Hingabe. Julius Cäsar berichtet in seinen *Commentarii de Bello Gallico* (um 50 v. Chr.), in Britannien müsse ein gebildeter Druide bis zu 20 Jahre studieren. Weil die Druiden der Schrift misstrauten und sich allein auf die mündliche Überlieferung

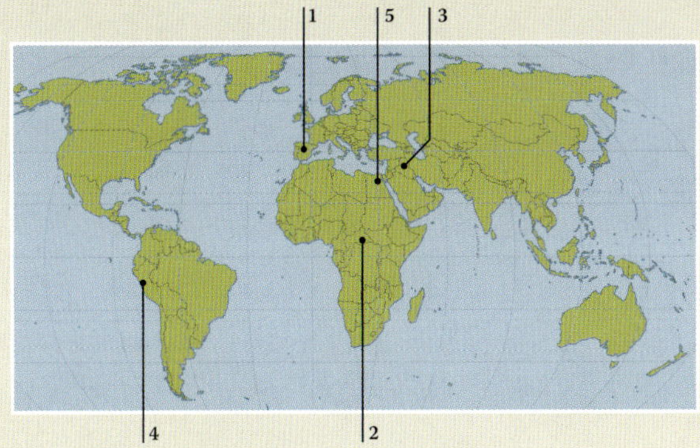

verließen, können wir heute nicht mehr auf ihr Wissen zurückgreifen. Genauso werden wir in 2000 Jahren auch den Zugriff auf die Inhalte von unzähligen geschriebenen, gedruckten oder elektronisch gespeicherten Werken verloren haben – sofern diese Daten nicht auf zukunftstaugliche Medien übertragen werden.

Als Schreibflächen benutzten die Menschen Steine, Tontafeln, Rinde, Blätter, Papyrus, Knochen, Tierhäute, **Papier** und andere Datenträger. Wir lernten, wie man Zeichen auf diese Flächen überträgt, nahmen Farbstoffe als Tinte und Stöckchen, Schilfrohr, Federkiele und Kohle als »Stifte«. Wir entwickelten effiziente Systeme zum Schreiben, Kopieren, Speichern und Wiederaufrufen von Werken der modernen Zivilisation. In Büchern können wir nun dank der bekannten Gestaltungskonventionen in Verbindung mit differenzierten Drucktypen für die Buchstaben unseres Alphabets sowie der angewandten Technik eine staunenswerte Auswahl literarischer Schöpfungen lesen. Die Entwicklung der Zeichensetzung ermöglicht es Autoren, ihre Botschaften klar zu vermitteln – oder diese Regeln bewusst zu missachten (siehe Seite 166–167).

Ein Bedürfnis, viele Lösungen

Fast unbewusst erkennen wir die Wechselbeziehung zwischen dem Medium und der Botschaft, die es trägt. Die Geschichte des Buches ist nicht die einer einzelnen Entwicklung aus einer einzigen Quelle. Viele Gesellschaften schufen ihre eigenen Schriftsysteme. Die Verfügbarkeit von Ton in Mesopotamien, Papyrus in Ägypten oder **Lontar**palmen in Indien und Indonesien, sowie die Vielzahl der Materialien, die es in China und Südostasien gab, erlaubte in diesen Regionen die Entwicklung eigener Schreibsysteme und Buchformen (siehe Seite 22–23).

Diese Entwicklungen vollzogen sich an verschiedenen Orten zu unterschiedlichen Zeiten, was, wie die folgenden Kapitel zeigen, dem fortschreitenden Erfindungsgeist und der Geschicklichkeit der Menschen geschuldet war. Einige Völker schufen eigenständige regionale Methoden, anstatt auf bereits bestehende zurückzugreifen – weltweit wird sich die Zukunft des Buches und des E-Books vermutlich genauso vielfältig gestalten wie *am Anfang*.

IN DIESEM KAPITEL | *Seite*

Höhlenmalereien

Schon in frühester Zeit hinterließen Menschen Spuren ihrer Gegenwart in Höhlen. Die Malereien hatten, ob abstrakt oder realistisch, für den Künstler eine Bedeutung. Doch welche?

Auf der ganzen Welt hinterließen Menschen, die in Höhlen lebten, Spuren ihrer Anwesenheit: Knochen und Muschelschalen ihrer Jagdbeute, Geräte, mit denen sie die Tiere erlegten, oder Feuerstellen, auf denen sie kochten und die ihnen Wärme und Licht spendeten. Auch ihre Skelette gehören zu den Überresten, die heutzutage mit modernen archäologischen Methoden untersucht werden, um dadurch mehr über unsere urzeitlichen Vorfahren zu erfahren.

Höhlenmalereien der warmen und der kalten Klimazonen weisen Unterschiede auf – zeigen die einen Büffel, Löwen und Giraffen, sind es bei den anderen Bären, Mammuts und Elche, die einst über die Erde zogen. Doch es gibt auch markante Gemeinsamkeiten der über den ganzen Globus verteilten Malereien. Etwa die Farbpigmente, die aus Erde oder Kohleresten der Feuerstellen gewonnen wurden. Und es scheint, als hätten die Menschen überall ihre Erfahrungen, Gefühle und ihren Glauben dargestellt.

In zahlreichen Höhlen finden sich Bilder von Händen – teilweise nur einer einzelnen Hand, meistens aber mehrerer –, erzeugt durch eine Art Sprühtechnik: Die Künstler bliesen oder spuckten Ockerfarbe über eine Hand, die als Schablone auf die Höhlenwand gehalten wurde. In einigen Höhlen fanden Archäologen Blasröhrchen aus Knochen, mit Flecken der Farbstoffe, die auf diese Weise aufgetragen wurden.

Solche Bilder zeigen oft die Hände kleiner Kinder, aber auch die – teilweise durch Unfälle verstümmelten – Hände Erwachsener. In der spanischen Höhle El Castillo sind entsprechende Malereien zu sehen, die auf etwa 16000 v. Chr. datiert werden (rechte Seite). Die Bilder in der Cueva de las Manos in Patagonien, Argentinien (entstanden um 9500 v. Chr.), sowie der Leangleang-Höhle nahe Moros im Süden Sulawesis, Indonesien (entstanden um 3000 v. Chr.), ähneln sich. Sie sagen: »Wir waren hier!« – aber welche anderen Botschaften und Bedeutungen haben sie?

RECHTS **Wir sind hier!** Man meint, die Erregung zu spüren, mit der diese Hände in der Cueva de las Manos in der Provinz Santa Cruz, Argentinien, gemalt wurden. Die Silhouetten entstanden als Negativbilder, indem Mineralpigmente (Eisenoxide) durch ein Röhrchen über die Hand auf der Felswand geblasen wurden.

RECHTS **Erste Eindrücke** Eine Felswand in El Castillo mit den Silhouetten eines Büffels und mehrerer Hände. Die Informationen sind statisch und richten sich an ein örtlich gebundenes Publikum. Damit sind sie Welten entfernt vom Crowdsourcing und anderen modernen Möglichkeiten, Daten zu verbreiten – und doch für jedermann verständlich. Noch heute sind Handabdrücke für Kinder eine erste Form künstlerischen Ausdrucks.

Bezüge

Zur effektiven Verwendung von Pigmenten, siehe:

Pustaha *der Batak*, *S. 38–39*

Die Abba-Garima-Evangelien, *S. 50–51*

Das Toros-Roslin-Evangeliar, *S. 66–67*

Ältester Nachweis mathematischer Kenntnisse

Viele Relikte der Vorgeschichte werden bei archäologischen Grabungen gefunden. Eines der ältesten »Bücher« ist dieser Paviankochen, auf dem ein Urmensch Informationen festhielt.

UNTEN **Rechenstäbe** Haselstäbe aus dem 13. Jh. als Steuerquittungen: Kerben zeigen die bezahlte Summe an. Die Stäbe wurden längs geteilt, jede Hälfte hatte dieselbe Kerbenanzahl. Legten der Zahlende und der Zahlungsempfänger sie nebeneinander, konnten sie prüfen, ob jeder dasselbe auf dem Kerbholz hatte.

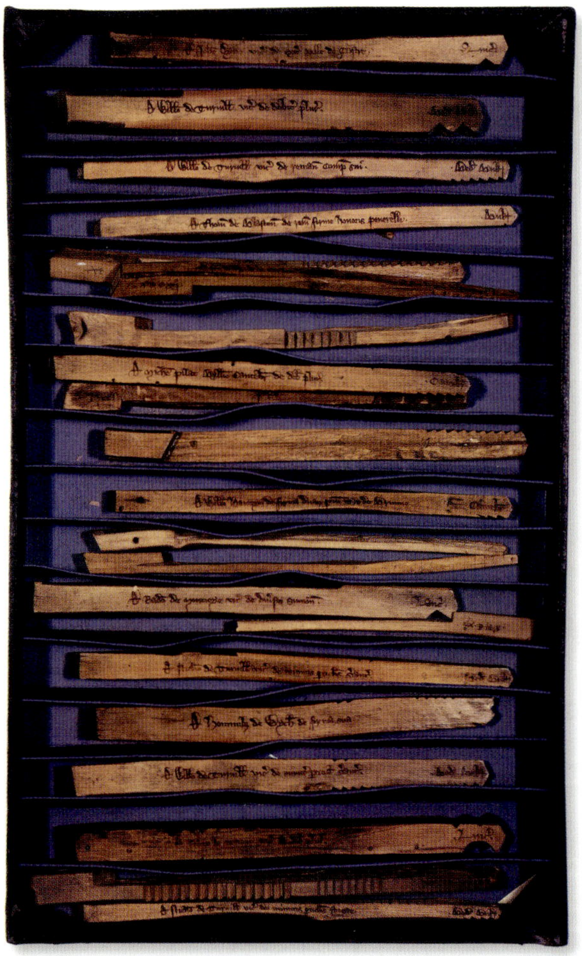

In Höhlen interessieren sich Archäologen für das, was sie unter ihren Füßen finden, ebenso sehr wie für die Zeichen und Malereien an Wänden und Decken. Überall suchen sie nach Hinweisen – an Orten wie Pompeji sogar unter erstarrter Lava –, wie Menschen sich kleideten, was sie aßen, bearbeiteten und was sie wegwarfen.

Bei der Erforschung von Höhlen entdeckte man auf der ganzen Welt Knochen, die bewusst markiert wurden. Die Datierung nach der Radiokarbonmethode beweist, dass einige uralt sind. Einen Knochen aus der Zeit um 25 000 bis 20 000 v. Chr. fand ein belgischer Archäologe 1960 in Ishango nahe dem Eduardsee in der heutigen Demokratischen Republik Kongo unter Lava. Der sogenannte Ishango-Knochen stammt von einem Pavian, er ist an den Seiten eingekerbt, und an einem Ende wurde ein Quarz eingefügt – er könnte also als Werkzeug gedient haben.

Zunächst nahm man an, es handele sich um einen **Rechenstab** – wie er in Europa noch bis in moderne Zeiten benutzt wurde –, doch Untersuchungen legen nahe, dass es sich um einen Mondkalender handelt, der sechs Monate umfasst. Einige Forscher meinen, eine Frau hätte mit den Kerben ihren Menstruationszyklus festgehalten. Andere halten das für eine Überinterpretation und sehen in solchen Knochen lediglich Gedächtnisstützen ähnlich den südamerikanischen **Quipus** (siehe Seite 20–21). Skeptiker wenden ein, die Kerben im Knochen seien schlicht Griffhilfen.

Man kennt noch ältere prähistorische Mondkalender, etwa den Lebombo-Knochen aus Swasiland, der in vielem einem Kalenderstock ähnelt, wie ihn die Buschmänner (San) im südlichen Afrika noch heute nutzen. Oder den Wolfsknochen, den man 1937 in Dolni Věstonice (Tschechien) fand. Doch der Ishango-Knochen wird allgemein als bedeutender angesehen und als Beweis für die Anfänge mathematischer Berechnungen betrachtet.

Bezüge

Zu – sehr verschiedenen – astronomischen Berechnungen, siehe:

Al-Sufis Buch der Fixsterne, *S. 86–87*

Tycho Brahes Astronomiae, *S. 136–137*

Benjamin Bannekers Almanack, *S. 170–171*

Zu anderen Büchern, die Knochen als Medium nutzen, siehe:

Pustaha *der Batak*, *S. 38–39*

UNTEN **Ishango-Knochen, Kongo** 168 Einkerbungen in drei Gruppen, die zu korrespondieren scheinen, hat dieser Pavianknochen. Über ihren Sinn, ihren Schöpfer, sein Wissen und den Zweck des Knochens ist nichts bekannt. Da er auf ca. 20 000 v. Chr. datiert wird, gilt er vielen als ältester Beweis mathematischer Kenntnisse.

Keilschrifttafeln

Keilschriften wurden schon vor uralter Zeit in Tontafeln gekerbt. Viele der frühesten Bücher, darunter medizinische, juristische und mathematische, waren Keilschriften – so auch das älteste aller Epen, die Geschichte von Gilgamesch und der Sintflut.

Symbole in eine Tafel aus feuchtem Ton zu drücken mag eine seltsame Art sein, große Literatur zu schaffen. Doch im fruchtbaren Halbmond an den Ufern von Euphrat und Tigris gab es Ton im Überfluss – und er hatte gegenüber anderen Medien große Vorteile. Er war bequem verfügbar, leicht formbar und fast unzerstörbar, wenn die Keilschrifttafeln gebrannt waren. Sie hielten sich länger als die **Papyri**, die man in Ägypten und später in Rom benutzte.

Bereits um 8000 v.Chr. nutzte man Tontafeln zum Zählen, um 3100 v.Chr. verwendeten die Sumerer in Uruk eine Frühform der Keilschrift. Keilschriftdokumente liegen in verschiedenen lokalen Sprachen, wie Akkadisch, Sumerisch und Babylonisch, vor. Sie waren so weit verbreitet, dass man sie auch für die diplomatischen Kontakte zu den Pharaonen in Ägypten nutzte; die Amarna-Briefe datieren von etwa 1340 v.Chr. Die ersten Gesetze, medizinischen Leitfäden, mathematischen und astronomischen Studien, Wörterbücher und selbst ein frühes Kochbuch – mit Methoden des Erhitzens – sind überliefert. Ebenso viele Handels-, Steuer- und Verwaltungsurkunden, die für die Entwicklung der Stadtstaaten unabdingbar waren. Die jüngste bekannte datierbare Keilschrifttafel ist ein astronomischer Almanach von 75 n.Chr.

Viele der sumerischen und babylonischen Texte sind Sprichwörter. Die Geschichte von Gilgamesch erregte großes Aufsehen, als ein viktorianischer Privatgelehrter die Tafeln dechiffrierte, weil er Anklänge an die biblische Sintflut fand. Das Epos gilt heute als ein Höhepunkt der Weltliteratur. Wir wissen nicht, wer es verfasste, aber wir kennen den Namen des Schreibers, der in die Tontafel geritzt ist: Sin-lēqi-unninni, ein Priester (Maschmaschu), der zwischen 1300 und 1000 v.Chr. in Mesopotamien lebte.

Wir gewinnen immer mehr Erkenntnisse über Keilschriften. Die Digitalisierung der Texte und das Erstellen von Wörterbüchern an den Universitäten von Oxford, Chicago und Los Angeles erleichtert das Studium des alten Mesopotamien. Nur, ein zweites *Gilgamesch-Epos* wird man vermutlich nicht mehr entdecken.

LINKS *Gilgamesch-Epos:* **die Flut-Tafel** Die neuassyrische Tafel gehörte König Assurbanipal (Regierungszeit 669–631 v.Chr.), dessen Bibliothek im Palast von Ninive Tausende Keilschrifttafeln umfasste. Beschrieben wird die Begegnung von Gilgamesch und Utnapischtim, der wie Noah ein Schiff baute und es mit Menschen und Tieren belud.

RECHTS **Assyrische Schreiber** Die Palastschreiber halten Griffel in Händen und zählen nach einer Schlacht die Überlebenden. Die neuassyrische Alabastertafel wurde in Ninive gearbeitet, für den Südwest-Palast des Sanherib, 640–620 v. Chr. Der bärtige Schreiber ritzt auf einer Klapptafel, die vermutlich gewachst ist.

Bezüge

Zu anderen Beschreibstoffen, siehe:

Sulawesisches Lontar, S. 252–253

Ebenso berühmte europäische Epen sind:

Homers Ilias, S. 48–49

Der Brügger Roman de la Rose, S. 72–73

Die Vergil-Aldine, S. 108–109

Ein Rätsel der Anden

Die meisten Zivilisationen nutzen markierte Flächen als Erinnerungssystem. Die spanischen Eroberer Perus entdeckten, dass die Inkas eine ganz andere Kommunikationsmethode hatten: geknotete farbige Schnüre.

Vor etwa 5000 Jahren, lange bevor die sumerische Kultur in Mesopotamien erblühte oder die Pyramiden in Ägypten erbaut wurden, war Caral-Supe, 200 Kilometer nördlich von Lima, mit seinen Pyramiden das älteste bekannte Zivilisationszentrum auf dem amerikanischen Kontinent. Im Gegensatz zu anderen Hochkulturen verfügte man in Caral-Supe offenbar nicht über Keramik, dafür nutzen die Menschen aber geknotete, gefärbte Schnüre als System der Aufzeichnung oder Kommunikation. Diese Knotenschnüre hießen **Quipus**. Seit den 1940er-Jahren kennt man die Fundstätte, und jüngere Ausgrabungen gaben Auskunft darüber, wann die Pyramiden erbaut wurden und wie sich Caral entwickelte, dennoch wissen wir nur wenig über seine Bewohner und ihre Sprache.

Die Sprache der Quipus ist noch nicht vollständig ergründet, doch neue Forschungen amerikanischer Wissenschaftler legen nahe, dass die Knotenschnüre als Gedächtnisstützen dienten und ihre Erfinder ein binäres Rechensystem entwickelt hatten.

Aus der Zeit der Inkas sind einige Beschreibungen der Quipus erhalten, etwa in der *Historia de los Incas* des galizischen Entdeckers Pedro Sarmiento de Gamboa von 1572. Guamán Poma, ein adliger Quechua, der um 1615 die *Nueva Corónica y Buen Gobierno* (Neue Chronik und gute Regierung) schrieb, fertigte Zeichnungen an. Das Manuskript, das seit dem 18. Jahrhundert in der Königlichen Bibliothek in Kopenhagen aufbewahrt wird, ist so fragil, dass Forscher es kaum nutzen können, daher wurde es in den 1990er-Jahren von der Bibliothek digitalisiert.

Bezüge

Zu frühen asiatischen Knotenschriften, siehe:

Guodian-Bambustexte, S. 28–29

Zu anderen seltenen amerikanischen Büchern, siehe:

Das »Bay Psalm Book«, S. 128–129

Der Codex Mendoza, S. 130–131

RECHTS Das Lagerhaus des Inka *Nueva Corónica y Buen Gobierno,* 1615, des Quechua-Adligen Guamán Poma ist die längste erhaltene Anklage eines Indigenen unter spanischer Kolonialherrschaft und enthält 398 ganzseitige Zeichnungen. Die Darstellung des Quipus vor einem Lagerhaus deutet darauf hin, dass es der Buchführung diente.

LINKS Quipu aus Caral Caral-Supe ist das älteste bekannte Zivilisationszentrum in Nord- und Südamerika. Dieses früheste bekannte Quipu aus geknoteter, um Stöckchen gewickelter Baumwolle ist 4600 Jahre alt und damit älter als die Inka-Form des »Erzählfadens«.

RECHTS ***Totenbuch des Ani*** Der Papyrus zeigt, von links nach rechts gelesen, das Totengericht vor Osiris. Ani und seine Frau werden von Anubis begleitet, dem Gott der Einbalsamierung. In der Bildmitte wird Anis Herz gegen eine Feder gewogen, die ein Symbol der Göttin Maat ist, die das Prinzip der Weltordnung verkörpert.

Ägyptische Bücher auf Papyrus

Dank ihres Ideenreichtums verwendeten die alten Ägypter Papyrus als Beschreibstoff, und als solchen nutzte man ihn in der ägyptischen und griechischen Welt jahrhundertelang. Eines der bedeutendsten ägyptischen Manuskripte ist das Totenbuch des Ani.

Die Tontafeln, die man für die mesopotamischen **Keilschriften** nutzte, waren lange haltbar, aber unhandlich. Um 2900 v. Chr. entdeckten die Ägypter, wie man einen relativ billigen und tragbaren Beschreibstoff herstellte, den Schreiber und Maler leicht nutzen konnten. Die markhaltigen Stängel des Papyrus (*Cyperus papyrus*), eines im Nildelta verbreiteten Riedgrases, fanden für die Herstellung von Booten, Möbeln, Körben, Seilen und Beschreibstoffen Verwendung. Papyrus wurde zum Schreibmaterial schlechthin und in den gesamten Mittelmeerraum exportiert. Da er in feuchterem Klima außerhalb Ägyptens jedoch nicht so langlebig war, blieben griechische und römische Papyri weniger gut erhalten. Papyrus lässt sich nicht falten und wurde daher gerollt. Die **Schriftrollen** waren etwa

OBEN **Ägyptischer Schreiber** Manche Statuen von Schreibern, die auf Papyrus arbeiten, sind erstaunlich lebensecht. Die bemalte Kalkstein-Figur des Ptahschepses, eines berühmten Schreibers der 5. Dynastie, aus einem Grab in Sakkara entstand um 2450 v. Chr.

30 Zentimeter hoch und wurden auf der Innenseite beschrieben, die Länge variierte; manche maßen 30 Meter oder mehr.

Das trockene ägyptische Klima begünstigte die Lebensdauer der Papyrus-Schriftrollen. Tausende erhaltene Dokumente zeigen, dass die Ägypter sich für Recht, Medizin, Mathematik, Astronomie und für den Tod interessierten. Die schönsten wurden zu Bestattungszwecken geschrieben, diese Schriftrollen wurden den Toten in die Grabkammern mitgegeben. Sie sollten die Seelen beim »Herausgehen am Tage« ins Totenreich begleiten und enthielten Gebete, Beschwörungs- und Zaubersprüche, damit der mumifizierte Körper geschützt blieb und Hilfe im Jenseits fand (zum Beispiel Dienstboten). Über 100 solcher Schriftrollen sind erhalten. Das Honorar für den Schreiber war hoch – teilweise entsprach es dem gesamten Jahreseinkommen der Auftraggeber.

Das *Totenbuch des Ani,* um 1275 v. Chr. in kursiven **Hieroglyphen** geschrieben, wurde in den 1880er-Jahren vom British Museum in Ägypten erworben. Man tat das nach modernen Konservierungsstandards Unmögliche und zerschnitt es für den Transport in 37 Teile, die dann gerahmt wurden. Nach Restaurierung und Digitalisierung zeigt es sich nun in einem Zustand, der dem ursprünglichen näherkommt.

Bezüge

Zu anderen pflanzlichen Beschreibstoffen, siehe:
Das Sutra der vollkommenen Weisheit von Nalanda, **S. 34–35**
Pustaha *der Batak,* **S. 38–39**
Das Boek van Bonang, **S. 92–93**
Zu einem weiteren Buch über Bestattungsriten, siehe:
Das Diamant-Sutra aus Dunhuang, **S. 80–81**

KAPITEL

2 Östliche Herangehensweise

Die Zivilisationen Ostasiens entwickelten sich anders als die des Mittelmeerraums. Die asiatischen Schreibformen und Erfindungen von Papier und Druck bildeten den Grundstein der modernen Buchwelt – doch aus westlicher Sicht erscheinen manche recht ungewöhnlich.

OBEN **Orakelbuch der Batak (Pustaha)** Dieses außergewöhnliche Objekt ist als *Großes Zauberbuch* bekannt und wurde um 1850 im Norden Zentralsumatras hergestellt. Pater Promés, ein Batak sprechender Missionar, notierte, es enthalte Formeln, »um für wichtige Unterfangen und bewaffnete Konflikte Kraft und Beistand zu erlangen« (siehe Seite 38–39).

In Mesopotamien und Ägypten erlebte die Buchproduktion einen Niedergang. **Keilschriften** und mesopotamische Sprachen wurden nicht mehr verwendet. **Papyrus** hatte sich als Material zwar bis in die griechisch-römische Welt verbreitet, doch mit der altägyptischen Kultur schwanden nicht nur die Pflanzen aus dem Niltal, sondern auch die Fähigkeit, **Hieroglyphen** zu lesen.

In China wuchs kein Papyrus, dort wie in anderen Ländern Asiens ersann man deshalb andere Beschreibstoffe und Schreibformen. Einige Archäologen behaupten, um 6600 v. Chr. in Schildkrötenpanzer geritzte Zeichen bewiesen, dass die Chinesen bereits über eine Schrift verfügten. Die meisten Forscher zweifeln jedoch an der Datierung und vermuten, dass erst die Chinesen während der Shang-Dynastie um 1400 v. Chr. Orakelzeichen in solche Panzer ritzten.

Der chinesischen Mythologie zufolge erfand der vieräugige **Cang Jie** um 2650 v. Chr. die Schrift. Im 7. Jh. v. Chr. war es bereits üblich, auf Bambustäfelchen und Seide zu schreiben (siehe Seite 28–29). Die Form der Bambusleisten gab später das Layout chinesischer Bücher vor, deren Schrift von oben nach unten und von rechts nach links verläuft. Die Religionen – Buddhismus, Konfuzianismus und Taoismus – trieben in China die Buchproduktion voran, so wie es der Hinduismus und der Islam in anderen Ländern taten.

Aufkommen der Papierherstellung

Die Chinesen beschrieben nicht nur Seide, sondern stellten auch aus dem Rindenbast des Papiermaulbeerbaums *(Broussonetia papyrifera)* einen Beschreibstoff her, der mit hölzernen Schlägeln auf flachen Steinen in die Breite gestampft wurde. In China gab man die Produktion vor fast 2000 Jahren auf, in Nanyang (den Ländern im Süden) überdauerte sie aber. In Teilen des Südpazifiks wird das Bastpapier noch immer verwendet, auf Java heißt es ***Dluwang***, in Polynesien ***Tapa***. In China wurde es um 105 n. Chr. durch **Papier** ersetzt, dessen Erfindung man Cai Lun zuschreibt, der noch heute von chinesischen Papiermachern verehrt wird.

Im 7. Jh. n. Chr. verbreitete sich die Papierherstellung nach Korea und Japan. Bei der Schlacht am Talas 751 n. Chr. sollen chinesische Papiermacher in die Hände der Abbasiden gefallen und so die Technik der Papierherstellung nach Samarkand gekommen sein. Im 12. Jahrhundert erreichte sie dann Europa.

In Japan entwickelte sich eine eigene Form des Papiermachens und Druckens, die stark von der buddhistischen Religion beeinflusst waren. Man benutzte zur Papierherstellung sowohl Fasern von Papiermaulbeerbäumen als auch von Gampi und Mitsumata und verwendete außerdem verschiedene **Leimungstechniken**. Die so produzierten Papiere waren besonders hochwertig. Auch die Druckkunst beherrschte man in Japan, ein berühmtes Beispiel früher Massenproduktion entstand um 770 n. Chr. (siehe Seite 30–31), doch noch jahrhundertelang war es ebenso üblich, Bücher mit der Hand zu schreiben.

Auch die Buch- und Papierherstellung in Korea war stark von China beeinflusst. Dank der religiösen Hingabe der Buddhisten blieben die Druckstöcke der sogenannten *Tripitaka Koreana* erhalten, die 1087 n. Chr. geschnitten wurden (siehe Seite 32–33).

Andere Beschreibstoffe

In Indien war der Einfluss des Buddhismus noch stärker, denn Siddhartha Gautama (um 563–483 v. Chr.) wirkte im Norden des Subkontinents. Obwohl die Lehren auch weiterhin mündlich überliefert wurden, hielt man sie und andere Texte schriftlich fest. Dazu verwendete man die Blätter der **Lontar**palme. Diese waren ebenso wie Papyrus leicht verfügbar, Palmblatt-Manuskripte sind allerdings auf lange Zeit nur schwer zu konservieren.

Die Form der Blätter führte dazu, dass die meisten Völker ein Format wählten, das sich von dem der **Papyri** stark unterschied (siehe Seite 34–35). Über Tibet und Kaschmir gelangte die Kunst des Papiermachens um 800 n. Chr. nach Süden, doch in Indien, Sri Lanka und Indonesien wurden noch jahrhundertelang Lontar-Manuskripte gefertigt, weshalb sich der Buchdruck dort erst später durchsetzte.

Der Buchhandel entsteht

China war ein Zentralstaat, und die Kaiser (bzw. deren Beamte) planten in großem Maßstab. Wie die meisten westlichen Herrscher bemühten sie sich, die Inhalte von Büchern zu kontrollieren – durch Zensur ebenso wie durch Mäzenatentum. Man versuchte, allumfassende Sammlungen religiöser, literarischer und

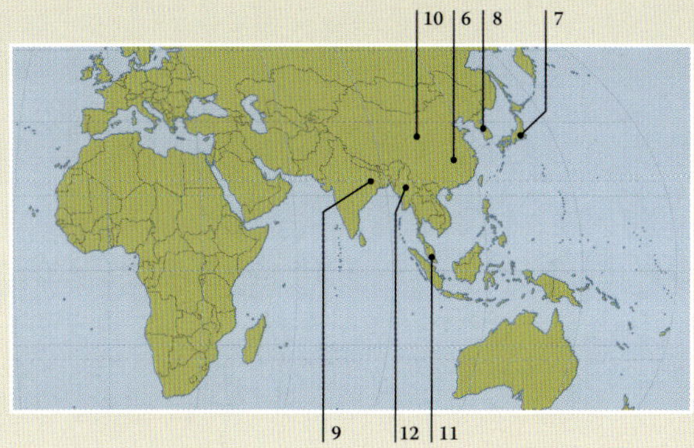

wissenschaftlicher Texte zu erstellen – am berühmtesten wurde die Enzyklopädie *Yongle Dadian* (Große Werke der Yongle-Ära) von 1403–1408 n. Chr., wahrscheinlich das umfangreichste jemals produzierte Werk (siehe Seite 36–37).

Von den allgemeinen Regeln des Büchermachens gab es stets Ausnahmen. Obwohl kleinere Sprachgruppen und Kulturen in der Regel die Schriften und Techniken ihrer Nachbarn übernahmen, haben einige isolierte Gesellschaften einen ganz eigenen Stil entwickelt – als beispielhaft gilt in Indonesien die Form der ausgefallenen gespulten Manuskripte der Bugis im Süden Sulawesis (siehe Seite 252–253). Auch die Bücher aus Knochen und Rinden der Batak auf Sumatra unterschieden sich deutlich von allem, was in den Nachbarkulturen hergestellt wurde. Erst die europäischen Kolonisatoren führten schließlich andere Techniken ein (siehe Seite 38–39).

In Südostasien übernahmen Kulturen und Sprachgruppen häufig die Beschreibstoffe und Formate anderer Länder, so dienten auch dort Palmblätter als Schreibmaterial. Auf Java und Bali hatten Buddhismus und Hinduismus einen erkennbaren Einfluss auf die Inhalte. Islamische Kulturen verwendeten heimisches Rindenpapier (*Dluwang*) oder importierten später Papier aus Europa. In Birma (dem heutigen Myanmar) und in Regionen unter birmanischer Kontrolle wurden **Parabaiks** entwickelt. Diese Faltbücher, die sich vermutlich von den Palmblatt-Manuskripten herleiten, waren weit verbreitet, und auch heute werden noch buddhistische Parabaik geschrieben. Für Manuskripte, die in Laotisch oder den nördlichen Thai-Sprachen geschrieben wurden, verwendete man in der Regel die Formate der Faltbücher und birmanische Schriften (siehe Seite 40–41).

Ähnlichkeiten und Unterschiede

Menschen, die an moderne westliche Bücher und deren Formate gewöhnt sind, erscheinen Beschreibstoffe, Schriften, Stoffe und Formate der frühen östlichen Bücher oft ungewöhnlich. Die ideografische chinesische Schrift stellte die Drucker zweifellos vor größere Probleme als die einfacher strukturierten europäischen Alphabete. Auch die Herstellung von Schrifttypen für indische Schriften verzögerte die Entwicklung der Drucktechnik im Osten. Der europäische Imperialismus führte dazu, dass östliche Buchformen häufig ersetzt wurden und westliche Entwicklungen der Buchproduktion (wie zum Beispiel die Herstellung der Drucktypen) die Art des Büchermachens in Asien veränderten. Doch trotz all dieser Beeinträchtigungen haben die östlichen Techniken und Stile überdauert und sind so probat wie die meisten westlichen.

IN DIESEM KAPITEL — *Seite*

Chinesische Entwicklungen in der Buchherstellung

Die um 300 v. Chr. geschriebenen Bambusbücher, die man vor einigen Jahren in einem Chu-Grab in Guodian, Provinz Hubei, fand, sind erkennbar Vorläufer moderner chinesischer Bücher. Die chinesische Schrift ist sehr viel älter.

Der Legende nach wurde China durch den Gelben Kaiser Huang Di um 2650 v. Chr geeint. Unzufrieden mit dem System der Knotenschnüre (**Quipus**), befahl der Kaiser dem »vieräugigen« **Cang Jie**, eine Schrift zu erfinden, die Wortbedeutungen wiedergeben konnte. So weit die Legende – zu jener Zeit verwendeten die Chinesen bereits eine Vielzahl von **Ideogrammen**, um Informationen aufzuzeichnen und weiterzugeben. Ihr Vorteil liegt darin, dass sie immer verständlich sind, egal welchen Dialekt der Schreiber gebraucht, ihr größter Nachteil ist die riesige Menge der benötigten Zeichen.

Frühe chinesische Schriftzeichen finden sich auf Steininschriften und Bronzeschalen aus dem 11. Jahrhundert v. Chr. sowie unter den in Knochen und Schildkrötenpanzer geritzten Symbolen, die manche Archäologen noch vor das 12. Jahrhundert v. Chr. datieren. Bambus war reichlich und preiswert verfügbar, doch er wird von Insekten befallen und verrottet, sofern er nicht, wie in versiegelten Gräbern, unter optimalen Bedingungen lagert.

Die Guodian-Bambustexte (rechts) sind wesentlich jünger; man fand sie in einem Grab aus der Zeit um 300 v. Chr. Tausende anderer Bücher auf Bambusleisten sind bekannt. Die 804 Guodian-Leisten umfassen Auszüge aus klassischen Werken, darunter ein kanonischer Text des Taoismus, das konfuzianische *Buch der Riten* und andere Texte, die für die Geschichte der chinesischen Zivilisation und Denkweise wichtig sind. Solche Entdeckungen bereichern unser Wissen über die frühe chinesische Kultur, dazu trägt auch die gegenwärtige Digitalisierung der Täfelchen bei.

Wie andere Funde aus jüngerer Zeit machen die Guodian-Leisten anschaulich, auf welche Weise sich die Gestaltung späterer chinesischer Bücher, die auf Seide oder Papier geschrieben wurden, an der Form orientiert, die durch die Verwendung von Bambus vorgegeben wurde. Die Ideogramme wurden von oben nach unten geschrieben und setzten sich auf der Leiste zur Linken fort. Noch heute werden chinesische Bücher in solche Spalten gesetzt.

LINKS **Orakelknochen** Der Schildkrötenpanzer (Plastron), um 1400 v. Chr., trägt Inschriften aus der späten Shang-Dynastie und diente zur Pyromantie (Weissagung aus Feuer). Wahrsager ritzten Fragen hinein, setzten ihn großer Hitze aus und lasen dann aus den entstandenen Rissen. Viele frühe chinesische Schriftzeugnisse sind Orakel.

RECHTS **Guodian-Bambustexte** Diese sehr alten Bambusleisten wurden 1993 in Guodian-Gräbern bei Jingmen, Provinz Hubei, gefunden. Die Siegelschriftzeichen laufen von oben nach unten, sie künden vom äußeren und inneren Leben nach der konfuzianischen Philosophie. Geschrieben wurden sie vermutlich kurz vor dem Begräbnis.

Bezüge

Zu einer ausgefeilten Knotenschrift, siehe:

Das Quipu aus Caral, **S. 20–21**

Zu anderen asiatischen religiösen Lehren, siehe:

Die Dharani der Kaiserin Shōtoku, **S. 30–31**

Die Tripitaka Koreana, **S. 32–33**

Das Sutra der vollkommenen Weisheit von Nalanda, **S. 34–35**

Das Diamant-Sutra aus Dunhuang, **S. 80–81**

無垢淨光經
自心印陀羅尼

Massenproduktion in Japan

Das früheste Beispiel von Massenproduktion ist der Druck von einer Million Dharani, *Zaubersprüchen, den die japanische Kaiserin Shōtoku um 770 n. Chr. befahl. Plagte sie ein schlechtes Gewissen?*

LINKS **Japanische *Dharani***
Die Miniaturpagode aus Kiefernholz, nur 20 cm hoch, enthält im Blockdruck gefertigte buddhistische Gebetsrollen. Sie ist eine der Hyakuman- (japanisch für »eine Million«) Pagoden, die Kaiserin Shōtoku im 8. Jh. in Auftrag gab.

Frauen hatten es auf der ganzen Welt schwer, Macht zu erlangen und zu bewahren. Die japanische Kaiserin Shōtoku, auch als Kaiserin Kōken bekannt, führte ein exzentrisches und turbulentes Leben. Als 46. Tenno folgte sie ihrem Vater Shōmu nach dessen Abdankung auf den Thron und regierte Japan von 749–758 n. Chr. Sie litt unter Depressionen und dankte zu Gunsten ihres jüngeren Cousins ab, der als Kaiser Junnin herrschte und unter dem Einfluss des Höflings Fujiwara Nakamoro stand.

Auf Empfehlung von Freunden – oder Anraten Nakamoros – begab sich Shōtoku in die Obhut des jungen, charismatischen buddhistischen Mönchs Dōkyō und genas binnen kürzester Zeit. Von ihr gefördert, wurde der Mönch daraufhin zum obersten Heiler ernannt und häufte unerhörte weltliche und religiöse Macht an. Es kam zu einem Bürgerkrieg, in dessen Verlauf Junnin abgesetzt und Nakamoro getötet wurde. 764 n. Chr. herrschte Shōtoku als 48. Tenno erneut. Die Kaiserin war von Dōkyō betört, und es gab eine Gruppe am Hof, die den Mönch als ihren Nachfolger favorisierte. Shōtoku wandte sich, von Zweifeln geplagt, der Religion zu und befahl, kleine hölzerne Pagoden mit auf **Papier** gedruckten Gebetsformeln in den Tempeln des ganzen Landes zu verteilen. Eine Million waren um 770 n. Chr. angefertigt. Viele von ihnen finden sich noch heute in Tempeln und Museen auf der ganzen Welt.

Die Aktion war ein Wunderwerk der Organisation: das Drechseln der Pagoden, die Papierherstellung, der Druck der Sprüche. Das Papier wurde aus Hanffasern hergestellt. Für den Druck verwendeten die Japaner vermutlich acht gegossene Bronzeplatten – 1000 Jahre bevor in Europa **Klischees** benutzt wurden. Die Drucker trugen die Farbe mit Hand auf, polierten eine Seite des Papiers und zogen 125 000 Drucke von den Platten ab. Dies sollte die letzte Tat der Kaiserin bleiben – nach ihrem Tod schickte man Dōkyō in die Verbannung, wo er in Vergessenheit geriet und im Jahr 772 n. Chr starb. Danach wurde in Japan lange Zeit nichts mehr gedruckt, stattdessen importierte man Bücher aus China.

Bezüge

Zu anderen frühen asiatischen Druckwerken, siehe:

Die Tripitaka Koreana, S. 32–33

Das Diamant-Sutra aus Dunhuang, S. 80–81

Koreanisches Monumentalwerk

Korea war das erste Land, das von China den Druck übernahm. Es spielte eine führende Rolle bei der Entwicklung des Letterndrucks. Das berühmteste Buch ist die buddhistische Achtzigtausend Tripitaka *(die drei kanonischen buddhistischen Schriften) aus dem 13. Jahrhundert n. Chr. Die Druckblöcke werden im Kloster Haeinsa in Korea aufbewahrt.*

OBEN **Tempel Haeinsa, Südkorea** Hinter hölzernen Fensterläden stehen auf den staubigen Böden der lang gestreckten Räume des Tempels in der Provinz Gyeongsangbuk-do die 81 258 Druckblöcke für die 1496 Bände der *Tripitaka* in Regalen. Einer der größten Kulturschätze des Landes gehört mittlerweile zum UNESCO-Weltkulturerbe.

Korea war lange Zeit eng mit China verbunden und vermittelte häufig Wissen und technische Neuerungen nach Japan und in die übrige Welt. Trotz zahlreicher Invasionen und Okkupationen bewahrte Korea beharrlich seine eigene Sprache und Kultur.

Die Papierherstellung wurde in Korea im 7. Jahrhundert eingeführt, etwa zur selben Zeit wie in Japan. Forschungen haben gezeigt, dass die 770 n. Chr. gedruckten japanischen Zauberformeln nicht die ersten Drucke waren: 1966 entdeckte man ein koreanisches *Dharani* von etwa 700 n. Chr.

Das koreanische Druckwesen ist eng mit dem Buddhismus verbunden. 1087 erbat der koreanische König die Unterstützung Buddhas für den Krieg gegen die Kitan, die über weite Teile der Mandschurei und Mongolei herrschten, und ließ den gesamten chinesisch-buddhistischen Kanon drucken. Die Druckblöcke wurden jedoch 1232 von mongolischen Eroberern zerstört. Von den gedruckten Texten blieben nur einige wenige Fragmente erhalten. Der koreanische König Gojong befahl daraufhin, eine neue Ausgabe zu erstellen. Unter der Leitung zweier Klöster wurde in den Jahren von 1236–1251 die gesamte Arbeit von 30 Holzschnitzern bewältigt.

Die mehr als 80 000 Holzdruckstöcke werden noch heute im Tempel Haeinsa aufbewahrt, wohin sie 1398 gebracht worden waren. Dank der sorgsamen Instandhaltung der Blöcke und der Tempelanlage blieb die gesamte Kollektion hervorragend erhalten und gehört heute zum UNESCO-Weltkulturerbe. Diese koreanischen Texte gelten als die weltweit bedeutendste und vollständigste Sammlung buddhistischer Lehrtexte und bilden die Grundlage für japanische, taiwanesische und chinesische Ausgaben. Sie wurden inzwischen digitalisiert und sind Gegenstand eines speziellen Forschungsprojekts.

OBEN **Die *Tripitaka Koreana*** Die während der Goreyo-Periode (1237–1248) für König Gojong gefertigte *Tripitaka* bildet Texte nach, die von den Mongolen 1232 zerstört wurden. Ein ungeheures Unterfangen; jeder Block, mit eingeschnitzter Hanja-Schrift, misst 24 × 70 cm, ist bis zu 4 cm dick und wiegt 3–4 kg. Es wurden zehn verschiedene Holzarten verwendet.

Bezüge

Zu anderen gedruckten buddhistischen Werken, siehe:

Die Dharani der Kaiserin Shōtoku, **S. 30–31**

Das Diamant-Sutra aus Dunhuang, **S. 80–81**

Zu anderen frühen asiatischen Büchern aus Papier, siehe:

Die Enzyklopädie Yongle Dadian, **S. 36–37**

Zu asiatischen Alternativen auf Pseudopapier, siehe:

Das Boek van Bonang, **S. 92–93**

Indische Palmblatt-Manuskripte

Viele der in Indien geschriebenen und illustrierten Palmblatt-Manuskripte sind wunderschön. Die religiöse Inbrunst, die sie hervorbrachte, erschließt sich aus ihren alten buddhistischen Texten. Zum Glück haben sich einige erhalten.

In Indien und weiten Teilen Südostasiens bestanden Bücher jahrhundertelang aus aufbereiteten Palmblättern (**Lontar**). Obwohl sie anfällig gegen Insektenbefall sind, können solche Bücher sehr lange halten und Hunderte von Jahren überdauern. Wie bei **Papyri** ist es allerdings notwendig, sie immer wieder zu kopieren (bzw. heute zu digitalisieren), um die Texte langfristig zu erhalten.

Wenn die Blätter aufbereitet waren, schrieb man mit einer Binse (wie oben) oder ritzte mit einem scharfen Griffel Vertiefungen in die Blattoberfläche ein, in die dann schwarze Farbe gerieben wurde, um den Text sichtbar zu machen. Die Löcher für die Schnüre, die die Blätter zusammenhielten, begrenzten die Gestaltungsmöglichkeiten, weil sie die Schreiber zwangen, die »Seite« in drei Spalten zu teilen. Zudem erschwerten sie den Lesefluss. Bei diesem berühmten Palmblatt-Manuskript, das um 1120 entstand, sind Gestaltung und Ausführung besonders kunstfertig.

Für die Entwicklung des Mahayana-Buddhismus gehören die 8000 Verse des um 100 n. Chr. entstandenen *Astasahasrika Prajnaparamita* (Vollkommene-Weisheit-Sutra) zu den bedeutsamsten Texten. In Indien, Tibet und anderen Ländern wurden zahlreiche Abschriften in verschiedensten Schriften und Stilen angefertigt, doch nur wenige sind von solcher Qualität wie die hier gezeigten.

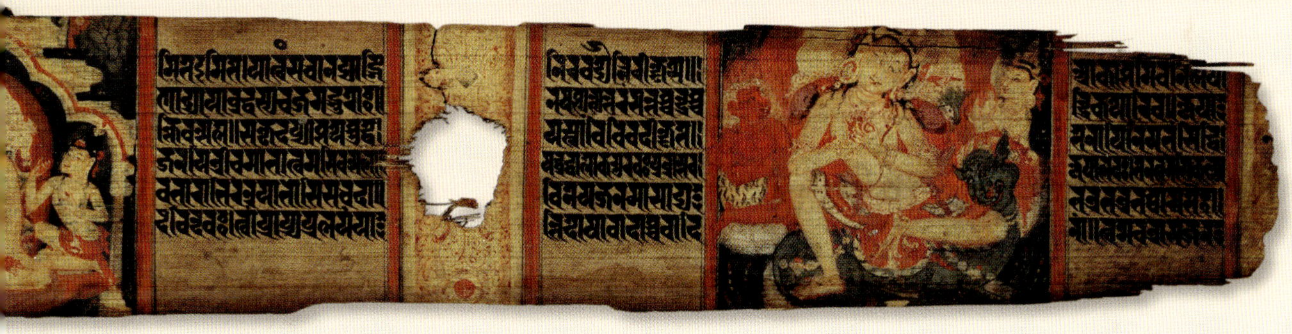

Das Buch soll das Geschenk eines Laien, Udaya Sinha, gewesen und in Nalanda (Bihar) hergestellt worden sein. Nalanda war damals ein bedeutendes Zentrum buddhistischer Kultur und ist im Osten noch heute für seine Bibliothek berühmt, die mit der großen Bibliothek von Alexandria vergleichbar war. Wie die alexandrinische Bibliothek wurde auch diese zerstört – 1193 von dem muslimischen Heerführer Bakhtyar Khalji. Ein zeitgenössischer persischer Historiker berichtete, dass »der Rauch der brennenden Manuskripte sich tagelang wie ein dunkles Grabtuch auf die sanften Hügel legte«. Der Niedergang des Buddhismus in Indien wird dieser Katastrophe zugeschrieben – Hunderttausende Palmblatt-Manuskripte früher indischer medizinischer und wissenschaftlicher Werke wurden zerstört. Dieses Werk gehört zu den äußerst seltenen Überresten.

OBEN ***Astasahasrika Prajnaparamita***
Das Sutra, 12. Jh., aus Bihar zeigt: in der Mitte den Bodhisattva Padmapani (weiß), auf einem vielfarbigen Lotus sitzend, auf seinem Lotusthron; links Syamatara, die grüne Tara, mit zwei Göttinnen und einem blauen Lotus; und rechts Mahakala, Gott des Reichtums, von Flammen umgeben, einen Mungo haltend.

Bezüge

Zu anderen seltsam aussehenden Lontar-Manuskripten, siehe:

Sulawesisches Lontar, **S. 252–253**

Zu anderen buddhistischen Texten, siehe:

Die Tripitaka Koreana, **S. 32–33**

Das Diamant-Sutra aus Dunhuang, **S. 80–81**

Das Panchatantra, **S. 84–85**

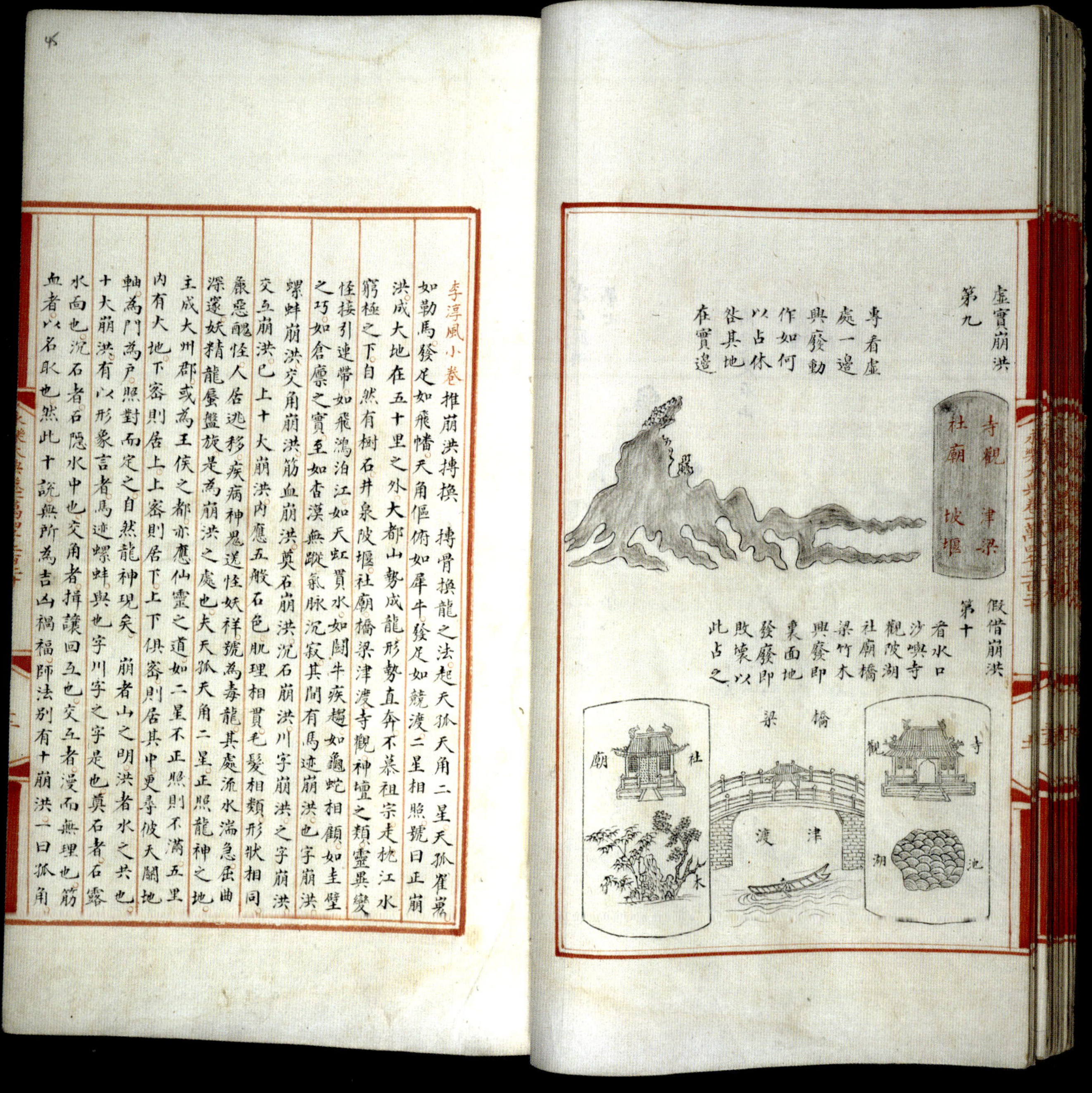

李淳風小卷推崩洪搏換　搏骨換龍之法起天孤天角二星天孤崔嵬
如勒馬發足如飛幡天角偃俯如犀牛發足如競渡二星相照號曰正崩
洪成大地在五十里之外大都山勢成龍形勢直奔不慕祖宗走枕江水
窮極之下自然有樹石井泉陂堰社廟橋梁津渡寺觀神壇之類靈異變
怪接引連帶如飛鴻泊江如天虹貫水如鬪牛疾趨如龜蛇相顧如圭璧
之巧如倉廪之實至如杳漢無蹤氣脉沉寂其間有馬迹崩洪也字崩洪
螺蚌崩洪交角崩洪筋血崩洪莫石崩洪沉石崩洪川字崩洪之字崩洪
交互崩洪已上十大崩洪內應五般石色肌理相貫毛髮相類形狀相同
廉惡醜怪人居逃移疾病神鬼送怪妖祥號為毒龍其處流水湍急屈曲
深邃妖精龍蟲盤旋是為崩洪之處也夫天孤天角二星正照龍神之地
主成大州郡或為王侯之都亦應仙靈之道如二星不正照則不滿五里
內有大地下窩則居上上窩則居下上下俱窩則居其中更尋彼天關地
軸為門為戶照對而定之自然龍神現矣　崩者山之明洪者水之共也
十大崩洪有以形象言者馬迹螺蚌與也字川字之字是也莫石者石露
水面也沉石者石隱水中也交角者揖讓回互也交互者漫而無理也筋
血者以名取也然此十說無所為吉凶禍福師法別有十崩洪一曰孤角

虛實崩洪
第九
專看虛處一邊興發動作如何以占休咎其地在實邊

寺觀　津梁
社廟　坡堰

假借崩洪
第十
看水口沙嶼寺觀陂湖社廟橋梁竹木興發即裏面地發廢即敗壞以此占之

Oben Das *Yongle Dadian* Die allgemeine Enzyklopädie, 1403 begonnen, umfasst die Gebiete der Geschichte, Wissenschaften, Künste und Philosophie. Dieser Band gehört zu der Kopie, die in der Jiajing-Zeit entstand (1562–1567). Auf diesen Seiten geht es um Hochwasser und entsprechende Schutzmaßnahmen. Auf den roten Seiteneinfassungen stehen der Titel *(Yongle Dadian)* sowie die Band- und Seitenzahl.

Riesige Schreibarbeit

1403 befahl der chinesische Ming-Kaiser Yongle die Erstellung einer Enzyklopädie, des Großen Kanons. *Es galt lange als umfangreichstes Werk – bis der Qing-Kaiser Qianglong beschloss, es zu übertreffen.*

Die lange Tradition der Schriftkundigkeit und Zentralisierung mag in China dazu geführt haben, dass immer wieder bedeutsame Sammelwerke von enormem Umfang erschienen, die weniger den komprimierten Zusammenfassungen in westlichen Enzyklopädien glichen, sondern vielmehr einer kompletten Bestandsaufnahme des in den Bibliotheken bewahrten Wissens. Kurz nach seiner Thronbesteigung gab Kaiser Yongle 1403 eine umfassende Edition sämtlicher Wissensbereiche von Religion über Wissenschaft, Technik, Astronomie, Medizin und Landwirtschaft bis hin zu Theater, Kunst, Geschichte und Literatur in Auftrag. Mehr als 2000 Gelehrte bearbeiteten in fünfjähriger Tätigkeit über 8000 Texte.

Für die Sammlung, die 1408 vervollständigt war, verwendeten die Schreiber über 370 Millionen Schriftzeichen und füllten damit mehr als 11 000 Bände. Theoretisch hätte man Holzstöcke für den Druck schnitzen können (der Aufwand wäre größer gewesen als für die *Tripitaka Koreana*, siehe Seite 32–33), doch es wurden lediglich zwei Handschriften angefertigt. Nachdem diese beinahe einem Feuer zum Opfer gefallen wären, ließ der Jiajing-Kaiser 1557 eine Kopie erstellen. Im Laufe der folgenden 400 Jahre wurden die drei Handschriften durch Brände, Kriege und Plünderungen auf einen kläglichen Rest von 400 Bänden reduziert, die heute auf Bibliotheken und Museen der ganzen Welt verteilt sind.

Der Qing-Kaiser Qianlong erinnerte sich des Ruhms der Enzyklopädie und wies 1773 eine Gruppe von Gelehrten an, ein neues Werk zu erarbeiten, das *Siku Quanshu*, die *Vollständige Bibliothek der vier Schatzhäuser*. Damit einher ging der Versuch, die Geschichte umzuschreiben – in einer Zensur-Kampagne wurden viele Werke, die man als Kritik an der Mandschu-Dynastie betrachtete, zerstört. Kaiser Qianlong hatte aus der Vergangenheit gelernt und ließ sieben Manuskripte anfertigen. Das Werk der Schreiber, das 1782 vollendet war, füllte mit 800 Millionen Schriftzeichen fast 37 000 Bände. Durch Kriegsfolgen sind heute nur noch vier komplette Ausgaben in China und Taiwan erhalten.

OBEN **Chinesische Papierherstellung** Die Illustration zeigt, wie der Faserbrei auf einem Sieb zum Trocknen ausgebreitet wird, damit sich ein Blatt formt. Sie ist aus einem Bilderalbum aus dem 19. Jh., das für ausländische Märkte produziert wurde und chinesisches Handwerk darstellt. Die Technik des Papiermachens hatte sich wohl seit der Yongle-Zeit kaum geändert.

Bezüge

Zu anderen großartigen wissenschaftlichen Werken, siehe:

Die polyglotte Complutense-Bibel, **S. 118–119**
Samuel Johnsons Dictionary, **S. 154–155**
Denis Diderots Encyclopédie, **S. 158–159**

Zur Verwendung von Papier in Asien, siehe:

Das Diamant-Sutra *aus Dunhuang*, **S. 80–81**

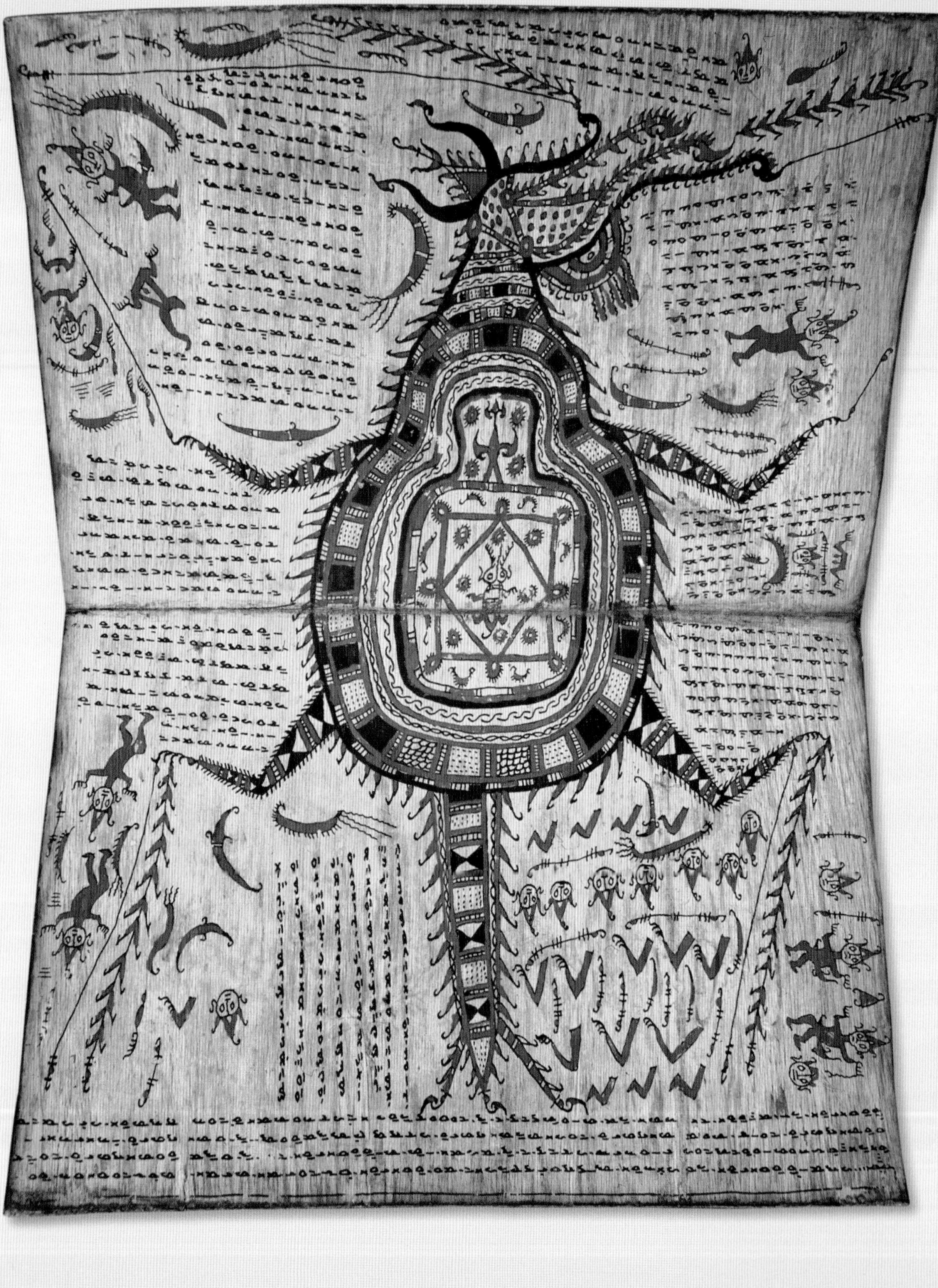

Knochen, Bambus und Rinde

Als diese ausgefallenen Bücher von Völkern aus Sumatra im 18. Jahrhundert erstmals in Europa gezeigt wurden, staunten die westlichen Gelehrten.

LINKS **Orakelsprüche** Die verstörende fischähnliche Kreatur mit dem dreigehörnten Kopf des sagenhaften *Singa* könnte für ein Sternbild oder Naga Padoha, die Drachenschlange der hinduistisch-buddhistischen Mythologie, stehen.

OBEN **Indonesischer Kalender-Knochen** Das Knochenbuch mit eingeritzten Eidechsen, Schlangen, Skorpionen, kreuzworträtselähnlichen Feldern und heute unlesbaren Schriftzeichen wurde für Touristen produziert und in den 1990er-Jahren am Tobasee gekauft.

Marco Polo und andere Europäer, die vor ihm Sumatra bereisten, beschrieben die Batak als ein wildes Volk von Menschenfressern, das von den muslimischen Völkern in Aceh im Norden sehr gefürchtet werde. Noch im 19. Jahrhundert berichteten christliche Missionare von rituellem Kannibalismus.

Im Gebiet des Tobasees leben heute einige Millionen Batak. Sie besitzen eine eigene Sprache und Schrift – eine **Abugida**, deren Schriftzeichen aus Konsonanten, die einen bestimmten Vokal beinhalten, bestehen (wie auch die äthiopische Sprache Ge'ez). Bevor die Europäer **Papier** einführten, ritzten die Batak Zeichen auf Bambusstückchen und rieben schwarze Farbe hinein, um die Schrift sichtbar zu machen. Diese Methode verwendete man dann auch für »Bücher« aus Wasserbüffelknochen, die einzigartig auf der Welt sind.

Es wurde berichtet, dass in den 1840er-Jahren Jünglinge den Mädchen auf Bambus geschriebene Botschaften sandten, die ihr glänzendes Haar, ihre vollen Brüste und ihr kraftvolles Reisstampfen priesen. Heute scheint es keine Bambus-Liebesbriefe mehr zu geben. Stattdessen findet man *Pustahas*, Orakelbücher für medizinische und religiöse Rituale. Manche sind in Knochen eingeritzt, doch häufiger wurde der Rindenbast des **Adlerholz**- oder Agarbaums (*Aquilaria malaccensis*) verwendet, einer heute gefährdeten Art. Die Bogen sind, beidseitig beschriftet und bebildert, als Leporello gefaltet. Die Stifte waren aus Büffelhorn, Bambus oder dem Holz der Zuckerpalme (*Arenga saccharifera*) gefertigt.

Die *Pustahas* wurden nur von einem Priester (*Datu*) oder einem seiner Adepten geschrieben – und die Fähigkeit, sie zu lesen, beschränkte sich auf die, die sie anfertigten. Auch heute werden solche Bücher gemacht – doch nur noch für Touristen. Die Batak haben ihre alte Religion und ihr Schrift aufgegeben. Diese Bücher zeigen, dass es durchaus alternative Informationsmedien gibt – sie werden in europäischen Bibliotheken sehr geschätzt.

Bezüge

Zur Verwendung von Rinde für Bücher, siehe:
Das Boek van Bonang, S. 92–93

Zu älteren Bearbeitungen von Knochen, siehe:
Der Ishango-Knochen, S. 16–17

Zu anderen Kalendern, siehe:
Benjamin Bannekers Almanack, S. 170–171

Birmanisches Faltformat

In Birma wurden Palmblätter für Manuskripte verwendet. Als sich später die Papierherstellung entwickelte, übernahm man für Bücher das Leporelloformat – das **Parabaik**. *Es war so erfolgreich, dass man es noch Ende des 20. Jahrhunderts produzierte.*

Im Norden Thailands, in Laos und im Shan-Staat von Birma (dem heutigen Myanmar) findet man zuweilen ungewohnte längliche Formate mit einer Mischung aus Texten und Bildern: **Kamawa-sa**, die für religiöse Zeremonien in buddhistischen Klöstern bestimmt sind. Die rot lackierten Tafeln mit zahlreichen oft wunderschönen Ornamenten aus Blattgold werden mit einem Lack aus Tamarindensamen beschrieben.

Sehr viel schlichter in der Ausführung der religiösen Texte als die *Kamawa-sa* waren Parabaiks, die von jungen Mönchen während ihres Studiums auf **Papier** geschrieben wurden. Die Leporellos bestanden aus festem, cremefarbenem Papier aus dem Rindenbast des Papiermaulbeerbaums. Da sie lediglich für die religiöse Unterweisung gedacht waren, wurden sie nicht illustriert. Ihre Formate reichen von etwa 14 × 36 bis 17 × 42 Zentimeter. Die Kanten der gefalteten Bogen sind rot gefärbt, die Umschlagdeckel bestehen aus verstärktem rotem Papier – es sind leichte, tragbare Buchblöcke. Noch heute findet man sie in Dörfern auf dem Land, wo sie der Gefahr ausgesetzt sind, von Insekten befallen zu werden.

Manchmal sieht man auch noch ältere Parabaiks aus dickem, schwarzem Papier, wobei Text und Illustrationen mit einem **Speckstein**griffel (weiß auf schwarz) aufgetragen wurden. Sie dienten als Tafeln für den Unterricht oder als Notizbücher. Die **Leimung** des schwarzen Papiers war so stark, dass der Text abgewischt und das Parabaik erneut beschrieben werden konnte.

Früher wurde dieses Buchformat für viele unterschiedliche Zwecke benutzt. Leuchtende Farben und eine anschauliche Bebilderung bedeutender Ereignisse verleihen den aufwendigsten Exemplaren eine Vielgestaltigkeit, die man in den Handschriften anderer Kulturen nur selten findet. Da es so zweckmäßig war, wurden in Birma Ratgeber für Medizin, Mode und zahlreiche andere Sujets, wie etwa im 19. Jahrhundert für das Tätowieren, in diesem Format produziert. In der traditionellen birmanischen Gesellschaft war es für junge Männer wichtig, tätowiert zu sein. Die Bilder sowie ihre Position auf dem Körper sollten Glück bringen. Das hier abgebildete, häufig benutzte Manuskript demonstriert mit seinen feinen Zeichnungen eindrucksvoll das Können des Künstlers.

Bezüge

Zu anderen Handbüchern, siehe:

Al-Dschazaris Kompendium der mechanischen Künste *S. 88–89*

Gervase Markhams Cavelarice, *S. 140–141*

Margaretha Helms Nadel-Ergötzungen, *S. 142–143*

Alexis Soyers Modern Housewife, *S. 202–203*

Zu anderen Faltbüchern, siehe:

Pustaha *der Batak*, *S. 38–39*

Zu andersartigen Papierfaltungen, siehe:

Lothar Meggendorfers Internationaler Circus, *S. 198–199*

Francisca Prietos Antibook, *S. 250–251*

RECHTS **Birmanisches Parabaik** In den Text dieses knapp 40 cm² großen Tattoo-Handbuchs aus dem 19. Jh. sind Bilder von sagenhaften und realen Tieren (Tiger, Drache, Elefant) sowie eines *Nat*, eines Geisterwesens, eingestreut. Die Kreise, die Tiere und andere Symbole umfangen, stehen vermutlich für Planeten.

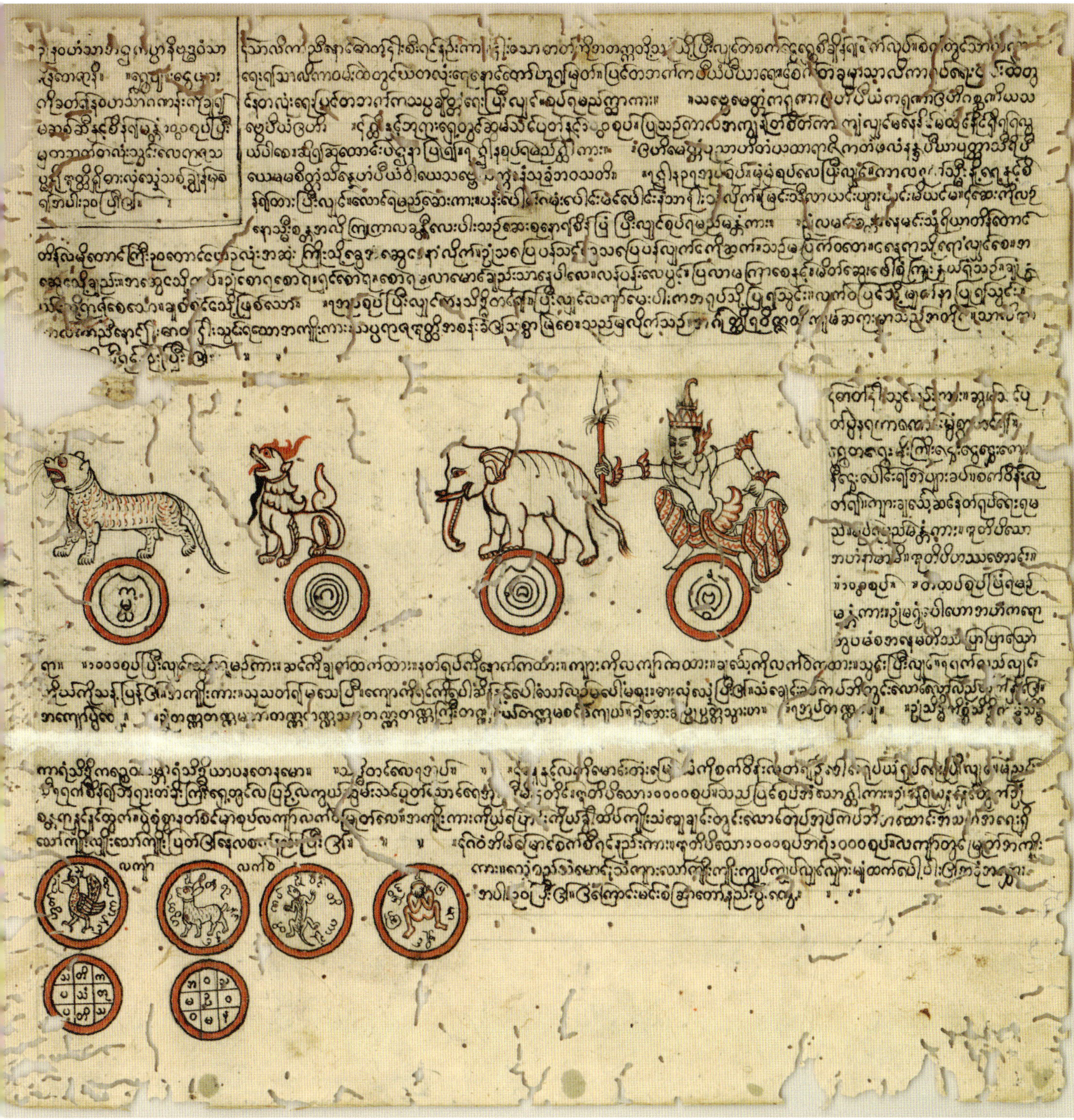

KAPITEL

3

RECHTS Homers *Ilias* Sämtliche modernen Ausgaben der *Ilias* basieren in erster Linie auf dem Codex Venetus A aus dem 10 Jh., in der Biblioteca Marciana, Venedig. Er wurde wohl um 950 n. Chr. in Byzanz in schönen Minuskeln geschrieben. Die Randbemerkungen stammen von mehreren Verfassern (siehe Seite 48–49).

Die großen Klassiker

In der Zeit zwischen 600 v. Chr. bis 400 n. Chr. wurden Buchproduktion, Autorschaft und Kontrolle der Inhalte in der griechischen und römischen Welt auf eine Weise standardisiert, die für uns nachvollziehbar ist. Man begann auch, sich um Obrigkeit, Zensur und Wissenszugang sowie -verlust zu sorgen.

[illegible]

δαίνυντ'· οὐδέ τι θυμὸς ἐδεύετο δαιτὸς ἐΐσης·
οὐ μὲν φόρμιγγος περικαλλέος ἣν ἔχ' Ἀπόλλων·
Μουσάων θ' αἳ ἄειδον ἀμειβόμεναι ὀπὶ καλῇ·
αὐτὰρ ἐπεὶ κατέδυ λαμπρὸν φάος ἠελίοιο·
οἳ μὲν κακκείοντες ἔβαν οἶκόνδε ἕκαστος·
ἧχι ἑκάστῳ δῶμα περικλυτὸς ἀμφιγυήεις
Ἥφαιστος ποίησεν ἰδυίῃσι πραπίδεσσι·
Ζεὺς δὲ πρὸς ὃν λέχος ἤϊ' Ὀλύμπιος ἀστεροπητής·
ἔνθα πάρος κοιμᾶθ' ὅτε μιν γλυκὺς ὕπνος ἱκάνοι·
ἔνθα καθεῦδ' ἀναβάς· παρὰ δὲ χρυσόθρονος Ἥρη·

[illegible]

ΙΛΙΑΔΟΣ Β

Ἄλλοι μέν ῥα θεοί τε καὶ ἀνέρες ἱπποκορυσταὶ
εὗδον παννύχιοι· Δία δ' οὐκ ἔχε νήδυμος ὕπνος·
ἀλλ' ὅ γε μερμήριζε κατὰ φρένα ὡς Ἀχιλῆα
τιμήσῃ· ὀλέσῃ δὲ πολέας ἐπὶ νηυσὶν Ἀχαιῶν·
ἥδε δέ οἱ κατὰ θυμὸν ἀρίστη φαίνετο βουλή·
πέμψαι ἐπ' Ἀτρεΐδῃ Ἀγαμέμνονι οὖλον ὄνειρον·
καί μιν φωνήσας ἔπεα πτερόεντα προσηύδα·
βάσκ' ἴθι οὖλε ὄνειρε θοὰς ἐπὶ νῆας Ἀχαιῶν·
ἐλθὼν ἐς κλισίην Ἀγαμέμνονος Ἀτρεΐδαο
πάντα μάλ' ἀτρεκέως ἀγορευέμεν ὡς ἐπιτέλλω·

[illegible]

Oberflächlich betrachtet, fällt es nicht schwer, zwischen Vorgeschichte (ohne schriftliche Zeugnisse) und Geschichte (mit schriftlichen Aufzeichnungen) zu unterscheiden. Unsere Kenntnisse der Vorgeschichte beziehen wir aus archäologischen Ausgrabungen sowie forensischen Untersuchungen von Skeletten, die uns etwas über frühere Krankheiten und Ernährungsgewohnheiten verraten. Aus ägyptischen Papyri und mesopotamischen Tontafeln besitzen wir dagegen schriftliche Informationen und können zudem nachvollziehen, wie mit diesem Material umgegangen wurde. Wenn wir Texte wie das *Gilgamesch-Epos* lesen, glauben wir, nachempfinden zu können, wie die Menschen dachten, die sie einst geschrieben haben – und doch erscheinen sie uns fremd, mit ihnen identifizieren können wir uns nicht.

Einige Jahrhunderte vor der Zeitwende entstanden sesshafte Gesellschaften, die es Schreibern ermöglichten, ihren Glauben und ihre Erfahrungen so anschaulich zu schildern, dass wir das Gefühl haben, die von ihnen ererbte Kultur zu teilen (siehe Seite 46–47). Mit ihrem Alphabet und ihrer Schreibweise – erst **Bustrophedon**, dann von links nach rechts – schufen die Griechen ein System, das wir noch heute nutzen, auch wenn wir eher das lateinische Alphabet verwenden.

Buchhandel und Bibliotheken

Die zunehmende Alphabetisierung führte zu Veränderungen. Sapphos Werk machte nun auch eine weibliche Stimme vernehmbar. Der Handel mit Büchern entstand, und zu ihrer Aufbewahrung wurden Bibliotheken eingerichtet. In der großen Bibliothek von Alexandria, die während der Herrschaft Ptolemäus' I. Soter (323–283 v. Chr.) oder dessen Sohnes gegründet wurde, begannen die Griechen damit, in den **Papyri**, von denen sie Kopien anfertigten, Satzzeichen zu setzen sowie Texte zu normieren (siehe Seite 48–49). Wachsende Sammlungen zwangen die Bibliotheken, ihre Bestände zu kontrollieren: Schon vor über 2200 Jahren kannte man Datenflut. Der alexandrinische Kritiker und Bibliothekar Kallimachos (um 305–240 v. Chr.) entwickelte den Katalog und die Bibliografie: Bei den 120 Buchrollen seiner *Pinakes* handelt es sich um eine frühe griechische Literaturgeschichte. Ein großes Buch, so Kallimachos, bedeutet auch großes Übel – eine Ansicht, die so mancher Bibliothekar nach ihm geteilt haben mag.

Alexandria war nicht die einzige Stadt mit einer großen griechischen Bibliothek; in Athen gab es das Lyzeum. Unter den Römern entstanden Bibliotheken in Italien und anderen Teilen des Reiches. Die berühmte Celsus-Bibliothek in Ephesos wurde zu Ehren des griechisch-römischen Senators Tiberius Julius Celsus Ptolemaeanus um 135 n. Chr. errichtet. Erdbeben und Feuer zerstörten 282 n. Chr. ihren Bestand von 12 000 **Schriftrollen**.

Eine große Bibliothek bedeutete Macht und Prestige für den Herrscher. In Pergamon (im Westen Anatoliens, heute Bergama) ließ Eumenes II. eine Bibliothek erbauen. Die ägyptischen Ptolemäer waren über diese Konkurrenz so erbost, dass sie keinen Papyrus mehr lieferten. Es heißt, in Pergamon habe man deshalb einen neuen Beschreibstoff ersonnen: *pergamené* – das **Pergament**. Nachdem Pergamon unter römischer Herrschaft stand, wurde die Rivalität mit Alexandria auf einen Schlag beendet: Angeblich schenkte Mark Anton seiner Kleopatra alle 200 000 Schriftrollen der Bibliothek zur Hochzeit!

Die Zerstörung von Büchern

Die Ruinen der Bibliothek sind in Pergamon noch heute zu sehen, ihre Bestände gingen vermutlich bei der Zerstörung der Bibliothek von Alexandria zugrunde. Ein Teil dieser Bibliothek wurde 48 v. Chr. zur Zeit Julius Cäsars durch ein Feuer vernichtet, andere fielen späteren Kriegen zum Opfer – oder christlichem Eifer. 391 n. Chr. befahl Theophilus, der Bischof von Alexandria, die Zerstörung des Serapeums, eines Tempels, der Teile der großen Bibliothek beherbergte. Andere Quellen machen die muslimischen Eroberer der Stadt verantwortlich. Ein Mann, der zu dieser Zeit bat, Bücher mitnehmen zu dürfen, bekam zur Antwort: »Stimmen die Bücher mit dem Koran überein, benötigen wir sie nicht, widersprechen sie dem Koran, so zerstöre sie.« Der Glaube, und zwar jeder Glaube, ist oft genug ein Feind des Buches.

Ob nun Muslime oder Christen die Schuld trugen, den antiken, »heidnischen« Büchern drohte die Vernichtung. Glücklicherweise wurden die Papyrusrollen von Pergament abgelöst, dessen gefalzte **Bogen** zu **Kodizes** verarbeitet wurde. Die Bogen wurden

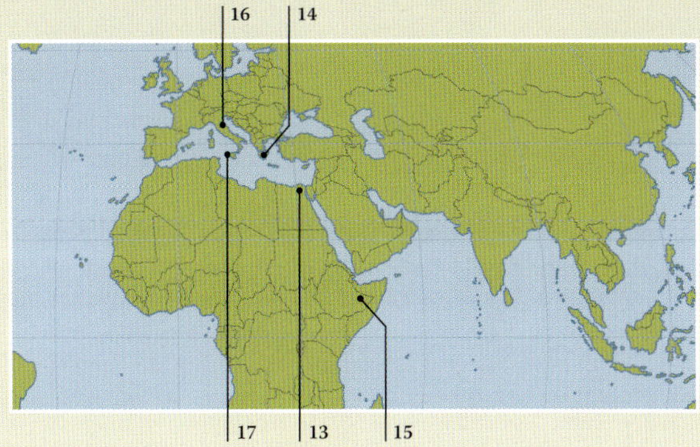

fadengeheftet und von festen Deckeln geschützt, so entstand eine zweckmäßige, handhabbare Einheit. Der **Kodex** wird häufig mit der Ausbreitung des Christentums in Verbindung gebracht. Und da Bücher in abgelegenen Klöstern aufbewahrt wurden, blieben Schriften erhalten, die in städtischen Bibliotheken sonst gefährdet gewesen wären.

Neue Formate, anhaltende Probleme

Texte, die in einer verständlichen Sprache und lesbaren Schrift verfasst und für potenzielle Leser interessant waren, besaßen die Chance, von Schriftrollen in Kodizes kopiert zu werden: Dieses neue Format war länger haltbar, weil auf robustes **Pergament** geschrieben wurde, und außerdem praktischer als die Schriftrolle, da es das Auffinden bestimmter Textteile erleichterte. Das war besonders für oft zu Rate gezogene Bücher wie Kochbücher wichtig (siehe Seite 52–53). Bücher, die als häretisch oder anstößig galten, wurden selten auf Pergament übertragen. Geschah es doch einmal, konnten der Text abgeschabt und die freien Seiten erneut beschrieben werden. Bestimmte Texte wurden nur in Form eines solchen **Palimpsests** überliefert (siehe Seite 54–55).

Wir werden nie wissen, wie viele tausend Texte von verrottenden Papyri auf neue Schriftrollen kopiert wurden und wie viele Texte verloren gingen, weil sie niemals auf das neue Medium Pergament übertragen wurden. Die kostspieligen Abschriften mussten Bibliotheken und Privatbesitzer bezahlen. Niemand wachte darüber, dass für die Nachwelt kopiert wurde, was hätte kopiert werden sollen. Da Kallimachos sowohl Bibliothekar als auch ein geachteter Dichter war, sollte man annehmen, dass viele Kopien seiner Werke existieren. Ein spätantikes byzantinisches Lexikon, die *Suda*, führte an, Kallimachos habe etwa 800 Schriften verfasst, doch heute existieren davon nur Fragmente sowie 64 Epigramme und sechs Hymnen. Wahrscheinlich haben nur zehn Prozent seiner Arbeiten überdauert.

Es ist eine Binsenweisheit, dass beim Wechsel von einem Speichermedium auf das andere *stets* Daten – auch wichtige – verloren gehen. Mit dem Niedergang des Römischen Reichs war die Bewahrung antiker Texte vom Bestreben der mittelalterlichen Kopisten abhängig – und vom Zufall. Bestehen hier Parallelen zu den gegenwärtigen Herausforderungen der Digitalisierung?

IN DIESEM KAPITEL	*Seite*

Klassiker – auch für Kinder

Seit über 2000 Jahren lieben Kinder auf der ganzen Welt die Fabeln *des Äsop. Doch wer schrieb sie? Gab es Äsop wirklich?*

Äsops *Fabeln* sind so bekannt, dass man beiläufig vom Wolf im Schafspelz oder sauren Trauben sprechen kann und das Zitat in fast jeder Kultur verstanden wird. Sie wurden selbst ins Japanische übersetzt und 1593 von portugiesischen Missionaren in einem Band mit dem Titel *Esopo no Fabulas* vereinigt. Das Buch wurde Teil der japanischen Kultur und durfte als einziges europäisches Werk gedruckt werden, nachdem westliche Ausländer des Landes verwiesen worden waren.

Aber waren die Fabeln wirklich europäischen Ursprungs? Neben den griechischen Quellen erkennt man Parallelen zu indischen Texten, auch der Talmud enthält ähnliche Geschichten. Es gilt als sicher, dass im 5. Jahrhundert v. Chr. oder gar früher in der Griechisch sprechenden Welt viele äsopische Fabeln mündlich tradiert wurden. Der »wahre« Fabeldichter lebte angeblich um 620–564 v. Chr. – Herodot, Aristophanes, Sokrates und Plato erwähnen sein Werk. Jedermann kannte seine Fabeln, doch ob es ihn tatsächlich gab, weiß niemand – Forscher fanden äsopische Fabeln in sumerischen und akkadischen Keilschriften aus dem 3. Jahrtausend v. Chr.

Demetrius Phalereus (um 350–280 v. Chr.), der wesentlich an der Gründung der Bibliothek von Alexandria unter Ptolemäus I. Soter mitwirkte, adaptierte äsopische Fabeln unter dem Titel *Aisopeia*. Doch seine Fassung ging verloren, heute bezieht man sich auf einen Text des Valerius Babrius, der vor 200 n. Chr. lebte. Den antiken Fragmenten der griechischen **Papyri** folgten bald Handschriften in lateinischer und anderen Sprachen. Von den frühen Tagen des Buchdrucks bis heute gehören Ausgaben von Äsops *Fabeln* zu den meistgedruckten Werken.

Viele Übersetzer und Dichter haben sich an den Fabeln bedient, deren Bildhaftigkeit Illustratoren und Verleger noch immer zu **Künstlerbüchern** und schön gestalteten Kinderbüchern inspiriert.

LINKS **Äsop-Ausgabe** aus dem 17. Jh. Ein Bär wirft einen Bienenkorb um und wird von den Bienen attackiert. Stiche von James Kirk nach Vorlagen von Francis Barlow.

Bezüge

Zu anderen Fabel- und Legendenbüchern, siehe:

Das Gilgamesch-Epos, *S. 18–19*

Das Panchatantra, *S. 84–85*

Zu anderen Kinderbüchern, siehe:

John Newberys Little Pretty Pocket-Book, *S. 156–157*

Lucy Aikins Robinson Crusoe, *S. 194–195*

Heinrich Hoffmanns Struwwelpeter, *S. 196–197*

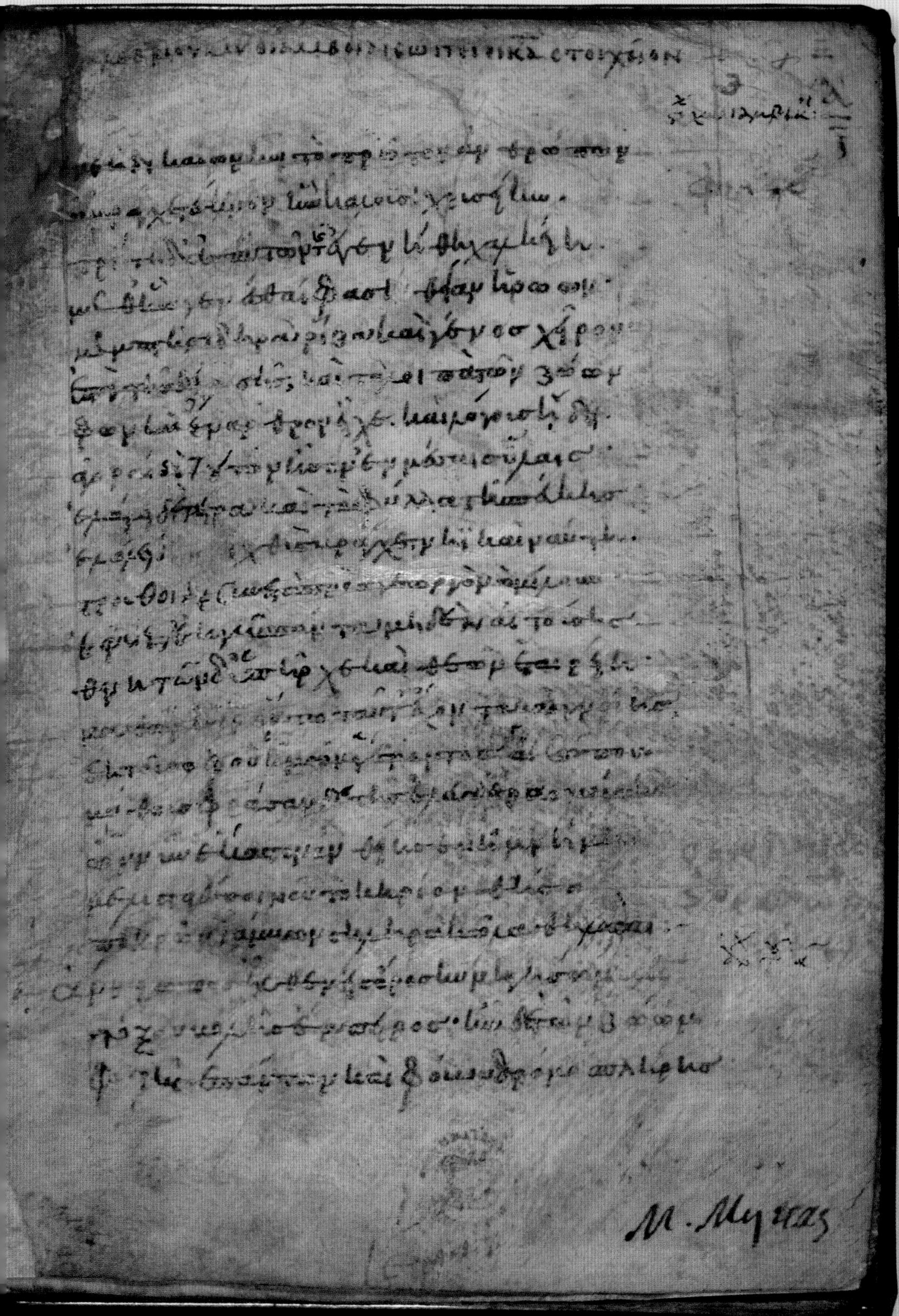

LINKS **Äsops *Fabeln*** *Mythiambi Aesopici*, in Ziegenleder gebundene Pergament-Handschrift aus dem 11. Jh. vom Berg Athos. Die griechischen **Choliamben** verraten einen lateinischen Einfluss, wie die Fabeln selbst stammen sie aus unterschiedlichen Quellen. Die Widmung des hellenisierten Römers Babrius an den Knaben »Branchus« warf sowohl Fragen über die Identität des Dichters als auch die des Kindes auf.

ΗΕΛΕΝΗ
ΕΛΕΝΗ
ΠΑΡΙΣ
ΑΦΡΟΔΙΤΗ

Ein zeitloses Epos

Homers Ilias *ist eine literarische Erfolgsgeschichte – seit über 2500 Jahren wird sie studiert, übersetzt und veröffentlicht. Doch die Anfänge der Produktion liegen im Dunkel der Geschichte; die Fassungen, die wir heute nutzen, stammen von gerade einmal 1000 Jahre alten Handschriften.*

Fragte man, welches das bedeutendste literarische Werk aller Zeiten sei, würden die meisten Menschen Homers *Ilias* nennen. Oder die ebenfalls Homer zugeschriebene *Odyssee*. Die Anzahl der überlieferten ägyptischen **Papyrus**-Fragmente – 454 der *Ilias* und nur etwa 140 der *Odyssee* – legt nahe, dass die *Ilias*, die Darstellung eines bronzezeitlichen Kriegs aus der Eisenzeit, stets beliebter war. Allgemein wird angenommen, dass Homers Epos zwischen 750–650 v.Chr. verfasst wurde, auch wenn einige Gelehrte es sogar auf das 12. Jahrhundert v.Chr. datieren. Unbestritten ist, dass die Texte der *Ilias* und der *Odyssee* fortlaufend bearbeitet und vereinheitlicht wurden und werden. Die Bibliothek von Alexandria spielte dabei eine wichtige Rolle. Deren erster Bibliothekar, Zenodot von Ephesus (um 280 v. Chr.), soll die Texte der *Ilias* in Gesänge aufgeteilt haben; die beste Textfassung geht auf Aristarch von Samothrake (um 220–143 v.Chr.), einen Nachfolger Zenodots, zurück.

Wie durch ein Wunder blieben Aristarchs Kommentare in Venedig in einer als »Venetus A« bekannten Handschrift erhalten. Sie entstand im 9. Jahrhundert n.Chr. in Griechenland; ein italienischer Gelehrter, der antike Manuskripte sammelte, brachte sie nach Italien. Dort gelangte sie in den Besitz des Kardinals Bessarion (1403–1472), der maßgeblich an der Renaissance des Studiums griechischer Texte mitwirkte. 1468 schenkte Bessarion dem Senat von Venedig seine Handschriften, die noch immer das Herzstück der Biblioteca Marciana sind.

Der Nimbus des Venetus A zog zahlreiche Wissenschaftler an, doch die Handschrift zeigte zunehmend Gebrauchsspuren, die Tinte verblasste, ein weiteres Studium schien unmöglich. Ein Triumph moderner Technik ermöglichte es der Marciana und dem Center for Hellenic Studies der Universität Harvard, eine digitale Version zu erstellen: das »Homer Multitext Project«. Es stellt die Textüberlieferungen der *Ilias* und der *Odyssee* im historischen Rahmen dar und erinnert damit an die Leidenschaft der ersten Gelehrten, mit der diese im antiken Alexandria an der Bewahrung von Homers Texten arbeiteten.

LINKS **Homers *Ilias*** Die Illustration des Venetus A Manuskripts aus dem 10. Jh. zeigt Helena, die Königin von Sparta, mit Paris, dem Sohn des trojanischen Königs Priamos, sowie Aphrodite, die das Paar zusammenbrachte, auf einem Schiff. Weil Paris dem Menelaos die Frau gestohlen hatte, zogen die Griechen zur berühmten Belagerung Trojas.

Bezüge

Zu anderen Epen, siehe:

Das Gilgamesch-Epos, *S. 18–19*
Die Vergil-Aldine, *S. 108–109*

Zu anderen schwierigen Buchrestaurationen, siehe:

Das Palimpsest des Archimedes, *S. 54–55*
Das Book of Kells, *S. 60–61*
Electronic Beowulf, *S. 242–243*

Ein frühes Meisterwerk äthiopischer Kunst

Die Abba-Garima-Evangelien sind viel älter als die meisten Bibel-Manuskripte. Sie zeugen vom christlichen Glauben in Afrika und werden seit mehr als 1600 Jahren in der Bibliothek des Klosters Abba Garima aufbewahrt.

Dieses herausragende Beispiel äthiopischer Bibelillumination ist die älteste bekannte Bibel, die in diesem frühen Zentrum des Christentums geschrieben wurde. Die **Pergament**-Handschrift, die dem Kloster Abba Garima in den Bergen im Norden Äthiopiens gehört, war im Westen kaum bekannt, bis ein britischer Kunsthistoriker sie 1950 beim Besuch der Abtei sah. Zuerst vermuteten die Experten, die Bibel sei etwa 1000 Jahre alt, doch die Radiokarbondatierung des Ziegenhaut-Pergaments zeigte, dass ein Band um 390–570 n. Chr. entstand und

der zweite um 550–660 n. Chr. Der Einband von Garima I gilt als der älteste bekannte, der noch mit einer Handschrift verbunden ist. Seit über 1600 Jahren werden diese Bände im Kloster bewahrt.

Der Überlieferung nach kam der heilige Abba Garima, einer der neun Heiligen Äthiopiens, 494 n. Chr. ins Land und evangelisierte es. Diese Bände wurden bald danach geschrieben. Die Datierung hat Kunst- und Bibelhistoriker in Aufregung versetzt, denn die Bücher gehören zu den ältesten erhaltenen. Alte Handschriften sind gefährdet und empfindlich, manche wurden in der Vergangenheit zudem durch stümperhafte Ausbesserungen beschädigt, doch der Ethiopian Heritage Fund hat eine Konservierung in Auftrag gegeben, die das Fortbestehen dieses Schatzes sichert.

Die meisten Länder bringen Versionen ihrer heiligen Schriften, wie der Thora und dem Koran, hervor, die das spirituelle und künstlerische Wesen der Nation versinnbildlichen. Äthiopien ging seit Mitte des 5. Jahrhunderts einen von Katholizismus und griechischer Orthodoxie unabhängigen Weg. Diese Bibel wurde in **Ge'ez**, einer dem Hebräischen verwandten Sprache, verfasst, die Schrift läuft allerdings von links nach rechts. Man schrieb mit Binsen und lokal hergestellten Farben. Verschiedene Schreiber arbeiteten über Monate an den beiden Bänden. Die Illuminationen ähneln byzantinischen mehr als späteren äthiopischen, sind aber mit der gleichen Vitalität ausgeführt wie äthiopische Handschriften, die Jahrhunderte später entstanden.

LINKS **Abba-Garima-Evangelien** Die Radiokarbonmethode datiert sie auf 330–650 n. Chr., damit sind sie wohl die ältesten illuminierten Handschriften des Christentums. Die drei anschaulich bebilderten, zu zwei Bänden gebundenen Manuskripte, wurden in Ge'ez geschrieben, einer aksumidischen Sprache, die man früher nur von Münzen und Stelen her kannte.

Bezüge

Zu anderen schwierigen Buchrestaurationen, siehe:

Das Totenbuch des Ani, S. 22–23
Das Palimpsest des Archimedes, S. 54–55
Electronic Beowulf, S. 242–243

Zu anderen Bibeltexten, siehe:

Das Book of Kells, S. 60–61
Der Chludow-Psalter, S. 62–63
Das Toros-Roslin-Evangeliar, S. 66–67

OBEN **Einband** Die metallenen Buchdeckel sind wohl so alt wie die Handschriften selbst. Der Einband von Garima I, in dessen vergoldeten Kupferdeckel einst kostbare Steine eingefasst waren, ist der älteste bekannte noch mit dem Manuskript verbundene. Die Silberdeckel von Garima II stammen aus dem 10.–12. Jh.

OBEN **Restaurierung** Der lebendige Stil der Illustrationen ist byzantinisch und wohl aus Syrien oder Jerusalem übernommen. Garima II (diese Abb.) zeigt Gemeinsamkeiten mit dem koptischen Stil. Es erscheinen etwa 20 in Äthiopien nicht heimische Vogelarten des Nahen Ostens. Das brüchige Pergament ist von Insektenbefall, Faltenbildung und früheren Ausbesserungsarbeiten gezeichnet.

OBEN **Neue Fadenheftung** Die drei Pergament-Manuskripte der Evangelien waren zu zwei Bänden gebunden, teilweise allerdings in falscher Reihenfolge. Der Buchrestaurator Lester Capon verwendete feine Leinenfäden, um den vorderen Buchdeckel von Garima I neu einzubinden.

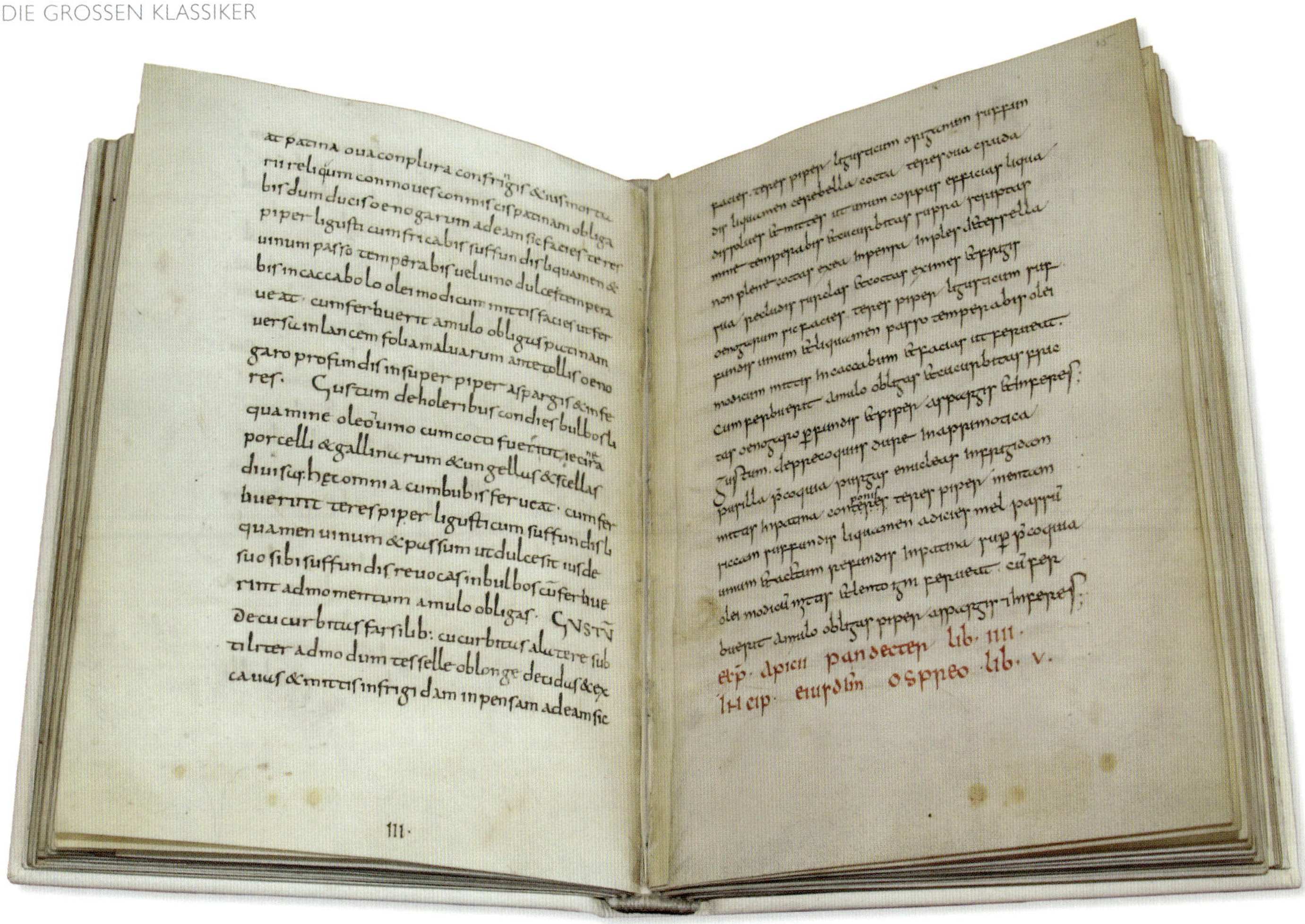

Die ersten Kochbücher

Schon Ägypter, Babylonier und Griechen interessierten sich für ihr Essen. Doch das älteste überlieferte richtige Kochbuch ist schlicht als Apicius *bekannt. Es zeugt von der Maßlosigkeit im Römischen Reich vor etwa 2000 Jahren, doch über den Verfasser weiß man bis heute wenig.*

1498, etwa 45 Jahre nach Gutenbergs erstem Bibeldruck, brachte der Mailänder Drucker Guillermus le Signerre *Apicius de re quoquinaria* sowie eine bearbeitete Fassung von Joannes de Legnano heraus. Ein anderer Raubdruck erschien um 1500 in Venedig. Schon damals verkauften sich Kochbücher bestens.

Das älteste Manuskript liegt in der Vatikanischen Bibliothek und datiert aus dem 4. oder 5. Jahrhundert n. Chr. Es wird dem berühmten römischen Feinschmecker Marcus Gavius Apicius zugeschrieben, der zur Zeit des Kaisers Tiberius lebte. Martial, Seneca,

OBEN ***Apicius*** Die New York Academy of Medicine besitzt eine der beiden ältesten Abschriften des Kochbuchs aus dem 2. Jh. Sie entstand um 830 im Kloster Fulda. Auf 57 Seiten finden sich etwa 500 Rezepte. Während Lerchenzungen und Wildschweinkeulen heute etwas aus der Mode gekommen sind, gelten Bohnen und Aprikosen noch immer als gängige und geschätzte Zutaten.

RECHTS **Mit Pfeffer bestreuen und servieren** Das Fresco-Fragment, 50–75 n. Chr., aus einer Villa bei Boscoreale am Vesuv zeigt barfüßige Küchenjungen, die ein Tier, wohl ein Rehkitz, ausweiden. In der Metallschale, links, liegen Knoblauch und teure importierte Gewürze, die von römischen Gourmets – und Apicius – gerne für ihre raffinierten Rezepte verwendet wurden.

Athenaios und Plinius beziehen sich spöttisch auf seine Völlerei. Plinius etwa berichtete, Apicius habe, nachdem er gesehen hatte, wie Gänsestopfleber gemacht wird, seine Schweine mit getrockneten Feigen gefüttert und schließlich mit einer Überdosis *Mulsum* (Honigwein) getötet.

Wie in anderen Fällen ist vieles, was wir über die römische Geschichte zu wissen meinen, reine Mutmaßung. Marcus Gavius Apicius hat sicherlich gelebt, doch die Rezeptsammlung, die ihm zugeschrieben wird, hat er wahrscheinlich nie verfasst, wie auch Äsop wohl nicht alle »seine« Fabeln schrieb. Die Rezepte wurden vermutlich im 4. Jahrhundert n. Chr. zusammengestellt; diverse jüngere Manuskripte sind bekannt. Den Wert einer solchen Sammlung wussten alle zu schätzen, die Mahlzeiten ordern oder vorbereiten mussten. Ähnliche erhaltene Ratgeber zeigen stets deutliche Gebrauchsspuren, und viele Kochbücher wurden benutzt, bis sie auseinanderfielen – bei gedruckten Ausgaben war und ist es nicht anders. Nudeln und Tomaten, die heute die italienische Küche prägen, kannten die Römer noch nicht. Wir können nur rätseln, wie Silphium schmeckte, ein heute ausgestorbenes Kraut, das die Römer häufig verwendeten, oder ob das in großem Stil produzierte *Liquamen* eine Art antike Worcestersauce war.

Seit Jahrhunderten beschäftigen sich die Menschen mit den Rezepten des Apicius – heutzutage kann man in Internetforen hitzige Debatten verfolgen oder in Fachzeitschriften erfahren, wie dieses oder jenes Gericht gewürzt wurde. Nie waren Apicius' Texte so leicht zugänglich, und sein Kochbuch darf als Urvater der Gattung betrachtet werden.

Bezüge

Zu anderen Küchenratgebern, siehe:

Alexis Soyers Modern Housewife, *S. 202–203*

Mathematisches Wunder

Archimedes gilt als einer der bedeutendsten Mathematiker aller Zeiten, doch die meisten seiner Schriften gingen im Mittelalter verloren. 1906 entdeckte man eine Pergamenthandschrift mit einigen seiner Texte, die aber unglücklicherweise kaum lesbar waren.

UNTEN **Palimpsest des Archimedes** Byzantinisches Gebetbuch (1229), mit 174 Pergamentseiten, von denen man die im 10. Jh. angefertigte Kopie antiker Texte abgeschabt hatte, um sie zu überschreiben. Die ursprünglichen Texte, u. a. sieben Traktate des Archimedes, stehen im rechten Winkel zu denen des 13. Jh. und scheinen schemenhaft durch sie hindurch.

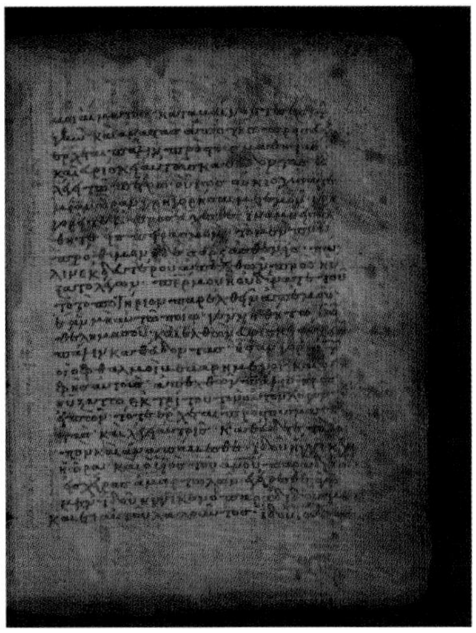

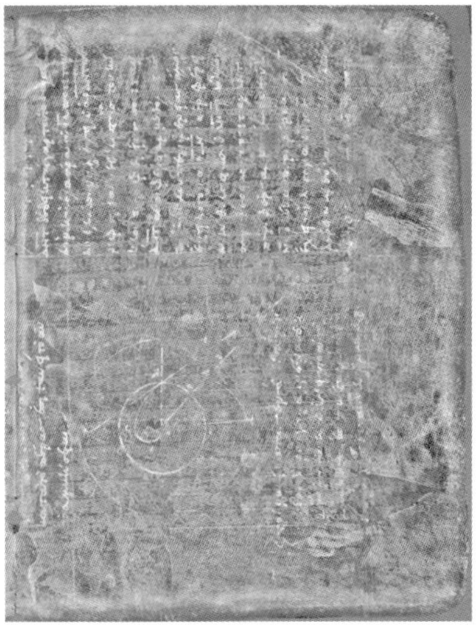

LINKS **Bildgebung** Konservierung und komplexe Bildgebungsverfahren brachten bislang verborgene Texte und Grafiken zum Vorschein. Im Echtfarbenbild (ganz links) erkennt man nur schwach, was darunter liegt, im Graustufenbild zeigt sich eine Grafik (links).

Archimedes' Lehrsätze wurden von Galileo, Leibniz und Newton angewendet: Die moderne Mathematik entstand aus seinem Werk. Archimedes entwickelte auch die Schneckenpumpe (Archimedische Schraube), die noch heute in vielen Bereichen genutzt wird. Als die Römer 282 v. Chr. seine Heimatstadt Syrakus belagerten, soll er riesige Verteidigungsmaschinen konstruiert haben. Archimedes' Ruhm überdauerte, doch seine mathematischen Texte waren kompliziert und wurden deshalb nicht oft kopiert.

Im 5. Jahrhundert n. Chr. war **Pergament** – sofern es aus Kalbsleder bestand, wurde es **Vellum** genannt – der in Europa gängige Beschreibstoff. Es war wertvoll und hielt jahrhundertelang und überdauerte also den ursprünglichen Besitzer eines Manuskripts. Schabte oder wusch man den Text ab, blieben leere Seiten, die wieder beschrieben werden konnten. Im 7. Jahrhundert war diese Methode so verbreitet, dass eine Synode die Tilgung religiöser Texte ausdrücklich verbot.

Wurde die Schrift nicht gründlich getilgt, waren die Texte manchmal noch entzifferbar. Solche recycelten Manuskripte werden **Palimpseste** genannt. Sie erregten später das Interesse von Gelehrten, die versuchten, mit Hilfe von Hitze oder Chemikalien den Text wieder lesbar zu machen, was die Handschriften häufig beschädigte und zu ihrem Zerfall beitrug. Palimpseste bereiten Buchrestauratoren besondere Schwierigkeiten.

Die Geschichte des Archimedes-Palimpsests liest sich wie ein schlechter Krimi. In den 1840er-Jahren entwendete ein deutscher Theologe eine Manuskriptseite aus der Bibliothek des Klosters vom Heiligen Grab zu Jerusalem in Konstantinopel, weil ihm darauf mathematische Zeichen aufgefallen waren. 1906 untersuchte der dänische Mathematikhistoriker Johann Heiberg das Buch in Konstantinopel und identifizierte die darin versteckten Texte als ein Werk des Archimedes. Nach dem Ersten Weltkrieg nutzte die griechische Regierung die Wirren während des Zusammenbruchs des Osmanischen Reiches, um den heimlichen – und illegalen – Umzug der Klosterbibliothek von Konstantinopel nach Athen zu organisieren. Danach blieb das Archimedes-Manuskript verschwunden; offenbar gelangte es aber nach Paris, wo es mit einigen gefälschten Illustrationen »aufgebessert« wurde. 1998 tauchte es bei einer Auktion schließlich wieder auf.

Es gab Streit darüber, wer der rechtmäßige Eigentümer des Manuskripts sei, bevor das Walters Art Museum in Baltimore es erwarb. Auf den ersten Blick schien es nur ein beschädigtes und schimmliges christliches Gebetbuch zu sein, das 1229 in Jerusalem geschrieben wurde; doch unter den Gebeten und den gefälschten Illustrationen standen die Texte mehrerer Bücher des Archimedes, von denen niemand gewusst hatte. Das Fotografieren der Seiten zum Zweck der Digitalisierung bereitete eine Vielzahl ungeahnter Probleme, doch heute können Wissenschaftler aus aller Welt die verborgenen Texte des Archimedes lesen.

Bezüge

Zu anderen Pergament-Kodizes, siehe:
Homers Ilias, S. 48–49
Die Abba-Garima-Evangelien, S. 50–51
Zu anderen mathematischen Büchern, siehe:
Euklids Elementa Geometriae, S. 106–107
Isaac Newtons Principia Mathematica, S. 138–139
Zum Einsatz innovativer Bildgebungsverfahren, siehe:
Das Totenbuch des Ani, S. 22–23
Electronic Beowulf, S. 242–243
Die Nano-Bibel des Technion, S. 246–247

KAPITEL

4

Mittelalterliche Welten & Bücher

Während des Mittelalters schwanden in Europa Buchhandel und Schriftkundigkeit, doch in den Skriptorien der Klöster bewahrten Mönche viele klassische Werke. Während der Renaissance schufen Schreiber und Illuminatoren Bücher, deren Schönheit bis heute unübertroffen ist.

RECHTS **Der hl. Matthäus** Der armenische Priester Toros Roslin versah sein Evangeliar mit exquisiten Miniaturen, für die er Tinte, leuchtende Farben und Blattgold verwendete. Dieses ganzseitige Porträt zeigt den Evangelisten Matthäus, der einen Pinsel ins Tintenfass taucht (siehe Seite 66–67).

ՍԲՆՄԱ
ՏԹԵՈ
Ս

Die Epoche vom Ausgang der antiken Kulturen Europas bis zum Aufkommen des Buchdrucks gleicht dem Wechsel der Jahreszeiten: Dem langen herbstlichen Sterben folgten ein strenger Winter, in dem nur an wenigen geschützten Orten etwas gedieh, ein Frühling mit ersten Anzeichen neuen Lebens und neuer Blüte und schließlich der üppige, fruchtbare Sommer der Renaissance. Thomas Hobbes schrieb, der Mensch in seinem Naturzustand habe »keine Zeitrechnung, keine Künste, keine Gesellschaft und ... ein einsames, kümmerliches, rohes und kurzes Leben«. Natürlich ist das kein genaues Bild der mittelalterlichen Welt. Beginn und Ausprägung der Jahreszeiten unterschieden sich von Ort zu Ort – im Byzantinischen Reich schien es, als wolle der Herbst niemals enden, während im Fernen Osten sowie in den Regionen, die unter islamische Herrschaft fielen, das Klima günstig war.

Im Westen nahm die Schriftkundigkeit dramatisch ab: Bücher wurden weder kommerziell kopiert noch gehandelt, Bibliotheken und ihre Bestände zerfielen oder gingen verloren. Drei Umstände bewahrten das Wissen der antiken Welt: Erstens setzte sich **Pergament** als Beschreibstoff durch, zweitens schuf die allgemein übernommene Form des **Kodex** neue Möglichkeiten, Texte durch Buchbindung zu schützen und dadurch die Haltbarkeit der Bücher zu erhöhen, drittens wurden in Klöstern dank der Verehrung heiliger Schriften Skriptorien eingerichtet und der Klerus ermutigt, lesen zu lernen.

Die ersten Skriptorien

Viele Klöster waren für ihre Skriptorien berühmt. In der Abtei Marmoutier nahe Tours, um 372 n. Chr. vom hl. Martin gegründet, wurden viele wertvolle Handschriften gefertigt, bevor sie 853 von den Normannen geplündert und schließlich während der Französischen Revolution zerstört wurde. Es hieß, dort »werde keine Kunst geübt, außer der der Kopisten«, und die Manuskripte waren für ihre gestochene Kalligrafie bekannt. Einer der Äbte, der große englische Gelehrte Alkuin (um 735–804), wirkte als Berater Karls des Großen und entwarf mit der **karolingischen Minuskel** eine Schriftart, die das Modell aller Schriften und **Drucktypen** ist, die wir heute als **Antiqua** bezeichnen und nutzen.

Der irische Einfluss

Auch Irland und das angelsächsische Königreich Northumbria waren Zentren klösterlicher Buchkunst, vor allem zur Zeit des hl. Columban (521–597, siehe Seite 60–61). Der Legende nach stritt Columban um 561 mit dem hl. Finnian: Columban hatte einen **Psalter** Finnians heimlich abgeschrieben und weigerte sich, die Kopie zurückzugeben, obwohl er vom König dazu aufgefordert wurde. Es kam zu kriegerischen Auseinandersetzungen, in deren Folge sich Columban ins Exil begeben musste. Auf der schottischen Insel Iona gründete er eine Abtei, aus der jahrhundertelang irische Mönche als Schreiber nach Deutschland, Österreich und in die Schweiz zogen. Obwohl auch das Kloster St. Gallen von Angriffen nicht verschont blieb, besitzt seine Bibliothek heute noch Handschriften, die vor über 1000 Jahren in seinem **Skriptorium** entstanden.

Die irischen Mönche gestalteten ihre Werke im ornamentalen Stil der **insularen Buchmalerei**, der das *Book of Kells* prägt. Ihr asketisches Leben war durchaus nicht freudlos: Ein Schreiber des Stifts St. Paul im Kärntner Lavanttal notierte an den Rand eines Buches ein kurzes Gedicht in irischer Sprache:

Ich und Pangur Ban, mein Kater,
frönen einem Gaudium,
er sucht Mäuse wohl aus Wonne,
ich such Wörter in der Nacht.

Am anderen Ende Europas, im Byzantinischen Reich, scheint in manchen der dort entstandenen illuminierten Handschriften religiöser Zwist auf (siehe Seite 62–63). Man kopierte in Konstantinopel nach wie vor auch bedeutende griechische Manuskripte der Antike. Der Nachruhm bescherte antiken Ärzten und Wissenschaftlern neue Abschriften und Leser (siehe Seite 64–65). Wenn manche der alten Texte nicht mehr gefragt oder unlesbar waren, wurden die Manuskriptseiten aus Pergament zu Palimpsesten verarbeitet (siehe Seite 54–55).

Noch weiter östlich lag das Königreich Armenien, wo, wie in Byzanz, Georgien oder Äthiopien und anderen autarken, selbstbezogenen Kulturen, ganz eigene Traditionen des Büchermachens entstanden (siehe Seite 66–67).

Die karolingische Renaissance

Im Westen war die karolingische Renaissance des 8. und 9. Jahrhunderts in mancher Hinsicht ein Versuch, die Kultur des Römischen Reichs wiederzubeleben. Das Bildungsbestreben beeinflusste vor allem die Geistlichkeit, nicht die Laien. Die Wiederentdeckung alter Schriften war allerdings auch für Fälscher segensreich. Die gefälschten Papstbriefe des Pseudo-Isidor etwa dienten als Munition im Streit um zentralisierte beziehungsweise dezentralisierte Macht in der römischen Kirche. Noch heute hängt auch echten Schriften jener Zeit der Verdacht der Fälschung an.

Fälschungen sind noch immer ein Mittel der Propaganda, aber auch des ganz gewöhnlichen Betrugs. Der Handschriften-Markt, so hieß es jüngst, sei »nicht nur von zweifelhaften Objekten, sondern auch von Unaufrichtigkeit und Täuschung jeder Art durchsetzt«. Die Herstellung von Faksimiles und Digitalausgaben sollte dem entgegenwirken. Manuskripte werden zu astronomischen Preisen gehandelt, das ist für manchen ein Anreiz, ein Original zu besitzen. Skrupellose schrecken selbst vor Diebstahl nicht zurück – von Plünderungen in manchen Weltgegenden ganz zu schweigen.

Während der Frühling im Mittelalter fortschritt, forcierte das neu belebte Interesse an Manuskripten und Bildung schließlich das Entstehen des Humanismus. Die Menschen entdeckten neue Welten und die Welt neu (siehe Seite 68–69 und 70–71).

Universitäten und Büchersammlungen

Als die ersten Universitäten gegründet wurden – 1088 in Bologna, 1150 in Paris und 1167 in Oxford –, stieg die Nachfrage nach Büchern. Doch die Bibliotheken waren kläglich ausgestattet. Weil die Studenten Zugang zu niveauvollen Texten benötigten, erfanden die Universitäten das **Pecia**-System (*pecia*, mittelalterlich-lateinisch für »Stück«): Die Universitätsbuchhändler stellten Werke Teil für Teil zu einem bestimmten Preis bereit. Akademische Bibliotheken wuchsen, wenn auch langsam, und private waren nicht länger die Ausnahme. Der englische Bischof und Diplomat Richard de Bury (1287–1345) ist vornehmlich als Buchsammler bekannt, sein *Philobiblon* (vollendet 1345) gilt als erstes Buch über Bibliotheksverwaltung. De Bury wollte seine Bücher eigentlich der Universität Oxford vermachen, doch nach seinem Tod wurde seine Bibliothek verteilt, und heutzutage können ihr lediglich noch zwei Bände zugeordnet werden.

Der Adel liebte verschwenderisch illuminierte Handschriften, und so erschienen sie auch noch nach Gutenbergs Erfindung. Dem Faible für Luxus sind auch spätere »Bücher de luxe« geschuldet, die nicht gelesen, sondern vor allem bestaunt werden sollten. Das rief und ruft manchen Spott hervor, Sebastian Brant machte sich im *Narrenschiff* (1494) darüber lustig. Viele herrliche in Flandern und Italien gearbeitete Bücher sind erhalten geblieben (siehe Seite 72–73 und 74–75) – und auch wir stehen heute staunend davor!

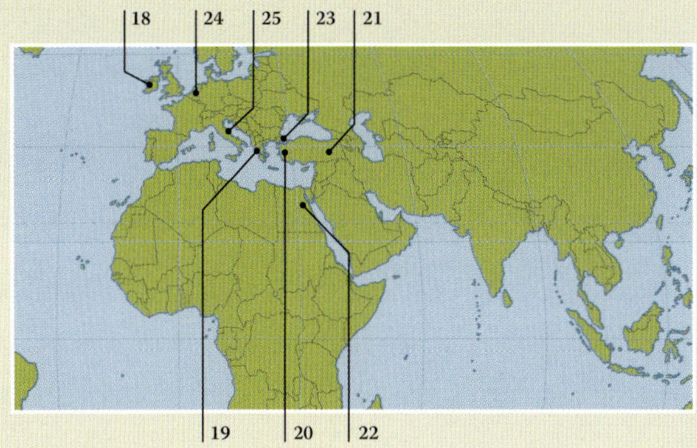

IN DIESEM KAPITEL

RECHTS ***Book of Kells*** Auf einer der schönsten Manuskriptseiten wird das Christusmonogramm Chi-Rho wie eine Schablone für die gewundenen Ornamente verwendet, die himmlische und irdische Wesen umschlingen. Es ist das größte und prächtigste Monogramm der erhaltenen insularen Evangeliare.

Irlands größter Schatz

Das prachtvolle Manuskript, als Book of Kells (Leabhar Cheanannais) *bekannt, ist ein Grundpfeiler irischer Identität. Es gleicht einem Wunder, dass es die Raubzüge der Wikinger und andere Angriffe überstand.*

Der Überlieferung nach brachte der hl. Patrick das Christentum nach Irland, 563 ging der hl. Columban mit anderen Mönchen nach Iona, um die heidnischen Pikten zu bekehren. Später ließen sich irische Mönche auf der Insel Lindisfarne nieder und missionierten von dort aus die Angelsachsen im Norden Englands. Der missionarische Eifer der Iren beschränkte sich nicht auf die Britischen Inseln; jahrhundertelang waren irische Mönche maßgeblich an der Gründung von Klöstern in ganz Europa beteiligt.

Die **insulare Buchmalerei** entwickelte ihren Stil aus irischen und angelsächsischen Traditionen, auch mediterrane Einflüsse sind zu erkennen. Besonders ausgeprägt ist das in den illuminierten Handschriften dieser Abteien. Das *Lindisfarne-Evangeliar*, um 715 entstanden, ist das schönste in Großbritannien noch erhaltene Beispiel. Andere Manuskripte im Stil der insularen Buchmalkunst verdanken wir einem Schüler Columbans, dem hl. Gallus (um 550–646), der die Abtei im schweizerischen St. Gallen mit ihrem berühmten Skriptorium gründete.

Das berühmteste Beispiel insularer Buchmalerei ist das *Book of Kells*. Es wurde Ende des 8. Jahrhunderts geschrieben und nach der Abtei im County Meath benannt, die Columban um 554 gründete. Einige Experten nehmen an, das *Book of Kells* sei auf Iona geschrieben und illuminiert und dann zum Schutz vor sich häufenden Überfällen der Wikinger nach Kells gebracht worden. Andere vermuten, es sei eine Arbeit der Mönche von Kells. Obwohl die Wikinger auch Kells überfielen, blieb das Manuskript erhalten. Dank seiner Berühmtheit wurde es bis 1654 unversehrt aufbewahrt. In jenem Jahr nahm Cromwells Kavallerie in der Kirche Quartier. 1661 übergaben protestantische Geistliche das Manuskript dem Trinity College in Dublin zur sicheren Verwahrung. Dort befindet es sich noch heute.

Aufgrund der Schönheit der Illuminationen und der bedeutenden Rolle des Manuskripts für die irische Geschichte blieb es erhalten. Doch eben weil das *Book of Kells* diese kulturelle und nationale Bedeutung hat, will jeder Dublin-Besucher es sehen: nicht ein Faksimile, nicht einen digitalen Ersatz, sondern das echte Buch. Die Bibliothek verdient daran, dass sie es ausstellt, setzt es so allerdings auch dem Zerfall aus – eine wahre Herausforderung für Konservatoren.

Bezüge

Zu anderen hervorragend illuminierten Manuskripten, siehe:

Der Chludow-Psalter, S. 62–63
Das Toros-Roslin-Evangeliar, S. 66–67
Cristoforo Buondelmontis Liber insularum archipelagi, S. 70–71
Das Stundenbuch des Alessandro Farnese, S. 74–75

Zu einem schmucklosen religiösen Manuskript, siehe:

Das Boek van Bonang, S. 92–93

h generatio

RECHTS **Chludow-Psalter** »Und sie geben mir Galle zu essen und Essig zu trinken in meinem großen Durst«: In diesem außergewöhnlichen Manuskript, das seit 1847 am Berg Athos aufbewahrt wird, illustriert der Miniaturenmaler den 69. Psalm. Unten zu sehen ist Johannes VII., der früher selbst Ikonenmaler war und nun ein Bild Christi tilgt.

Schisma und Zwist

Illuminierte Manuskripte künden oft von Macht und Geltung eines Herrschers. Gibt sich dieses bewusst subversiv?

In der Geschichte jeder Religion kommt es zuweilen zu Rivalitäten, Intrigen und selbst Blutvergießen zwischen einzelnen Lagern. Ob Sunniten oder Schiiten, Katholiken oder Protestanten – jede Gruppe hängt leidenschaftlich an ihrer Sache. Betrachtet man heute die reich illuminierten Manuskripte der byzantinisch-orthodoxen Kirche, könnte man fast vergessen, dass jede Ausprägung des Glaubens glühende Befürworter und erbitterte Gegner hat. Doch von der römischen Kirche spalteten sich Bilderstürmer der protestantischen Bewegung ab, in der orthodoxen tobte der Bilderstreit zwischen Ikonoklasten wie Kaiser Leo V., der alle Ikonen zerstören wollte, und den Ikonodulen, die die Kultbilder verehrten. Am Ende triumphierten die Ikonodulen unter der neuen Herrscherin Theodora.

Manuskripte, die diesen Bilderstreit illustrieren, sind selten. Auf den ersten Blick ist der Chludow-Psalter ein typisch orthodoxer **Psalter**, wie sie Mitte des 9. Jahrhunderts in Konstantinopel nach der Liturgie der Hagia Sophia geschrieben wurden. Er wurde kurz nach der Rückkehr der Ikonodulen an die Macht (843) in den kaiserlichen Werkstätten hergestellt. Wie damals üblich ließen die Schreiber neben den Texten einen breiten Rand, damit später die Illustrationen hinzugefügt werden konnten. Als Schrift verwendeten sie kleine **Unziale** – die einige hundert Jahre später mit groben **Minuskeln** überschrieben wurden.

Die Miniaturen unterscheiden sich von den gebräuchlichen formelhaften biblischen Darstellungen. In dieser Kreuzigungsszene reicht nicht nur der römische Soldat Christus an einer Lanze den essiggetränkten Schwamm, sondern es wischt auch eine weitere Figur mit einem Schwamm ein Bildnis Christi aus. Diese Figur steht für Johannes VII. Grammatikos. Der letzte ikonoklastische Patriarch von Konstantinopel wird auf mehreren Seiten bewusst lächerlich dargestellt, als grober Mann mit wirrem Haar. Die Miniaturen stammen vermutlich aus der Zeit um 843, als Johannes schließlich seines Amtes enthoben wurde.

Marxistische Historiker sehen im Bilderstreit einen mittelalterlichen Ausdruck des Klassenkampfs. Wäre der Chludow-Psalter dann ein ausdrücklich subversives Buch? Sein Stil ist in der byzantinischen Kunst selten.

Bezüge

Zu anderen griechischen/byzantinischen Manuskripten, siehe:

Homers Ilias, *S. 48–49*

Dioskurides' De materia medica, *S. 64–65*

Ptolemäus' Geographia, *S. 68–69*

Zu einer Städtereise nach Konstantinopel, siehe:

Cristoforo Buondelmontis Liber insularum archipelagi, *S. 70–71*

RECHTS ***De materia medica***
Von Yusuf al-Mawsili 1229 für Shams ad-Din im nördlichen Irak oder in Syrien geschrieben und gemalt. Dieses Blatt lag der arabischen Übersetzung von Dioskurides' Arzneimittelbuch lose bei.

Die Grundlage der Pharmakologie

Bis zum 17. Jahrhundert wurden Medikamente allein aus Pflanzenextrakten hergestellt. Die Kräuterarzneikunde des Griechen Dioskurides ist der Ursprung der modernen Medizin.

Die Geschichte der Medizin beginnt traditionell mit Hippokrates von Kos (um 460–370 v. Chr.) und seinem Eid. Die Heilkunde beruhte vor allem auf Pflanzenpräparaten, und es war lebenswichtig zu wissen, welche Pflanzen heilen – oder töten – können. In vorgeschichtlicher Zeit wurde dieses Wissen mündlich weitergegeben, Pedanios Dioskurides systematisierte es um 30–50 n. Chr. in seinem als *De materia medica* bekannten Buch. Dioskurides zog als Arzt in der Armee des römischen Kaisers Nero häufig durch den Nahen Osten. Er bestimmte die pharmakologischen Eigenschaften und Heilwirkungen von über 100 Pflanzen, die römischen und griechischen Ärzten vorher unbekannt waren, und beschrieb mehr als 500 Pflanzen, die vermutlich früher, während der Eroberungszüge Alexanders des Großen, verwendet wurden.

De materia medica wurde ein Standardwerk, das Kräutersammler und Apotheker über 1500 Jahre lang nutzten. In der ganzen westlichen Welt entstanden handgeschriebene, später dann gedruckte Versionen, und in der arabischen Welt wurde es sogar noch häufiger kopiert. In vielen Manuskripten waren die Bilder derart stilisiert, dass sie zur Pflanzenbestimmung kaum brauchbar waren; die besten Ausgaben aber wurden von sachkundigen Künstlern illustriert, die Wurzeln, Stängel, Blätter und Blüten naturgetreu wiedergaben. Die Arbeit war zeitraubend, das Ergebnis oft prachtvoll, wie etwa im berühmten »Wiener Dioskurides« (Nationalbibliothek, Wien), der um 512 n. Chr. in Konstantinopel für die byzantinische Prinzessin Anicia Juliana gefertigt wurde.

Das hier gezeigte Manuskript wurde um 1228 in Anatolien oder Syrien von einem als Bihnam der Christ bekannten Schreiber kopiert, als Vorlage diente ihm ein anderes arabisches Manuskript, das sich heute in Paris befindet. Bihnam hatte die glänzende Idee, die Pflanzenblätter mit Tinte zu bestreichen und aufs Papier zu pressen, so erhielt er auf schnelle, einfache Weise ein Abbild, das akkurat ausgemalt werden konnte. Dieser **Naturdruck** wurde auch von den italienischen Botanikern des 15. Jahrhunderts verwendet. In der arabischen Welt wurde er jedoch nicht übernommen, obwohl Dioskurides' Buch dort weiter kopiert wurde.

OBEN **Dioskurides** Die Illustration aus Bihnams Fassung der *Materia medica* zeigt Dioskurides mit einem Schüler (möglicherweise auch eine Darstellung der Heuresis, der Göttin der Erfindung), der eine Alraune hält.

Bezüge

Zu anderen Kräuterbüchern, siehe:

Elizabeth Blackwells A Curious Herball, *S. 144–145*

Zu anderen botanischen Büchern, siehe:

Carl von Linnés Species plantarum, *S. 160–161*

Zu anderen medizinischen Entwicklungen, siehe:

Mansurs Anatomie, *S. 90–91*

Vesalius' De humani corporis fabrica, *S. 134–135*

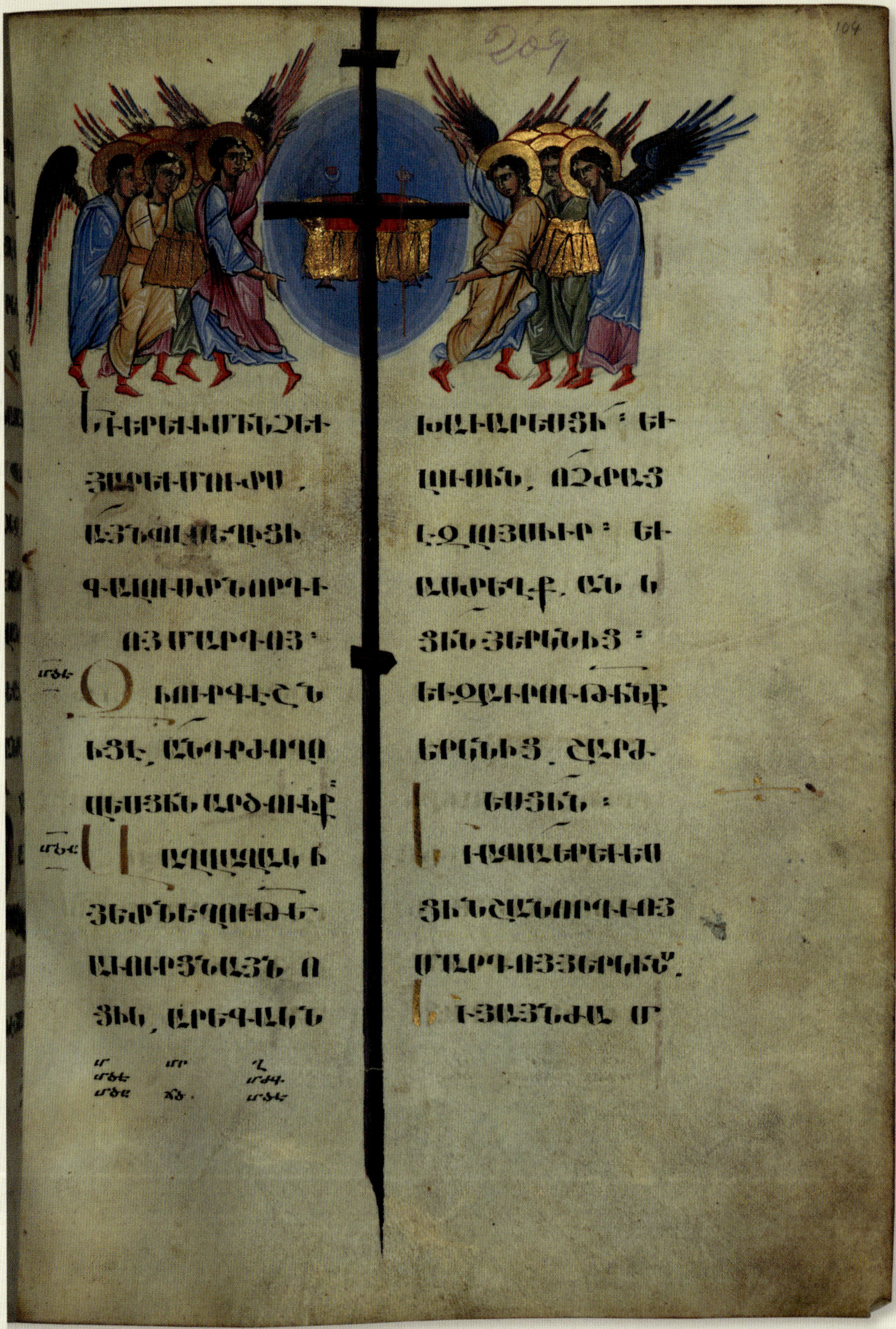

Ein Meisterwerk armenischer Buchmalerei

Die armenische Kultur brachte wie die äthiopische und irische Bücher hervor, die sich von denen anderer Länder stark unterscheiden – das gilt vor allem für die des berühmten Künstlers Toros Roslin.

Zu Zeiten des assyrischen, des griechischen und des Römischen Reiches sowie unter mongolischer, persischer und türkischer Herrschaft hielten die Armenier trotz aller Widrigkeiten beharrlich an ihrer Kultur, ihrer Sprache und ihrer Schrift fest. Aufgrund der geografischen Lage spürt man in Armenien Einflüsse selbst aus so östlichen Ländern wie China; die religiösen Bindungen an Byzanz und andere christliche Länder ließen Autoren und Künstler aber vorwiegend nach Westen blicken.

Die armenische Buchmalerei entstand im 6. oder 7. Jahrhundert n. Chr. und findet sich vor allem in prächtigen **Evangeliaren** – darin ähnelt sie der ansonsten ganz anders geprägten äthiopischen. Die früheste datierte illuminierte Handschrift ist das Evangeliar der Königin Mlké aus dem Jahr 862. Die meisten Manuskripte wurden für Herrscher und hohe kirchliche Würdenträger kopiert. Im Osten des armenischen Königreichs Kilikien (im Südosten der heutigen Türkei) war die bedeutende Stadt Hromkla ein Zentrum der Buchmaler. Der bekannteste war Toros Roslin (er wirkte von 1256–1268), wahrscheinlich ein Priester; manche Forscher vermuten, er sei Nachfahre eines Kreuzfahrers gewesen, denn Roslin ist kein armenischer Name.

Armenische Bibelmanuskripte wurden meist einheitlich gestaltet, zehn ganzseitige Illustrationen stellten die vier Evangelisten sowie die wichtigsten Ereignisse im Leben Christi dar, auch die Kopf- und Randleisten waren illuminiert. Die gestalterische Originalität hebt diese Bibeln von byzantinischer und westlicher Buchmalerei ab. Armenische Künstler verwendeten hochwertige Materialien: Die dunkel purpurne Farbe gewannen sie aus Schildläusen (auch Wolle türkischer und persischer Teppiche wurde so gefärbt), ihre braunen, grünen und blauen Pigmente waren im Nahen und Mittleren Osten berühmt.

Mit feinem weißem **Pergament**, den Farben und kunstvoll eingesetztem Blattgold schufen Roslin und andere großartige Manuskripte; sieben von Roslin gestaltete sind erhalten. Als Hunderttausende Armenier nach dem Genozid Anfang des 20. Jahrhunderts ihre Heimat verlassen mussten, gelangten viele dieser Handschriften unter oft fragwürdigen Umständen in europäische und amerikanische Museen.

LINKS **Toros-Roslin-Evangeliar** Das »Zeichen des Menschensohnes am Himmel«, Tinte, Farben und Blattgold auf Pergament, ist ein Beispiel für die empfindsamen Arbeiten des Schreibers und Illustrators Toros Roslin. Es entstand 1262 im Skriptorium von Hromkla unter dem Patronat Konstantins I.

RECHTS **Die Blinden bei Jericho** Das Toros-Roslin-Evangeliar ist in den Randleisten reich mit Illustrationen verziert. Diese Seite, fo. 88v, zeigt die Männer, deren Augen und Herzen Jesus öffnete, Matthäus 20:30.

Bezüge

Zu anderen illuminierten Bibeln, siehe:

Die Abba-Garima-Evangelien, ***S. 50–51***

Das Book of Kells, ***S. 60–61***

Gutenbergs 42-zeilige Bibel, ***S. 98–99***

Zu anderen Manuskripten aus Anatolien, siehe:

Dioskurides' De Marteria Medica, ***S. 64–65***

OBEN **Ptolemäus' Weltkarte** Zwölf Winde umrahmen die Ansicht aus der *Cosmographia* von 1482, sie zeigt die damals bekannte Welt. Da Ptolemäus in Alexandria wirkte, ist der Mittelmeerraum besonders detailreich dargestellt, im skandinavischen Raum wurde die Karte aktualisiert, die portugiesischen Entdeckungen in Afrika fehlen hingegen, der Indische Ozean ist ein Binnenmeer, Asien und Afrika verbindet ein unbekannter südlicher Kontinent.

Vater der Kartografie

Ptolemäus' Geographia *zeigte als erstes Kartenwerk Längen- und Breitengrade und bildete die Basis der modernen Kartografie – im Westen war sie über Jahrhunderte vergessen.*

Der in Alexandria wirkende Claudius Ptolemäus (um 90–168 n. Chr.) zählt zu den bedeutendsten griechischen Wissenschaftlern. Sein Werk über die Astronomie prägte das europäische Weltbild über 1500 Jahre lang. Seine Schriften über Astronomie und Geografie

Oben **Londoner Psalterkarte**
Diese winzige Karte aus dem 13. Jh. verankert die Welt fest in der christlichen Tradition: Christus thront über allem, Jerusalem liegt im Zentrum. Sie zeigt biblische Szenen, z. B. rechts oben Moses' Zug durchs Rote Meer, und am rechten Rand in Afrika »monströse«, bizarre, teils kopflose Wesen.

beeinflussten auch arabische Gelehrte, wie den Geografen al-Masudi (gestorben 956 n. Chr.). Vor allem ihnen ist die Überlieferung von Ptolemäus' Manuskripten zu verdanken.

Die *Geographia* bestand aus mehreren Teilen; der erste befasste sich mit dem Problem, den kugelförmigen Globus auf eine Fläche zu projizieren. Ptolemäus teilte die Welt in Längen- und Breitengrade ein und verzeichnete die Lage von 8000 Orten, die spätere Kartografen übernahmen. Die von ihm recherchierten Orte und ihre Koordinaten spiegeln das geografische Wissen des Römischen Reiches im 2. Jahrhundert wider. Eine großmaßstäbige Karte von Ptolemäus soll im 4. Jahrhundert in Autun (Frankreich) gezeigt worden sein.

Ptolemäus' *Geographia* wurde um 1300 in Konstantinopel von dem griechischen Mönch Maximos Planudes wiederentdeckt. Der byzantinische Humanist Emanuel Chrysoloras brachte sie um 1400 nach Italien, wo Jacopo Angelo da Scarperia sie 1406–1409 als *Cosmographia* ins Lateinische übersetzte, das Manuskript widmete er Papst Alexander V. Sie war so gefragt, dass zahlreiche Kopien gefertigt wurden und seit 1477 gedruckte Ausgaben erschienen. Ptolemäus' Projektionen und Angaben ermöglichten es anderen Kartografen, namentlich dem Benediktinermönch Nicolaus Germanus (um 1420–1490), exaktere Karten zu erstellen.

Die Karten belegen, wie groß Ptolemäus' geografisches Wissen war; so zeigen sie beispielsweise klar erkennbar die malaiische Halbinsel, den Mittelmeerraum und den Nahen Osten. Verglichen mit heutigen Karten, erscheinen sie dem Betrachter verzerrt; das liegt an den ungenauen Angaben, die Ptolemäus aus älteren Quellen übernommen hatte – grobe Zeitmessungen machten eine genaue Berechnung des Längengrads unmöglich. Außerdem schätzte er den Erdumfang um ein Sechstel zu gering. Doch seine Methodik war tadellos, und seine Karten bilden die Basis der modernen Kartografie.

Bezüge

Zu anderen Geografie- und Reise-Büchern, siehe:

Cristoforo Buondelmontis Liber insularum archipelagi, **S. 70–71**

Die Schedel'sche Weltchronik, **S. 100–101**

Linschotens Itinerario, **S. 132–133**

Zu Sternkarten, siehe:

Al-Sufis Buch der Fixsterne, **S. 86–87**

Tycho Brahes Astronomiae, **S. 136–137**

Seeweg nach Byzanz

Anfang des 15. Jahrhunderts erkundete ein vornehmer Florentiner die griechischen Inseln und Byzanz. Sein Manuskript diente noch als Führer, nachdem die Stadt 1453 an die Türken fiel.

Im antiken Griechenland wurden Navigationshilfen für die Schifffahrt *Periplus* genannt. Später waren Fahrtenbücher in Europa als *Portolan*, *Seebuch* oder *Isolario* (Inselbuch) bekannt. Dieses Buch gehört zu den frühesten Isolarien und befasst sich mit dem östlichen Mittelmeer. Es beschreibt die Reisen des vornehmen Florentiners Cristoforo Buondelmonti (1386–um 1430), eines Mönches, der Griechenland und die antiken Stätten erkundete und seine Erkenntnisse festhielt. Zusammen mit einem Freund, dem berühmten Humanisten Niccolò Niccoli (1364–1437), der als Erfinder der **kursiven** Schrift gilt, trat Buondelmonti um 1414 seine erste Reise zu den griechischen Inseln an, einige Jahre später segelte er nach Byzanz (Konstantinopel).

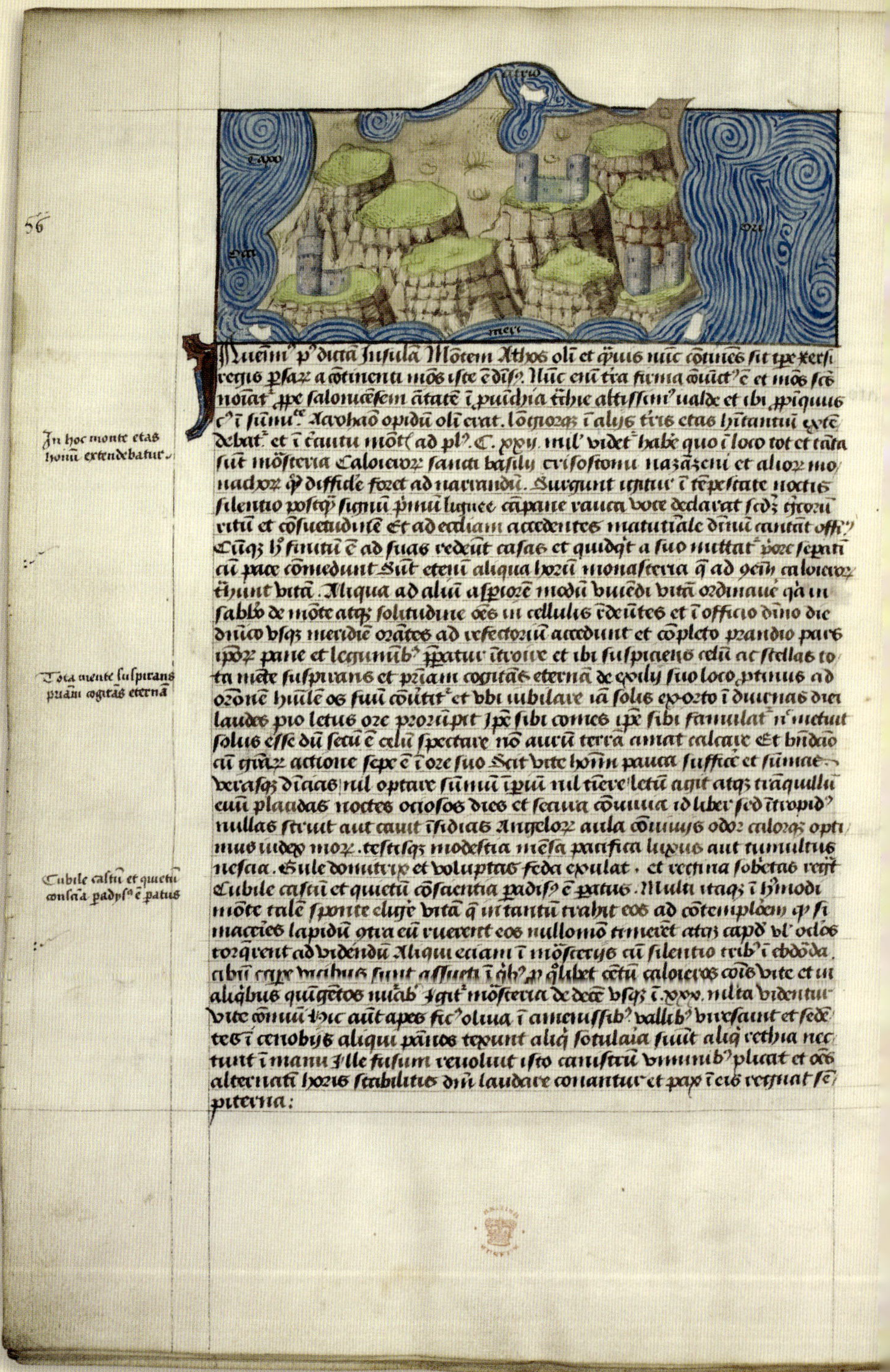

RECHTS *Liber insularum archipelagi*
Das prachtvolle Manuskript wurde in flämischer Bastarda-Schrift verfasst. Im Text versteckt der Autor eine Widmung an seinen Mäzen, die Initialen der Kapitel ergeben: *Christofus Bondelmonti de Florencia. Presbiter, nunc misit Cardinal Iordano de Ursinio. MCDXX* (Cristoforo Buondelmonti aus Florenz, Priester, sendet dies dem Kardinal Giordano von Orsini. 1420)

Sein *Liber insularum archipelagi* war um 1420 fertiggestellt und dem Kardinal Giordano Orsini († 1438) gewidmet, einem großen Mäzen der Künste und Förderer des Humanismus. Buondelmontis Text enthielt sorgfältige Schilderungen der antiken Orte, die er besucht hatte, sowie Karten und Ansichten von Städten und Inseln. Bald galt er als nützlicher Reiseführer, in Venedig und anderswo erschienen zahlreiche handschriftliche Kopien. Heinrich Hammer (Henricus Martellus), ein deutscher Kartograf, der in Florenz arbeitete, nutzte das *Liber insularum archipelagi* 1474 als Grundlage für sein eigenes Inselbuch. Die Karten wurden auch in einem 1485 in Venedig gedruckten Isolario verwendet, das von Bartolommeo »Dalli Sonetti« in Versform verfasst wurde – daher auch sein Spitzname. Einige Experten meinen in ihm Bartolomeo Zamberti zu erkennen, der Euklid ins Lateinische übersetzte.

Buondelmontis Text wurde nie gedruckt, bis Ludwig von Sinner ihn 1824 für den Verlag Reimer edierte. Doch die Handschriften-Fassungen blieben stets hoch geachtet. Noch heute ist das der Fall, 2012 erzielte eine Ausgabe bei einer Auktion fast zwei Millionen Dollar (ca. 1,6 Millionen Euro). Das hier gezeigte Exemplar wurde vermutlich in Burgund für einen Mäzen und Liebhaber gefertigt: Raphael de Marcatellis, Abt des Klosters St. Bavo in Gent, war der illegitime Sohn des burgundischen Herzogs Philipps des Guten. Als Traditionalist zog er Handschriften den Drucken vor und leistete sich das Beste: An diesem Buch arbeiteten meisterliche Schreiber und Buchmaler.

Bezüge

Zu einem anderen prächtigen burgundischen Manuskript, siehe:

Der Brügger Roman de la Rose, *S. 72–73*

Zu einer anderen Entdeckungsfahrt, siehe:

Linschotens Itinerario, *S. 132–133*

Buchmalerei des Meisters der Gebetbücher

Dieses Buch illustriert die raffinierte Kunst des Meisters der Gebetbücher. Es entstand um 1500 in Brügge und sorgt heute noch für Debatten.

OBEN **Die Stimme der Vernunft** Das flämische *Die Lof der Vrouwen (Cité des Dames, Stadt der Frauen)* von Christine de Pizan wurde ebenfalls in Brügge geschrieben und illuminiert (1475). Diese Illustration zeigt im Stil der populären Stundenbücher, die oft Menschen bei der Arbeit darstellen, Christine mit der Personifizierung der Vernunft, die sie anweist, die Literatur von misogynen Ansichten zu reinigen.

Im späten Mittelalter gab es verschiedene Genres kostbar verzierter Manuskripte für kultivierte Höflinge – vor allem für die Damen. Eines diente der Frömmigkeit: das Stundenbuch. Das andere der gefühlvollen Unterhaltung: die **Romanze**.

Der *Roman de la Rose* (Rosenroman) ist eine um 1230 verfasste allegorische Traumvision. Guillaume de Lorris (um 1205–1240) beschrieb in etwa 4000 französischen Versen das Werben eines Höflings um die Geliebte. Um 1275 erweiterte Jean de Meung (um 1240–1305) dieses Werk – weitaus sinnlicher – auf knapp 18 000 Verse. Manch einer sah in dem Roman ein Art Sexhandbuch, er wurde schnell ein Bestseller des späten Mittelalters. Geoffrey Chaucer (um 1343–1400) übersetzte ihn ins Englische und ließ ihn in sein Werk einfließen. Christine de Pizan (1364–um 1430), eine frühe Feministin und erfolgreiche Autorin, attackierte ihn scharf.

Auch nach der Erfindung des Buchdrucks blieb der *Roman de la Rose* populär, bis 1500 erschienen sieben Ausgaben. Heute sind mehrere hundert handschriftliche Kopien von de Meungs Gedicht erhalten, viele mit kunstvollen Miniaturen. Die hier dargestellte Handschrift entstand recht spät, um 1500 in Brügge; Graf Engelbert II. von Nassau gab sie bei einem burgundischen Meisterilluminator in Auftrag. Der Künstler, der als Meister der Gebetbücher bekannt ist, illustrierte höfische Bücher virtuos, diese Handschrift versah er mit 92 großen Illuminationen. Den Text kopierte ein unbekannter Schreiber in einer formvollendeten **Bastarda** aus einer gedruckten Ausgabe.

Weil bis heute das wissenschaftliche Interesse an diesem Roman groß ist und so viele Manuskripte existieren, wurde die »*Roman de la Rose* Digital Library« als gemeinschaftliches Unternehmen der Johns Hopkins University, Baltimore, und der Bibliothèque Nationale, Paris, gegründet. Über 150 Manuskripte wurden bisher digitalisiert und sind nun überall auf der Welt zugänglich.

RECHTS ***Roman de la Rose*** Lautenspieler und Sänger in einem Garten, aus dem Brügger Manuskript, um 1490–1500. Das idealisierte Bild adeligen Zeitvertreibs ist von einer Bordüre aus naturalistischen Blumen und Vögeln umgeben, die einen weiteren Aspekt des *Roman* präsentieren.

Bezüge

Zu Sexhandbüchern anderer Art, siehe:

John Clelands Fanny Hill, **S. 168–169**

Marie Stopes' Married Love, **S. 230–231**

Zu anderen prächtigen Illuminationen, siehe:

Das Stundenbuch des Alessandro Farnese, **S. 74–75**

Zu einem anderen in Brügge gefertigten Buch, siehe:

Caxtons Sittenbuch über das Schachspiel, **S. 102–103**

Assez y fery et
hurtay.
Et maintesfois
je escoutay
Se je orroye leans nulle ame
Le guichet qui estoit de charme
Me ouvrit une pucellette
Qui assez estoit gente et nette
Cheveulx ot blons cõe ung bassi
La char plus tendre quung poussin

Front reluisant sourcilz voultiz
Lentreoeil si nestoit pas petiz
Ains fut assez grans par mesure
Le nez ot bien fait a droiture
Les yeulx ot vers cõme faulcone
Pour faire envie a tout homme
Doulce alaine ot et savouree
La face blanche et coulouree
La bouche petite et grossette
Et au menton une fossette

Gigant der Giganten

Stundenbücher gehörten zu den beliebtesten Manuskripten der Renaissance. In Italien entstanden Dutzende prächtiger Exemplare, unter anderem dieses von einem kroatischen Meister gestaltete.

In jener Zeit, in der Herrscher große Künstler damit beauftragten, im Stil der Antike zu arbeiten – der italienischen Renaissance –, florierte das Geschäft mit illuminierten Manuskripten, vor allem in Norditalien. Städte wie Bologna, Florenz, Ferrara, Mantua, Mailand und Siena, aber auch Venedig und Rom, förderten Künstler, die herausragende Miniaturenmaler waren.

Der Kroate Giulio Clovio (Julije Klović, 1498–1578) ging mit 18 Jahren nach Rom, wo er im Haushalt des Kardinals Marino Grimani zum Maler ausgebildet wurde. Er lernte auch bei Giulio Romano (einem Raffael-Schüler) und Girolamo dai Libri, dem Spross einer Veroneser Illuminatoren-Dynastie. Da der frühere ungarische König Matthias Corvinus ein berühmter Buchsammler und Förderer der Buchmalerei gewesen war, zog Clovio nach Ungarn. Dort hätte er sicherlich eine Karriere als Maler vor sich gehabt, doch der Tod König Ludwigs II. bei einer verheerenden Niederlage gegen die Türken und der folgende Niedergang des Landes zwangen Clovio, Ungarn zu verlassen.

1534 kehrte Clovio in den Haushalt des venezianischen Kardinals Marino Grimani zurück und arbeitete dort an einigen seiner Hauptwerke, etwa den Miniaturen zur »Epistel des hl. Paulus an die Römer« (1537). Danach wirkte er

LINKS **Stundenbuch Alessandro Farneses**
Ein prächtiges Beispiel der Buchmalerei der Hochrenaissance. Sein Zeitgenosse Vasari nannte Clovio einen »neuen und kleinen Michelangelo« (dessen Einfluss in den Illustrationen der Bordüren aufscheint). Clovios »Sündenfall« verweist auch auf die Stiche eines anderen Malers der Renaissance: Albrecht Dürer.

hauptsächlich in Rom, seit den 1540er-Jahren für den berühmten Mäzen und Kunstsammler Kardinal Alessandro Farnese (1520–1589), der ihn mit dem Stundenbuch beauftragte, das 1546 fertiggestellt war – fast ein Jahrhundert nach Gutenbergs erstem Druck.

Aus dem Zusammenwirken der feinen **Kursivschrift** im Text mit Clovios' prachtvollen Miniaturen erstand ein Buch, das schon bald als Meisterwerk angesehen wurde. Vasari pries Clovio in seinem *Leben der Maler* (1568) als unübertroffenen »Maler kleiner Dinge«. El Greco zollte Clovio Anerkennung, indem er ihn mit dem Stundenbuch porträtierte und auf einem anderen Gemälde mit den großen Malern Tizian, Raffael und Michelangelo vereinte.

Bezüge

Zu anderen illuminierten Büchern der italienischen Renaissance, siehe:

Euklids Elementa Geometriae, *S. 106–107*

Die Vergil-Aldine, *S. 108–109*

Zu anderen hervorragenden Illuminationen, siehe:

Cristoforo Buondelmontis Liber insularum archipelagi, *S. 70–71*

Der Brügger Roman de la Rose, *S. 72–73*

KAPITEL

5 Licht aus dem Osten

RECHTS **Der reisende Mönch** Die Zeichnung aus Dunhuang (851–900 n. Chr.), heute im British Museum, zeigt vermutlich den berühmten chinesischen Mönch Xuanzang. Auf dem Rücken trägt er buddhistische Schriften, die er in Indien sammelte. Der Tiger und der kleine Buddha sind Teil der Xuanzang-Mythen (siehe Seite 80–81).

Literatur und Wissenschaften waren in einigen Zentren des Ostens ausgesprochen dynamisch, lange bevor die europäischen Kulturen in der Renaissance neu erblühten. Erstaunliche islamische Errungenschaften gingen den europäischen voraus, die Literatur Chinas, Japans und Indiens war erfindungsreich.

In China wurde vieles erfunden, was für die Entwicklung des Buches ungeheuer wichtig war. Die chinesischen Völker waren so einfallsreich und begabt, dass selbst abgelegen und anspruchslos lebende Gruppen wie die Naxi in Yunnan in der Lage waren, **Papier** herzustellen und Holzblöcke zu schnitzen.

Der Buchhandel entwickelt sich

China war zentral regiert, die kulturellen Gruppen respektierten das geschriebene und gedruckte Wort, und so entwickelte sich geradezu unausweichlich ein Handel mit Büchern. Nach buddhistischer Lehre besteht der beste Weg, ein Sutra wirklich zu verstehen, darin, sie abzuschreiben – noch heute wird dies in den buddhistischen Klöstern Südostasiens so praktiziert. Passenderweise ist das älteste erhaltene Druckwerk ein Sutra (siehe Seite 80–81). Das Kopieren förderte die Entwicklung des Buchdrucks, aber auch die Kalligrafie. Da zahlreiche Arbeitskräfte, auch Holzschnitzer und -stecher, verfügbar waren, konnten Schritte wie das Einfärben der Druckblöcke und das Glätten der Papierbogen effizient erledigt werden.

Gedruckte Bücher galten als minderwertig, und so war die kaiserliche Bibliothek in Hangzhou im 12. Jahrhundert noch zu drei Vierteln mit Handschriften bestückt. Dennoch setzte sich das Druckwesen rasch durch, den **Kolophonen** aus der südlichen Song-Dynastie kann man entnehmen, dass sowohl Geschichtenbücher als auch Almanache, praktische Handbücher für wenig Gebildete und anspruchsvolle Titel für die Klasse der Mandarine erschienen – auch Raubdrucke plagten den Buchhandel bereits.

Mit der Entwicklung des Druckwesens entstanden Romane. Klassiker wie *Die Räuber vom Liang-Schan-Moor* aus dem 14. Jahrhundert, *Der Goldene Lotus* (1610 zuerst gedruckt, jahrhundertelang zensiert) oder *Der Traum der roten Kammer* aus dem 18. Jahrhundert sind sehr umfangreich – heute gelten sie weltweit als Meisterwerke.

Auch in Japan erlebte der Sittenroman eine Blütezeit, Murasaki Shikibus *Geschichte vom Prinzen Genji* (siehe Seite 82–83) ist der bekannteste. Das *Kopfkissenbuch* ihrer Zeitgenossin Sei Shonagan besitzt ähnliche literarische Qualität. Die Buchproduktion entwickelte sich jedoch anders als in China. Die ästhetischen Merkmale der Kana-Schrift, die etwa für die *Geschichte vom Prinzen Genji* verwendet wurde, kamen im Holzblockdruck besser zur Geltung. Obwohl die Jesuiten in den 1590er-Jahren in Japan, wie auch in Korea, den **Letterndruck** einführten, konnte sich dieser nicht durchsetzen: Die japanische Vorstellung vom Buch kam der moderneren Technik nicht entgegen. Trotzdem entwickelte sich in Kyoto, Edo und Osaka im frühen 17. Jahrhundert ein kommerzieller Buchhandel, wobei auch gezielt Bücher für eine weibliche Leserschaft angeboten wurden. Nach der Vertreibung der Jesuiten aus Japan verbot die Zensur jede Erwähnung des christlichen Glaubens, und es durften einzig holländische Bücher eingeführt werden.

In Südasien konnte sich die Drucktechnik nur langsam durchsetzen. Im Mogulreich war die Kunst der Schreiber – und die Schönheit der Miniaturmalereien in ihren Arbeiten – jahrhundertelang gefragt. Handgeschriebene Zeitungs-Blätter erschienen, bis im 19. Jahrhundert die damals neue **Lithografie** die Reproduktion kalligrafischer Schriften ermöglichte.

Anfänge des Islam

In einigen muslimischen Regionen waren Papier sowie das **Kodex**-Format üblich, während in anderen noch am **Lontar**-Manuskript festgehalten wurde. Es ist schwer zu sagen, wie viele indische Palmblatt-Manuskripte erhalten blieben: Die Schätzungen schwanken zwischen 5 und 39 Millionen, einem Bruchteil der tatsächlich geschriebenen. Manuskripte wie das *Ramayana* und die volkstümlichen *Fabeln des Bidpai* (siehe Seite 84–85) wurden häufig kopiert. Die Fabeln erschienen dann auf dem Umweg über persische und arabische Übersetzungen in Mogul-Miniaturen als *Kalila und Dimna*.

Im Nahen Osten und in Nordafrika brachte die Verbreitung des Islams positive kulturelle Entwicklungen. Muslimische Gelehrte bewahrten alte griechische Manuskripte und errichteten neue Zentren der Bildung. In Bagdad war das im 9. Jahrhundert vom Kalifen Harun al-Raschid gegründete *Bait al-Hikma* (Haus der Weisheit) Bibliothek, Forschungszentrum und Observatorium in einem, in seiner Größe nur von der antiken Bibliothek in Alexandria übertroffen (siehe S. 86–87 und 88–89). Die kulturellen Zentren Córdoba und Kairo waren fast gleichermaßen bedeutend, Isfahan

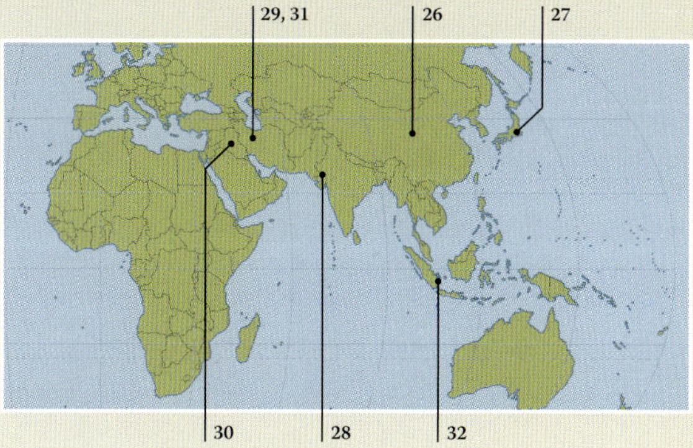

und Timbuktu ebenso berühmt (siehe Seite 90–91). Religionskriege und rücksichtslose Plünderungen, etwa als Córdoba ans christliche Spanien fiel, trafen die islamische Kultur schwer. Noch verheerender waren die Angriffe der Mongolen unter Hülagü Khan (um 1218–1265), einem Enkel Dschingis Khans. 1258 belagerten und plünderten seine Truppen Bagdad und töteten Tausende Einwohner. Die völlige Zerstörung des *Bait al-Hikma* war eine Katastrophe für die islamische Wissenschaft. Bagdad erlangte seine einstige Bedeutung nie zurück

Bücher in Indonesien

In Indonesien gab es hoch entwickelte Kulturen, die aber nicht für ihren Forschergeist bekannt waren. Der Islam verbreitete sich auf den Inseln nicht in einem rasanten Siegeszug, sondern erst spät und langsam. Für islamische Bücher bevorzugte man arabische Formate, auch wenn sie in lokalen Sprachen und Schriften verfasst waren. Die javanischen Schreiber verwendeten ***Dluwang*** (ein papierähnliches Material aus Rinde) anstelle des im Mittleren Osten hergestellten Papiers und schufen so Bücher mit einem unverkennbaren, für ihre Heimat typischen Stil (siehe Seite 92–93).

Als auch auf Java islamische Bücher geschrieben wurden, waren dort bereits die starken Einflüsse der europäischen Missionare und Kolonialisten spürbar. Die Jesuiten brachten islamische astronomische Schriften nach China, die Holländer verbreiteten ihr Wissen in Japan und Indonesien. In Ostindien setzten sich neue Ideen und Techniken durch, lange bevor Gutenbergs Erfindung die Buchwelt für immer veränderte.

IN DIESEM KAPITEL — *Seite*

Das älteste gedruckte Buch

Einen ihrer größten Schätze, ein unspektakulär aussehendes Buch, verdankt die British Library der imperialistischen Rivalität Russlands und Großbritanniens.

Das *Diamant-Sutra* ist eines der elementaren religiösen Bücher mit Buddha-Worten. 401 v. Chr. wurde es zum ersten Mal aus dem Sanskrit ins Chinesische übersetzt. Der Name leitet sich von einem indischen Begriff ab, der die Unzerstörbarkeit des Diamanten und die Kraft des Blitzes beschreibt. Die Gläubigen erwirkten sich mit dem Abschreiben der Texte Verdienste. Dieses Exemplar wurde von Wang Jie am 11. Mai 868 kopiert. Es ist somit das älteste datierte Buch und wurde, fast 600 Jahre bevor Gutenberg in Europa wirkte, gedruckt.

Die Kolonialmächte kauften – und raubten – in Ägypten und anderen Ländern, vor allem in China, alte Handschriften. Viele Bücher wurden auf archäologischen Expeditionen erworben. Diese Expeditionen dienten häufig der Tarnung von Kampagnen, mit denen Russland und Großbritannien ihre Einflusssphären ausdehnen wollten. Auch Frankreich und Deutschland bauten Sammlungen auf und schufen so ungewollt einen Markt für einfallsreiche Fälscher, wie den Uiguren Islam Akhun aus Khotan.

Archäologische Expeditionen entlang der Seidenstraße brachten Aurel Stein, einen Ungarn im Dienste englischer Museen, in die Mogao-Grotten von Dunhuang in der Provinz Gansu im Nordwesten Chinas. Der taoistische Mönch Wang Yuanglu hatte eine verschüttete Höhle entdeckt, in der seit dem 11. Jahrhundert unberührte Bücher lagerten. Stein kaufte ihm 40 000 **Schriftrollen** ab, darunter das *Diamant-Sutra*, und verschiffte sie 1907 nach London. Der französische Sinologe Paul Pelliot reiste 1908, von Russland finanziert, nach Dunhuang. Zu seinen Begleitern zählte der spätere finnische Präsident Carl Gustaf Mannerheim. Pelliot brachte eine wertvolle Sammlung, die ihn damals 500 Taels (umgerechnet etwa 90 Euro) kostete, nach Paris zurück. Die Chinesen betrachten diese Aufkäufe noch heute als Raub ihres kulturellen Erbes.

Die Pariser und Londoner Sammlungen sowie die restlichen Manuskripte aus Dunhuang, die nach Peking und an andere Orte gebracht wurden, werden sorgsam erhalten. Das »Internationale Dunhuang Projekt« digitalisiert unter Federführung der British Library sämtliche Handschriften und macht sie allgemein zugänglich.

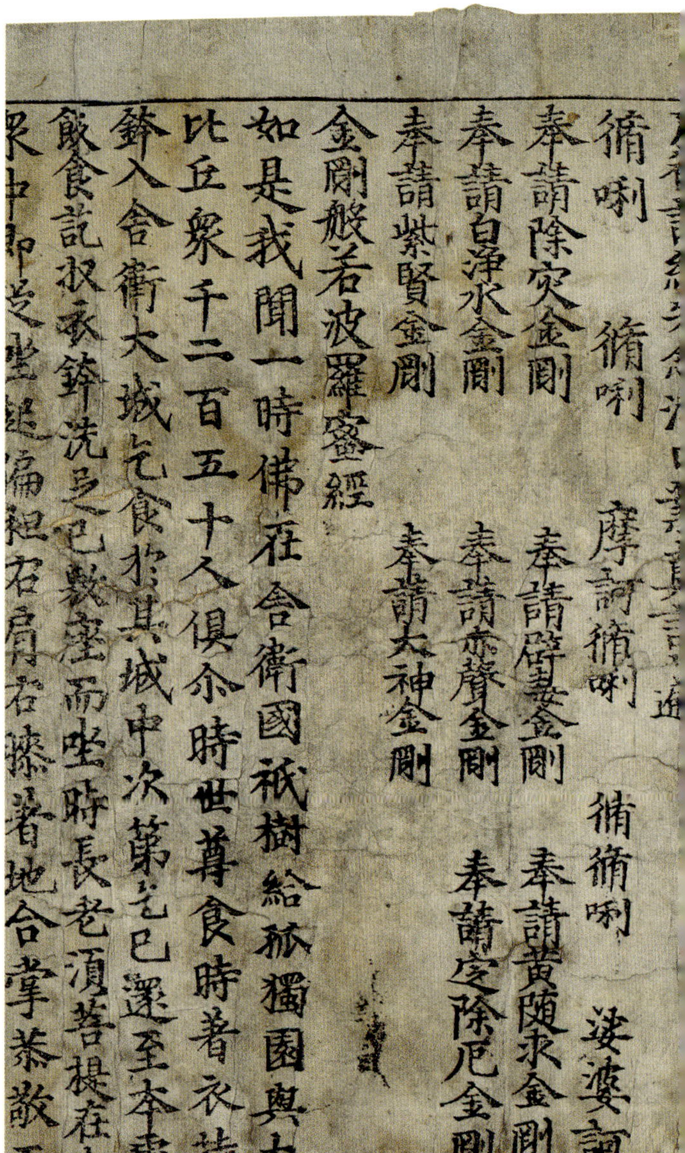
脩唎 脩唎 摩訶脩唎 脩脩唎 娑婆訶
奉請除災金剛 奉請辟毒金剛 奉請黃隨求金剛
奉請白淨水金剛 奉請赤聲金剛 奉請定除災金剛
奉請紫賢金剛 奉請大神金剛
金剛般若波羅蜜經
如是我聞一時佛在舍衛國祇樹給孤獨園與大
比丘眾千二百五十人俱尒時世尊食時著衣持
鉢入舍衛大城乞食於其城中次第乞已還至本處
飯食訖收衣鉢洗足已敷座而坐時長老須菩提在大
眾中即從座起偏袒右肩右膝著地合掌恭敬而

UNTEN ***Diamant-Sutra*** Das in einer Höhle in Dunhuang, im Nordwesten Chinas, gefundene Buch ist das früheste datierte Druckwerk (868 n. Chr.) und gilt als einer der bedeutendsten heiligen Texte des Buddhismus. Es besteht aus sieben gelb verfärbten, blockbedruckten Papierstreifen, die zu einer fünf Meter langen Schriftrolle zusammengeleimt wurden.

Bezüge

Zu anderen frühen asiatischen Drucken, siehe:

Die Dharani der Kaiserin Shōtoku, S. 30–31

Die Tripitaka Koreana, S. 32–33

Zu anderen seltenen, gestohlenen Büchern, siehe:

Das Quipu aus Caral, S. 20–21

Der Codex Mendoza, S. 130–131

LINKS ***Geschichte vom Prinzen Genji*** Das Bild der Hofdamen und ihrer Dienerinnen gehört zu der ältesten erhaltenen Version der Geschichte von Murasaki Shikibu. Von der ursprünglich 137 m langen Schriftrolle, entstanden um 1130, sind nur Fragmente erhalten. Sie ist ein ausgezeichnetes Beispiel des *Tsukuri-e*, des opaken Farbauftrags der Heian-Ära.

Ein anmutiges Meisterwerk

Vor über 1000 Jahren schrieb eine Hofdame am japanischen Kaiserhof ein Werk, das häufig als der erste moderne Roman bezeichnet wird. In jener Zeit waren schreibende Frauen selten – und Männer, die sie ernst nahmen.

Gemeinhin gelten die klassischen Versepen der *Ilias* und der *Odyssee*, Petronius' *Satyricon*, Apuleius' *Goldener Esel* oder mittelalterliche Stoffe wie der *Beowulf* als Vorläufer des Romans. Doch das erste Prosawerk, das als ältester psychologischer Roman betrachtet wird, ist die *Geschichte vom Prinzen Genji* von Murasaki Shikibu, die 978 n. Chr. geboren wurde und um 1014 oder 1025 starb.

Murasaki entstammte einer niederen Adelsfamilie, ihr Urgroßvater und ihr Großvater waren Dichter, ihr Vater hatte ein Amt im Ministerium für Zeremonien inne und war ebenfalls Dichter. In jener Zeit lebten japanische Mädchen getrennt von den Männern mit ihren Müttern zusammen. Es war ihnen nicht erlaubt, Chinesisch zu lernen, denn man glaubte, dass Mädchen zu ernsthaften Studien nicht fähig seien. Murasaki wuchs jedoch im Haushalt ihres Vaters auf und beherrschte, wie ihr Bruder, klassisches Chinesisch. Sie genoss eine ungewöhnlich liberale Erziehung und begleitete ihren Vater auf einigen seiner offiziellen Reisen, was damals in Japan unüblich war. Und sie lernte den komplexen Mikrokosmos des kaiserlichen Hofes kennen, der von der Außenwelt abgeschlossen lebte.

Sie war über 20 Jahre alt, als sie mit der *Geschichte vom Prinzen Genji* begann, einem langen, dreiteiligen Roman in 54 Kapiteln, an dem sie etwa zehn Jahre arbeitete. Ihr literarischer Stil war selbst für die damalige Zeit komplex (wie übrigens auch ihre Persönlichkeit), und die Lektüre erforderte große Konzentration. Dem Roman wurde große, bis heute anhaltende Aufmerksamkeit, zuteil. Bald schon erschienen handschriftliche Kopien. Es gab so viele unterschiedliche Versionen – angeblich mehrere hundert –, dass bereits im 12. Jahrhundert an einer verbindlichen Fassung gearbeitet wurde. Die Geschichten faszinierten japanische Künstler, und es entstanden zahlreiche illustrierte Ausgaben.

Die japanische Sprache hat sich seither stark verändert, daher ist Murasakis archaischer Text dem modernen Leser kaum verständlich. Heutzutage wird die *Geschichte vom Prinzen Genji* in Übersetzungen, entweder ins moderne Japanisch oder in andere Sprachen, gelesen. Noch immer fesseln die Einblicke dieser klugen, unglücklichen Frau in eine verborgene Kultur Leser wie Künstler.

OBEN **Höfische Diskretion**
Die Gesichter der Hofdamen sind, wie in dieser Hochzeitsszene, im ganzen Buch eigentümlich verzerrt dargestellt. Möglicherweise sollte dadurch die Identität von Murasakis realen Vorbildern geschützt oder dem Leser ermöglicht werden, sich ein eigenes Bild zu machen.

Bezüge

Zu einem älteren japanischen Werk, siehe:

Die Dharani der Kaiserin Shōtoku, S. 30–31

Zu anderen gelehrten Büchern begabter Frauen, siehe:

Der Brügger Roman de la Rose, S. 72–73

Elizabeth Blackwells Curious Herball, S. 144–145

Anna Atkins' Photographs of British Algae, S. 184–185

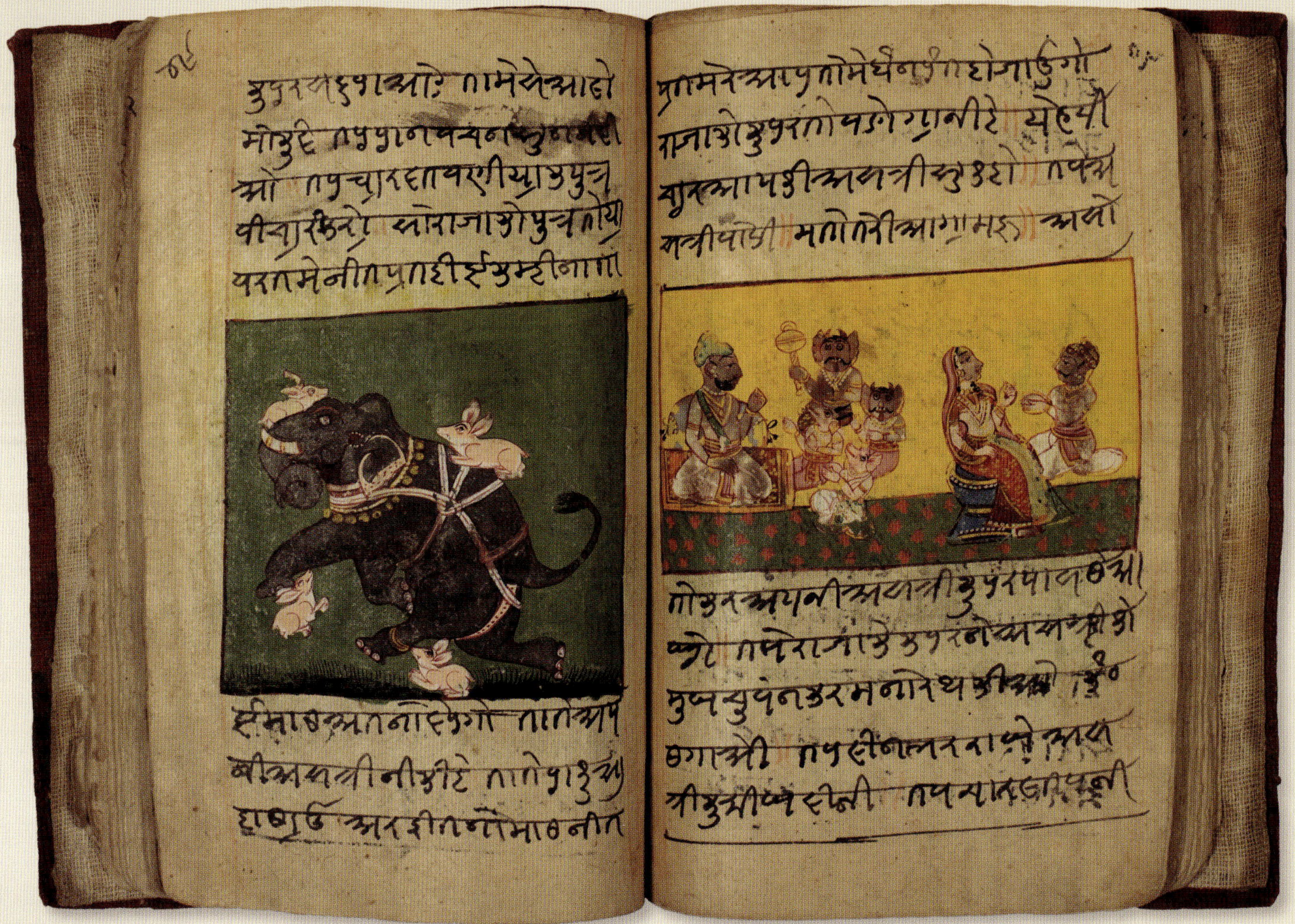

Der »indische Äsop«

Zwei Bücher überstanden den Brand der Bibliothek von Alexandria, eines waren die Fabeln des Bidpai *– deren Geschichten Tausende Jahre zuvor entstanden.*

Jede Kultur braucht Mythen und Fabeln, um den Menschen die Welt zu erklären. Das Bedürfnis ist so alt und so stark, dass wir noch heute Fabeln erzählen, die vor Tausenden von Jahren entstanden. Häufig treten darin personifizierte Tiere auf, teilweise als Betrüger, wie etwa der Fuchs oder das westafrikanische Spinnenwesen Anansi. Fabeln besitzen einen stark belehrenden Charakter und dienten in ihren frühesten asiatischen Formen vermutlich als »Fürstenspiegel« bei der Erziehung von Kindern mächtiger Familien – auch Machiavellis *Fürst* hatte diesen Zweck.

Wissenschaftler führen einige dieser Fabeln bis auf das buddhistische *Jakata* zurück, Geschichten, die von den vorherigen Leben des Buddha in Menschen- und Tiergestalt berichten und um 400 v. Chr. zuerst in Zentralindien auftraten. Viele dieser Fabeln erschienen später im *Panchatantra* – auch als *Fabeln des Bidpai* bekannt –, das Vishnu Sharman im 3. Jahrhundert v. Chr. in Sanskrit verfasste; diese Datierung ist jedoch umstritten.

Das *Panchatantra* (Fünf Bücher von Erzählungen) ist wahrscheinlich die bekannteste literarische Schöpfung Indiens und wurde häufig übersetzt, zum ersten Mal um

LINKS ***Panchatantra*** (Fünf Bücher von Erzählungen). Dieses rare Manuskript, um 1754–1755, illustriert moralische Tierfabeln aus dem Sanskrit, die junge Fürsten politische Weisheit lehren sollten. Die 49 bezaubernden Miniaturen zeigen einen für das südliche Rajasthan typischen Stil.

RECHTS ***Kalīla und Dimna.*** Die Titelfiguren der lehrreichen Tierfabeln sind zwei Schakale. Die Illustration einer persischen Fassung, ausgeführt mit Tinte, Farben und Blattgold auf Papier, entstand vermutlich um 1460 in Bagdad. Sie zeigt einen der Schakale, wie er den Löwen überredet, vom Esel abzulassen und stattdessen Gutes zu tun.

570 n. Chr. ins Persische. Aus dem Persischen wurden die Fabeln 750 n. Chr. von Abdallah Ibn al-Muqaffa als *Kalīla wa-Dimna (Kalila und Dimna)* ins Hocharabische übertragen. Noch heute gilt der literarische Stil seiner Fassung als vorbildlich.

Auf dieser arabischen Version fußen die meisten späteren Übersetzungen, von denen noch zahlreiche Handschriften existieren. 1251 wurden die Fabeln in Toledo ins Lateinische übersetzt. Ebenso ins Lateinische übertragen wurde eine hebräische Übersetzung aus dem 12. Jahrhundert, und diese Fassung von Johannes de Capua gehört zu den ersten in Europa gedruckten Büchern. Bis 1500 erschienen elf Ausgaben. In den europäischen **Inkunabeln** waren die Bidpai-Fabeln häufig mit ansprechenden naiven Holzschnitten versehen, wurden aber nie so populär wie die Äsop'schen. In Indien, Persien und dem Osmanischen Reich erschienen viele, oft erlesene, illuminierte Manuskripte von *Kalīla wa-Dimna*.

Bezüge

Zu einem indischen Manuskript ganz anderer Art, siehe:

Das Sutra der vollkommenen Weisheit *von Nalanda,* ***S. 34–35***

Zu anderen Büchern mit pädagogischem Ansatz, siehe:

Äsops Fabeln, ***S. 46–47***

John Newberys Little Pretty Pocket-Book, ***S. 156–157***

Lucy Aikins Robinson Crusoe, ***S. 194–195***

Islamisches Standardwerk der Astronomie

Eines der bedeutendsten Bücher in der Geschichte der Astronomie verfasste ein Perser, lange bevor das Teleskop erfunden wurde.

Der Perser Abd al-Rahman al-Sufi (903–986 n. Chr.) war Astronom am Hof der schiitischen Buyiden in Isfahan, als diese weite Teile Persiens und Mesopotamiens beherrschten. In Persien nahm man die Astrologie ernst und astronomische Beobachtungen noch ernster. Al-Sufis Darstellung der sichtbaren Sterne wurde in allen islamischen Ländern ein Standardwerk. Jahrhundertelang wurde es kopiert, auch im fernen Samarkand, dessen Herrscher Ulug Begh 1417 eine Abschrift in Auftrag gab. 1429 ließ er in Samarkand ein Observatorium errichten – viele Jahre bevor in Europa der Sternenhimmel wissenschaftlich erkundet wurde.

OBEN **Al-Sufis Einfluss** ist in der Darstellung der Konstellation von Ursa Major, dem Großen Bären, in einem persischen Manuskript des späten 17. oder frühen 18. Jh. erkennbar.

Al-Sufis *Buch der Fixsterne* basierte auf älteren Arbeiten von muslimischen Gelehrten aus Nordafrika, al-Andalus (dem maurischen Spanien), dem Nahen und Mittleren Osten. Die Hauptquelle Al-Sufis war der Sternkatalog aus Ptolemäus' *Almagest*, der im 9. Jahrhundert vom Griechischen ins Arabische übersetzt wurde. Zu jener Zeit war im Westen das Wissen um den *Almagest* verloren gegangen. Erst Mitte des 12. Jahrhunderts wurde er unter der normannischen Herrschaft in Sizilien vom Griechischen ins Lateinische übertragen, und in Toledo übersetzte ihn Gerhard von Cremona um 1160 aus dem Arabischen. Gerhard war einer der wichtigsten Vermittler zwischen Morgen- und Abendland, islamischer und christlicher Kultur.

Das älteste erhaltene Manuskript von Al-Sufis astronomischem Werk wurde 1009 geschrieben und gehört heute der Bodleian Library in Oxford. Der Dubliner Erzbischof Narcissus Marsh erstand das Buch vermutlich 1696 in Leiden, nachdem es der deutsche Orientologe Christianus Ravius einige Jahre zuvor in der Türkei entdeckt hatte, und vermachte es 1713 der Bibliothek. Das als »Marsh 144« bekannte Manuskript verbindet wissenschaftliche Exaktheit mit einem ungezwungenen, anschaulichen Malstil, der typisch für die persische Kunst ist. Jüngere Manuskripte aus westeuropäischen und türkischen Bibliotheken halten sich eng an Al-Sufis Darstellung der Sternkonstellationen.

Bezüge

Zu anderen islamischen Entdeckungen und Erfindungen, siehe:

Al-Dschazaris Kompendium der mechanischen Künste, ***S. 88–89***

Mansurs Anatomie, ***S. 90–91***

Zu anderen astronomischen Büchern, siehe:

Tycho Brahes Astronomiae, ***S. 136–137***

Zur Bekehrung zum Islam, siehe:

Das Boek van Bonang, ***S. 92–93***

Gregorios Stundenbuch, ***S. 110–111***

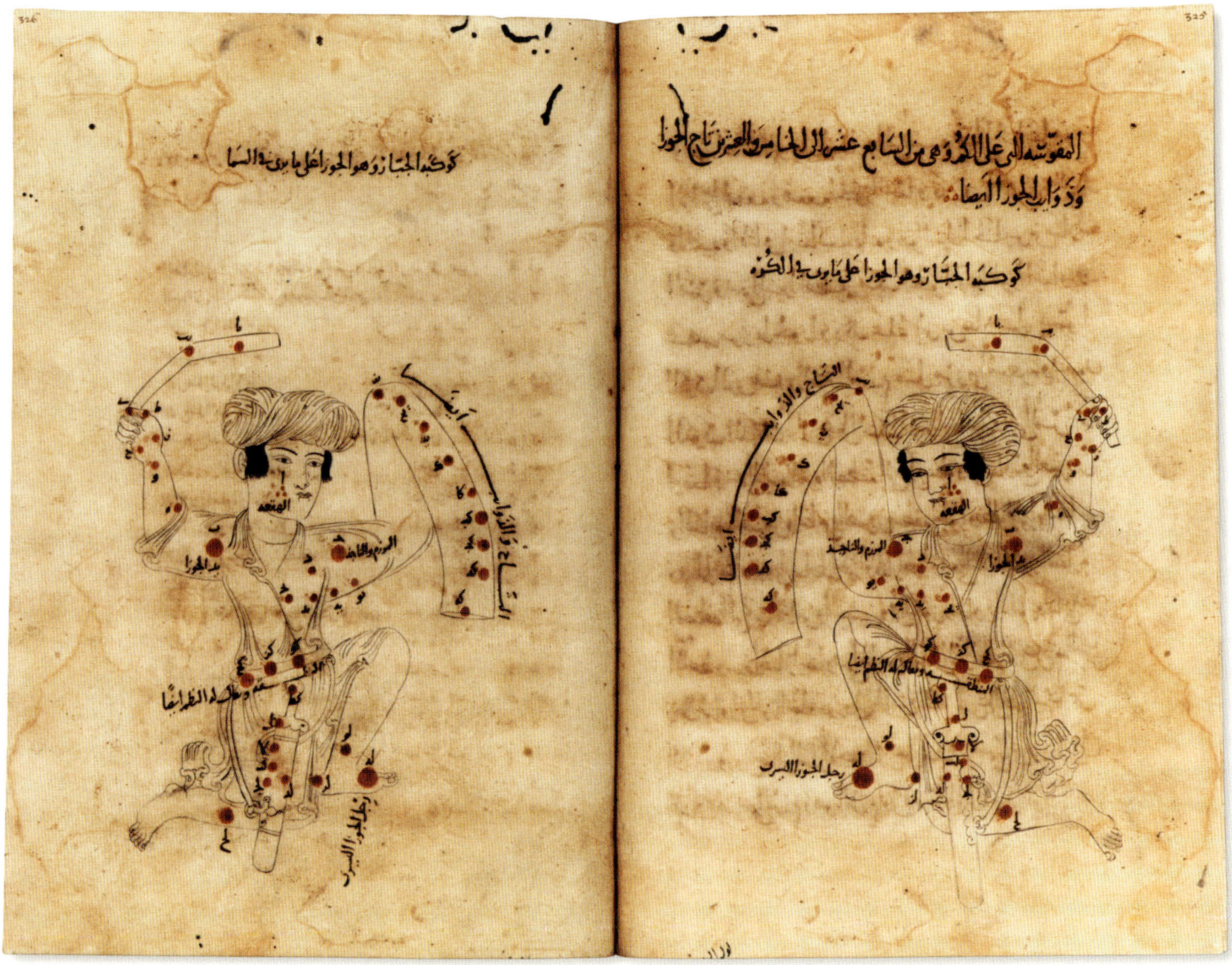

OBEN ***Buch der Fixsterne*** Der persische Astronom Al-Sufi beschrieb die Sterne – Position, Helligkeit, Farbe – nach Konstellationen: Hier sieht man den Jäger Orion (*al-jannâr*), als Innen- und Außenseite des Himmelsglobus gezeichnet. Die Oxforder Handschrift – die älteste erhaltene – fertigte sein Sohn 1009–1010.

Ein vergessener Vorgänger Leonardo da Vincis

In Europa und Amerika weiß man von den antiken griechischen Ingenieuren und den Erfindungen Leonardo da Vincis in der Renaissance. In der islamischen Welt gab es ebenso findige Ingenieure – im Westen erkennt man aber erst jetzt die Bedeutung Al-Dschazaris.

Schon zu Zeiten Herons von Alexandria, im 1. Jahrhundert n. Chr., interessierten sich die Menschen für selbststeuernde Maschinen, die Vorläufer heutiger Automaten. In der islamischen Welt kannte man griechische Schriften über solche Erfindungen und entwickelte sie weiter. Im 10. Jahrhundert sollen in den Palastgärten von Bagdad silberne Vögel in künstlichen Bäumen gesungen haben.

Die Fortschritte der Astronomie und der Technik verdankte die islamische Welt in hohem Maß den Fertigkeiten damaliger Handwerker und dem Interesse an mechanischen Apparaten. Die Arbeit eines Erfinders, den wir nur unter der Bezeichnung Pseudo-Archimedes kennen, nutzte ein genialer Ingenieur des 12. Jahrhunderts: Scheich Rais al-Ahmal Badi al-Zaman Abu'l Izz ibn Ismail ibn al-Razzaz al-Dschazari. Al-Dschazari beschäftigte sich anfangs mit der Anwendung der Wasserkraft, mit Pumpen, Bewässerung und Wasseruhren. Eine seiner Erfindungen, ein Ventil, wird noch heute in ähnlicher Form in Abwasseranlagen benutzt.

Als Erfinder war er ebenso produktiv wie Leonardo da Vinci, der wahrscheinlich Al-Dschazaris Arbeiten kannte und nutzte, oder wie Thomas Alva Edison im 19./20. Jahrhundert. Zu seinen Innovationen zählen die Nocken- und die Kurbelwelle, er verwendete Zahnräder, Rücklaufhemmungen und mechanische Steuerungen – unentbehrliche Technik, die in Europa noch geraume Zeit nach Al-Dschazaris Tod 1206 unbekannt war.

Al-Dschazari wäre wohl, wie der Pseudo-Archimedes, in Vergessenheit geraten, hätte er nicht sein Wissen im *Kompendium über Theorie und Praxis der mechanischen Künste* festgehalten. Er beendete die Abhandlung, die er auf Wunsch des Artukiden-Sultans Nasir al-Din Mahmud (1200–1222) schrieb, wenige Monate vor seinem Tod. Al-Dschazaris geniale, anschauliche Illustrationen stehen den Anleitungen moderner Heimwerkerbücher in nichts nach, und so nutzen Museen heutzutage diese Pläne für den Nachbau funktionierender Modelle seiner Automaten.

Al-Dschazaris Manuskript wurde vielfach abgeschrieben, die Kopien findet man in Bibliotheken in der Türkei, in Europa und Amerika. Glücklicherweise hielten sich die Kopisten eng an die Zeichnungen des Originals, daher können wir uns vorstellen, wie seine Maschinen zu einer Zeit aussahen, als in Bagdad wegweisende Erfindungen gemacht wurden.

RECHTS ***Kompendium der mechanischen Künste*** Al-Dschazari, Meisteringenieur am reichen Artukiden-Hof, schuf für seinen Text brillante, detaillierte Zeichnungen von 50 monumentalen Wasseruhren, Fontänen und anderen verblüffenden Automaten; hier sieht man einen Wasserspeier für rituelle Waschungen in Form eines Pfaus.

Bezüge

Zu anderen Büchern von Erfindern, siehe:

William Playfairs Commercial and Political Atlas, **S. 162–163**

Jacob Perkins' Patent, **S. 182–183**

Chester Carlsons Laborbuch, **S. 212–213**

Ángela Ruiz Robles' mechanische Enzyklopädie, **S. 244–245**

Zu älteren griechischen Erfindungen, siehe:

Das Palimpsest des Archimedes, **S. 54–55**

Der erste anatomische Atlas

Jahrhundertelang waren die islamischen Länder führend in der medizinischen Forschung, nicht das christliche Europa. Dieses bemerkenswerte persische Buch entstand gegen Ende dieser Ära.

RECHTS **Mansurs *Anatomie*** beschreibt die fünf »Systeme« des Körpers: Knochen, Nerven, Muskeln, Venen und Arterien. Mansur illustriert jedes System mit einer ganzseitigen Zeichnung eines hockenden Menschen in Tinte und Wasserfarben. Hier, aus einer der beiden ältesten Kopien, die Arterien und das Verdauungssystem.

In der islamischen Welt widmete man sich zahlreichen Forschungsgebieten, besonders erfolgreich war man in der Heilkunst. Die islamische Medizin war evidenzbasiert und stützte sich auf das griechische Werk des Galen von Pergamon (um 130–um 200 n. Chr.). Galen war ein erfahrener Mediziner, er behandelte Gladiatoren und wurde später Arzt des Kaisers Mark Aurel. In den westlichen europäischen Kulturen geriet er in Vergessenheit, bis im 11. Jahrhundert der in Karthago geborene Forscher Konstantin der Afrikaner an der berühmten Medizinschule von Salerno lehrte. Bis zu diesem Zeitpunkt stand es in Europa schlecht um die ärztliche Wissenschaft.

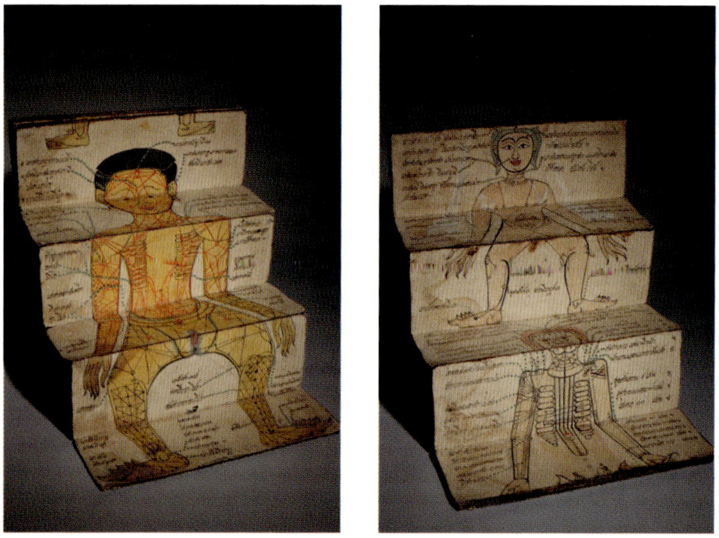

OBEN **Eine buddhistische Anatomie** Der Text über die äußerliche Anwendung von Heilmitteln aus Thailand oder Kambodscha (um 1830–1850) besteht aus 40 Faltseiten im Parabaik-Stil, die Bilder scheinen von den Darstellungen des Persers Mansur beeinflusst zu sein. Die ersten Vorläufer findet man aber in noch älteren Anatomiebüchern aus China und Indien.

Im 8. Jahrhundert richtete der Kalif Harun al-Rashid in Bagdad ein Lehrkrankenhaus ein, in dem Ärzte mit ihren Studenten täglich auf Visite gingen – eine Praxis, die bis heute in der Universitätsmedizin üblich ist. Auch in Marrakesch und anderen Städten wurden solche Krankenhäuser errichtet. Die islamische Medizin gründete sich auf Beobachtung und Experimente, Ärzte wie Ibn Sina (Avicenna) und Ibn Zakaria al-Razi (Rhazes) brachten sie entscheidend voran, und im persischen Reich war sie auf einem hohen Stand.

Einer ihrer späten Pioniere war im 14. Jahrhundert Mansur Ibn Ilyas, der aus einer alteingesessenen Ärztefamilie aus Schiras stammte. Seine illustrierte anatomische Schrift, als *Tašrīh-e mansūrī* (Mansurs *Anatomie*) bekannt, war Pir Mohammed Bahadur, einem Enkel Tamerlans, der in Fars herrschte, gewidmet. Sie ist einzigartig, weil sie sich allein der Anatomie widmet. Die Texte scheinen auf Arbeiten von Galen zu basieren, doch die Illustrationen sind Mansurs Werk. Sie zeigen schematisierte menschliche Körper in hockender Haltung und heben Nerven, Knochen, Arterien, Muskeln und Organe hervor. In einigen Manuskript-Kopien sieht man sogar schwangere Frauen mit Fötus. Mansurs Arbeit war gewagt, denn der Islam lehnt die bildliche Darstellung von Menschen ab.

Tašrīh-e mansūrī wurde oft kopiert, heute sind die Manuskripte über die ganze Welt verteilt. Die hockende Pose, die Mansur verwendete, wurde in Ostasien übernommen und vielseitig eingesetzt, von Massage-Handbüchern in Thailand bis zu Tätowierungsanleitungen in Birma. In späteren persischen Manuskripten sucht man vergeblich nach neuen Entwicklungen – die medizinische Forschung wurde nun in Europa vorangetrieben.

Bezüge

Zu früheren medizinischen Werken, siehe:

Dioskurides' De materia medica, **S. 64–65**

Zu späteren und grausigeren Illustrationen, siehe:

Vesalius' De humani corporis fabrica, **S. 134–135**

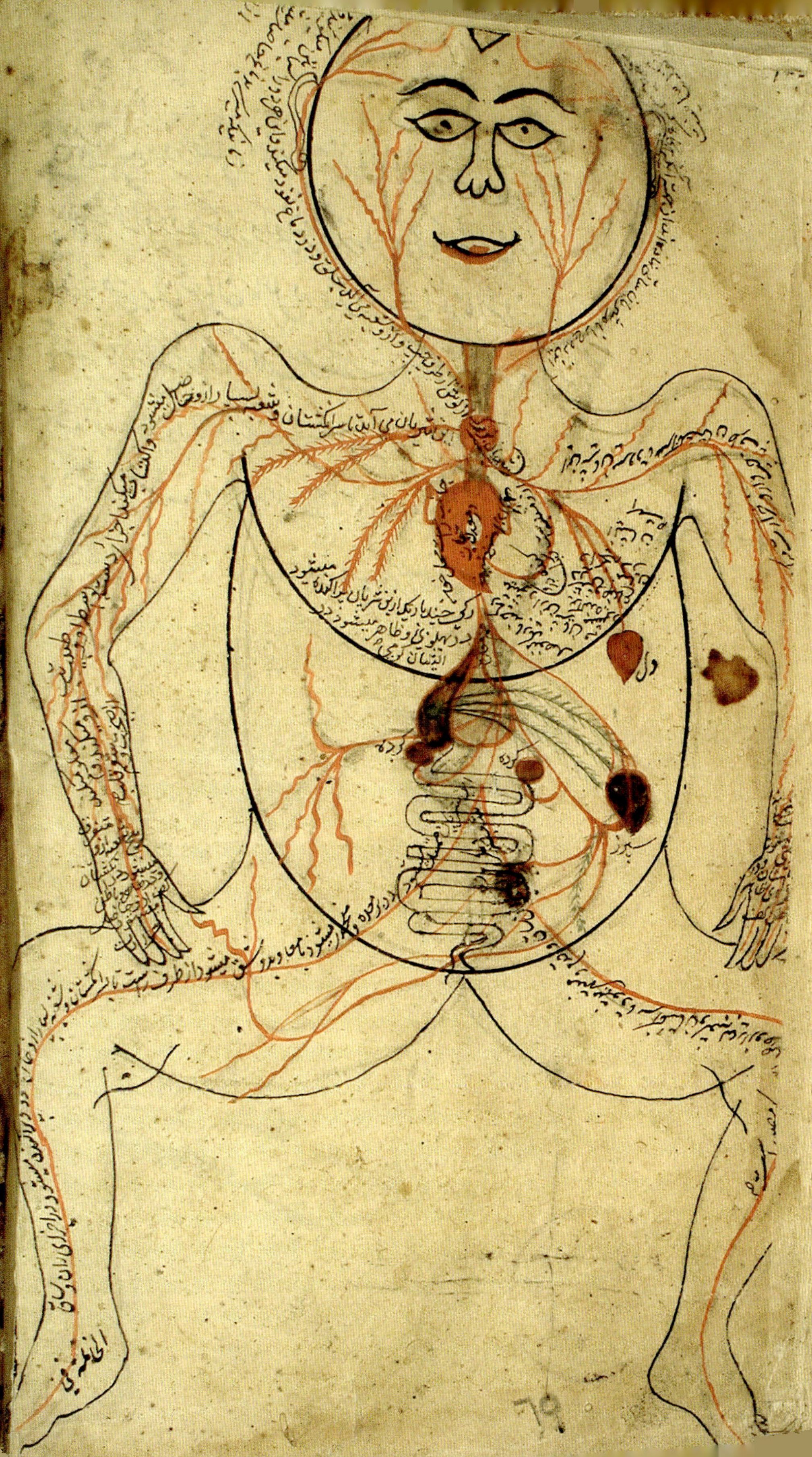

ꦲꦶꦱꦶꦤ꧀ꦤꦮꦶꦁꦏꦸꦪꦱꦶꦏ

ꦲꦶꦪꦶ ꧅ ꦧꦕꦶꦲꦶꦭꦤ꧀ꦥꦸꦫꦶꦁ ꧈ ꦒꦤꦾꦤꦶꦤ꧀ꦤ

ꦲꦶꦏꦤ꧀ꦢꦶꦤꦿꦺꦴꦤꦪꦶꦁꦭꦺ ꧈ ꦧꦩꦗꦤꦧꦺꦴꦤꦮꦏꦩꦺꦴ

ꦤꦶꦲꦶꦪ ꦲꦪꦺꦴꦁꦱꦩꦺꦴ ꦲꦕꦶꦲꦶꦲꦤꦺꦤꦼꦩꦺꦴ ꧅

ꦭꦺꦴꦭꦸꦥ꧀ꦭꦶꦒꦤ꧀ꦏꦕꦸꦭꦼꦏꦸꦩꦸ ꧈ ꦕꦒꦤꦸꦭꦶꦏ

ꦲꦧꦶꦒꦕꦲꦕꦶꦪꦶꦒꦂꦏꦒꦸꦕꦏ ꧈ ꦭꦧꦶꦭꦶꦕꦒꦏ

ꦱꦭꦏꦩꦭꦲꦩꦼꦤꦼꦏꦭꦼ ꧈ ꦧꦸꦤꦺꦩꦏꦒꦩꦭꦶꦱꦺ

Ein frühes islamisches Buch aus Java

Ein Besucher Javas hätte dieses unscheinbare Buch wohl kaum eines Blickes gewürdigt. Dabei ist es bedeutend – wegen seines Autors, seines Inhalts, der Herstellungsweise und seines Bekanntwerdens in Europa.

Der Islam verbreitete sich bis in den Fernen Osten und nach Indonesien langsamer als nach Nordafrika und ins südliche Europa. Im 15. Jahrhundert hatte er sich auf Java ausgebreitet. Der Autor dieses Buches, Sunan Bonang (1465–1525), wird auf Java als *Wali Sanga*, einer der neun Heiligen, verehrt, ähnlich wie der hl. Columban in Irland und Großbritannien. Die meisten muslimischen Missionare in Indonesien kamen aus dem Mittleren Osten, doch Bonang hatte chinesische und javanische Vorfahren, was bei seiner Missionierungsarbeit eine wesentliche Rolle spielte.

Da der Koran sich in Arabisch offenbarte, sollten nach Ansicht der meisten muslimischen Missionare alle Gläubigen diese Sprache erlernen. Bonangs Buch behandelt *al-Bari* (der aus dem Nichts schöpft), einen Aspekt des muslimischen Mystizismus, in javanischer Sprache. Es ist in einer alten javanischen Schrift verfasst und war so den einheimischen Lesern zugänglich. Auch sonst bekehrte er auf subtile Weise und komponierte Lieder nach traditionellen Weisen mit islamischer Botschaft. Eines dieser Lieder für Gamelan-Orchester, *Tombo Ati* (Herzenslinderung), wird noch heute gelehrt und gespielt.

Bonang setzte auf Traditionelles, um den neuen Glauben einzuführen. Sein Buch war auf dem geläufigen **Pseudopapier *Dluwang*** geschrieben, das auf Java aus dem Rindenbast des Papiermaulbeerbaums hergestellt wurde, bis es die Holländer während der Kolonialzeit mit Papierimporten aus Europa verdrängten. Die Kolonisten nannten es schlicht »javanisches Papier«.

Dieses Exemplar erregte das Interesse eines der ersten holländischen Navigatoren, die auf Java landeten, und er brachte es in die Niederlande. Im Jahr 1600 befand es sich im Besitz eines Gelehrten, der seine Bedeutung erkannte, obwohl er es nicht entziffern konnte. Dieser Gelehrte war Bonaventura Vulcanius (1538–1614), ein bedeutender holländischer Humanist und Herausgeber antiker Schriften, der auch Teile der ältesten erhaltenen Bibel in gotischer Sprache, des *Codex Argentus*, veröffentlichte.

Vulcanius lehrte Griechisch an der noch jungen Universität Leiden und vermachte der Bibliothek 1614 seine private Buchsammlung. Dort wurde das *Boek van Bonang* sorgfältig verwahrt und ist heute das älteste bekannte javanische *Dluwang*-Buch – es stammt aus einer Zeit, in der sowohl der Islam als auch europäische Kolonialisten nach Java kamen.

LINKS ***Boek van Bonang*** Die muslimisch-theologische Abhandlung, in javanischer Sprache und alter quadratischer Schrift, ist die älteste bekannte Handschrift auf *Dluwang*-Papier, sie kam vor 1600 in den Besitz eines holländischen Navigators. Die erste Seite mit islamischen Verzierungen hat Kratzspuren eines Federkiels oder Bambusstifts.

RECHTS **Herstellung von Rindenpapier** Eine Dayak-Frau klopft Rindenbast in ihrem Langhaus in der indonesischen Provinz Kalimantan Barat, um 1910–1920. **Tapa** und **Dluwang** wurden auf dem Archipel mit ähnlichen Methoden und Schlägeln aus Stein, Elfenbein, Holz oder Metall hergestellt, man fand sogar entsprechende Werkzeuge aus der Steinzeit.

Bezüge

Zu anderen Versuchen, kolonialisierte Völker zu verstehen, siehe:

Das Quipu aus Caral, **S. 20–21**

Der Codex Mendoza, **S. 130–131**

Zu anderen Verwendungen von nicht-lateinischen Schriften, siehe:

Pustaha *der Batak*, **S. 38–39**

Die Abba-Garima-Evangelien, **S. 50–51**

Das Toros-Roslin-Evangeliar, **S. 66–67**

Sulawesisches Lontar, **S. 252–253**

KAPITEL

6

Wandelbare Typen

RECHTS Sonderbare *Weltchronik.* Die *Schedel'sche Weltchronik* umfasst verschiedene Karten und Darstellungen. An den Rändern dieser Seite befinden sich Illustrationen der gefürchteten »Anderen« – seltsamer Kreaturen mit Hundeköpfen, Zyklopen und Leuten mit Gesichtern auf dem Oberkörper. Man nahm an, dass entfernte Gegenden von solchen Geschöpfen bevölkert werden (siehe Seite 100–101).

Die moderne Welt, so könnte man sagen, wurde durch Gutenbergs Druck mit beweglichen Lettern geschaffen. Doch Gutenberg arbeitete nicht als Einziger daran, über eine lange Zeit forcierten – und behinderten – andere diesen Fortschritt.

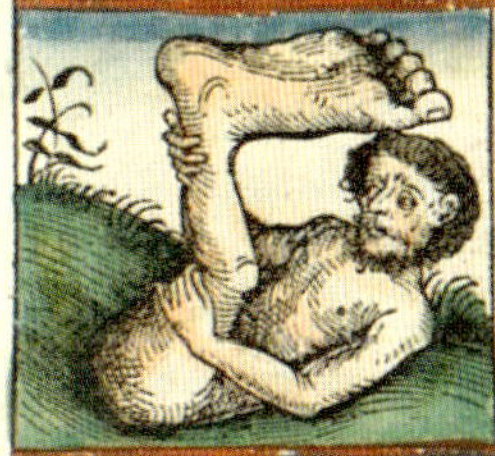

De hominib⁹ diuersaꝝ formaꝝ dicit Pli.li.vij.
ca.ij. Et Aug.li.xvi.de ci.dei.ca.viij. Et Isi
dorus Ethi.li.xi.ca.iij. oïa q̃ sequũtur in in
dia. Cenocephali homines sunt canina capita habē
tes cũ latratu loquũtur aucupio viuũt. vt dicit Pli.
qui omnes vesciũtur pellibus animaliũ.
Cicoples in India vnũ oculum hñt in fronte sup na
sum hij solas ferarũ carnes comedũt. Ideo agriofa
gite vocãtur supra nasomonas confinesq3 illorũ ho
mines esse: vtriusq3 nature inter se vicibus coeũtes.
Calliphanes tradit Arestotiles adijcit dextram mã
mam ijs virilem leuam muliebrem esse quo hermo
froditas appellamus.
Ferunt certi ab oriētis pte intima esse homines sine
naribus: facie plana eq̃li totius corpis planicie. Ali
os supiore labro orbas. alios sine linguis ⁊ alijs cõ
creta ora esse modico foramine calamis auenaꝝ po
tũ haurientes.
Item homines habentes labiũ inferius. ita magnũ
vt totam faciem contegant labio dormientes.
Item alij sine linguis nutu loq̃ntes siue motu vt mo
nachi.
Pannothi in scithia aures tam magnas hñt. vt con
tegant totum corpus.
Artabrite in ethiopia pni ambulãt vt pecora. ⁊ ali
qui viuũt p annos. xl. quē nullus supgreditur.
Satiri homũciones sunt aduncis naribus cornua ĩ
frontibus hñt ⁊ capraꝝ pedibus similes qualē in so
litudine sanctus Antonius abbas vidit.
In ethiopia occidentali sunt vnipedes vno pede la
tissimo tam veloces vt bestias insequantur.
In Scithia Ipopedes sunt humanã formaꝫ eq̃nos
pedes habentes.
In affrica familias quasdã effascinãtiũ Isigonus ⁊
Memphodorus tradũt quaꝝ laudatõne intereãt p
bata. arescãt arbores: emoriãtur infantes. esse eius
dem generis in tribalis et illirijs adijcit Isogon⁹ q̃
visu quoq3 effascinent iratis p̃cipue oculis: quod eo
rũ malũ facilius sentire puberes notabili⁹ esse ꝙ pu
pillas binas in oculis singulis habeant.
Item hoĩes. v. cubitoꝝ nũq3 infirmi vsq3 ad morteꝫ
Hec oĩa scribũt Pli. Aug. Isi. Preterea legit̃ ĩ gest
Alexãdri ꝙ ĩ india sunt aliq̃ hoĩes sex man⁹ hñtes.
Itē hoĩes nudi ⁊ pilosi in flumine morãtes.
Itē hoĩes manib⁹ ⁊ pedib⁹ sex digitos habentes.
Itē apothami ĩ aq̃s morantes medij hoĩes ⁊ medij
caballi.
Item mulieres cũ barbis vsq3 ad pect⁹ ꝫ capite pla
no sine crinibus.
In ethiopia occidētali sũt ethiopes. iiij. ocl'os hñtes
In Eripia sunt hoĩes formosi ⁊ collo gruino cũ ro
stris aĩalium hoĩmq3 effigies mõstriferas circa extre
mitates gigni minime mirũ. Artifici ad formanda cor
pora effigiesq3 celandas mobilitate ignea.
Antipodes at ẽẽ. i. hoĩes a ɔ̃ria pte terre vbi sol orit̃
qñ occidit nob aduersa pedib⁹ nr̃is calcare vestigia
nulla rõe credēdũ ē vt ait Aug. 16. de ci. dei. c. 9. In
gēs tñ ꝫ pug̃ lraꝝ ɔtraq3 vulgi opioeꝫ circũfundi ter
re hoĩes vndiq3 cõuersisq3 iter se pedib⁹ stare et cũct
silem eẽ celi v̄ticē. Ac sili mõ ex q̃cũq3 pte mediã cal
cari. Cur at ñ decidãt: mirēt̃ ⁊ illi nos ñ decidere: nē
em̃ repugnãte: ⁊ quo cadãt negãte vt possint cadere.
Nã sic ignis sedes nõ ē nisi ĩ ignib⁹: aq̃rũ nisi ĩ aq̃s.
spũs nisi in spũ. Ita terre arcentibus cũctis nisi in se
locus non est.

Landläufig wird die Revolution des Druckwesens allein Gutenberg und seinen Erfindungen in der Mitte des 15. Jahrhunderts zugeschrieben. Tatsächlich reichen die Entwicklungen jahrhunderteweit zurück, und sogar die Pest beeinflusste sie. Gutenberg kombinierte erfolgreich die bereits existierenden Fertigkeiten und Techniken. Zum Gelingen trugen bestimmte Voraussetzungen bei: die Nachfrage nach Büchern, die ständige Verfügbarkeit von **Papier** und **Pergament**, eine fortgeschrittene Metalltechnik, die das preiswerte Gießen von Lettern erlaubte, sowie schreibkundige Handwerker, die Buchstaben zu Texten zusammenstellen konnten. Mit spezieller Tinte und einer Presse war es schließlich möglich, so viele Exemplare zu drucken, wie die Kunden wünschten, und das zu einem Preis, den diese bezahlen konnten. Nach dem Druck wurden die Lettern wieder im Setzkasten **abgelegt** und später für neue Texte verwendet.

Viele der notwendigen Bedingungen waren bereits erfüllt. Seit sich die Technik der Papierherstellung in Europa verbreitet hatte, konnte aus Leinenlumpen laufend hochwertiges und preiswertes Papier fabriziert werden. Im spanischen Xativa arbeiteten bereits im 12. Jahrhundert und im italienischen Fabriano ab Mitte des 13. Jahrhunderts die ersten Papiermühlen. In Deutschland wurden mit Wasserkraft betriebene Mühlen für die Produktion umgerüstet. Der Herstellung von Pergament blieben dagegen natürliche Grenzen gesetzt, denn Tierhäute waren zu allen Zeiten teuer. Für jedes Vellum-Exemplar von Gutenbergs erster Bibel wurden 170 Kalbshäute benötigt (siehe Seite 98–99).

Goldschmiede und andere Metallhandwerker konnten bereits **Lettern** herstellen. Doch selbst nachdem eine effektive Gusstechnik entwickelt worden war, blieb die Produktion kompliziert und kostspielig. Ein Drucker musste hohe Summen vorstrecken, und es dauerte eine Weile, bis er seine Kosten durch Verkäufe decken konnte. Reiche Mäzene (weltliche wie kirchliche Fürsten) oder Investoren zu finden war daher entscheidend (siehe Seite 100–101). Solche Investitionen wurden durch die Entwicklung des Bankenwesens und des Kapitalismus möglich, die Geldgeber rechneten mit guten Gewinnen – und erzielten diese häufig auch. Doch wer auf das falsche Buch setzte, konnte sich ruinieren. Umsichtige Drucker, wie etwa die ersten in England, gingen deshalb kein Risiko ein und druckten nur Bücher, von denen sie wussten, dass sie sich verkaufen würden (siehe Seite 102–103 und 104–105).

Heute gilt Johannes Gutenberg allgemein als Erfinder des Handgießgeräts für Lettern, das den Buchdruck im westlichen Kulturkreis erst ermöglichte. Doch nicht nur er experimentierte lange in seinen Werkstätten in Straßburg und Mainz, auch andernorts testete man neue Möglichkeiten der Vervielfältigung von Büchern. In Avignon lehrte in den 1440er-Jahren Prokop Waldvogel, ein tschechischer Goldschmied, mit Metallbuchstaben »künstliches Schreiben«; in Straßburg eröffnete Johannes Mentelin die erste Druckerei und brachte 1460 die erste deutsche Bibel heraus. In Haarlem wurde, wie eine Statue heute noch zeigt, Laurens Janszoon Koster als holländischer Erfinder des Buchdrucks gefeiert.

Zu den Pionieren gehörte auch Nicolas Jenson (1420–1460). Der französische Graveur arbeitete in der königlichen Münze in Tours und wurde 1458, möglicherweise als »Industriespion«, zu Gutenberg nach Mainz geschickt, um das Druckhandwerk zu erlernen. Man nimmt an, dass Jenson auch den Letternguss verbesserte. Später wirkte er in Venedig und erfand dort eine **Antiqua**-Schrifttype, die in ihrer Ästhetik noch heute als unerreicht gilt. Dank neuer **Schrifttypen** und weiterentwickelter Druckpressen stellten italienische Drucker im späten 15. Jahrhundert Bücher von herausragender typografischer Qualität her. Die Antiquaschriften von Erhard Ratdolt und Aldus Manutius, waren von Jenson inspiriert (siehe Seite 106–107 und 108–109) und sind noch heute lebendig und lesbar.

Auch die deutschen Bücher waren mit Sorgfalt und Können gemacht, wie etwa die *Schedel'sche Weltchronik* (siehe Seite 100–101), eines der solide finanzierten und profitablen Werke jener Zeit. An ihrem Beispiel zeigen sich aber auch die Probleme, die Raubdrucke verursachten, denn deren Drucker trugen weder redaktionelle Kosten noch Risiken, heimsten aber dem Original zustehende Gewinne ein.

Für und Wider des Druckens

Gutenbergs Erfindung hatte unerwartete und unerwünschte Folgen, die in Kapitel 7 behandelt werden. Die meisten zeitgenössischen Autoren priesen sie noch als göttliche Wohltat für die Menschheit. Johannes Trithemius (1462–1516), Abt des Klosters Sponheim, erwies sich etwas später als scharfsinnigerer Kritiker. Trithemius war ein hochgebildeter Mann, zu dessen breit gefächertem Werk eine der frühesten Bibliografien zählte. Seine *Steganographia*, das erste Buch über Kryptografie, lag über 100 Jahre lang nur als Handschrift vor, als sie schließlich 1606 gedruckt wurde, landete sie prompt auf dem Index *Librorum Prohibitorum*, dem Index der Verbotenen Bücher der katholischen Kirche.

Trithemius nutzte den Buchdruck dazu, seine Klosterbibliothek zu erweitern, indem er anderen Bibliotheken neue Bücher, die er direkt beim Drucker kaufte, im Tausch gegen ihre Handschriften anbot. Auf diese Weise erhielt er über 1500 Bände – eine der größten Büchersammlungen jener Zeit – und demonstrierte, dass er nicht vorbehaltlos an die neue Technik glaubte. 1494 veröffentlichte er *De Laude Scriptorum* (Zum Lobe des Schreibers). Darin beschwor er die Schreiber, auch weiterhin Handschriften zu kopieren, und äußerte die Befürchtung, dass die Druckerfarbe sich ätzend ins Papier fressen könnte. Trithemius' Sorge um den Erhalt von Büchern war außergewöhnlich; heutige Bibliothekare sollten sich daran ein Beispiel nehmen, bevor sie gedruckte Bücher entsorgen, weil sie das E-Book für das Medium der Zukunft halten.

Neue Bedürfnisse, neue Schrifttypen

Gutenbergs Erfindung machte die Schreiber nicht überflüssig, das tat erst die Schreibmaschine. Passagen in fremden Alphabeten wurden handschriftlich in gedruckte Bücher eingetragen, bis die passenden Lettern geschnitten wurden, das geschah zunächst mit den griechischen, später auch mit den hebräischen und arabischen (siehe Seite 110–111 und 112–113).

Drucker schnitten spezielle Lettern für besondere Zwecke, und auch für die Notation von Musik wurden Typen entwickelt (siehe Seite 114–115 und 116–117). Notensätze erschienen aber lange Zeit auch weiterhin als Handschriften.

Abseits des Mainstreams wurden jüdische Bücher sowie biblische Studien mit hebräischen Lettern gedruckt, die deshalb in ganz Europa verbreitet waren. Der Islam sperrte sich gegen den Buchdruck, deshalb entstanden erst spät arabische Lettern. Fast alle frühen arabischen Drucke gehen auf das Wirken christlicher Missionare zurück, später waren es dann Antworten auf wissenschaftliche Fortschritte. Die Kunst des Buchbindens im maurischen Spanien und im Nahen Osten kann hier leider nicht berücksichtigt werden.

Nachdem Universitätsdruckereien entstanden waren, wurden teure Großprojekte wie **polyglotte** Bibeln dort realisiert. Zuvor konnten solche Werke nur mit Unterstützung besonders wohlhabender und durchsetzungsstarker Männer entstehen. Zu ihnen zählte Kardinal Jiménes, dessen polyglotte Complutense-Bibel als letztes Buch dieses Kapitels vorgestellt wird (siehe Seite 118–119).

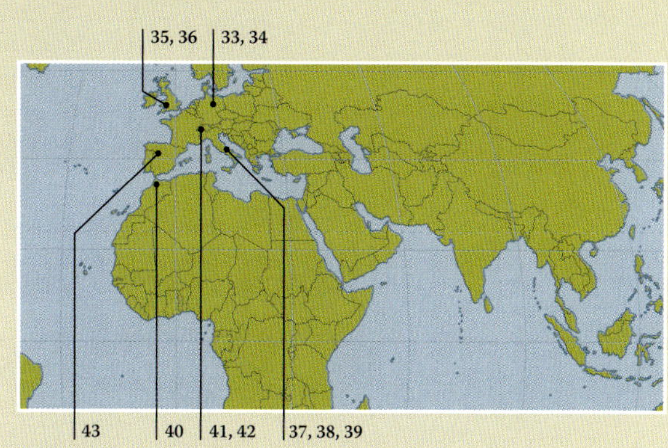

IN DIESEM KAPITEL — *Seite*

Gutenbergs Revolution

Jeder hört in der Schule von Gutenbergs Revolution. Seit dem frühen 16. Jahrhundert preisen Drucker, Bibliografen und Bibliothekare seine Arbeit, doch die meisten Menschen wissen gar nicht genau, was er erfunden hat.

Im frühen 15. Jahrhundert war in Europa die Nachfrage nach Büchern enorm gestiegen. In Deutschland, Frankreich, Italien und den Niederlanden überlegte man, wie Bücher schneller und billiger hergestellt werden könnten. Das erste Meisterwerk des Buchdrucks ist Gutenbergs 42-zeilige Bibel, Mitte der 1450er-Jahre in Mainz hergestellt.

Gutenberg (um 1395–1468) war erfolgreich, weil er bereits existierende Techniken so kombinierte und verfeinerte, dass Bücher in Massenproduktion hergestellt werden konnten. Früher mussten Bücher einzeln von Hand geschrieben werden, die Erstellung einer Kopie war genauso aufwendig wie die des Originals. Später wurde in Europa die Produktion mit Holzdruckstöcken eingeführt. Gutenberg erkannte, dass man Buchstaben, Ziffern und Satzzeichen einzeln gießen und dann beliebig zu einer Textseite zusammensetzen konnte. Die Lettern wurden mit Tinte bestrichen, ein **Pergament**- oder **Papier**bogen auf den **Letternsatz** gepresst – so erhielt man eine ganze bedruckte Seite. Auf diese Weise konnten auch weitere Seiten schnell und preiswert bedruckt werden.

Ganz so einfach war es letztlich aber doch nicht; erst nach zahlreichen Versuchen und Investitionen sah sich der Erfinder in der Lage, ein Buch herzustellen, das so gut aussah wie eine Handschrift. Gutenberg arbeitete vermutlich schon in den 1430er-Jahren in Straßburg an seiner Methode. Nachdem er in seine Heimatstadt Mainz zurückgekehrt war, schien sie dem reichen Bürger Johann Fust (um 1400–1466) so ausgereift, dass er Gutenberg finanziell unterstützte. Wichtigster Mitarbeiter war Peter Schöffer (um 1425–1503), der in Paris das Schreiberhandwerk erlernt hatte.

Es scheint, als hätten sich Gutenberg, Fust und Schöffer vorgenommen, dass ihre erste Veröffentlichung den schönsten Handschriften gleichen sollte. Sie wählten feinstes **Vellum** und druckten mit äußerster Sorgfalt. Die 42-zeilige Bibel ist ein herrliches Beispiel für norddeutsche gotische Lettern und Formate. Ein Historiker urteilte später: »Es ist die einzige Kunstform, in der keine Fortschritte gemacht wurden, das erste Druckwerk ist auch das beste.«

Auf der Frankfurter Buchmesse von 1454 erregte die Bibel großes Aufsehen, und trotz des hohen Preises waren rasch alle Exemplare verkauft. Der Buchdruck war ein Erfolg – allerdings für Gutenberg kein kommerzieller: Fust verlangte die Rückzahlung seines Darlehens, übernahm den größten Teil der Druckerei und setzte Schöffer als Werkstattleiter ein. Schöffer heiratete später Fusts Tochter – eine altbewährte Methode der Jobsicherung. Bald wurde auch in anderen deutschen Städten mit der neuen Technik gedruckt.

Die 42-zeilige Bibel – so genannt, weil jede Seite zweispaltig mit je 42 Zeilen gedruckt wurde – war von Anfang an berühmt und hoch geschätzt. Von den etwa 180 Exemplaren der ersten Auflage existieren noch knapp 50 – erstaunlich viele.

UNTEN **Göttinger Musterbuch,** um 1450, mit Vorlagen für Ausschmückungen und Anleitungen für die Farbenherstellung, ursprünglich gehörte es einem Kloster. Blumenmotive aus diesem Manuskript finden sich genau kopiert in einigen der ältesten Gutenberg-Bibeln, so auch im Göttinger Exemplar.

Bezüge

Zu älteren asiatischen Entwicklungen des Buchdrucks, siehe:

Die Dharani der Kaiserin Shōtoku, S. 30–31

Die Tripitaka Koreana, S. 32–33

Zu anderen frühen deutschen Druckwerken, siehe:

Das Missale speciale Constantiense, S. 116–117

Zu ersten Drucken außerhalb Deutschlands, siehe:

Caxtons Sittenbuch über das Schachspiel, S. 102–103

Incipit ep'la sancti ieronimi presbiteri ad pauli
nū presbiterū · de omnibus divine hi
storie libris · Capitulum primū :
Rater ambrosius
tua michi munuscu
la perferens · detulit
simul ⁊ suavissimas
litteras: que a prin
cipio amiciciaȝ fidē
probate iam fidei et veteris amicicie
p̄ferebant. Vera enī illa necessitudo ē.
et xp̄i glutino copulata: quā nō utili
tas rei familiaris · non p̄sentia tantū
corporuȝ · nō subdola ⁊ palpās adulatō:
sed dei timor · et divinarū scripturarū
studia conciliant. Legim⁹ in veteribȝ
historiis · quosdā lustrasse p̄uincias ·
novos adiisse p̄plos · maria trāsisse:
ut eos quos ex libris noverāt: coram
q̄ȝ viderent. Sic pitagoras memphi
ticos vates · sic plato egiptum · ⁊ archi
tam tarentinū · eamqȝ orā ytalie · que
quondā magna grecia dicebat̄: labo
riosissime peragrauit: et ut qui athenis
mḡr erat · ⁊ potens · cuiusqȝ doctrinas
achademie gignasia p̄sonabāt · fieret
peregrinus atqȝ discipulus: malens a
liena verecunde discere: q̄ȝ sua impu
denter ingerere. Deniqȝ cum litteras
quasi toto orbe fugientes persequitur ·
captus a piratis et venūdatus · tyran
no crudelissimo paruit · ductus capti
uus vinct⁹ et servus: tamen quia phi
losophus: maior emente se fuit · ad ty
tum livium · lacteo eloquentie fonte ma
nantem · de ultimis hispanie galliarū
qȝ finibus quosdam venisse nobiles
legimus: et quos ad cōtemplatōnem
sui roma non traxerat: unius homi
nis fama perduxit. Habuit illa etas
inauditum omnibus seculis · celebrā
dumqȝ miraculum: ut urbem tātam
ingressi: aliud extra urbem quererent.
Appollonī⁹ sive ille mag⁹ ut vulgus
loquitur · sive p̄hus ut pitagorici tra
dunt · intrauit p̄sas · p̄trāsiuit caucasū ·
albanos · scithas · massagetas · opu
lentissima indie regna penetrauit: et
ad extremum latissimo physon amne
trāsmisso p̄uenit ad bragmanas: ut
hyarcam in throno sedentē aureo · ⁊ de
tantali fonte potantem · inter paucos
discip̄los · de natura · de moribȝ ac de
cursu dierū ⁊ siderū audiret docentem.
Inde p̄ elamitas · babilonios · chalde
os · medos · assirios · parthos · syros ·
phenices · arabes · palestinos · rever
sus ad alexandriā · perrexit ad ethio
piam: ut gignosophistas ⁊ famosissi
mam solis mensam videret ī sabulo.
Invenit ille vir ubiqȝ quod disceret: ⁊
semp̄ proficiens · semper se melior fie
ret. Scripsit super hoc plenissime octo
voluminibus · phylostratus. II
Quid loquar de seculi hominibȝ:
cum apostolus paulus · vas e
lectionis · et magister gentium · qui de
consciencia tanti in se hospitis loque
batur · dicens. An experimentum que
ritis eius qui in me loquitur cristus ·
post damascum arabiāqȝ lustratam ·
ascenderit iherosolimā ut videret petrū
et mā̄serit apud eum diebus quindecī.
Hoc enim misterio ebdomadis et o
gdoadis: futur⁹ gentium predicator
instruendus erat. Rursumqȝ post an
nos quatuordecim assumpto barna
ba et tyto · exposuit cum apostolis eu
angelium: ne forte ī vacuum curreret
aut cucurrisset. Habet nescio quid la
tentis energie vive vocis actus: et in
aures discipuli de auctoris ore trans
fusa: forti⁹ sonat. Unde et eschines cū
rodi exularet · et legeret illa demostenis

LINKS Gutenbergs 42-zeilige Bibel Brief des hl. Hieronymus in dem auf Papier gedruckten Exemplar der British Library, wohl in Erfurt von Eberhard König verziert. Die farbige, mit Blattgold betonte Initiale F rankt bis in die Blütenleiste hinein. Zuerst wurde der rot ausgezeichnete Textanfang, die **Rubrik**, noch aufwendig gedruckt, später handschriftlich nachgetragen.

Reich illustrierte Inkunabel der Superlative

Die Schedel'sche Weltchronik *war solide finanziert und für ihre universalhistorische Darstellung und die zahlreichen aufwendigen Illustrationen berühmt. Ihre Herstellung lässt sich heute besser nachvollziehen als die anderer Werke jener Zeit.*

Drucker waren entweder auf die Hilfe von Mäzenen oder auf die schwankenden Einkünfte aus ihren Buchverkäufen angewiesen. Die *Schedel'sche Weltchronik (Liber chronicarum),* benannt nach dem Nürnberger Humanisten Hartmann Schedel, war nicht nur solide finanziert, sondern auch eins der prächtigsten Bücher des 15. Jahrhunderts.

Zwei reiche Nürnberger Kaufleute beauftragten Hartmann Schedel, eine Weltgeschichte in lateinischer Sprache zu verfassen. Der Nürnberger Kanzleischreiber Georg Alt übersetzte sie ins Deutsche. Die Ausgaben erschienen parallel, mit unterschiedlicher **Typografie** und Kürzungen in der deutschen Ausgabe. Beide waren mit einer Vielzahl von **Holzschnitten** illustriert. Diese hatten Michael Wolgemut und Wilhelm Pleydenwurff entworfen und geschnitten, die das bedeutendste Nürnberger **Atelier** leiteten. Albrecht Dürer war einer ihrer Schüler. Das Drucken übernahm Anton Koberger (um 1440/45–1513), ein ehemaliger Goldschmied, der 1471 in Nürnberg eine Druckerei eröffnet hatte, die er zur größten in ganz Europa ausbaute. Er besaß Handelsvertreter von Paris über Ofen (heute Budapest) bis Venedig, und verfügte angeblich über 24 Druckerpressen.

Die *Schedel'sche Weltchronik* erschien in für damalige Verhältnisse hoher Auflage. Von den beiden Ausgaben von 1493 wurden annähernd 2000 Exemplare gedruckt. 700 davon sind noch erhalten – so viele wie von kaum einem Buch des 15. Jahrhunderts. Die Herstellung war wegen der 1800 Holzschnitt-Illustrationen, für die die Chronik berühmt ist, sehr komplex. In zahlreichen Exemplaren wurden die Holzschnitte mit Hand koloriert.

Die Geldgeber machten Gewinne, die allerdings durch unverfrorene Raubdrucke geschmälert wurden. Der Augsburger Drucker Johann Schönsperger (um 1455–vor 1521) stellte drei preiswertere Ausgaben in kleinerem **Format** her. Schönsperger übernahm die Holzschnitt-Entwürfe von Wolgemut und Pleydenwurff, vereinfachte aber einige, um sie dem Format anzupassen. Da die Nürnberger Verleger sich nicht auf ein Urheberrechtsgesetz berufen konnten, verhinderten die billigen Raubdrucke schließlich einen Nachdruck des außergewöhnlichen Originals.

Bezüge

Zu anderen frühen Verlegertaten, siehe:

Die Vergil-Aldine, **S. 108–109**

Die polyglotte Complutense-Bibel, **S. 118–119**

Denis Diderots Encyclopédie, **S. 158–159**

Zu anderen brillanten Holzschnitt-Illustrationen, siehe:

Vesalius' De humani corporis fabrica, **S. 134–135**

Thomas Bewicks British Birds, **S. 172–173**

Der Hamlet *der Cranach-Presse*, **S. 214–215**

OBEN ***Schedel'sche Weltchronik*** Hartmann Schedels ehrgeiziges Werk war durchgehend mit handkolorierten Holzschnitten illustriert. Viele wurden neu entworfen, bei einigen handelt es sich um Standard-Bilder. Die Ansicht von Venedig gleicht einem älteren Holzschnitt von Erhard Reuwich aus Breydenbachs *Sanctae Perigrinationes*, dem ersten gedruckten, illustrierten Reisebuch, Mainz 1486. Dieses Exemplar gehörte dem englischen Designer William Morris (19. Jh.).

RECHTS **Gottvater** Das Frontispiz der *Weltchronik* zeigt Gott, den Weltenherrscher, auf seinem Thron. Michael Wolgemut fertigte die Federzeichnung 1490 an; sein Lehrling Albrecht Dürer, Patensohn des Druckers Koberger, könnte an einigen Illustrationen mitgearbeitet haben.

Ein Buch des ersten englischen Druckers

Viele Pioniere des Buchdrucks brachten Ausgaben der bedeutenden Klassiker heraus – und machten Bankrott. Der erste englische Drucker verlegte sich auf Bücher, die von den Lesern nachgefragt und gekauft wurden.

In England wurden die ersten Bücher 1476 gedruckt – zur selben Zeit, als Erhard Ratdolt in Venedig seine **Offizin** eröffnete. Das englischen Druckwesen entwickelte sich relativ spät und unterschied sich vom kontinentaleuropäischen dadurch, dass die Drucker bewusst »Durchschnittsware« herausbrachten. Vom handwerklichen Standpunkt aus war ihre Produktion mittelmäßig. Zudem machte sie nur einen kleinen Teil des englischen Buchmarkts aus. Ernsthafte Sammler mussten Bücher importieren, wenn sie spezielle Wünsche hatten.

Das englische Druckwesen war in doppelter Hinsicht bemerkenswert. Gehandelt wurden fast nur Bücher in englischer Sprache, also kaum lateinische oder andere fremdsprachige. Und das literarische Werk von Geoffrey Chaucer (um 1343–1400) war so bedeutend, dass die Drucker daraus eine Hochsprache entwickelten, die letztlich in alle Welt getragen wurde.

William Caxton (um 1424–1491) lernte in London bei einem Tuchhändler. Um 1446 zog er nach Brügge, das damals auf dem Höhepunkt seiner wirtschaftlichen Macht war. Dort baute er ein erfolgreiches Import-Export-Geschäft auf (das vermutlich auch den Handel mit Manuskripten einschloss) und wurde Gouverneur der englischen Kaufleute. Er knüpfte enge Kontakte zu Mäzenen und arbeitete für diese als Übersetzer, was schließlich dazu führte, dass er Drucker wurde.

Caxton erlernte das Drucken in Köln und eröffnete um 1473 mit Colard Mansion, einem angesehenen flämischen Schreiber und Handschriftenhändler, eine Offizin in Brügge. Mansion und Caxton umwarben ihre Gönner, und zahlreiche Werke, die sie druckten, waren Auftragsarbeiten für den Adel, ebenso wie Caxtons Übersetzungen, beispielsweise seine Brügger Ausgabe von *The Game and Playe of Chesse* (1474) des Piemontesen Jacobus de Cessolis (um 1250–1322). Es handelte sich dabei nicht um ein Schachhandbuch, wie der Titel vermuten lässt, sondern um ein Sittenbuch, das von den Pflichten des Adels handelte.

1476 verlegte Caxton seine Druckerei von Brügge nach Westminster. Sein Sittenbuch verkaufte sich so erfolgreich, dass er es 1483 illustriert herausbrachte. Berühmt wurde er mit seiner Ausgabe von Chaucers *Canterbury Tales* (1476), von der er ebenfalls 1483 eine illustrierte Fassung druckte. Auch Wynkyn de Worde, der Caxtons Druckerei weiterführte, druckte Chaucers Geschichten, allerdings in überarbeiteter Form: Für seine Ausgabe hatte er verschiedene Abschriften miteinander verglichen. Eine wissenschaftliche Bearbeitung war bei Klassikerausgaben im restlichen Europa zwar üblich geworden, bei Unterhaltungsliteratur war sie bis dahin aber ungewöhnlich.

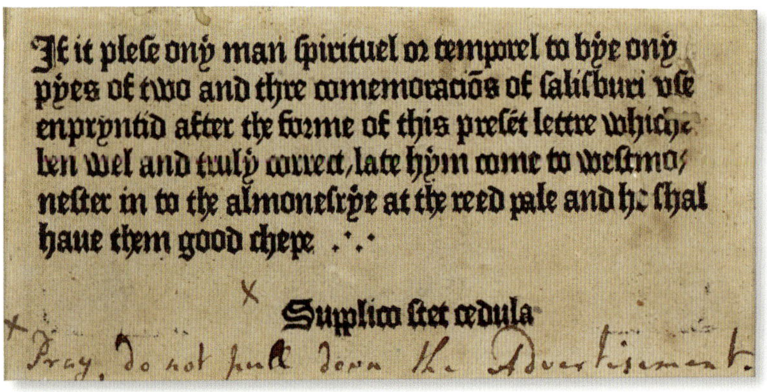
If it plese ony man spirituel or temporel to bye ony
pyes of two and thre comemoracios of salisburi vse
enpryntid after the forme of this preset lettre whiche
ben wel and truly correct, late hym come to westmo-
nester in to the almonesrye at the reed pale and he shal
haue them good chepe .·.·

Supplico stet cedula

Pray, do not pull down the Advertisement

OBEN *Sarum Pye.* Diese älteste erhaltene Anzeige in englischer Sprache druckte Caxton 1476–1477 in Westminster, um für sein *Sarum Ordinale* (auch *Sarum Pye*) zu werben, ein Brevier für die Liturgie im Jahreskreis. Im »Red Pale« in der Almonry von Westminster befand sich Caxtons Druckerei.

Bezüge

Zu anderen Büchern für den »gewöhnlichen« Leser, siehe:

Wynkyns Demaundes Joyous, **S. 104–105**

Gervase Markhams Cavelarice, **S. 140–141**

Zur Verwendung der Bastarda-Schrifttype, siehe:

Cristoforo Buondelmontis Liber insularum archipelagi, **S. 70–71**

Der Brügger Roman de la Rose, **S. 72–73**

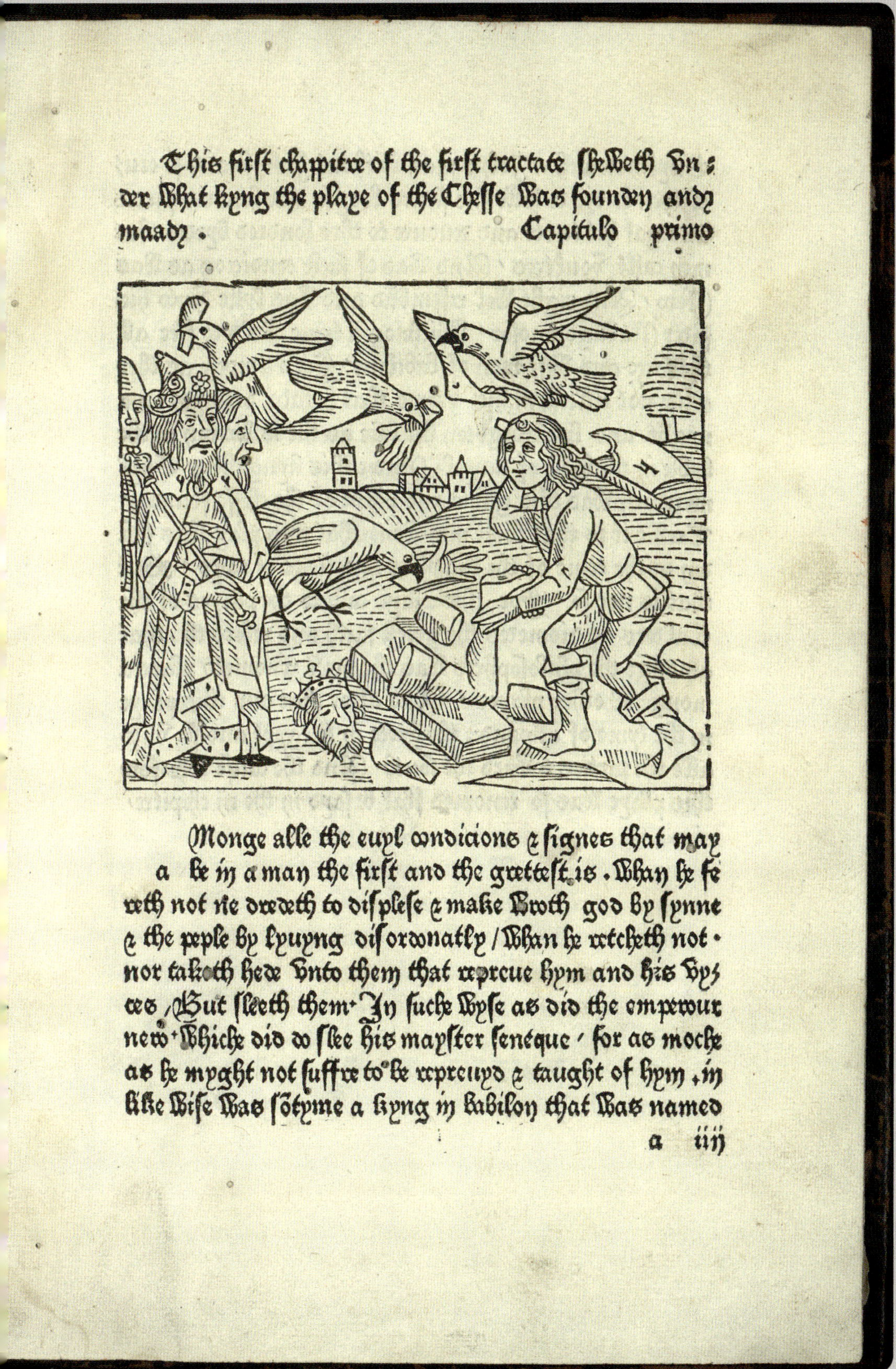

This first chapitre of the first tractate sheweth vn=
der what kyng the playe of the Chesse was founden and
maad . Capitulo primo

Monge alle the euyl condicions & signes that may
a be in a man the first and the grettest is . Whan he fe
reth not ne dredeth to displese & make wroth god by synne
& the peple by lyuyng disordinatly / Whan he recheth not .
nor taketh hede vnto them that repreue hym and his vy=
ces , But sleeth them . In suche wyse as did the emperour
nero . Whiche did do slee his mayster seneque / for as moche
as he myght not suffre to be repreuyd & taught of hym . in
like wise was sõtyme a kyng in babilon that was named
a iiij

LINKS ***The Chesse Moralysed.*** Caxtons englische Übersetzung von *De ludo scachorum*, im März 1474 in Brügge erschienen (zwei Jahre vor der französischen Ausgabe), war das erste gedruckte Buch, das eine zweite Auflage erreichte. Dieser Nachdruck entstand 1482 in Caxtons Druckerei in Westminster. Das erste Wort des Textes (unter dem **Holzschnitt**), lautet »Amonge«; der Drucker hat über zwei Zeilen Platz für das »A« ausgespart, das später mit der Hand geschrieben werden sollte. Als Platzhalter wurde ein kleines »a« eingefügt, das dem Künstler anzeigte, welchen Buchstaben er malen sollte.

RECHTS ***Demaundes Joyous*** Wynkyns Rätselbuch, das aus nur vier Blättern besteht, lehnt sich eng an das französische *Demandes Joyeuses* von 1498 an, von dessen 54 Scherzfragen es 28 übernimmt. 1510/11 erschien das erste bekannte deutsche Buch dieser Art, das *Straßburger Rätselbuch*. Alle Veröffentlichungen sind Ausdruck der humanistischen Rätselkultur.

Das erste Witzebuch

Einige Inkunabeln gelten aufgrund ihrer Schönheit als bedeutend. Andere, wie dieses Rätselbuch, sind ebenso bedeutend – und wesentlich seltener.

Bücher von großer Bedeutung wie die *Schedel'sche Weltchronik* werden oft in Museen ausgestellt, doch kleine, bescheidene Bücher, deren Verkaufserlöse den Druckern ehrgeizigere Werke erlaubten, sind selten zu sehen. Wir werden nie wissen, wie viele dieser frühen Gelegenheitsdrucke im Laufe der Jahrhunderte verloren gingen, weil Bibliothekare, Buchhändler und Buchsammler sie für uninteressant hielten. Zu diesen Veröffentlichungen gehören Bücher, die gelesen wurden, bis sie auseinanderfielen, wie *The Boke of Cokery* (1500), eine Rezeptsammlung, von der nur ein Exemplar erhalten ist. Gedruckt wurde es von Richard Pynson, der aus der Normandie stammte, 1506 in London zum königlichen Drucker ernannt wurde, Heinrich VII. und Heinrich VIII. diente und dank seiner Stellung hohes Ansehen genoss.

Einer der größten Konkurrenten Pynsons war Wynkyn de Worde, der Caxtons Druckerei in Westminster übernahm und sie 1500–1501 nach London in die Fleet Street verlegte. Im Jahr 1509 besaß er zudem einen Laden im Kirchhof der St. Paul's Cathedral, der wenig später zum Zentrum des Buchhandels wurde. Wynkyn dachte kaufmännisch und druckte Bücher, die ihm auf Dauer einen guten Umsatz versprachen, Lyrik, Schulbücher, Romane, medizinische Werke und Anleitungen zum frommen Leben. 1511 veröffentlichte er das erste englische Buch mit Scherzfragen für Erwachsene, *Demaundes Joyous*, von dem nur ein Exemplar erhalten ist. Wynkyn arbeitete mit Buchhändlern und Druckern außerhalb Londons zusammen, über die sicherlich auch *Demaundes Joyous* vertrieben wurde.

Meist waren Wynkyns Veröffentlichungen inhaltlich wenig anspruchsvoll, doch er verfügte über einen ausgeprägten Geschäftssinn. Seine Bücher waren von besserer Qualität als Caxtons; er verwendete **Papier** aus der Papiermühle von John Tate, dem ersten Papiermacher Englands. In der Regel druckte Wynkyn mit den vertrauten **gotischen Lettern**, doch er übernahm auch als erster englischer Drucker die **Kursivschrift** und arbeitete mit arabischen und hebräischen Lettern. Zudem druckte er 1495 als Erster Noten.

Bezüge

Zu anderen unter dem Ladentisch gehandelten Büchern, siehe:

John Clelands Fanny Hill, ***S. 168–169***

Zu anderer Massenware, siehe:

Frank Powells Old Grizzly Adams, ***S. 192–193***

Joseph Nnadozies Beware of Harlots, ***S. 222–223***

The demaũdes Joyous.

Die ältesten wissenschaftlichen Drucke

Venedig war das Zentrum des Buchdrucks und -handels. Als aber die Formgestaltung der Renaissance ihre Blüte erreichte, kam einer der innovativsten Drucker nicht aus Italien, sondern aus Augsburg.

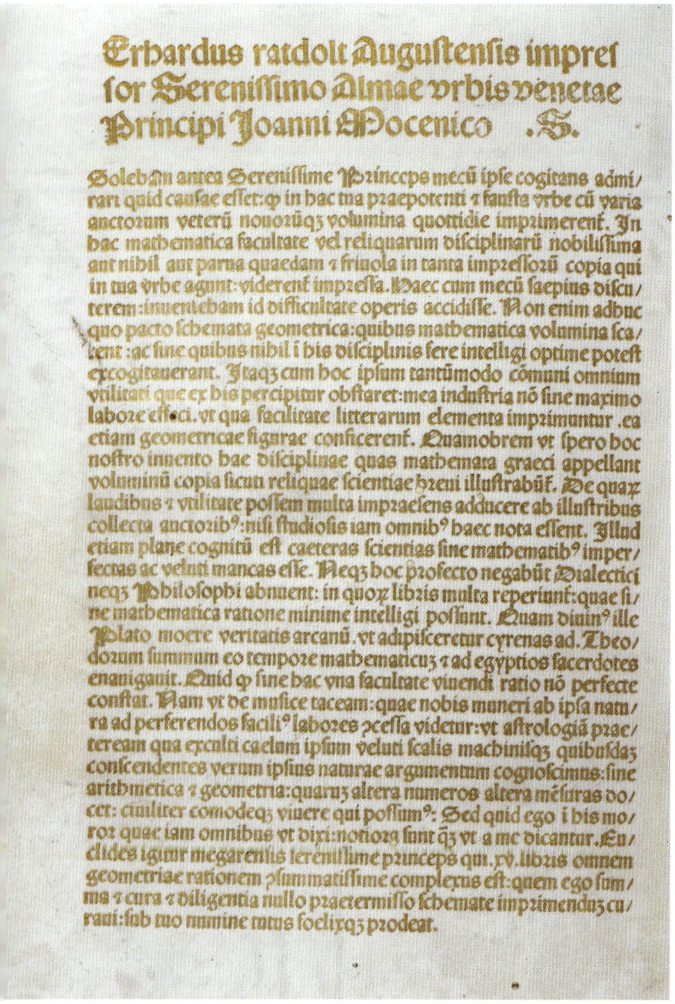
Erhardus ratdolt Augustensis impressor Serenissimo Almae urbis venetae Principi Joanni Mocenico .S.

Solebam antea Serenissime Princeps mecū ipse cogitans admirari quid causae esset: quod in hac tua praepotenti et faustissima urbe cū variis auctorum veterū novorūque voluminā quottidie imprimerentur. In hac mathematica facultate vel reliquarum disciplinarū nobilissima aut nihil aut parva quaedam et frivola in tanta impressorū copia qui in tua urbe agunt: viderent impressa. Haec cum mecū saepius discuterem: inveniebam id difficultate operis accidisse. Non enim adhuc quo pacto schemata geometrica: quibus mathematica volumina scatent: ac sine quibus nihil in his disciplinis fere intelligi optime potest excogitaverant. Itaque cum hoc ipsum tantūmodo cōmuni omnium utilitati quae ex his percipitur obstaret: mea industria nō sine maximo labore effeci. ut qua facilitate litterarum elementa imprimuntur. ea etiam geometricae figurae conficerent. Quamobrem ut spero hoc nostro invento hae disciplinae quas mathemata graeci appellant voluminū copia sicuti reliquae scientiae breui illustrabūt. De quarum laudibus et utilitate possem multa impraesens adducere ab illustribus collecta auctoribus: nisi studiosis iam omnibus haec nota essent. Illud etiam plane cognitū est caeteras scientias sine mathematibus imperfectas ac veluti mancas esse. Neque hoc profecto negabūt Dialectici neque Philosophi abnuent: in quorum libris multa reperiunt: quae sine mathematica ratione minime intelligi possunt. Quam divinus ille Plato mortē veritatis arcanū. ut adipisceretur cyrenas ad Theodorum summum eo tempore mathematicum et ad egyptios sacerdotes enavigavit. Quid quod sine hac una facultate vivendi ratio nō perfecte constat. Nam ut de musice taceam: quae nobis muneri ab ipsa natura ad perferendos facilius labores concessa videtur: ut astrologiā praetercam qua excolui caelum ipsum veluti scalis machinisque quibusdam conscendentes verum ipsius naturae argumentum cognoscimus: sine arithmetica et geometria: quarum altera numeros altera mēsuras docet: civiliter comodeque vivere qui possumus: Sed quid ego in his moror quae iam omnibus ut dixi: notiora sunt quam ut a me dicantur. Euclides igitur megarensis serenissime princeps qui. xv. libris omnem geometriae rationem consummatissime complexus est: quem ego summa et cura et diligentia nullo praetermisso schemate imprimendum curavi: sub tuo numine tectus foeliciter prodeat.

Oben **Ratdolts Widmung** an den Dogen Giovanni Mocenigo mit dessen Wappen wurde in Gold und einer zweiten Schriftart gedruckt. Zu sehen ist sie unter anderem in der Vellum-Ausgabe der British Library.

Zu den interessantesten und wichtigsten Druckern des 15. Jahrhunderts gehörte der in Augsburg geborene Erhard Ratdolt (1442–1528), dessen bedeutendste Arbeiten 1476–1486 in Venedig entstanden.

Ratdolt war nicht der erste deutsche Drucker in Venedig, dort wirkten vor 1500 mehr als 50 Deutsche. Wahrscheinlich hatte Ratdolt in der Nürnberger Druckerei des Astronomen Regiomontanus (Johann Müller) gearbeitet, wo dessen Schriften veröffentlicht wurden. Das erste venezianische Buch Ratdolts war Regiomontanus' *Calendarium*. In Zusammenarbeit mit zwei anderen deutschen Druckern folgten Übersetzungen von Büchern muslimischer Astronomen. Ratdolt druckte zudem herrlich gestaltete Ausgaben klassischer Autoren, für die er eine **Antiqua**-Schrift entwarf, die zu den schönsten zählt, die in Venedig je verwendet wurden.

Die elegante und durchdachte Art, in der Ratdolt geometrische Grafiken und Typografie in seiner Ausgabe der mathematischen Schriften von Euklid verband, ist selten übertroffen worden. Ratdolts offensichtlicher Stolz auf seine Arbeit kommt in der in Gold gedruckten Widmung an den Dogen von Venedig zum Ausdruck.

Seine Drucke wollten nie den Anschein erwecken, Handschriften zu sein, sie waren souveräne typografisch gestaltete Bände. Auch andere Neuerungen gehen auf ihn zurück, so verbesserte er den mehrfarbigen Druck, gestaltete die erste Titelseite, veröffentlichte das erste Schriftmusterblatt und das erste bekannte Verzeichnis lieferbarer Bücher. Dies alles hätte zu wirtschaftlichem Erfolg führen müssen, doch die Konkurrenz in Venedig war stark. Als der gerade zum Bischof von Augsburg ernannte Friedrich von Zollern ihn einlud, in seine Heimat zurückzukehren und für das Bistum zu drucken, verließ Ratdolt Venedig. In Augsburg druckte er über 30 Jahre lang erfolgreich und mit Gewinn, aber selten mit dem Elan und der Eleganz, die er in Venedig gezeigt hatte.

Auch Jahrhunderte nach seinem Tod ist die Qualität seiner Bücher bestechend. Der Einfluss seiner Gestaltungen, etwa floraler Bordüren, auf Designer wie William Morris ist unübersehbar.

Bezüge

Zu anderen gelehrten Werken, siehe:

Die Vergil-Aldine, S. 108–109

Die polyglotte Complutense-Bibel, S. 118–119

Zu anderen wichtigen wissenschaftlichen Veröffentlichungen, siehe:

Isaac Newtons Principia Mathematica, S. 138–139

Zu anderen vorbildlichen Ausgaben, siehe:

François Bouchers Molière, S. 152–153

Walt Whitmans Leaves of Grass, S. 216–217

Preclarissimū opus elementoꝝ Euclidis megarēsis vna cū cō-
mentis Campani pspicacissimi in artē geometriā incipit felicit.

Punctus est cuius ps non est. ¶ Linea est
longitudo sine latitudie cuius quidem ex-
tremitates sunt duo puncta. ¶ Linea recta
ē ab vno pūcto ad aliū breuissima exten
sio in extremitates suas vtrūqꝫ eoꝝ reci-
piens. ¶ Supficies ē q̄ lōgitudinē ⁊ latitu
dinē tm̄ habet: cui⁹ termini quidē sūt linee
¶ Superficies plana ē ab vna linea ad ali
am extensio in extremitates suas recipiēs
¶ Angulus planus ē duarum lineaꝝ alte-
rius cōtactus: quaꝝ expansio est super su-
pficiē applicatioqꝫ nō directa. ¶ Quādo autē angulū cōtinent due
linee recte rectiline⁹ angulus noiatur. ¶ Qn̄ recta linea sup rectā
steterit duoqꝫ anguli vtrobiqꝫ fuerint eq̄les eoꝝ vterqꝫ rect⁹ erit.
¶ Lineaqꝫ linee superstans ei cui supstat ppēdicularis vocat. ¶ An
gulus vero qui recto maior est obtusus dicit. ¶ Angul⁹ vero mior
recto acut⁹ appellat. ¶ Termin⁹ ē qd vniuscuiusqꝫ finis ē. ¶ Figu-
ra ē q̄ termino vel terminis ptinet. ¶ Circul⁹ ē figura plana vna q̄-
dē linea cōtenta: q̄ circūferētia noiat: i cui⁹ medio pūct⁹ ē a quo oēs
linee recte ad circūferentiā exeūtes sibiinuicē sunt equales. Et hic
quidē punct⁹ cētꝝ circuli dicit. ¶ Diameter circuli ē linea recta q̄
sup ei⁹ centꝝ transiēs extremitatesqꝫ suas circūferentie applicans
circulū in duo media diuidit. ¶ Semicirculus ē figura plana dia-
metro circuli ⁊ medietate circūferentie cōtenta. ¶ Portio circuli
est figura plana recta linea ⁊ parte circūferentie cōtenta: semicircu
lo quidem aut maior aut minor. ¶ Rectilinee figure sūt que rectis
lineis cōtinent quaꝝ quedā trilatere q̄ trib⁹ rectis lineis: quedam
quadrilatere q̄ quatuor rectis lineis: q̄dā multilatere q̄ pluribus q̄ꝫ
quatuor rectis lineis continentur. ¶ Figuraꝝ trilaterarum: alia est
triangulus habens tria latera equalia. Alia triangulus duo habēs
equalia latera. Alia triangulus triū inequaliū laterū. Harū iterūꝫ
alia est orthogoniū: vnū. s. rectū angulum habens. Alia est ambli-
gonium aliquem obtusum angulum habens. Alia est oxigonium:
in qua tres anguli sunt acuti. ¶ Figurarum autem quadrilaterarū.
Alia est quadratū quod ē equilaterūꝫ atqꝫ rectangulū. Alia est te-
tragonus longus: que est figura rectangula: sed equilatera non est
Alia est helmuaym: que est equilatera: sed rectangula non est.

LINKS ***Elementa Geometriae*** Euklids bedeutendes Werk, von Adelard von Bath im 12. Jh. aus dem Arabischen ins Lateinische übersetzt, wurde von Ratdolt 1482 in Venedig gedruckt. Diese mit Ornamenten und mehr als 400 geometrischen Grafiken versehene Ausgabe zeigt, wie souverän der Drucker die neuen Techniken beherrschte.

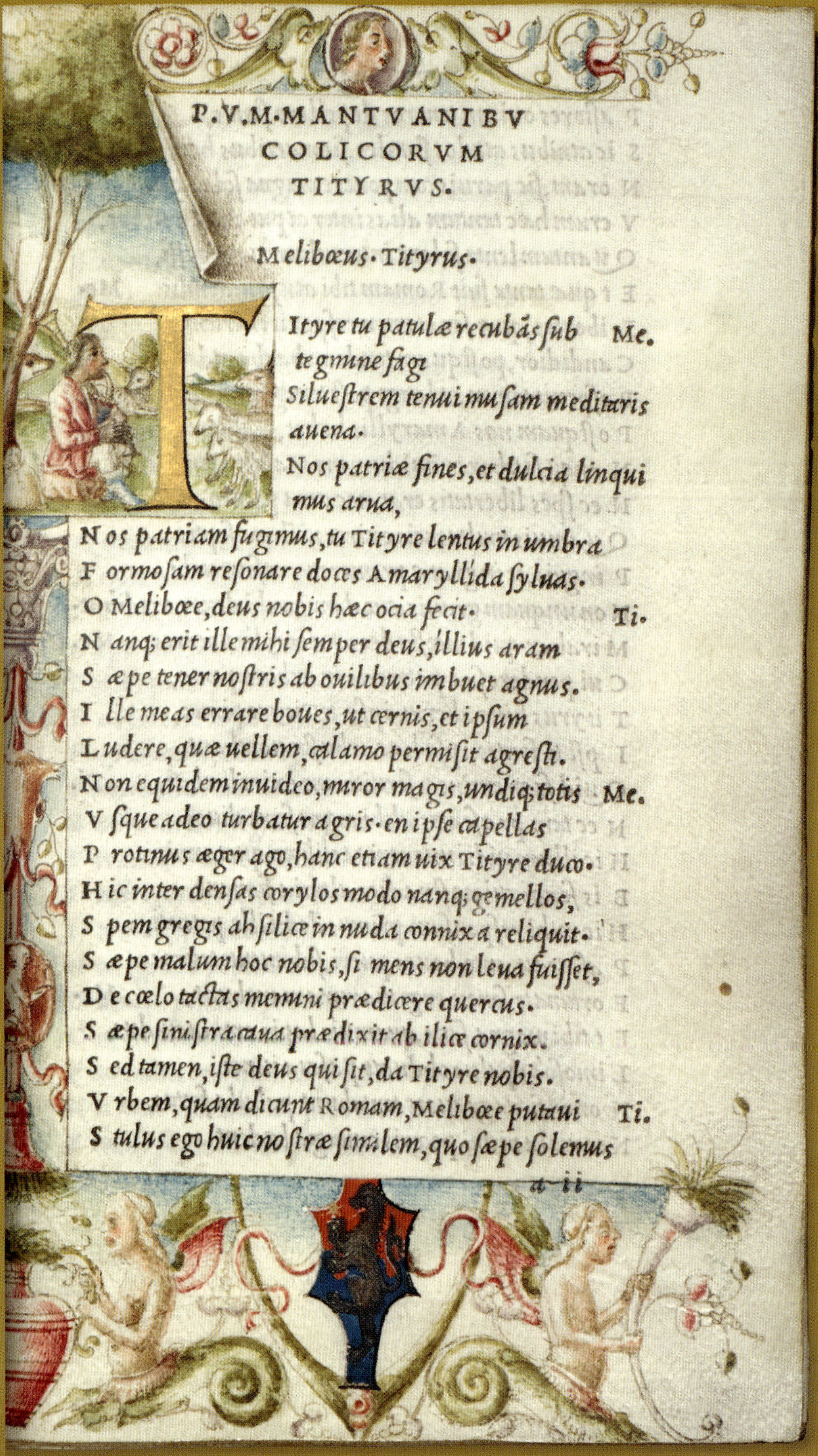

P.V.M.MANTVANI BV
COLICORVM
TITYRVS.

Melibœus. Tityrus.

Tityre tu patulæ recubãs sub tegmine fagi Me.
Siluestrem tenui musam meditaris auena.
Nos patriæ fines, et dulcia linquimus arua,
Nos patriam fugimus, tu Tityre lentus in umbra
Formosam resonare doces Amaryllida syluas.
O Melibœe, deus nobis hæc ocia fecit. Ti.
Nanq; erit ille mihi semper deus, illius aram
Sæpe tener nostris ab ouilibus imbuet agnus.
Ille meas errare boues, ut cernis, et ipsum
Ludere, quæ uellem, calamo permisit agresti.
Non equidem inuideo, miror magis, undiq; totis Me.
Vsque adeo turbatur agris. en ipse capellas
Protinus æger ago, hanc etiam uix Tityre duco.
Hic inter densas corylos modo nanq; gemellos,
Spem gregis ah silice in nuda connixa reliquit.
Sæpe malum hoc nobis, si mens non leua fuisset,
De cœlo tactas memini prædicere quercus.
Sæpe sinistra caua prædixit ab ilice cornix.
Sed tamen, iste deus qui sit, da Tityre nobis.
Vrbem, quam dicunt Romam, Melibœe putaui Ti.
Stultus ego huic nostræ similem, quo sæpe solemus

a ii

Vorbildliche Buchgestaltung

Mustergültige Ausgaben – handlich, verlässlich, gut lesbar und preiswert. Nur wenige Verleger waren so erfolgreich wie Aldus Manutius.

Die Republik Venedig befand sich in den 1490er-Jahren auf dem Höhepunkt ihrer Macht und bildete das Zentrum der Verlagswelt. Ihre Handelsverbindungen nach Osten, Österreich und ins Deutsche Reich garantierten hervorragende Geschäfte, was zahlreiche deutsche Drucker bereits herausgefunden hatten.

Viele der ersten Drucker waren ursprünglich Schreiber, Buchbinder oder -händler. Der humanistisch gebildete Aldus Pius Manutius (Aldo Manuzio, 1449–1515) hatte in Rom und Ferrara antike Sprachen studiert. Er war ein enger Freund des Philosophen Pico della Mirandola und lange Zeit der Lehrer von dessen Neffen Alberto Pio, dem Herzog von Carpi. Begeistert von Manuntius' Plänen zur Förderung des wissenschaftlichen Publizierens, finanzierte der Herzog ihm Mitte der 1490er-Jahre eine Druckerei. Aldus Manutius scharte Gelehrte um sich und verlieh seiner **Offizin** den Charakter eines frühen Universitätsverlags.

Aldus hatte herausragende Mäzene, Freunde und Mitarbeiter. Kardinal Pietro Bembo war einer seiner Autoren und Herausgeber, der brillante Kalligraf Bartolomeo Sanvito (1435–1518) entwickelte kleine **Formate**, der begabte Schriftschneider Francesco Griffo entwarf für seine Aldinen genannten Druckwerke eine Reihe von griechischen, **Antiqua**- und anderen **Schrifttypen**. Aldus verfeinerte die Zeichensetzung, etwa durch Kommata, und führte kleine Taschenformate für seine preiswerten Ausgaben ein, von denen viele in der von ihm erfundenen **Kursivschrift** gesetzt waren.

Fast alle Aldinen waren wunderbar gestaltete Bände – wie die beispielhafte Ausgabe der Werke des römischen Dichters Vergil. Sie sind für ihre textkritische Qualität und die Klarheit ihrer Typografie berühmt, noch im heutigen modernen Buchdesign zeigt sich ihr großer – und segensreicher – Einfluss.

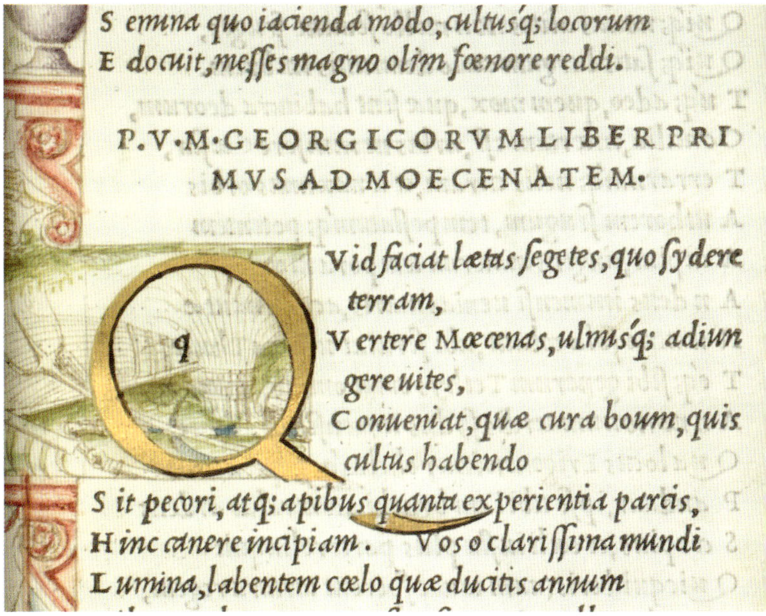

S emina quo iacienda modo, cultuſq; locorum
E docuit, meſſes magno olim fœnore reddi.

P.V.M. GEORGICORVM LIBER PRI
MVS AD MOECENATEM.

Q vid faciat lætas ſegetes, quo ſydere terram,
V ertere Mœcenas, ulmiſq; adiungere uites,
C onueniat, quæ cura boum, quis cultus habendo
S it pecori, atq; apibus quanta experientia parcis,
H inc canere incipiam. Vos o clariſſima mundi
L umina, labentem cœlo quæ ducitis annum

OBEN **Pastorale Initialen** Die Rylands Collection in Manchester besitzt eine fast vollständige Aldinen-Sammlung. In diesen auf **Vellum** gedruckten Band ließ Aldus handgemalte Initialen setzen, deren ländliche Motive den Inhalt der *Georgica* (Gedicht vom Landbau) widerspiegeln, wie die Weizengarben in dem Q des Eingangssatzes.

LINKS **Die Vergil-Aldine** Die erlesen schöne erste Seite der *Aeneis*, 1. Buch, 1501. Es war die erste Aldine, die in der neuen, vom Schriftschneider Francesco Griffo entworfenen Schriftart – heute als kursiv bekannt – gedruckt wurde, und die erste im **Oktav**-Format.

Bezüge

Zu anderen neuen Schrifttypen, siehe:

Euklids Elementa Geometriae, S. 106–107

François Bouchers Molière, S. 152–153

Der Hamlet *der Cranach-Presse*, S. 214–215

Zu einer anderen Glanzleistung des Büchermachens, siehe:

Dard Hunters Old Papermaking, S. 238–239

Zu einem venezianischen Exportartikel, siehe:

Gregorios Stundenbuch, S. 110–111

Drucken in Arabisch

Das erste in Arabisch gedruckte Buch erschien ein halbes Jahrhundert nach der Einführung der beweglichen Lettern – es wurde von Christen in Italien hergestellt.

Der osmanische Sultan Bayezid II. (1481–1512) war in mancherlei Hinsicht ein weiser und toleranter Herrscher, der seinen Untertanen beachtliche Freiheit gewährte. Als in den 1490er-Jahren Juden und Muslime aus Spanien vertrieben wurden, organisierte der Sultan ihre Evakuierung nach Nordafrika und unterstützte ihre Ansiedlung in seinem Reich. Der erste Drucker Konstantinopels (1493) war ein Jude, der Hebräisch druckte.

Bayezid liebte die Kalligrafie und lehnte den Buchdruck in arabischer Sprache ab. Juden, Griechen und Armeniern im Osmanischen Reich war es aber gestattet, in ihren Sprachen zu drucken. Es dauerte noch Jahrhunderte, bis der Druck in arabischer Schrift in der islamischen Welt Anerkennung fand. In Venedig und anderen europäischen Städten wurden arabische Bücher für den Export heimlich gedruckt.

Das älteste bekannte und erhaltene Druckwerk in arabischer Sprache ist das *Kitab Salat al-Sawa'i*, ein Stundenbuch für arabisch sprechende Christen oder potenzielle Konvertiten – weder Bayezid noch ein anderer Sultan hätten

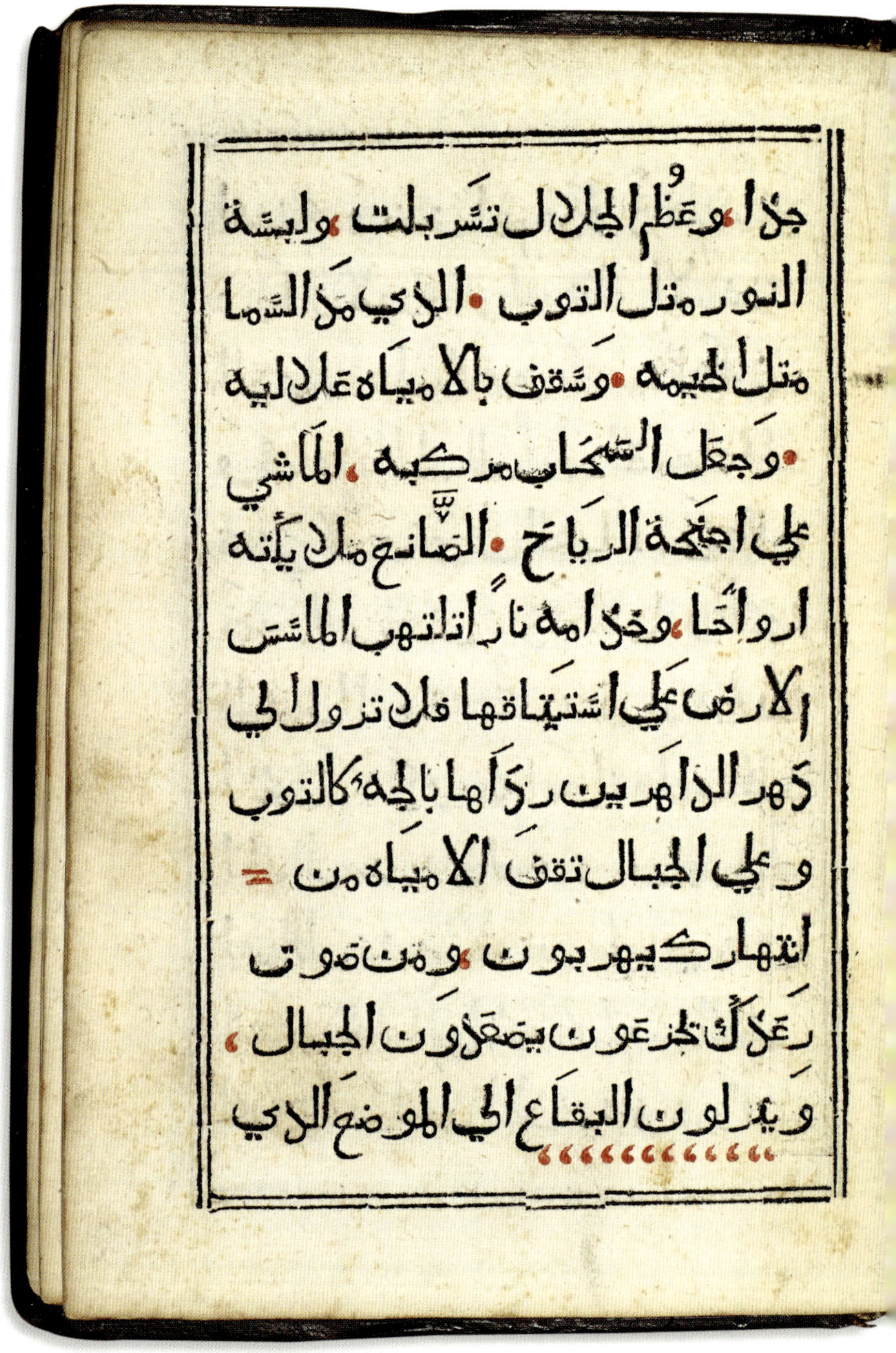
جدا وعظم الجلال تسربلت ولابسة
النور مثل الثوب الذي مد السما
مثل الخيمة وسقف بالامياه علاليه
وجعل السحاب مركبه الماشي
علي اجنحة الرياح الصانع ملايكته
ارواحا وخدامه نارا تلتهب الماسس
الارض علي استيقاتها فلا تزول الي
دهر الداهرين ردأها بالجة كالثوب
وعلي الجبال تقف الامياه من
انتهارك يهربون ومن صوت
رعدك تجزعون يصعدون الجبال
ويدلون البقاع الي الموضع الذي

RECHTS ***Stundenbuch*** Gregorios' *Kitab Salat al-Sawa'i* mit christlichen Gebeten, 1514 in Fano, Italien, gedruckt, gilt als erstes mit beweglichen Lettern gedrucktes arabisches Buch. Es war vermutlich für die Lieferung an christliche Gemeinden in Syrien bestimmt.

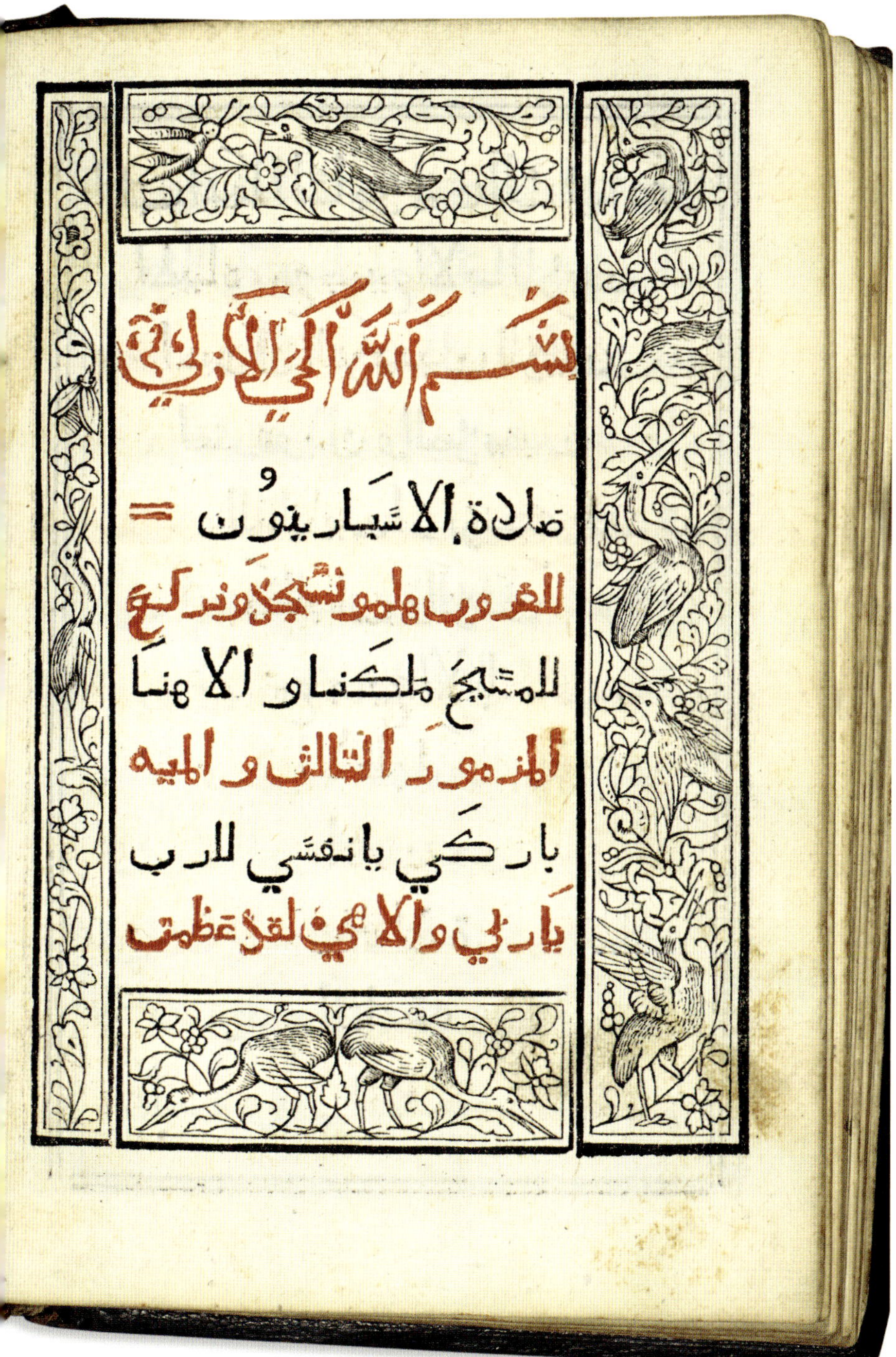

es gebilligt. Es wurde 1514–1517 hergestellt; einige Experten nehmen an, es sei für melchitische (christliche) Gemeinden in Syrien bestimmt gewesen, andere vermuten, für den missionarischen Gebrauch. Papst Julius II. gab es in Auftrag und finanzierte möglicherweise auch den Druck. Sicher ist, dass es von einem begabten und vielseitigen venezianischen Drucker namens Gregorio de Gregorii veröffentlicht wurde – aber ohne venezianisches Impressum. Stattdessen gab er Fano als Druckort an, eine Stadt an der Adria, die nicht zu Venedig gehörte. Möglicherweise tat er das, weil in Venedig schon damals Urheberrechte geschützt wurden und das exklusive Recht, Bücher in arabischer und armenischer Sprache zu drucken, bereits für 25 Jahre an Democrito da Terracina vergeben worden war.

Die **arabesken Holzschnitte** des *Kitab Salat al-Sawa'i* sind typisch norditalienische Arbeiten. Die recht kruden arabischen Schriftzeichen hätten muslimische Schreiber vermutlich für unbrauchbar erklärt, und doch zeigt sich im *Kitab Salat al-Sawa'i* eine Zukunftsvision – die allerdings unerfüllt blieb, weil die islamische Kultur sich den Buchdruck nicht wie andere zu eigen machte.

Bezüge

Zu anderen bekehrenden Büchern, siehe:

Das Boek van Bonang, *S. 92–93*

Zu anderen arabischen Büchern, siehe:

Al-Sufis Buch der Fixsterne, *S. 86–87*

Al-Dschazaris Kompendium der mechanischen Künste, *S. 88–89*

דרומי מזרחי ומקיף כדרכו עד שמגיע למזרחי
צפוני ואחריה צפונית מערבית ואחריה מערבית
דרומית ובא לו לכבש וירד על יסוד דרומי ׳ דתניא
בברייתא ואת דמו ישפוך אל יסוד מזבח העולה
זה יסוד דרומי או אינו אלא יסוד מערבי: אמרת
ילמד ירידתו מן הכבש מיציאתו מן ההיכל מה
יציאתו מן ההיכל אינו נותן אלא בסמוך אף ירידתו
מן הכבש אינו נותן אלא בסמוך: והטעם מפני שאין
מעבירין על המצות׳ ונאכלין לפנים מן הקלעים
שנאמר בחטאת במקום קדוש תאכל בחצר אהל
מועד יאכלוה׳ והמשכן היו קלעים סביבות החצר
ובבית עולמים היו חומות העזרה: לזכרי כהונה
שנאמר הכהן המחטא אותה יאכלנה׳ לאפוקי נשים
שאינן ראויות לחטוי׳ וכתיב כל זכר בכהנים יאכל
אותה: בכל מאכל משום דקתני גבי פסח אינו נאכל
אלא צלי תנא בכלהו בכל מאכל הן מבושל הן צלי הן
מה שירצה ואע"ג דאמרי' מתנות כהונה אין נאכלו'
אלא צלי שנא' למשחה בהם לגדולה כדרך שהמלכים
אוכלין היינו אלא מעלה בעלמא שיבור להם אכילה
יפה אבל אם רצה לאכול אותם מבושל יותר מצלי
הרשות בידו: ליום ולילה דילפינן בפ"ק דזבחים ובשר
זבח תודת שלמיו׳ למדנו לתודה שנאכלת ליום
ולילה אחד חטאת ואשם מנין ת"ל זבח: ובקדשים
לילה הולך אחר היום שנא' לא יניח ממנו עד בקר
עד חצות: סייג עשו כדי להרחיק את האדם מן
העבירה כדתנן בפ"ק דברכות כל הנאכלים ליום אחד
מצותן עד שיעלה עמוד השחר ולמה אמרו חכמים
עד חצות כדי להרחיק את האדם מן העבירה:

ד העולה קדש קדשים לפסול בה
וטבול יום ומחוסר כפורים

והאי דקתני בה קדש קדשים ולא קתני הכי בכלהו
מינים דלא כתיבא קדש קדשים אשמעינן תנא
דאפי' הכי קדש קדשים היא דהיא כולה נדור כליל
שחיטתה בצפון שנאמר בה על ירך המזבח צפונה
וקבול דמה וכו' כמו שפירשנו למעלה: ודמה טעון
שתי מתנות שהן ארבע אלא מצאנו שנכתב בעולה
קרנות המזבח אלא נאמר כזריקת דמה וזרקו את
הדם על המזבח סביב: ומדה שאמר סביב אמרו
שצריכה ארבע מתנות והן בקרן מזרחית צפונית
ובקרן מערבית דרומית שכנגדה באלכסון והיה
זורק על הקרן והדם הולך אילך ואילך ונעשה כמין
גם: והן שתי מתנות שהן ארבע בעינן שיראה
הדם בארבע רוחות והא לא משכחת לה אלא בשתי
קרנות זו באלכסונה דאי בשתים שברוח אחת לא
הוי הדם אלא בשלש רוחות המזבח ולא קרינן ביה
סביב והכי תנן במסכת תמיד בא לו לקרן מזרחית
צפונית נותן מזרחה צפונה מערבית דרומית נותן
מערבה דרומה: והטעם מפני שמזרחית דרומית
לא היה לה יסוד ואי אפשר שיתחיל ממנה מפני
שהעולה תחלת מתן דמה טעון גם יסוד דאמר ר'
עקיבא קן ומה שירים שאין מכפרין ואין באין
לכפרה טעונין יסוד תחלת דם עולה שמכפרת
ובאה לכפרה אינו דין שטעונה יסוד:
והנה אצייר לך צורת רבוע המזבח והדם על הדרך
שאמרנו וכי קרן דרומית מזרחית לא היה לה יסוד

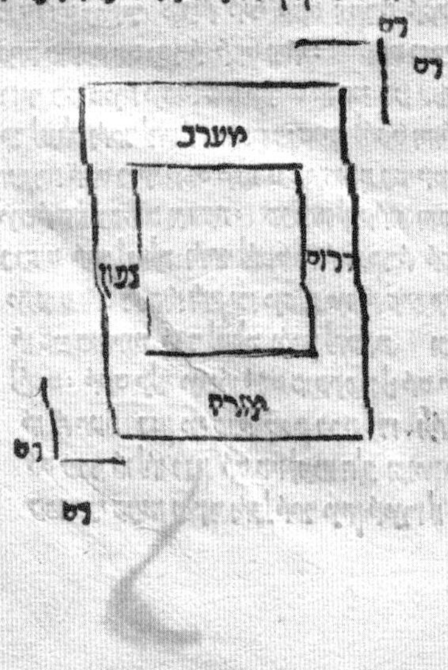

Das erste Druckwerk Afrikas

Jüdische Immigranten druckten das erste Buch in Marokko. Seine Herstellung zeigt, wie standhaft die vielerorts verfolgten Juden an ihrem Recht zu drucken festhielten.

OBEN ***Sefer Kol Bo*** Der bedeutende jüdische Drucker Gershom Soncino brachte 1488–1534 mehr als 200 Werke heraus, etwa die Hälfte in hebräischer, die anderen in lateinischer und italienischer Sprache. Diese 1526 in Rimini gedruckte Titelseite eines jüdischen Ritualbuchs trägt seine **Druckermarke**, den Turm.

LINKS ***Sefer Abudarham*** Das erste in Afrika gedruckte Buch, (Fez, 1516), behandelt Gebetsrituale der sephardischen Juden. Auf Seite 47 sieht man den Altar des Tempels in Jerusalem und Anweisungen zur rituellen Opferung von Tieren – die nach der Zerstörung des Tempels durch Gebete ersetzt wurde.

Der Islam sperrte sich gegen die Typografie, doch die jüdischen Drucker übernahmen die neuen Methoden mit Begeisterung. Nach ihrer Vertreibung aus Spanien gründeten einige jüdische Drucker in Portugal **Offizinen**. Das *Sefer Abudarham* (Buch Abudarhams), ein Kommentar zum Gebetsritual des Rabbi David ben Joseph Abudarham (14. Jahrhundert), gehörte zu den ersten dort gedruckten Büchern. Eliezer Toledano, der, wie sein Name (»aus Toledo«) besagt, aus Spanien stammte, veröffentlichte es 1489 in Lissabon.

Als unter König Manuel die Zwangsbekehrungen begannen, konnten auch in Portugal keine hebräischen Werke mehr gedruckt werden. Wie die spanischen Juden zogen es auch die portugiesischen vor, ein entbehrungsreiches Leben in Marokko oder einem anderen Teil der islamischen Welt auf sich zu nehmen. Samuel ben Isaak Nedivot hatte in Lissabon für Eliezer Toledano gearbeitet. Er siedelte sich im florierenden Fez an und druckte mit seinem Sohn Isaak 1516 ein *Sefer Abudarham*, das sich textlich eng an der Lissaboner Ausgabe orientierte.

Papier musste extra aus Spanien importiert werden, wo es seit dem 12. Jahrhundert in Xativa bei Valencia hergestellt wurde. Es gelang den Nedivots, einen Vorrat anzulegen und im Laufe der nächsten zehn Jahre fünfzehn Bücher zu drucken.

Die ersten jüdischen Drucker kamen aus Italien, zu den berühmtesten zählte die Familie Soncino, die im 15. Jahrhundert in zahlreichen italienischen Städten, später in Konstantinopel, Saloniki und schließlich in Ägypten **Offizinen** eröffnete. Ihre Ausgaben waren für die Typografie und die Genauigkeit der Texte berühmt; sie erschienen in griechischer, lateinischer, italienischer und hebräischer Sprache.

Nicht einmal ein Prozent aller **Inkunabeln** waren hebräische Bücher, heute sind jüdische **Wiegendrucke** ausgesprochen rar. Das *Sefer Abudarham* ragt heraus, weil es die Bedrohung der Juden versinnbildlicht und weil es das erste auf dem afrikanischen Kontinent gedruckte Buch war. Zwar gab es dann im osmanischen Ägypten jüdische Druckereien, doch im übrigen Afrika wurde das Gewerbe erst 300 Jahr später von den Kolonialmächten eingeführt. Ende des 18. Jahrhunderts brachten es die Briten nach Sierra Leone und die Holländer ans Kap der Guten Hoffnung.

Bezüge

Zu anderen hebräischen Büchern, siehe:

Die polyglotte Complutense-Bibel, **S. 118–119**

Die Nano-Bibel des Technion, **S. 246–247**

Himmlische Stimmen

Die Erfindung des Alphabets und die des Buchdrucks konzentrierte sich auf das Wort. Um Töne sichtbar zu machen, brauchte man andere Techniken und Methoden, etwa die Notation von Musik.

Der hl. Isidor von Sevilla gilt als der letzte Gelehrte der Antike – und heute als inoffizieller Schutzpatron des Internets. In seiner *Etymologiae* hieß es: »Haften Töne nicht im Gedächtnis der Menschen, so vergehen sie, denn sie können nicht niedergeschrieben werden.« Musiker mussten eine Methode erfinden, Töne so zu notieren, dass sie – wie die Worte mit Hilfe des Alphabets – bewahrt blieben.

Die antike Welt verwendete bereits Notenschriften, die man aus alten griechischen Manuskripten kennt. In Westeuropa wurden um 800 in Metz, auf Anregung Karls des Großen, die **Neumen** in *campo aperto* (ohne Notenlinien) entwickelt, mit denen gregorianische Gesänge aufgezeichnet wurden.

Musikmanuskripte wurden naturgemäß in den **Skriptorien** der Klöster von Mönchen gefertigt – zum Beispiel von dem Iren im Stift St. Paul, der in einem Gedicht seinen Kater Pangur Ban besang (siehe Seite 58). Das hier gezeigte Manuskript entstand um 922–925 in der Schweizer Abtei St. Gallen. Es ist die älteste vollständig erhaltene Handschrift mit Neumen, auch der Einband und die Schatulle zur Aufbewahrung stammen aus jener Zeit. Vermutlich schrieb ein Mönch zunächst den Text, während ein anderer später die Neumen einfügte.

Als später **Typen** für Noten entwickelt wurden, stand das große Format der Bücher, die mehrere Chormitglieder teilen mussten, dem Druck im Wege. Große Antiphonale und andere liturgische Bücher wurden noch jahrhundertelang in den Klöstern von Hand geschrieben, einzelne Seiten solcher Manuskripte werden in Antiquariaten gehandelt. Einige Zeit arbeitete man auch mit Druckstempeln für den Text und trug die Linien und Noten per Hand nach.

RECHTS **St. Galler *Cantatorium*** Die gregorianischen Choräle sind in diesem *Antiphonarium Missae* oder Graduale in **karolingischen Minuskeln** mit goldenen Verzierungen und Neumen notiert. Choralbücher wurden schon um 430 genutzt wie der nordafrikanische Bischof Victor von Vita berichtete. Gewöhnlich sangen Kantoren aber aus dem Gedächtnis.

Bezüge

Zu anderen Büchern mit religiöser Musik, siehe:

Das Missale speciale Constantiense, S. *116–117*

Zu frivoler weltlicher Musik, siehe:

Kellom Tomlinsons Art of Dancing, S. *146–147*

Zu anderen von Mönchen geschaffenen Büchern, siehe:

Die Abba-Garima-Evangelien, S. *50–51*

Das Book of Kells, S. *60–61*

Der Chludow-Psalter, S. *62–63*

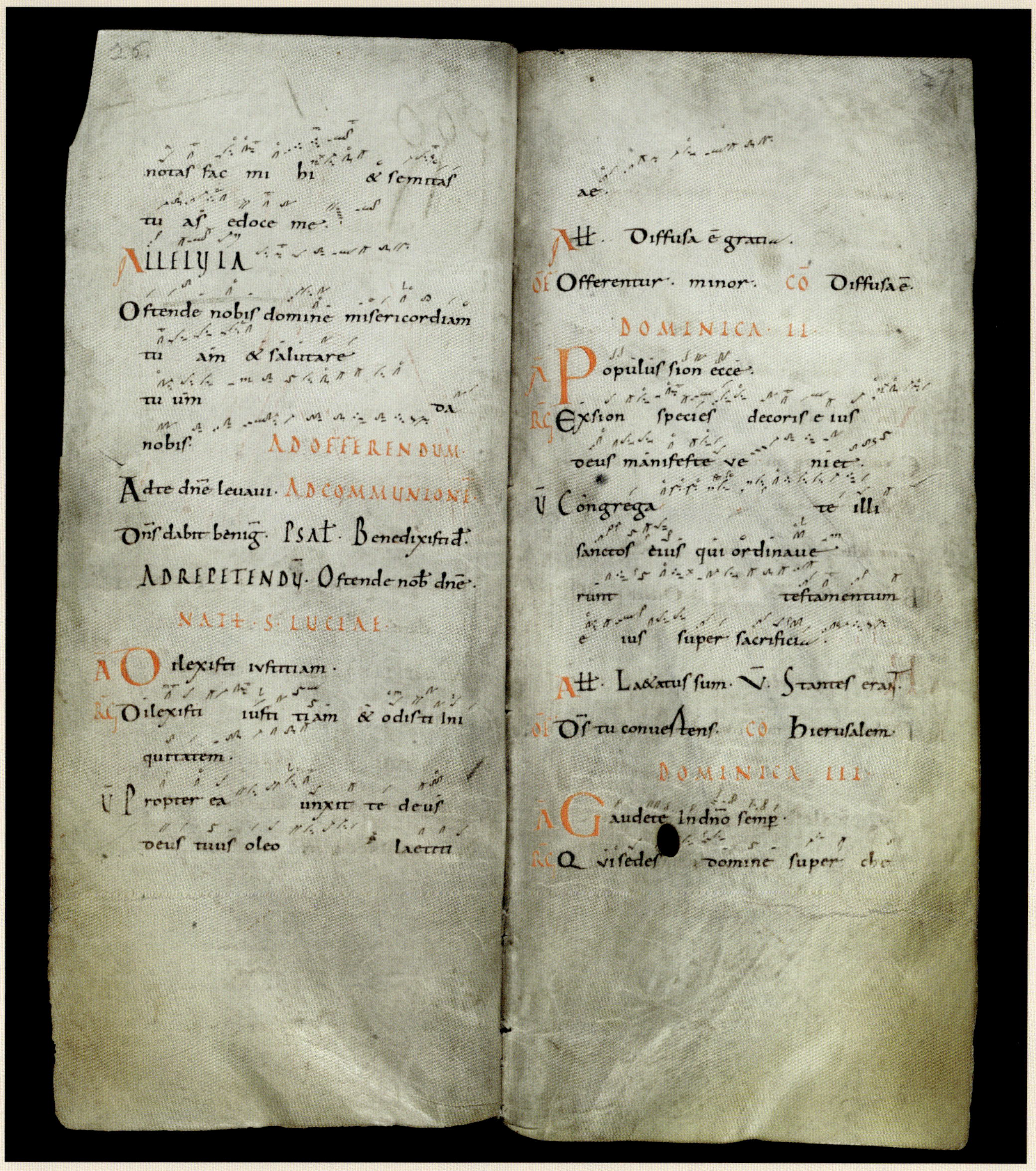
ALLELUIA
AD OFFERENDUM
AD COMMUNIONEM
AD REPETENDUM
DOMINICA II
DOMINICA III

Ein gelöstes Gutenberg-Rätsel

Viele Experten glaubten, das undatierte Missale speciale Constantiense *sei vor Gutenbergs Büchern gedruckt worden. Doch eine Untersuchung des Papiers zeigte, dass es viel jünger ist.*

Jahrhundertelang versuchten Bibliografen und Historiker zu klären, wer was wann wo gedruckt hatte – als würde man ein Puzzle zusammensetzen, ohne die Vorlage zu kennen. Recht einfach war es, sofern in einem Buch Autor, Titel und Impressum aufgeführt waren; schwierig wurde es, wenn eine dieser Angaben oder ganze Seiten fehlten.

Mithilfe moderner Technik können **Schriftarten** untersucht werden, was für die Bestimmung hilfreich ist, sofern **Inkunabel**-Drucker ihre Schriften selbst schnitten. Auch Wasserzeichen helfen bei der Analyse: Ein Band aus einem Papier, das im 15. Jahrhundert in Spanien hergestellt wurde, wäre wohl nicht erst im 16. Jahrhundert in Deutschland gedruckt worden. Wenn allerdings die Seiten eng bedruckt sind, fällt es häufig schwer, die von Druckerschwärze verdeckten Wasserzeichen zu erkennen oder zu fotografieren.

Doch selbst mit solchen Methoden war eine genaue Zuordnung oft schwierig – etwa bei den **Holzschnittbüchern** oder **Xylographica** sowie den Armenbibeln, deren Text und Bilder wie bei chinesischen Drucken in einen Holzblock geschnitten wurden. Lange vermutete man, solche **Blockbücher** stammten aus den 1420er- oder 1430er-Jahren, also bevor Gutenberg mit beweglichen Lettern druckte.

Ähnliche Probleme bereitete auch das *Missale speciale Constantiense*, ein seltenes Messbuch, von dem nur drei Exemplare existieren. Dieses Buch ist undatiert, recht grob gestaltet und unter Verwendung abgenutzter Typen einer Schrift gedruckt, die Fust und Schöffer für den berühmten Mainzer Psalter von 1457 benutzten. Ist das *Missale speciale* also älter als die berühmte 42-zeilige Bibel, wie manche Experten annahmen? Hans P. Kraus, ein renommierter New Yorker Antiquar, war davon ebenso überzeugt wie die Pierpont Morgan Library, die es erwarb. Bei einer späteren Untersuchung mit der in den 1960er-Jahren entwickelten Beta-Radiografie – bis heute in Museen und Bibliotheken ein gängiges Verfahren der Papieranalyse – stellte sich jedoch heraus, dass das *Missale* auf Papier gedruckt war, das in den frühen 1470er-Jahren hergestellt wurde, also nach Gutenbergs Erfindung. Die Datierung des *Missale* auf etwa 1473 warf allerdings neue Fragen auf. Hatten Gutenberg oder Fust ihre Drucktypen verkauft? Das *Missale speciale* ist zwar nicht so alt wie ursprünglich angenommen, aber ein bedeutendes Beispiel, anhand dessen frühe Drucktechnik und moderne Analysemethoden demonstriert werden können.

RECHTS ***Missale speciale*** Titelseite des Exemplars der Morgan Library, vermutlich um 1473 in Basel gedruckt. Dieser seltene typografische Schatz kam, in eine alte Zeitung geschlagen, 1953 in den Besitz eines amerikanischen Antiquars. Dieser erwarb ihn in der Schweiz vom Kapuzinerkloster Romont, wo er als Kissen der Klosterkatze gedient haben soll.

LINKS **Blockbuch** Die *Ars memorandi per figuras evangelistarum*, in den 1470er-Jahren in Deutschland gedruckt, ist zum Auswendiglernen der Evangelien mit Hilfe von Bildern und Symbolen gedacht. Gedruckt wurde mit brauner Farbe, die Texte sind auf der linken Seite angeordnet, **verso**, die Bilder jeweils auf der rechten, **recto**.

Bezüge

Zu anderen westlichen Wiegendrucken, siehe:

Gutenbergs 42-zeilige Bibel, S. 98–99

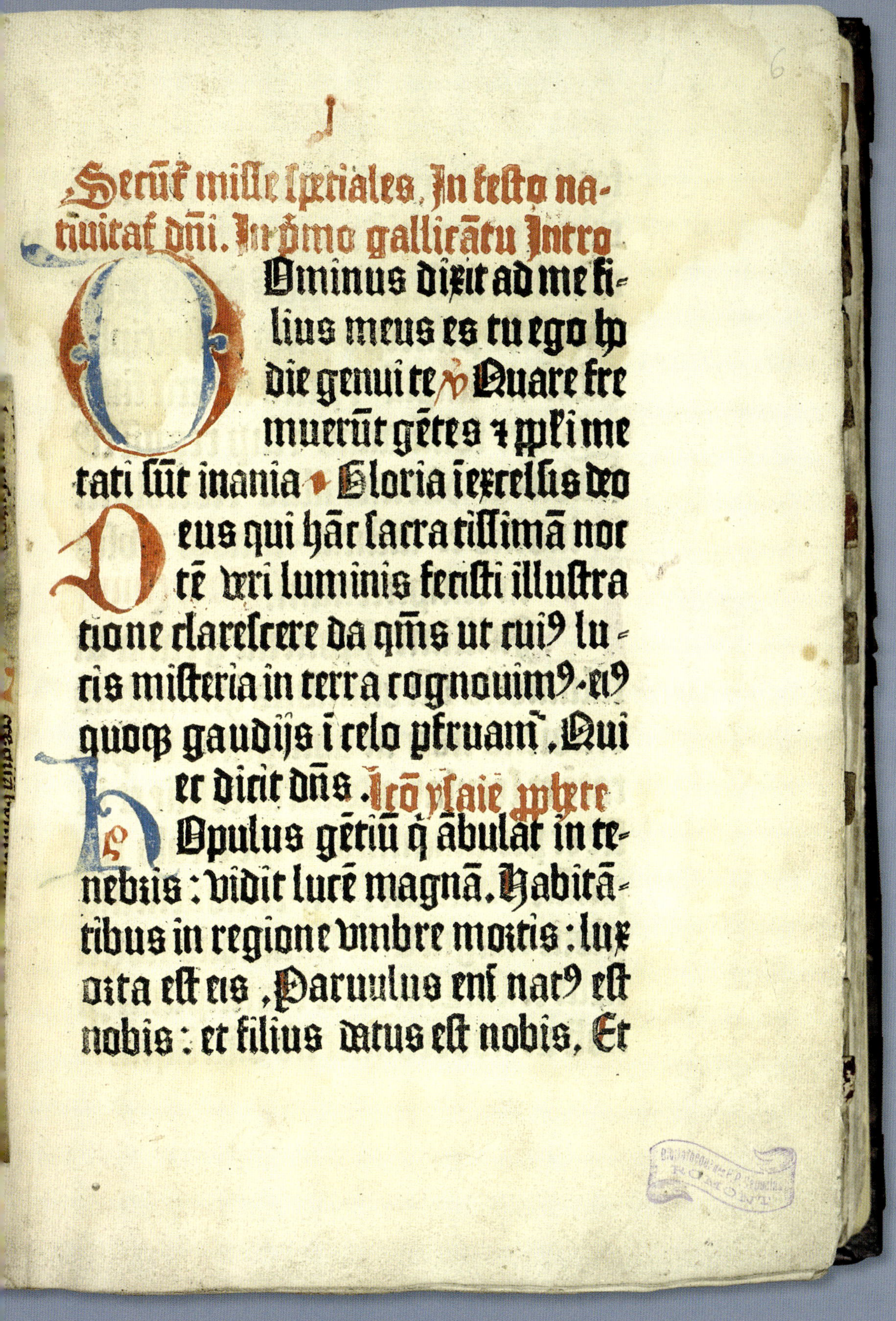
Secūt̄ misse speciales. In festo na-
tiuitatis dñi. In pmo gallicantu Intro
Dominus dixit ad me fi-
lius meus es tu ego ho
die genui te. ps Quare fre
muerūt gētes ⁊ ppl'i me
ditati sūt inania. Gloria iexcelsis deo
Deus qui hāc sacratissimā noc
tē veri luminis fecisti illustra
tione clarescere da qs ut cui9 lu-
cis misteria in terra cognouim9. ei9
quoqꝫ gaudijs i celo pfruamr. Qui
Hec dicit dñs. Lcō ysaie pphete
Populus gētiū q ābulat in te-
nebris: vidit lucē magnā. Habitā-
tibus in regione vmbre mortis: lux
orta est eis. Paruulus enī nat9 est
nobis: et filius datus est nobis. Et

RECHTS Die **Polyglotte Complutense-Bibel** sollte das »vernachlässigte Studium der Heiligen Schrift neu beleben«. Aufgeschlagen ist hier das 5. Buch Mose 32: Von links nach rechts sind die Hauptspalten in Hebräisch, Lateinisch und Griechisch gesetzt, unten quer in Aramäisch mit lateinischer Übersetzung, in der linken Randspalte hebräische und aramäische Stammwörter.

Ein Meisterwerk der Bibelforschung

Diese erste von vielen polyglotten Bibeln ist für die souveräne typografische Gestaltung sowie die Schönheit ihrer Schriftarten berühmt.

An dieser mehrsprachigen, **polyglotten**, Bibel aus dem frühen 16. Jahrhundert kann man erkennen, wie sehr sich die Drucktechniken bei gelehrten Werken in den 50 Jahren nach Erscheinen von Gutenbergs 42-zeiliger Bibel verändert hatten. Die Herausforderung, in fünf Sprachen und entsprechenden Schrifttypen zu drucken, meisterte Arnao Guillén de Brocar (um 1460–1523), ein Franzose, der in Toulouse gelernt hatte und später im nordspanischen Logroño eine **Offizin** besaß.

Den Anstoß zu diesem Meisterwerk gab der tatkräftige Staatsmann und Asket Kardinal Jiménez (Francisco Jiménez de Cisneros, 1436–1517). Im Jahr 1500 gründete und finanzierte er die Universität von Alcalá de Henares (der lateinische Name ist Complutum). Für die mehrsprachige Bibelausgabe engagierte er den Theologen Diego López de Zúñiga († 1531) und andere bedeutende Gelehrte als Herausgeber sowie Guillén de Brocar als Drucker. Die Arbeit an der letztlich sechs Bände umfassenden Bibel – die den Kardinal geschätzte 50 000 Golddukaten kostete – begann 1502, gedruckt wurde sie zwischen 1514 und 1517. Jiménez starb vor ihrem Erscheinen. Der sechste Band enthielt hebräische, aramäische und griechische Wörterbücher und Studienhilfen.

Als Erasmus von Rotterdam von den Plänen zur polyglotten Bibel erfuhr, beeilte er sich, seine Ausgabe des Neuen Testaments in griechischer und lateinischer

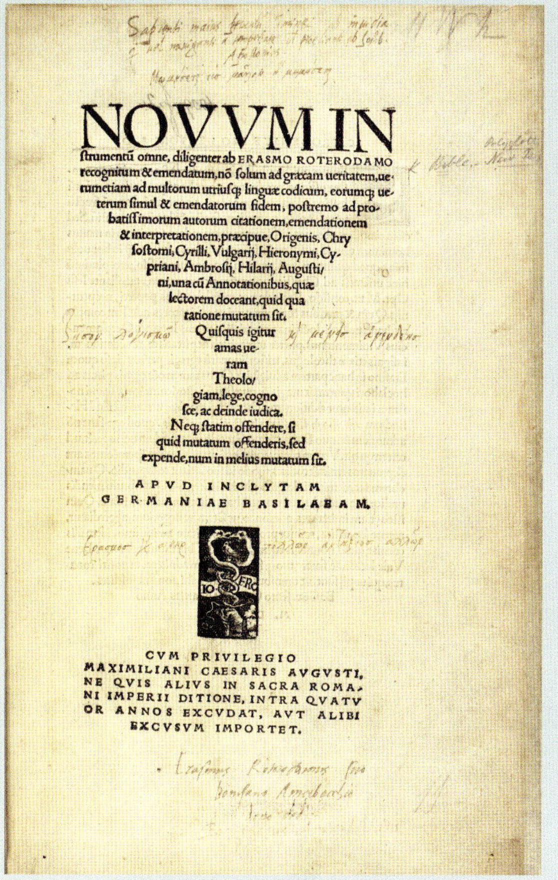

NOVVM INstrumentū omne, diligenter ab ERASMO ROTERODAMO recognitum & emendatum, nō solum ad græcam ueritatem, uerumetiam ad multorum utriusq; linguæ codicum, eorumq; ueterum simul & emendatorum fidem, postremo ad probatissimorum autorum citationem, emendationem & interpretationem, præcipue, Origenis, Chrysostomi, Cyrilli, Vulgarij, Hieronymi, Cypriani, Ambrosij, Hilarij, Augustini, una cū Annotationibus, quæ lectorem doceant, quid qua ratione mutatum sit. Quisquis igitur amas ueram Theologiam, lege, cognosce, ac deinde iudica. Neq; statim offendere, si quid mutatum offenderis, sed expende, num in melius mutatum sit.

APVD INCLYTAM GERMANIAE BASILAEAM.

CVM PRIVILEGIO MAXIMILIANI CAESARIS AVGVSTI, NE QVIS ALIVS IN SACRA ROMANI IMPERII DITIONE, INTRA QVATVOR ANNOS EXCVDAT, AVT ALIBI EXCVSVM IMPORTET.

OBEN **Erasmus' Neues Testament,** die schön gestaltete Titelseite dieser zweisprachigen Ausgabe. In der Widmung schrieb Erasmus: »Ich erkannte, dass die Lehre, die unsere Erlösung ist, reinere und eindringlichere Gestalt annimmt, wenn man sie an der Quelle und nicht an Teichen und Bächen sucht.«

Sprache fertigzustellen. Sie erschien 1516 mit einem vierjährigen exklusiven Vertriebsprivileg des Papstes. Die erste Auflage von 600 Exemplaren der polyglotten Complutense-Bibel, die 1517 gedruckt war, konnte erst verkauft werden, nachdem Papst Leo X. 1520 seine Erlaubnis gab. Ein Großteil der Auflage, der nach Italien exportiert werden sollte, ging auf See verloren, nur noch 123 Exemplare sind erhalten.

Die polyglotte Complutense-Bibel, auch als »die gelehrte Publikation der spanischen Renaissance von herausragender Bedeutung« bezeichnet, ist für die Textaufbereitung, ihr Layout und die Schönheit der griechischen Schrifttype berühmt und inspirierte noch die Typografen des späten 19. Jahrhunderts.

Bezüge

Zu frühen gemeinschaftlichen Werken, siehe:

Die Schedel'sche Weltchronik, S. 100–101

Die Vergil-Aldine, S. 108–109

Zu einer jüngeren Kollektivarbeit, siehe:

Denis Diderots Encyclopédie, S. 158–159

Zu anderen Bibel-Drucken, siehe:

Die Gustav-Wasa-Bibel, S. 124–125

Das »Bay Psalm Book«, S. 128–129

KAPITEL

7 Eine gefährliche Erfindung

RECHTS ***De humani corporis fabrica.*** Vesalius beschrieb 1543, wie er den Leichnam eines Verurteilten, der »zur Ergötzung der Bauern« seit einem Jahr am Straßenrand hing, entdeckte und stahl. »Die Gebeine waren ganz trocken und sauber, ich untersuchte sie sorgfältig, wollte ich doch eine so unerwartete wie lang ersehnte Gelegenheit nicht verstreichen lassen.« (Siehe Seite 134–135.)

Im 16. und 17. Jahrhundert kamen neue Interessen, neue Methoden sowie neue Probleme auf. Einige dieser Themen wie Qualitätskontrolle und Urheberrecht beschäftigen uns noch heute.

SEPTIMA MVSCVLORVM TABVLA.

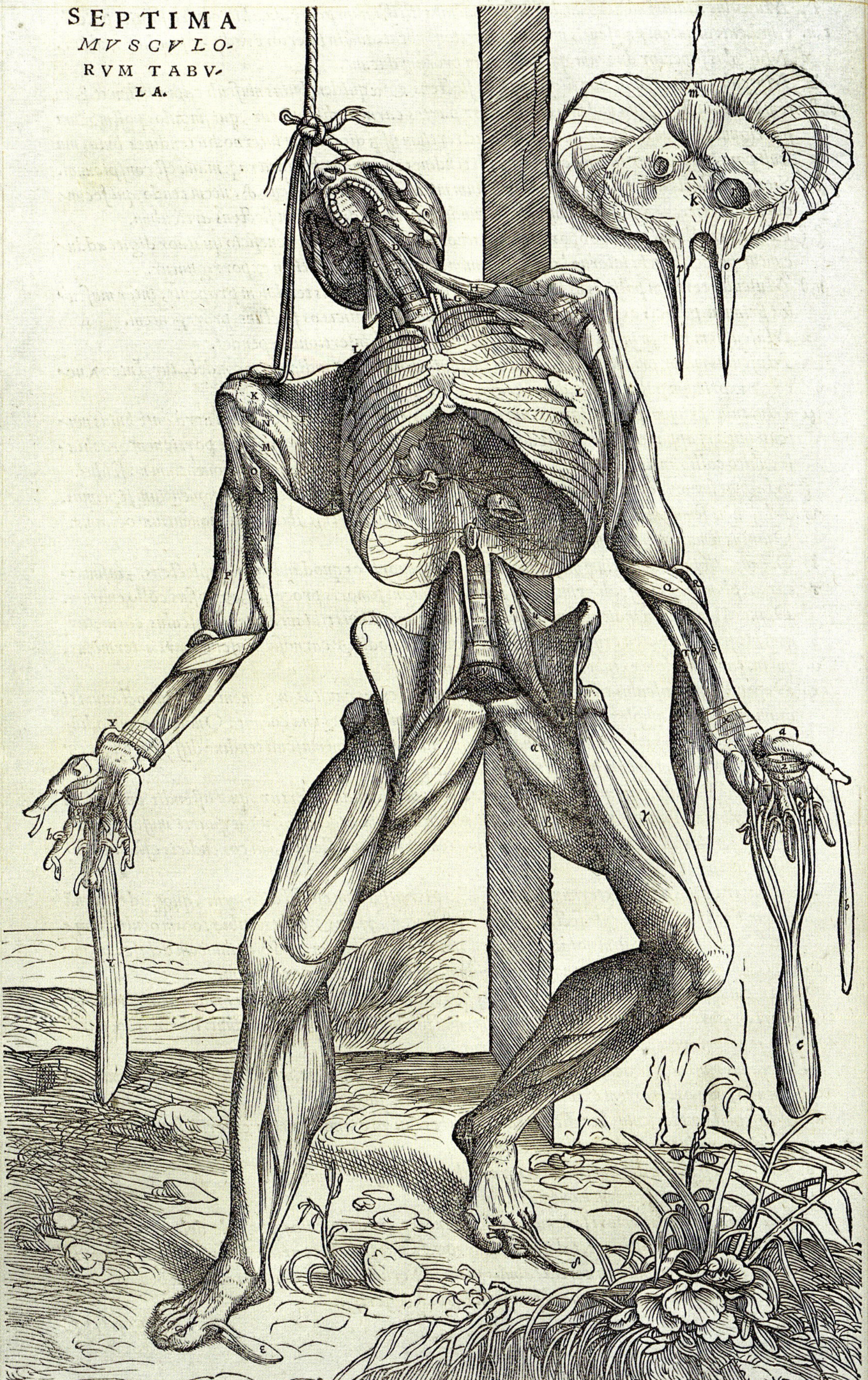

In der Frühzeit des Buchdrucks achtete man Bücher und die Fähigkeit, lesen und schreiben zu können, hoch. Als im 16. Jahrhundert die Alphabetisierung fortschritt und immer mehr Bücher erschienen, änderte sich diese Einstellung. Ein Aspekt der Reformation war der Wunsch der Menschen, die Bibel selbst lesen zu können, daher wurde sie häufig übersetzt (siehe Seiten 118–119, 124–125 und 128–129). Das konnte jedoch gefährlich sein: William Tyndale (um 1484–1536), der die Bibel ins Englische übertrug, wurde auf dem Scheiterhaufen verbrannt.

Selbst Drucker, die eine königliche Lizenz besaßen, konnten in Schwierigkeiten geraten. Richard Grafton ließ 1538 die anglikanische Große Bibel in Paris drucken und musste daraufhin vor der Inquisition fliehen. Später wurde er in England ins Gefängnis geworfen, weil er eine Schrift des Reformators Melanchthon besaß. Trotz allem war das Bibeldrucken ein einträgliches Geschäft. Herrscher förderten das Druckwesen, wie etwa der englische König Jakob I., der anordnete, jede Kirchengemeinde müsse über ein Exemplar der nach ihm benannten englischen Bibel (King James Bible) verfügen.

Denen, die glaubten, über die alleinige Wahrheit zu verfügen, blieb noch eine andere Möglichkeit: die Zensur. In fast allen Gesellschaften wurde Zensur – oft auch Selbstzensur – ausgeübt. Teilweise hatte sie auch ihren Nutzen, als wissenschaftliches Begutachtungsverfahren gibt es noch heute die *Peer Review*. Bereits im 15. Jahrhundert erschienen offizielle Listen verbotener Bücher. Der erste *Index Librorum Prohibitorum* der katholischen Kirche erschien 1559, die Folgen des Verbots von Erasmus' Schriften sind augenfällig (siehe Seite 126–127).

Obwohl auch der Wunsch, ihren Glauben frei leben zu können, die Puritaner in die Neue Welt gebracht hatte, war die Zensur in Massachusetts strikt. Bis 1782 wurden in Nordamerika keine Bibeln gedruckt – bis auf eine, die nur zur missionarischen Arbeit bestimmt war. Die »Eliot Indian Bible« (in der Sprache der Algonkin) wurde wie das berühmtere »Bay Psalm Book« in Cambridge, Massachusetts, gedruckt, und zwar im Haus des Universitätspräsidenten von Harvard, um die Zensur außen vor zu halten (siehe Seite 128–129).

Auch in Südamerika spielte die Missionierung eine große Rolle. Wenn auch der spanische Umgang mit den Völkern Mexikos eher an die Eroberung des maurischen Spaniens erinnert, so gab es doch ernsthafte Bestrebungen, Bücher in indigenen Sprachen zu veröffentlichen. Häufig gingen solche Bemühungen aber von Menschen aus, die sich im Besitz der alleinigen Wahrheit wähnten, wie der Bischof von Yucatán, Diego de Landa Calderón, der ebenso viel zerstörte, wie er bewahrte. Informationen über die Neue Welt in die Alte zu bringen war oft schwierig; eines der wichtigsten Dokumente, der *Codex Mendoza*, erreichte Spanien nie, sondern fiel in die Hände seiner Feinde (siehe Seite 130–131).

Spätere Beschreibungen ferner Länder und Kulturen waren häufig im Stil der antiken **Periplus** gehalten. Franzosen, Briten und Holländer unternahmen Entdeckungsreisen auf der Suche nach den Schätzen Cathays oder Indiens, setzten aber stärker auf Handel als auf Eroberung. Reiseberichte des 17. Jahrhunderts wie die von Richard Hakluyt sind heute noch lesenswert, als typisches Beispiel dieser Gattung gilt das Buch des Holländers Jan van Linschoten (siehe Seite 132–133).

Wissenschaftliche Veröffentlichungen

Zwei Jahrhunderte nach Gutenbergs Erfindung bildeten sich verschiedene Buchtypen heraus. Die frühesten waren wissenschaftliche Publikationen, die sich mit den älteren Schriften der islamischen Welt und der europäischen Antike befassten. Bald spezialisierten sich manche Drucker und Buchhändler auf solche Werke. Sie mussten noch immer staatliche Kontrollen und Repressionen fürchten, wie Oporinus, der in Basel einen lateinischen Koran druckte, und Robert Estiennes, dessen griechische Bibel in Paris verboten wurde. Vesalius' anatomisches Werk (siehe Seite 134–35) markierte einen Wendepunkt des medizinischen Publizierens.

In Dänemark war es Mitte des 16. Jahrhunderts nicht einfach, wissenschaftliche Werke fehlerfrei zu drucken. Schon Kardinal Jiménez hatte für die polyglotte Complutense-Bibel Gelehrte und Fachleute zusammengeführt (siehe Seite 118–119), der dänische König Frederik II. finanzierte nun die Forschungen des großartigen Astronomen Tycho Brahe (siehe Seite 136–137). Brahe kontrollierte dabei selbst die Druck- und Textqualität, wie es auch spätere Gelehrte taten. Immer häufiger verließen sich Verleger aber auch auf externe Korrektoren, wie es Hieronymus Hornschuch in seiner *Orthotypographia* (1608), der ersten Unterweisung von Korrekturlesern, nahelegte.

Mitte des 17. Jahrhunderts erleichterten Bibliografien und Buchauktionen den Vertrieb. Die Professionalisierung wissenschaftlichen Forschens und Verlegens war bereits weit fortgeschritten, nahezu zeitgleich mit dem Buchdruck entstanden wissenschaftliche und linguistische Gesellschaften und Akademien (das Aufkommen wissenschaftlicher Zeitschriften würde den Rahmen dieses Buches sprengen). Als Geburtsstunde der modernen Wissenschaften wird häufig die Gründung der Royal Society 1660 in London oder der Académie Royale des Sciences 1669 in Paris angesehen. Ihre Mitglieder entwickelten neue Methoden, Erkenntnisse zu ordnen und systematisch in Veröffentlichungen darzulegen. Newtons *Principia Mathematica* von 1687 (siehe Seite 138–139) war ein herausragendes Werk, dass seine Bedeutung so schnell erkannt wurde, zeigt wie gut der Informationsaustausch bereits funktionierte.

Wie die Aufmachung der Texte änderten sich auch Stil und Machart der Buchillustrationen. Viele **Holzschnitte**, wie in Vesalius' Werk, waren hervorragend, doch immer häufiger wurden Kupferstiche verwendet. Diese Entwicklung hatte durchaus Nachteile: **Kupferstiche** konnten nicht zusammen mit dem Text gedruckt werden und waren daher kostspielig. Doch sie galten als modern und setzten sich schließlich durch.

Auftritt der Autoren

Man könnte dieses Buch mit Abbildungen bedeutender elisabethanischer und jakobinischer Werke füllen, wie Shakespeares Gedichten und Dramen oder Robert Burtons *Anatomy of Melancholy* (1621). Doch es ist aufschlussreicher, sich schwächeren und fast vergessenen Autoren zuzuwenden, weil sie für den erstaunlichen Überschwang und Erfindungsreichtum jener Zeit stehen. Die Bücher von Gervase Markham (siehe Seite 140–141), einem unbedeutenden Dramatiker und Lohnschreiber, sind in mancher Hinsicht wahre Goldgruben. Sie stehen am Anfang einer Reihe detaillierter Beschreibungen von Handwerken und Künsten, die häufig von stolzen Mitgliedern einer Zunft verfasst wurden. Zu ihnen gehörte Joseph Moxon, der erste Händler, der je in die Royal Society gewählt wurde. Seine *Mechanick Exercises or the Doctrine of Handy-works* (1678–1683) ist eine der bedeutendsten Abhandlungen über Drucktechniken. Immer häufiger wurden solche Bücher speziell für Frauen geschrieben, manchmal auch von Frauen (siehe Seite 142–143), andere richteten sich an eine rein männliche Leserschaft (siehe Seite 144–145).

Gewagtere oder ausgefallene Werke konnten durch **Subskriptionen** gesichert werden, so erschienen immer mehr illustrierte Bücher, deren Verfasser mit ein wenig Glück sogar etwas verdienen konnten (siehe Seite 146–147).

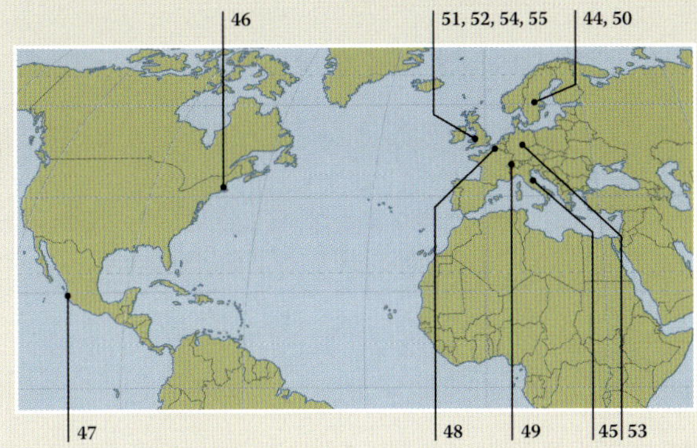

IN DIESEM KAPITEL	Seite

Die Entwicklung der schwedischen Schriftsprache

In vielen europäischen Ländern erschienen im 15. und 16. Jahrhundert Bibeln in den Landessprachen, sie festigten die nationale Identität – besonders in Skandinavien.

Die religiösen Auseinandersetzungen in Westeuropa mit Reformation und Gegenreformation sowie der wachsende Drang der Menschen, die Bibel selbst lesen zu wollen, veranlasste sowohl weltliche Herrscher als auch Kirchen, den Druck neuer Ausgaben zu beauftragen. Viele dieser Übertragungen in die jeweiligen Landessprachen und deren Dialekte, die auf der Vulgata, der lateinischen Bibel, basierten, wurden – insbesondere weil sie zu den ersten Drucken gehörten – stil- und sprachbildend.

Mit der Verbreitung der Reformation und dem Wunsch, die Vulgata abzulösen, wuchs in den lutherischen, calvinistischen und anderen Strömungen die Nachfrage nach Übersetzungen. Martin Luthers deutscher Übertragung von 1522 folgte die niederländische von Jacob van Liesveldt (Antwerpen, 1526).

In Skandinavien setzte sich das lutherische Bekenntnis durch, daher gaben die Herrscher Bibelübersetzungen in den Landessprachen in Auftrag. Diese Ausgaben erschienen – wie die Große Bibel (1539) und die King-James-Bibel in England (1611) – in einer formellen Gestaltung, wobei im 16. Jahrhundert **gotische Lettern** sowie das **Folioformat** üblich waren. Unter König Christian III. erschien eine dänische Bibel (1550/51), auf der wiederum die isländische, vom Bischof von Hólar betreute Ausgabe von 1584 basierte.

In Schweden erschien 1528 zunächst die Übersetzung des Neuen Testaments; eine vollständige Bibelausgabe, die auf Luthers

LINKS **Gustav-Wasa-Bibel** Das Kloster Vadstena, von der hl. Birgitta 1346 am Vätternsee gegründet, war führend in der Übersetzung religiöser Schriften in die schwedische Volkssprache. Die Bibel folgte dieser Tradition, ihre Verkündung von jeder Kanzel des Landes spielte bei der Formung eines einheitlichen Schwedisch eine entscheidende Rolle.

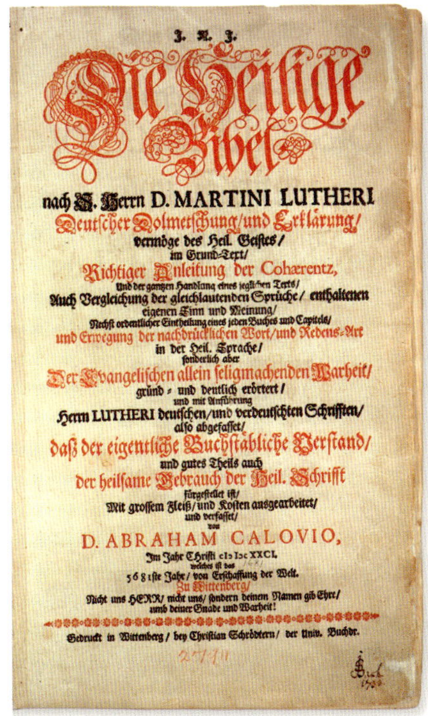

LINKS **Die Große Bibel,** *The Byble in Englyshe* war die erste autorisierte englische Bibel, 1539. Thomas Cromwell gab sie in seiner Funktion als Generalvikar in Auftrag. Der Druck begann in Paris, musste wegen des Vorwurfs der Häresie jedoch abgebrochen und in London fortgeführt werden. Die reich illustrierte Titelseite zeigt über dem Titel Heinrich VIII.

OBEN **Luther-Bibel** Es gibt viele verschiedene Ausgaben der Luther-Bibel; diese dreibändige, kommentierte Ausgabe des Theologen Abraham Calov erschien 1681/82 in Wittenberg. Das Exemplar, heute im Concordia Seminary in St. Louis, gehörte einst dem Komponisten Johann Sebastian Bach, der darin etwa 25 Randnotizen machte. Unten rechts ist sein Monogramm zu sehen.

Übertragung fußte, wurde 1541 in Uppsala fertiggestellt. Die Gustav-Wasa-Bibel, benannt nach dem König, der sie in Auftrag gab, hielt sich auch bei der Typografie an deutsche Vorbilder: Sie wurde in **Fraktur** gedruckt. In Finnland verwendete man ebenfalls die Frakturschrift. Die Gustav-Wasa-Bibel war ein schön gestaltetes Buch, ihre Diktion und ihr literarischer Stil trugen zur Entwicklung der modernen schwedischen Sprache bei; außerdem betonten die Rechtschreibung sowie der Gebrauch von Akzenten die Unterschiede zum Dänischen.

Seit damals hat sich die schwedische Sprache gewandelt, die der alten Bibel gilt als überholt – vergleichbar der Sprache der Luther-Bibel von 1545. Und da nicht mehr in Fraktur gedruckt wird, ergab sich ein weiteres Problem: Heute kann kaum noch jemand diese Schrift – und damit das Original – lesen.

Bezüge

Zu anderen Bibel-Drucken, siehe:

Die polyglotte Complutense-Bibel, S. 118–119

Das »Bay Psalm Book«, S. 128–129

Zu anderen Büchern mit deutschen Schriften, siehe:

Gutenbergs 42-zeilige Bibel, S. 98–99

Die Schedel'sche Weltchronik, S. 100–101

Zu einem anderen Buch aus Schweden, siehe:

Carl von Linnés Species plantarum, S. 160–161

Der Zensor am Werk

Bücherverbrennungen gab es zu allen Zeiten und in vielen Ländern. Wörter aus einer Seite zu brennen ist eine eher seltene Tilgungsmethode – die keineswegs das Interesse am Text mindert.

Die Zensur kam nahezu zeitgleich mit Gutenbergs Erfindung Mitte des 15. Jahrhunderts auf. Ironischerweise schlug ausgerechnet ein Gelehrter, Niccolò Perotti, 1471 ein zentralisiertes Kontrollsystem vor, das sorgfältig edierte Texte gewährleisten sollte. Sein Vorschlag blieb utopisch.

Die Zensur war von Anfang an auf politische und religiöse Schriften ausgerichtet. Erst später, und verstärkt im 18. Jahrhundert, galt ihre Sorge auch der Moral (siehe Seite 168–169).

Der bekannteste Versuch, Lektüre durch Zensur zu kontrollieren, war das von Papst Paul IV. initiierte

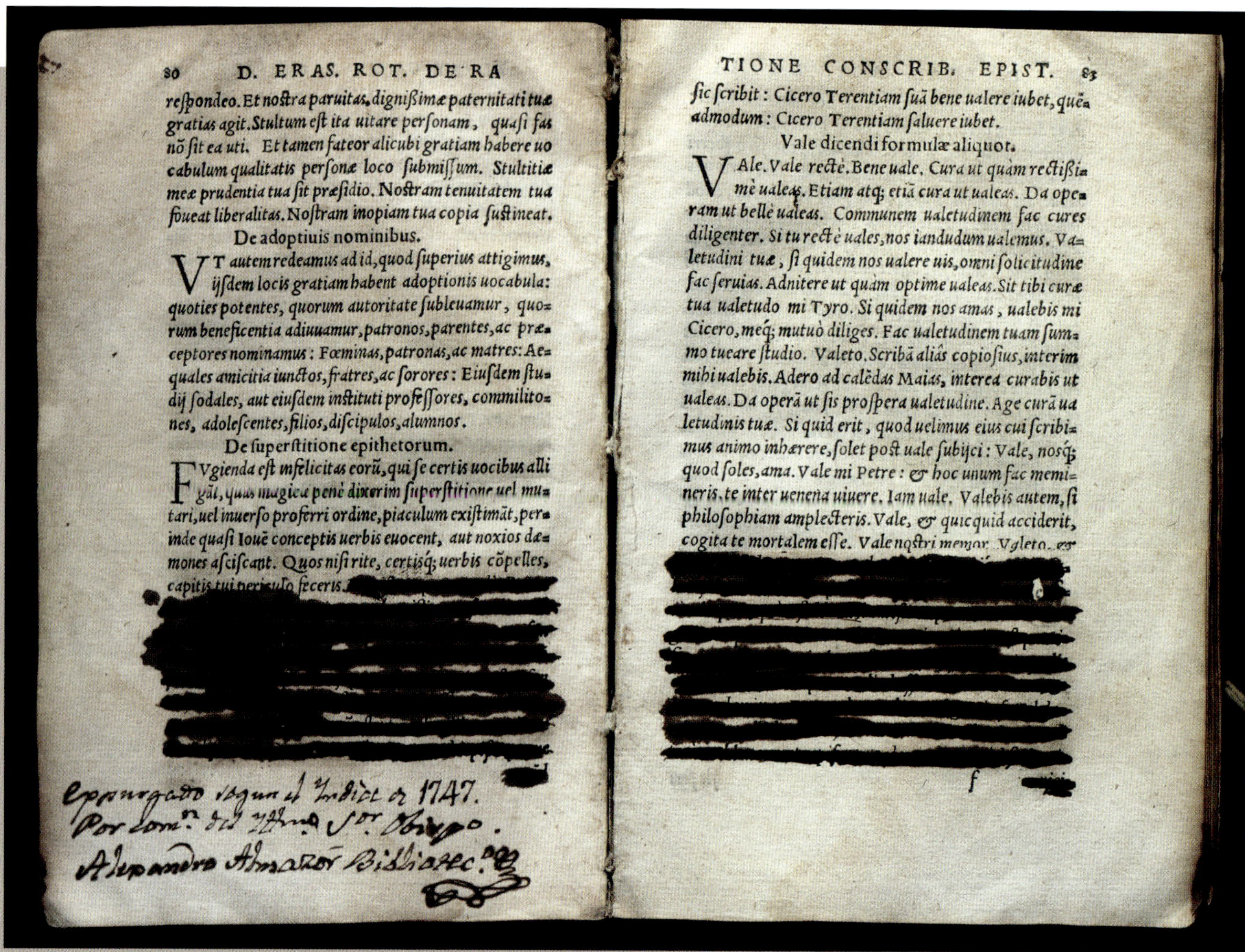

80 D. ERAS. ROT. DE RA

reſpondeo. Et noſtra paruitas, digniſſimæ paternitati tuæ gratias agit. Stultum eſt ita uitare perſonam, quaſi fas nō ſit ea uti. Et tamen fateor alicubi gratiam habere uocabulum qualitatis perſonæ loco ſubmiſſum. Stultitiæ meæ prudentia tua ſit præſidio. Noſtram tenuitatem tua foueat liberalitas. Noſtram inopiam tua copia ſuſtineat.

De adoptiuis nominibus.

VT autem redeamus ad id, quod ſuperius attigimus, iiſdem locis gratiam habent adoptionis uocabula: quoties potentes, quorum autoritate ſubleuamur, quorum beneficentia adiuuamur, patronos, parentes, ac præceptores nominamus: Fœminas, patronas, ac matres: Aequales amicitia iunctos, fratres, ac ſorores: Eiuſdem ſtudij ſodales, aut eiuſdem inſtituti profeſſores, commilitones, adoleſcentes, filios, diſcipulos, alumnos.

De ſuperſtitione epithetorum.

FVgienda eſt infelicitas corū, qui ſe certis uocibus alligāt, quas magica penè dixerim ſuperſtitione uel mutari, uel inuerſo proferri ordine, piaculum exiſtimāt, perinde quaſi Iouē conceptis uerbis euocent, aut noxios dæmones aſciſcant. Quos niſi rite, certiſq; uerbis cōpelles, capitis tui periculo feceris. [redacted]

Expurgado segun el Indice de 1747.
Por Comn. del Illmo. Sr. Obispo.
Alexandro Almazor Bibliotec.º

TIONE CONSCRIB. EPIST. 83

ſic ſcribit: Cicero Terentiam ſuā bene ualere iubet, quēadmodum: Cicero Terentiam ſaluere iubet.

Vale dicendi formulæ aliquot.

VAle. Vale rectè. Bene uale. Cura ut quàm rectiſſimè ualeas. Etiam atq; etiā cura ut ualeas. Da operam ut bellè ualeas. Communem ualetudinem fac cures diligenter. Si tu rectè uales, nos iandudum ualemus. Valetudini tuæ, ſi quidem nos ualere uis, omni ſolicitudine fac ſeruias. Adnitere ut quàm optime ualeas. Sit tibi curæ tua ualetudo mi Tyro. Si quidem nos amas, ualebis mi Cicero, meq; mutuò diliges. Fac ualetudinem tuam ſummo tueare ſtudio. Valeto. Scribā aliâs copioſius, interim mihi ualebis. Adero ad calēdas Maias, interea curabis ut ualeas. Da operā ut ſis proſpera ualetudine. Age curā ualetudinis tuæ. Si quid erit, quod uelimus eius cui ſcribimus animo inhærere, ſolet poſt uale ſubijci: Vale, noſq; quod ſoles, ama. Vale mi Petre: & hoc unum fac memineris, te inter uenena uiuere. Iam uale. Valebis autem, ſi philoſophiam amplecteris. Vale, & quicquid acciderit, cogita te mortalem eſſe. Vale noſtri memor. Valeto. & [redacted]

f [redacted]

Verzeichnis *Index Librorum Prohibitorum* (*Index der Verbotenen Bücher*), das 1559 erstmals erschien. Es verbot Katholiken, bestimmte Bücher ohne Sondergenehmigung zu lesen, und listete entsprechende Titel sowie häufig auch das gesamte Werk eines Autors auf. Natürlich änderte sich die Zusammenstellung im Laufe der Jahrhunderte; 1948 erschien die letzte Ausgabe, und 1966 schaffte Papst Paul VI. den *Index* offiziell ab.

Einer der verbotenen Autoren war Erasmus von Rotterdam (1466–1536), der Verfasser der 1511 veröffentlichten Satire *Moriae Encomium* (*Lob der Torheit*). 1516 erschien seine Übersetzung des griechischen Neuen Testaments. Erasmus blieb zwar katholisch, doch man warf ihm vor, die Reformation begünstigt zu haben – und indizierte seine Werke.

Einige Strenggläubige nahmen dieses Verbot offenbar besonders ernst. Mit dem *Emblematum liber* (Augsburg, 1531) des italienischen Humanisten Andrea Alciati erschien das erste der über Jahrhunderte beliebten **Emblembücher**. Alciatis Werk war nicht verboten, wohl aber Erasmus', und das wurde im *Emblematum* erwähnt. Ein ehemaliger Besitzer von Alciatis Buch brannte Erasmus' Namen deshalb aus jeder Seite, auf der dieser genannt wurde. 1747 begnügte sich ein Zensor der Inquisition damit, alle anrüchigen Passagen in einem 1522 von Froben in Basel gedruckten Exemplar von Erasmus' *Epistolas* sorgfältig zu schwärzen. Natürlich weckt ein solches Vorgehen erst recht die Neugier eines Lesers. Zensur erzeugt so gut wie immer eine Gegenreaktion.

Bezüge

Zur Kontrolle aus politischen Gründen, siehe:

Denis Diderots Encyclopédie, S. 158–159

Zur Zensur aus moralischen Gründen, siehe:

John Clelands Fanny Hill, S. 168–169

Marie Stopes' Married Love, S. 230–231

LINKS **Schwarze Liste** wörtlich genommen. In diesem Exemplar von Erasmus' *De ratione conscribendi epistolas*, 1522 in Basel erschienen (heute in der Bischöflichen Bibliothek des Priesterseminars von Barcelona), schwärzte der Zensor der Inquisition 1747 ganze Passagen, die er für anstößig hielt.

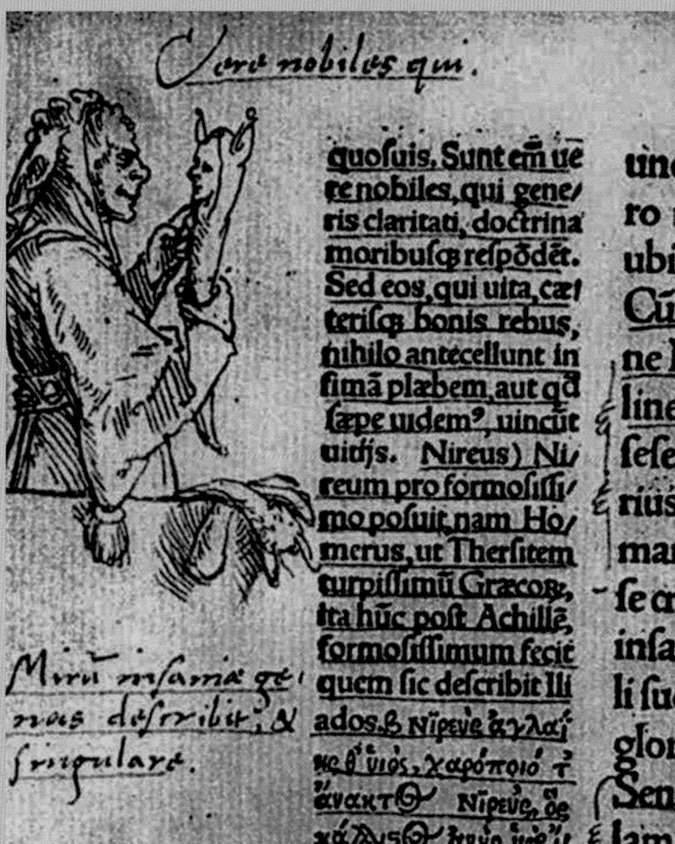

LINKS ***Lob der Torheit*** Diese beißende Satire, in der Erasmus mit dem katholischen Klerus sowie den Regierenden scharf ins Gericht ging, galt als Pro-Reformations-Schrift. Er verfasste sie 1509 während eines Besuchs bei Thomas Morus in London. Hans Holbein, ein Freund der beiden, zeichnete Erasmus als Narr (Tor) in das Exemplar des Autors: Diese Marginalie wurde in einer späteren illustrierten Ausgabe aufgegriffen.

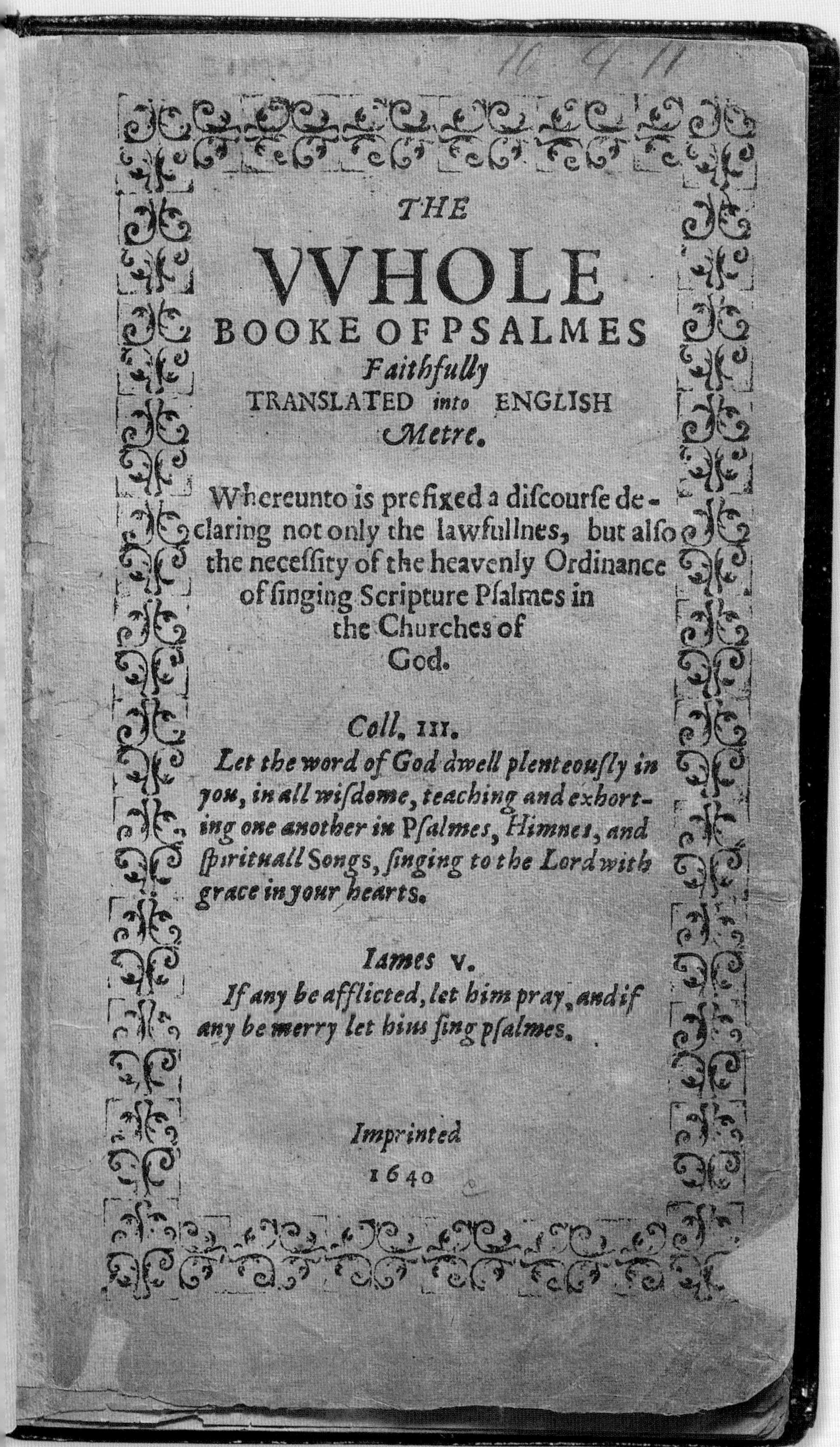

THE
VVHOLE
BOOKE OF PSALMES
Faithfully
TRANSLATED *into* ENGLISH
Metre.

Whereunto is prefixed a diſcourſe declaring not only the lawfullnes, but alſo the neceſſity of the heavenly Ordinance of ſinging Scripture Pſalmes in the Churches of God.

Coll. III.
Let the word of God dwell plenteouſly in you, in all wiſdome, teaching and exhorting one another in Pſalmes, Himnes, and ſpirituall Songs, ſinging to the Lord with grace in your hearts.

Iames V.
If any be afflicted, let him pray, and if any be merry let him ſing pſalmes.

Imprinted
1640

LINKS **»Bay Psalm Book«** Das »Gesamte Buch der Psalmen«, von Puritanern in der Kolonie Massachusetts hergestellt, war das erste in Nordamerika gedruckte Buch. Von den 1700 Exemplaren der Erstauflage existieren noch elf. Stephen Daye, ein Schlosser, brachte Druckerpresse, Papier und Lettern aus England.

RECHTS OBEN **»Höre Herr, mein lautes Rufen«** Der Psalter sollte in seinen Versen dem hebräischen Original näherkommen als frühere Übertragungen. Es handelt sich um eine neue Übersetzung für eine Neue Welt, erstellt von »dreißig frommen und gelehrten Geistlichen«, zu denen John Cotton, Richard Mather und John Eliot gehörten.

RECHTS UNTEN **Algonkin-Bibel** Der Puritaner John Eliot glaubte, die Missionierung der Indianer werde einfacher, wenn es die Bibel in ihrer Sprache gäbe. Eliot war Pfarrer in Natick, einer der Gebetsstädte, in denen christliche Indianer angesiedelt wurden. Dort lernte er von John Sassamon Algonkin, eine bis dahin lediglich gesprochene Sprache. 1653 übersetzte er den Katechismus, 1661 das Neue und 1663 das Alte Testament; seine Übersetzung war die erste in Amerika gedruckte Bibel.

Der erste Druck in Nordamerika

Der nordamerikanische Buchdruck und Buchhandel hatten ihre Wiege in Harvard, in der puritanischen Kolonie Massachusetts.

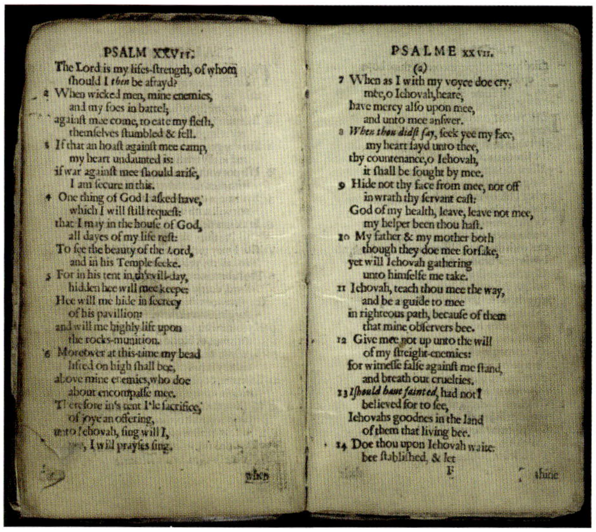

PSALM XXVII.
The Lord is my lifes-strength, of whom
should I *then* be afrayd?
2 When wicked men, mine enemies,
and my foes in battel;
against mee come, to eate my flesh,
themselves stumbled & fell.
3 If that an hoast against mee camp,
my heart undaunted is:
if war against mee should arise,
I am secure in this.
4 One thing of God I asked have,
which I will still request:
that I may in the house of God,
all dayes of my life rest:
To see the beauty of the Lord,
and in his Temple seeke.
5 For in his tent in th'evill-day,
hidden hee will mee keepe:
Hee will me hide in secrecy
of his pavillion:
and will me highly lift upon
the rocks-munition.
6 Moreover at this-time my head
lifted on high shall bee,
above mine enemies, who doe
about encompasse mee.
Therefore in's tent I'le sacrifice,
of joye an offering,
unto Iehovah, sing will I,
yea, I will prayses sing.

PSALME XXVII.
(2)
7 When as I with my voyce doe cry,
mee, o Iehovah, heare,
have mercy also upon mee,
and unto mee answer.
8 *When thou didst say*, seek yee my face,
my heart sayd unto thee,
thy countenance, o Iehovah,
it shall be sought by mee.
9 Hide not thy face from mee, nor off
in wrath thy servant cast:
God of my health, leave, leave not mee,
my helper been thou hast.
10 My father & my mother both
though they doe mee forsake,
yet will Iehovah gathering
unto himselfe me take.
11 Iehovah, teach thou mee the way,
and be a guide to mee
in righteous path, because of them
that mine observers bee.
12 Give mee not up unto the will
of my streight-enemies:
for witnesse false against me stand,
and breath out cruelties.
13 *I should have fainted*, had not I
believed for to see,
Iehovahs goodnes in the land
of them that living bee.
14 Doe thou upon Iehovah waite:
bee stablished, & let
F thine

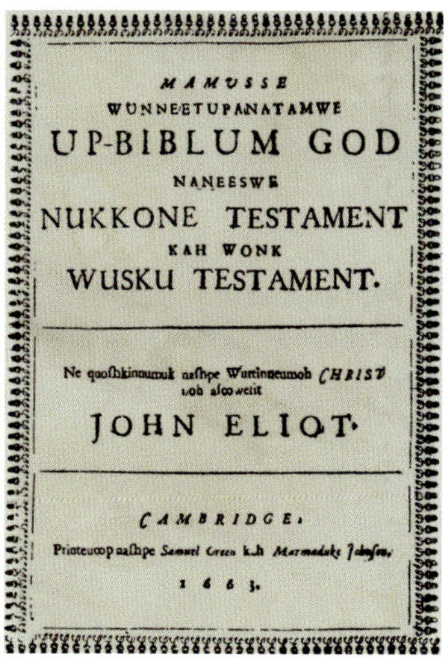

MAMUSSE
WUNNEETUPANATAMWE
UP-BIBLUM GOD
NANEESWE
NUKKONE TESTAMENT
KAH WONK
WUSKU TESTAMENT.

Ne quoshkinnumuk nashpe Wuttinneumoh CHRIST
noh asoowesit
JOHN ELIOT.

CAMBRIDGE.
Printeuoop nashpe Samuel Green kah Marmaduke Johnson.
1663.

Bezüge

Zu präkolumbianischen Büchern, siehe:

Das Quipu aus Caral, S. 20–21
Der Codex Mendoza, S. 130–131

Zu jüngeren amerikanischen Büchern, siehe:

Benjamin Bannekers Almanack, S. 170–171
Frank Powells Old Grizzly Adams, S. 192–193
Walt Whitmans Leaves of Grass, S. 216–217

Die meisten Druckwerke im spanischen Amerika waren religiöser Natur und von jesuitischen Missionaren in Auftrag gegeben. Mitte des 17. Jahrhunderts, zur Zeit des Bürgerkriegs und der Restauration in England, war die Obrigkeit der Kolonie Virginia strikt gegen die Einführung des Druckwesens. 1671 schrieb der damalige Gouverneur Sir William Berkeley: »Ich danke Gott, dass es weder allgemeine Schulen noch Druckereien gibt, und hoffe, es möge noch hundert Jahre so bleiben.« In Massachusetts wurde dagegen schon seit 1639 in Cambridge gedruckt.

Das erste bedeutende Buch war *The Whole Booke of Psalmes*, das Stephen Daye 1640 druckte. Daye war eigentlich Schlosser, also kein gelernter Drucker, und verfügte auch nicht selbst über eine Druckerpresse. Diese wurde von dem Pfarrer Henry Glover nach Neuengland verschifft. Glover verstarb allerdings während der Reise, woraufhin Daye vertraglich verpflichtet war, die Presse für dessen Witwe zu betreiben. Als Mrs Glover Henry Dunster heiratete, den Präsidenten der Universität Harvard, wurde die Presse in dessen Haus aufgestellt – und war damit besser vor jenen geschützt, die Berkeleys Ansichten teilten. In den Jahren 1649, 1662 und 1690 gab es in Massachusetts Versuche, das Druckwesen zu beschränken, um das Erscheinen von Zeitungen zu behindern. – Auf der Presse in Harvard wurde später auch eine Bibel gedruckt, allerdings nicht für die Siedler: Der Missionar John Eliot, der zu den Übersetzern des »Bay Psalm Book« gehörte, übertrug das Alte und das Neue Testament in die Sprache der Algonkin-Indianer. 1660–1663 wurden 1000 Exemplare der »Eliot Indian Bible« gedruckt, einer der beteiligten Drucker war James Printer, ein Nipmuc-Indianer, der am Indian College in Harvard studiert hatte.

Den Druck des »Bay Psalm Book« übernahm in der Hauptsache vermutlich Dayes Sohn Matthew. Vertrieben wurde es von Hezekiah Usher, dem ersten Buchhändler der britischen Kolonien. Es ist kein schönes, aber ein für Novizen der Druckkunst beachtliches Werk. Eines der noch erhaltenen elf Exemplare wurde im November 2013 für 14,2 Millionen Dollar versteigert; damit lag es zwar unter dem Schätzwert von 15 bis 30 Millionen Dollar, erzielte aber einen der höchsten Preise für Druckwerke.

Die aztekische Sicht der Welt

Es gibt nur noch wenige schriftliche Zeugnisse über das Leben der südamerikanischen Völker, bevor die spanischen Eroberer kamen – und die Bücher der Mayas und Azteken vernichteten.

Alle Kriege sind entsetzlich, in den Kolonialkriegen zeigten sich die Angreifer oft von ihrer grausamsten Seite – und doch traten einige aufgeklärte Geister hervor. Die ersten spanischen Eroberer Mexikos, Hernán Cortés und Nuño de Guzmán, vernichteten rücksichtslos Völker und Bücher. Später verhielten sich Bartolomé de las Casas und Vasco de Quiroga menschlicher. Diego de Landa Calderón, der Bischof von Yucatán, gilt in seiner Zwiespältigkeit als typischer Vertreter der Kolonisatoren: Er forschte und schrieb über die Maya und ihre Sprache und ermöglichte es modernen Gelehrten so, die **Silbenschrift** der Maya zu verstehen. Gleichzeitig ließ er alle Manuskripte der Maya, deren er habhaft wurde, vernichten, weil er glaubte, sie behinderten seine Missionierungsarbeit.

Für die spanischen Könige war es nicht leicht zu erfassen, was in ihren Kolonien vor sich ging, denn die Völker Südamerikas waren ihnen sehr viel fremder als die zuvor besiegten Mauren. Der aufgeklärte Vizekönig Antonio de Mendoza, der 1539 das Druckwesen in Mexiko einführte, wollte dieser Unkenntnis abhelfen und gab ein Lehrwerk in Auftrag. Das als *Codex Mendoza* bekannte Manuskript gibt einen Überblick über die Geschichte der aztekischen Herrscher und ihrer Eroberungen, listet Tribute an Spanien auf und beschreibt das zeitgenössische aztekische Leben in traditionellen **Piktogrammen** mit spanischem Kommentar.

Dieses unschätzbar wertvolle Buch wurde per Schiff nach Spanien zu König Karl V. gesandt. Von da an wird die Historie seiner **Provenienz** romantisch: Das Schiff wurde von französischen Kaperern aufgebracht, und das Buch gelangte in den Besitz von André Thévet, einem schreibenden Entdecker, der an dem gescheiterten Versuch, eine französische Kolonie nahe Rio de Janeiro zu gründen, beteiligt war. Richard Hakluyt, ein englischer Geograf, der über Eroberungen schrieb, erwarb das Buch später in Paris. In der Folge kam es in den Besitz von Samuel Purchas, der es als Juwel seiner Sammlung betrachtete und einige Illustrationen daraus in seinem *Purchas his Pilgrimes* (Purchas' Pilgerfahrt) reproduzierte. Schließlich kaufte es der – laut John Milton – über alle Maßen gelehrte Historiker und Büchersammler John Selden, der es 1654 an die Bodleian Library in Oxford gab, zu deren größten Schätzen es bis heute gehört.

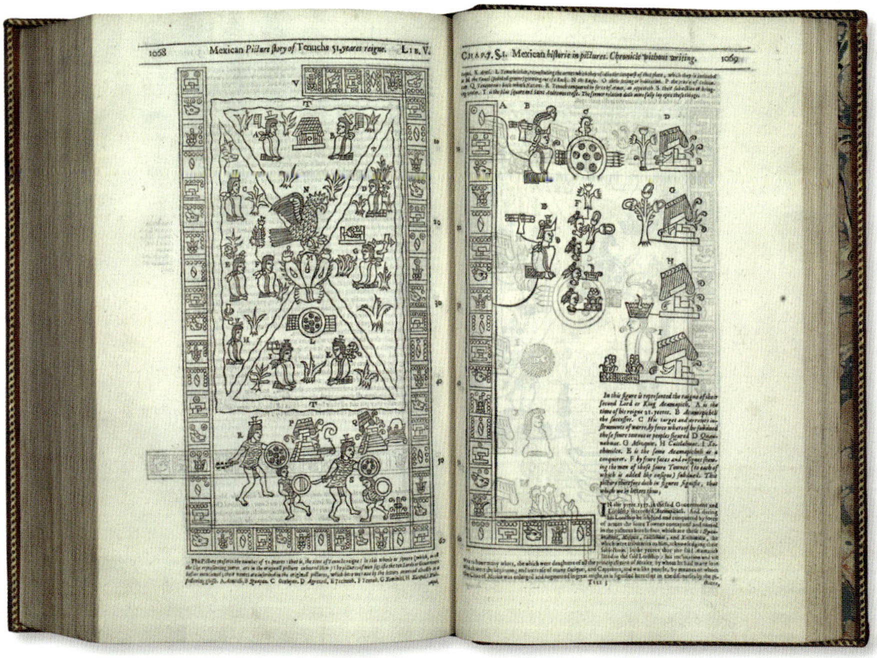

LINKS ***Purchas his Pilgrimes*** (Purchas' Pilgerfahrt). Im Kapitel über Neuspanien in Buch IV (des auch *Hakluytus posthumus* genannten Werks, 1625) sind Illustrationen aus dem *Codex Mendoza* reproduziert. Dieses Exemplar gehört zur Kraus Collection der Library of Congress, Washington.

Bezüge

Zur präkolumbianischen Weltsicht, siehe:

Das Quipu aus Caral, S. 20–21

Zu anderen Trophäen europäischer Kolonisatoren, siehe:

Pustaha der Batak, S. 38–39

Das Boek van Bonang, S. 92–93

LINKS ***Codex Mendoza***
Folio 65r entstand in den 1640er-Jahren in Mexiko-Stadt. Oben zu sehen sind die sechs Etappen im Leben eines Priesterkriegers (*calmecac*), unten zwei Reihen von Würdenträgern des Reiches. Andere Piktogramme zeigen Montezumas Palast, Tributzahlungen, die Pflichten der Priester, Kindererziehung und andere Szenen aus dem aztekischen Leben.

Der Weg zu Pfeffer und Muskat

Dieses holländische Seebuch spielte eine bedeutende Rolle bei der Kolonialisierung Ostindiens.

Seit der Antike suchte man im Osten Gewürze und andere Kostbarkeiten; der in griechischer Sprache verfasste *Periplus maris erythraei* (Küstenfahrt des Roten Meeres) aus dem 1. Jahrhundert n. Chr. und die Reisen des Arabers Al-Masudi im 9. Jahrhundert zeugen davon. Nachdem die Portugiesen den von ihnen entdeckten Seeweg nach Indien und Ostindien beherrschten, konnten Gewürze schneller nach Europa gebracht werden als über die alten Landrouten durch islamische Länder nach Venedig.

Die kostbare Fracht wurde in Lissabon angelandet und von dort aus verteilt. In den Niederlanden war das katholische Antwerpen der Haupthandelsort, doch nach der Abspaltung des protestantischen Nordens strebten die Holländer danach, die Gewürze selbst zu importieren. Doch die Portugiesen taten alles, um andere aus »ihren« Gewässern fernzuhalten.

Jan Huygen van Linschoten (1563–1611) fand schließlich einen Weg. Der Holländer war Sekretär des portugiesischen Erzbischofs von Goa. Er notierte, was er sah und von holländischen Entdeckern hörte, die weiter nach Osten reisten. Bevor er nach Holland zurückkehrte, begleitete er Willem Barents zweimal auf der Suche nach der Nordost-Passage ins nördliche Eismeer und nahm an einer Reise nach Osten auf der Suche nach der Gewürzroute teil.

Zusammen mit dem Kartografen Petrus Plancius erstellte Linschoten ein umfangreiches **Seebuch**, mit dessen Hilfe Schiffe im Fernen Osten navigieren und die Kanonen des portugiesischen Forts in Malakka umgehen konnten. Ähnlich wie Cristoforo Buondelmontis' älteres ***Isolario*** (siehe Seite 70–71) verband Linschotens *Itinerario* (1596) detaillierte Segelanweisungen mit Informationen über die Menschen und Länder Asiens, die man in Europa bis dahin kaum kannte. Sein Buch wurde häufig nachgedruckt und übersetzt. Es ermöglichte den Holländern, die Portugiesen aus Ostindien zu vertreiben. Die Öffnung des Handels führte dazu, dass in Holland, England, Deutschland, Frankreich, Dänemark und Schweden Ostindien-Kompagnien gegründet wurden, die den Gewürzhandel über Jahrhunderte dominierten.

LINKS **Kokosnüsse sammeln** Die seminaturalistische Darstellung zeigt Ureinwohner beim Sammeln von Kokosnüssen, die zwischen anderen tropischen Pflanzen wie Bananenstauden und Paprika wachsen. Die Darstellung der wandlosen Hütte verdankt sich vermutlich der Beobachtung vor Ort.

Bezüge

Zu frühen Reiseberichten, siehe:

Cristoforo Buondelmontis Liber insularum archipelagi, **S. 70–71**

Zu genauen Betrachtungen kolonialen Lebens, siehe:

Das Boek van Bonang, **S. 92–93**

Adolphe Duperlys Daguerian Excursions in Jamaica, ***S. 186–187***

ITINERARIO,

Voyage ofte Schipvaert / van Jan Huygen van Linschoten naer Ooſt ofte Poꝛtugaels Indien/ inhoudende een coꝛte beſchꝛyvinghe der ſelver Landen ende Zee-cuſten/ met aenwyſinge van alle de vooꝛnaemde pꝛincipale Havens/ Revieren/ hoecken ende plaetſen/ tot noch toe vande Poꝛtugeſen ontdeckt ende bekent: Waer by ghevoecht zijn / niet alleen die Conterfeytſels vande habyten/ dꝛachten ende weſen/ ſo vande Poꝛtugeſen aldaer reſiderende/ als vande ingebooꝛnen Indianen/ ende huere Tempels/ Afgoden/ Huyſinge/ met die vooꝛnaemſte Boomen/ Vꝛuchten/ Kruyden/ Speceryen/ ende diergelijcke materialen/ als ooc die manieren des ſelfden Volckes/ ſo in hunnen Godts-dienſten / als in Politie eñ Huijſ-houdinghe: maer ooc een coꝛte verhalinge van de Coophandelingen/ hoe eñ waer die ghedꝛeven eñ ghevonden woꝛden/ met die ghedenckweerdichſte geſchiedeniſſen/ vooꝛghevallen den tijt zijnder reſidentie aldaer.

Alles beſchreven ende by een vergadert, door den ſelfden, ſeer nut, oorbaer, ende oock vermakelijcken voor alle curieuſe ende Liefhebbers van vreemdigheden.

t'AMSTELREDAM.

By Cornelis Claeſz. op't VVater, in't Schrijf-boeck, by de oude Brugghe.

Anno CIↃ. IↃ. XCVI.

LINKS *Itinerario* Erste Auflage des Berichts von Linschotens Reisen in Portugiesisch-Ostindien, 1596. Die Stiche, mit lateinischen und holländischen Erklärungen versehen, sind von Baptista und Johannes à Doetechum. Sie basieren auf Zeichnungen Linschotens und beeinflussten spätere Illustratoren von Reisebüchern wie Theodor de Bry.

RECHTS **Anatomiestunde**
Die Titelseite von *De humani corporis fabrica* zeigt eine Sektion. Anders als Galen verfasste Vesalius sein Werk aufgrund direkter Beobachtung und sprach vorwurfsvoll von »Galen und seinen Affen«; die Figur am linken unteren Rand scheint sich darauf zu beziehen.

Die erste moderne Anatomiestudie

Vor der Renaissance basierte die Medizin auf dem fehlerhaften Werk Galens. Der brillante Anatom Vesalius gewann im Sektionssaal von Padua neue Erkentnisse, die er in einem meisterhaft illustrierten Buch veröffentlichte.

Die anatomischen Studien des Griechen Galen (um 130–um 200 n. Chr.) bildeten jahrhundertelang in der gesamten islamischen Welt und später auch in Italien die Basis der Medizin. Galens Ruhm war so groß, dass Anatomen anhand seiner Schriften und nicht anhand selbst durchgeführter Sektionen lehrten. Sie wussten nicht, dass Galen keine menschlichen Leichen sezieren durfte und deshalb auf Affen auswich, weil er annahm, deren Anatomie sei dieselbe. Niemand zweifelte die Autorität Galens an.

Dieser irrigen Auffassung machte erst im 16. Jahrhundert der brillante, in Brabant geborene Andreas Vesalius (1514–1564) ein Ende, der 1537 in Padua Professor für Chirurgie und Anatomie (*explicator chirurgiae*) wurde. Padua gehörte zur Republik Venedig und war daher vor dem Zugriff der Inquisition geschützt. Das war wesentlich, weil Vesalius seine Autopsien im anatomischen Theater öffentlich vor Studenten und Besuchern durchführte, was einen enormen Fortschritt in der medizinischen Ausbildung bedeutete.

Vesalius' großartiges Werk *De humani corporis fabrica* (Über den Bau des menschlichen Körpers) erschien 1543. Es wäre naheliegend gewesen, sein Buch in Venedig drucken zu lassen, doch er gab es an den gelehrten Basler Drucker Johannes Oporinus. Dieser war zwar in politische Schwierigkeiten geraten, weil er eine lateinische Übersetzung des Korans veröffentlicht hatte, wurde aber für die technische Qualität seiner Drucke hoch geschätzt. 1543 brachte er auch *Von des menschen coerpers Anatomey, ein kurtzer, aber vast nützer auszzug* ... heraus.

De humani corporis fabrica ist ein Meisterwerk: Vesalius' Erkenntnisse waren bahnbrechend und die **Holzschnitte** von bestechender Qualität. Es wird angenommen, dass Jan Steven van Kalkar (um 1499–1546), ein Schüler Tizians, die Zeichnungen anfertigte. Vasari und andere Kenner bescheinigten ihm, er sei ein glänzender Nachahmer Giorgiones und Raffaels gewesen. Was er bei den Sektionen in Padua sah, hielt er auf unübertroffene und akkurate Weise fest.

Vesalius' Buch gilt als herausragender Anatomieatlas und verfügte als eines der ersten über Klapp-Grafiken. Stil und Qualität der Illustrationen beeinflussten zeitgenössische Anatomen wie Vesalius' Schüler Juan Valverde de Hamusco und überstrahlten jüngere Bücher wie William Cheseldens *Osteographia* (1733), deren Illustrationen zwar eindruchsvoll waren, aber nicht an die Abbildungen in Oporinus' Buch heranreichten.

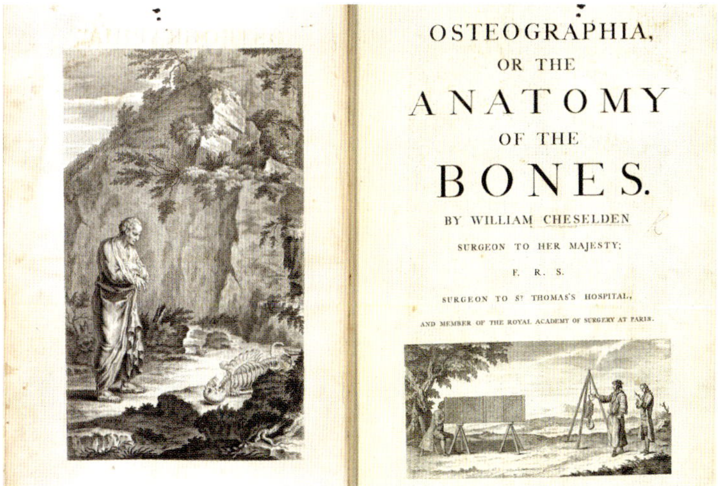

OBEN **Cheseldens *Osteographia*** Cheselden fertigte die Zeichnungen zu seiner Anatomie der Knochen, 1733, mithilfe einer **Camera obscura** an, wie auf der Titelseite dargestellt. Menschliche und tierische Skelette erscheinen häufig in einem seminaturalistischen Umfeld. Galen auf dem Frontispiz – der Titelseite gegenüber – war noch im 18. Jh. ein Vorbild.

Bezüge

Zu anderen Büchern mit Pop-ups oder Klappen, siehe:

Humphry Reptons »Rote Bücher«, S. 174–175

Lothar Meggendorfers Internationaler Circus, S. 198–199

Zu früherer anatomischer Forschung, siehe:

Mansurs Anatomie, S. 90–91

Ein epochaler Amateur-Astronom

Jahrhundertelang stammten wichtige Impulse und Publikationen zur astronomischen Forschung aus der islamischen Welt. Dann schuf ein eigensinniger Däne die Grundlage der modernen Astronomie.

Die Astronomie spielte bereits in den Wissenschaften des klassischen Griechenlands und der islamischen Welt eine wesentliche Rolle. Die Herstellung astronomischer Bücher war kompliziert: Ebenso wie die Sternenbeobachtung bedurfte die Darstellung der Fakten absoluter Genauigkeit, in europäischen Drucken verwendete man dafür unter anderem Drehscheiben (**Volvellen**). Einige der europäischen Astronomen wie Regiomontanus und Hevelius druckten ihre Werke selbst, um sie möglichst akkurat zu präsentieren.

Der dänische Mathematiker, Astronom und Astrologe Tycho Brahe (1546–1601) hatte noch einen weiteren Grund, selbst zu drucken – ihn verfolgte eine fast pathologische Angst, man könnte ihm seine Resultate stehlen. Zum Glück verfügte Brahe, der adliger Abstammung war, über beste Beziehungen. Beeindruckt von dessen astronomischen Fähigkeiten, überließ König Frederik II. von Dänemark ihm die Insel Hven im Öresund sowie genügend finanzielle Mittel, um ein Observatorium zu errichten. Im Dänischen ist die Bezeichnung *Tycho Brahes dage* übrigens sprichwörtlich für Tage, an denen alles schiefgeht, doch Brahe hatte ganz offenbar auch seine glücklichen Tage.

Die Arbeit an seinem Observatorium Uraniborg (Himmelsburg) begann 1572. Brahe holte Papiermacher und Drucker aus Deutschland und stellte Assistenten ein, die ihn bei der Konstruktion seiner astronomischen Instrumente unterstützten. 1588 begann der Druck des ersten Buches in Uraniborg. Im selben Jahr starb Frederik II.; sein Nachfolger Christian IV. war nicht gewillt, Brahes Forschungen weiter zu unterstützen und stellte die Zahlungen ein. 1597 gab Brahe Uraniborg auf und ging nach Prag, wo Kaiser Rudolf II. ihn 1598 zum Hofmathematiker ernannte. Brahe starb 1601 plötzlich und unerwartet, vermutlich an einer durch seine alchemistischen Experimente verursachten Bleivergiftung.

Brahes Berechnungen waren besser und genauer als alle vorherigen, sein Beobachtunsgmaterial ungemein umfangreich. Die Ergebnisse seiner astronomischen Arbeit sind erstaunlich – und zugleich enttäuschend: So vielversprechend seine zahlreichen Ansätze waren, das meiste blieb unvollendet. Sein Assistent Johannes Kepler stellte später Brahes Bücher fertig – und Kepler war es auch, der schließlich seine Erkenntnisse zu den Planetenbewegungen in drei Gesetzen veröffentlichte, auf die sich die moderne Astronomie stützt.

Bezüge

Zu älteren astronomischen Büchern, siehe:

Al-Sufis Buch der Fixsterne, S. 86–87

Zu anderen wohlhabenden, exzentrischen Büchermachern, siehe:

Humphry Reptons »Rote Bücher«, S. 174–175

Der Hamlet der Cranach-Presse, S. 214–215

Dard Hunters Old Papermaking, S. 238–239

RECHTS **Tycho Brahe** Die Titelseite der *Astronomiae* zeigt ihn in seinem Observatorium mit einigen seiner Instrumente, die er von den 1570er-Jahren bis zu seinem Tod 1601 baute. Diese lagerten in einem Prager Keller und wurden 1619, zu Beginn des 30-jährigen Krieges, zerstört. Zu sehen sind sie auch in der französischen Ausgabe *Grande Atlas* des Kartografen Jean Blaeu, eines Brahe-Schülers.

QVADRANS MVRALIS
SIVE TICHONICVS.

EXPLI-

Ein Grundstein der modernen Wissenschaft

Newtons Erkenntnisse waren für die Entwicklung der Wissenschaft entscheidend, doch der geniale, verschlossene Verfasser der Principia *stritt mit anderen Gelehrten über die Urheberschaft.*

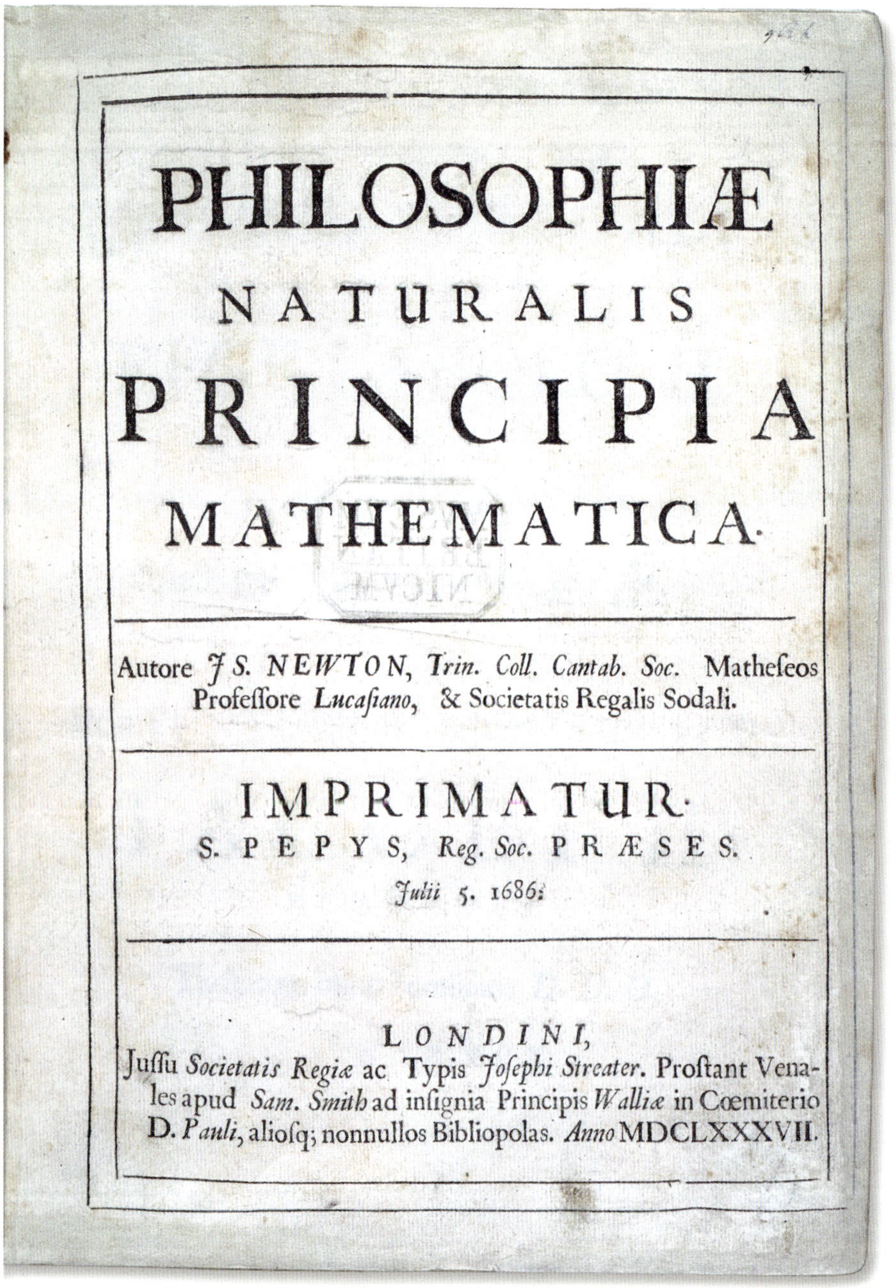

PHILOSOPHIÆ
NATURALIS
PRINCIPIA
MATHEMATICA.

Autore *J S.* NEWTON, *Trin. Coll. Cantab. Soc.* Matheſeos Profeſſore *Lucaſiano*, & Societatis Regalis Sodali.

IMPRIMATUR.
S. PEPYS, *Reg. Soc.* PRÆSES.
Julii 5. 1686.

LONDINI,
Juſſu *Societatis Regiæ* ac Typis *Joſephi Streater*. Proſtant Venales apud *Sam. Smith* ad inſignia Principis *Walliæ* in Cœmiterio D. *Pauli*, alioſq; nonnullos Bibliopolas. *Anno* MDCLXXXVII.

LINKS **Newtons *Principia*** Dieses Werk war von ungeheurer Bedeutung für die Entwicklung der modernen Physik und Astronomie und wurde 1687 von der Royal Society in London veröffentlicht. Deren Präsident, Samuel Pepys, Verfasser eines heute berühmten Tagebuchs, gab die Imprimatur (Druckerlaubnis). Seine Korrespondenz mit Newton über eine Wahrscheinlichkeitsfrage beim Würfeln beschreibt das sogenannte Newton-Pepys-Problem.

RECHTS OBEN **Überarbeitete *Principia*** So bedeutend Newtons Buch war, es wurde auch kritisiert, weil es nicht erklärte, wie Schwerkraft entsteht. Dieses Exemplar der Cambridge University Library gehörte dem Autor, der es mit Anmerkungen versah, die 1713 in die zweite Auflage einflossen.

UNTEN RECHTS ***Newton für die Dame*** Der Italiener Francesco Algarotti, Mitglied der Royal Society sowie der Tischgesellschaft Friedrichs II. von Preußen, veröffentlichte 1737 *Il Newtonianismo per le Dame* und machte die Naturphilosophie als literarisches Genre mit diesem Bestseller populär. 1745 erschienen seine Dialoge über Licht, Farben und anziehende Kräfte auf Deutsch: *Newton für Frauenzimmer*.

Stellt man die Frage, welche Gelehrten die moderne Wissenschaft revolutionierten, steht Isaac Newtons Name ganz oben auf der Liste – auch wenn den meisten Menschen nur die berühmte Anekdote vom Apfel, der ihm auf den Kopf fiel und ihn auf die Spur des Gravitationsgesetzes führte, einfällt.

Newton (1642–1727) war zweifellos ein Genie. Obwohl seine verwitwete Mutter aus ihm einen Bauer in Lincolnshire hatte machen wollen, begann er 1661 ein Studium am Trinity College in Cambridge; 1667 wurde er dort Fellow. Obwohl Newton unorthodoxe religiöse Ansichten vertrat – er zweifelte an der Trinitätslehre –, wurde er vom Mathematiker Isaac Barton gefördert, dem ersten Lucasischen Professor in Cambridge. Dass Newton dessen Lehrstuhl 1669 übernehmen konnte, war auf die Förderung durch König Karl II. zurückzuführen, dank derer er sich nicht wie andere Professoren zum Geistlichen weihen lassen musste. 1672 wurde Newton in die Royal Society gewählt, deren Präsident er von 1703 bis zu seinem Tod war. Er war auch viele Jahre Direktor der Königlichen Münze und ging streng und erfolgreich gegen Falschmünzer vor.

Newtons Ruhm aber gründete sich auf seine Publikationen. An die Erkenntnisse von Tycho Brahe und Johannes Kepler anknüpfend, erkannte er die Gesetze der Bewegung, die das Fundament der klassischen Mechanik bilden, sowie die Gesetze der Schwerkraft. 1687 erschienen drei Bände unter dem Titel *Philosophiae Naturalis Principia Mathematica (Mathematische Grundlagen der Naturphilosophie)* – ein Meilenstein der Wissenschaft.

Newton hatte einen schwierigen Charakter: mit Robert Hooke, der ebenfalls der Royal Society angehörte, stritt er über Optik, und mit Gottfried Wilhelm Leibniz führte er eine lange, erbitterte Fehde über die Erfindung der Infinitesimalrechnung. Es war der erste von zahlreichen wissenschaftlichen Disputen zwischen Briten und Deutschen. Die Zeitschrift *Philosophical Transactions of the Royal Society* sprach sich dabei für Newton aus, das Leipziger Journal *Acta Eruditorum* (Verhandlungen Gelehrter) unterstützte Leibniz. Wissenschaftliche Literatur ist keineswegs immer neutral.

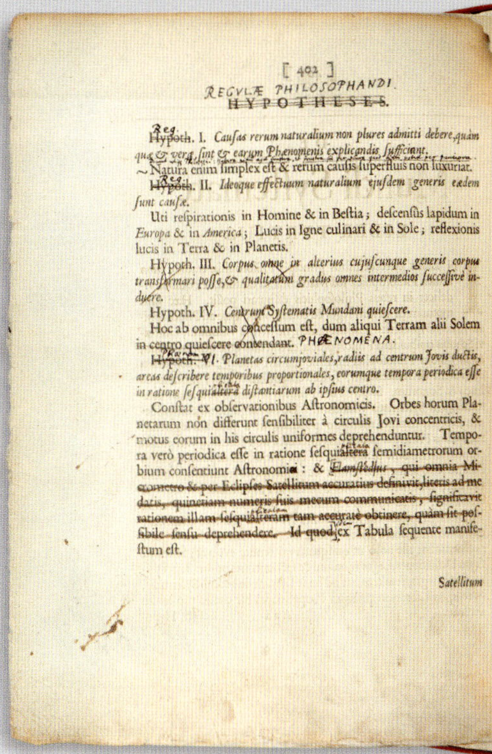

[402]

REGULÆ PHILOSOPHANDI

~~HYPOTHESES.~~

Reg. ~~Hypoth.~~ I. *Causas rerum naturalium non plures admitti debere, quàm quæ & vera sint & earum Phænomenis explicandis sufficiant.*

Natura enim simplex est & rerum causis superfluis non luxuriat.

Reg. ~~Hypoth.~~ II. *Ideoque effectuum naturalium ejusdem generis eædem sunt causæ.*

Uti respirationis in Homine & in Bestia; descensûs lapidum in *Europa* & in *America*; Lucis in Igne culinari & in Sole; reflexionis lucis in Terra & in Planetis.

Hypoth. III. *Corpus omne in alterius cujuscunque generis corpus transformari posse, & qualitatum gradus omnes intermedios successivè induere.*

Hypoth. IV. *Centrum Systematis Mundani quiescere.*

Hoc ab omnibus concessum est, dum aliqui Terram alii Solem in centro quiescere contendant. PHÆNOMENA.

~~Hypoth.~~ VI. *Planetas circumjoviales, radiis ad centrum Jovis ductis, areas describere temporibus proportionales, eorumque tempora periodica esse in ratione sesqui~~altera~~ distantiarum ab ipsius centro.*

Constat ex observationibus Astronomicis. Orbes horum Planetarum non differunt sensibiliter à circulis Jovi concentricis, & motus eorum in his circulis uniformes deprehenduntur. Tempora verò periodica esse in ratione sesqui~~altera~~ semidiametrorum orbium consentiunt Astronomi : & ~~Flamstedius, qui omnia Micrometro & per Eclipses Satellitum accuratius definivit, literis ad me datis, quinetiam numeris suis mecum communicatis, significavit rationem illam sesquialteram tam accuratè obtinere, quàm sit possibile sensu deprehendere. Id quod~~ ex Tabula sequente manifestum est.

Satellitum

Bezüge

Zu älteren mathematischen Büchern, siehe:

Das Palimpsest des Archimedes, S. 54–55

Euklids Elementa Geometriae, S. 106–107

Zu einem modernen mathematischen Buch, siehe:

RANDs Million Random Digits, S. 240–241

Jeder ist sein eigener Experte

Benötigte man vor 400 Jahren ein Rezept oder eine Anleitung zum Anlegen eines Gartens, zum Pudelscheren oder Pferdezureiten, dann schlug man beim Vielschreiber Gervase Markham nach.

Selbst für ein elisabethanisches Kostümdrama à la Hollywood schiene das Leben von Gervase Markham (um 1568–1637) zu bunt. Der dritte Sohn eines Landbesitzers aus Nottinghamshire stand zunächst in Diensten des Earl of Rutland und kämpfte später unter dem Befehl des Earl of Essex in den Niederlanden sowie in Irland. Markham hatte Glück, dass er selbst in Freiheit blieb, als Essex nach einem missglückten Staatsstreich 1601 wegen Hochverrats hingerichtet wurde.

Markham besaß literarische Ambitionen, übersetzte Ariost, schrieb Gedichte und Theaterstücke und war Schauspieler. Der Dramatiker Ben Johnson beschrieb ihn als »niederträchtigen Kerl«, und einige Experten vermuten, dass seine Person für den lächerlichen Don Adriano de Armado in Shakespeares *Love's Labour's Lost* (*Verlorene Liebesmüh*) Pate stand.

Als begeisterter und kompetenter Pferdezüchter – angeblich importierte er den ersten Araber nach England – verbrachte Markham viele Jahre in der Landwirtschaft und entwickelte sich zu einem Experten des ländlichen Lebens. Er war krankhaft geschwätzig und verfasste einen Ratgeber nach dem anderen: *Hobsons horse-load of letters* (Hobsons Brieffuhre, über das Briefeschreiben), *The English Husbandsman* (Der englische Landmann, über Küchen- und Obstgärten), *The English Huswife* (Die englische Hausfrau, Rezepte und Haushaltsführung). Weil solche Bücher über alltägliche Sorgen der elisabethanischen und jakobinischen Zeit sehr gefragt waren, wurden und werden sie nachgedruckt. Markhams erstes Buch über Pferde erschien 1593 – sein bedeutendstes, *Cavelarice* (Reitkunst), im Jahr 1607. Er stellte ihm acht sorgsam formulierte Widmungen an bedeutende Männer voran, in der Hoffnung, diese würden sich erkenntlich zeigen. *Cavelarice*, das seinen großen Pferdeverstand und eine erstaunliche Menschenkenntnis verrät, erlebte zahlreiche Neuauflagen.

Markham verfasste eine solche Vielzahl an Ratgebern, dass die Buchhändler fürchteten, es würden buchstäblich zu viele. 1617 zwang ihn die Stationers Company, die mächtige Londoner Gilde der Drucker und Buchhändler, eine beispiellose Vereinbarung zu unterzeichnen:

> *Nie wieder ein zum Druck bestimmtes Buch oder Bücher über Krankheiten und deren Heilung von Vieh, seien es Pferde, Ochsen, Kühe, Schafe, Schweine, Ziegen etc., zu schreiben.*

Selten haben Verleger versucht, einen erfolgreichen Autor vom Schreiben abzuhalten. Bei Gervase Markham gelang ihnen das nicht.

Bezüge

Zu anderen Selbsthilfebüchern, siehe:

Alexis Soyers Modern Housewife, *S. 202–203*
Marie Stopes' Married Love, *S. 230–231*

RECHTS ***Cavelarice*** Die üppig gestaltete Titelseite von Gervase Markhams Ratgeber mit dem Untertitel »Der englische Reiter«, 1607, der alles Wesentliche über die Reit- und Fahrkunst aus seinen früheren Büchern bündelt.

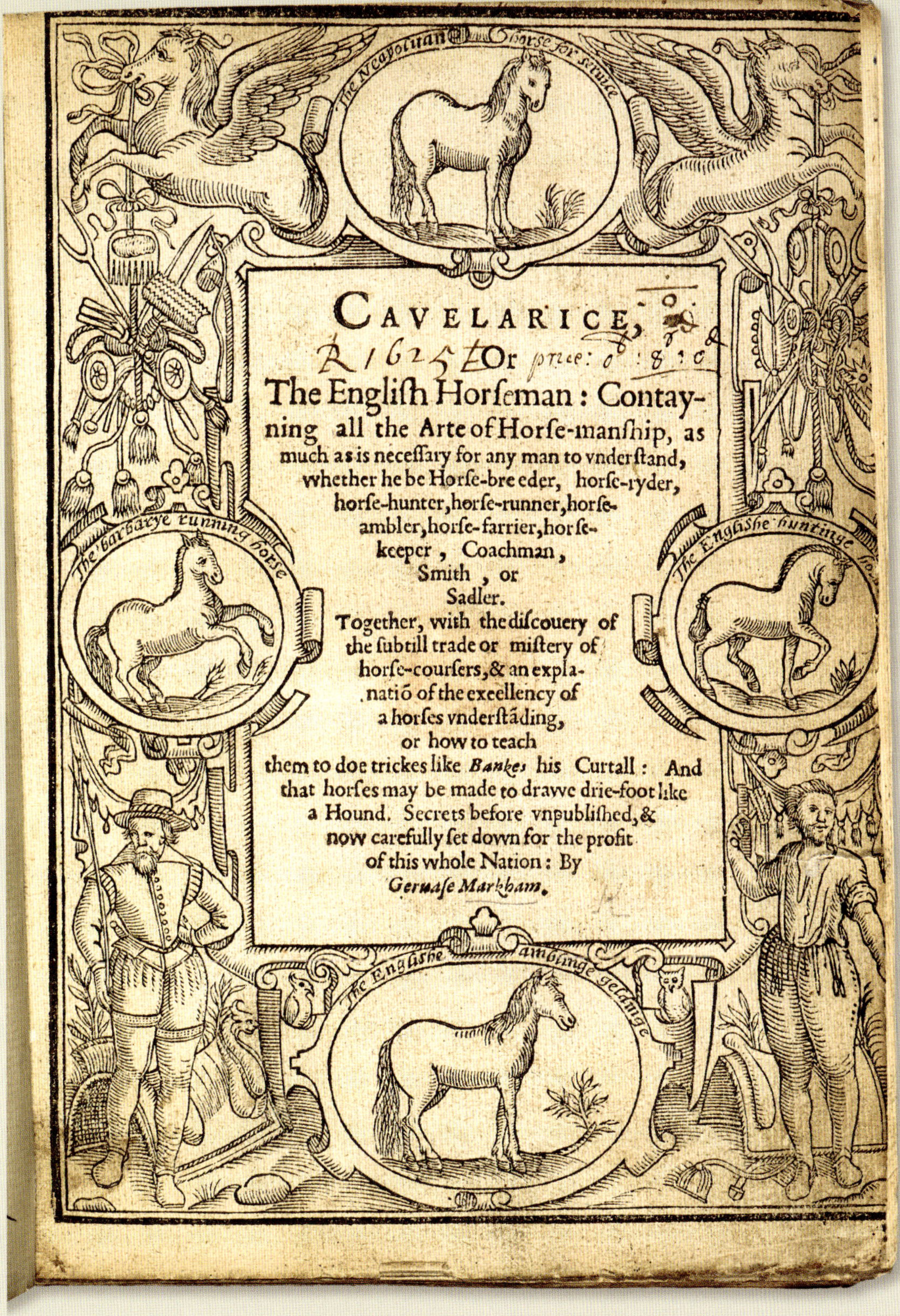

CAVELARICE,

Or

The English Horseman: Containing all the Arte of Horse-manship, as much as is necessary for any man to understand, whether he be Horse-breeder, horse-ryder, horse-hunter, horse-runner, horse-ambler, horse-farrier, horse-keeper, Coachman, Smith, or Sadler.

Together, with the discouery of the subtill trade or mistery of horse-coursers, & an explanatiō of the excellency of a horses understāding, or how to teach them to doe trickes like *Bankes* his Curtall: And that horses may be made to drawe drie-foot like a Hound. Secrets before vnpublished, & now carefully set down for the profit of this whole Nation: By

Gervase Markham.

Stilvolle Muster

Modezeichnungen von Damenkleidern waren im 19. Jahrhundert verbreitet, doch Ratgeber von und für Frauen hatten im Verlagswesen schon früher Veränderungen eingeleitet.

Bis ins 18. Jahrhundert schrieb kaum eine Frau über Kunst und Handwerk, und Bücher für ein weibliches Publikum waren äußerst selten. Künstlerinnen wie die deutsche Blumenmalerin Maria Sibylla Merian oder die Schottin Elizabeth Blackwell (siehe Seite 144–145) blieben außergewöhnlich.

Das Sticken galt von jeher als passende Beschäftigung für Frauen, »der artigliche und geschickte Umgang mit der Nadel zeichnet die gute weibliche Gesellschaft aus«, schrieb eine Dame im viktorianischen England, und alle jungen Mädchen des Bürgertums lernten es. Doch woher die Muster nehmen? Ein Franzose empfahl, mit **Naturdrucken** von Blättern Stickmuster zu kreieren, doch in England, Frankreich und Deutschland zogen es die meisten Frauen vor, Musterbücher zu kaufen.

Ältere, in London und Paris erschienene Bücher waren von Männern geschrieben worden, doch 1725 veröffentlichte eine Nürnbergerin den ersten Band ihrer *Kunst- und Fleissübenden Nadelergötzungen*. Der Clou daran war, dass sie ihre Muster vor einem karierten Untergrund abbildete, was das Kopieren auf den Stoff erheblich vereinfachte. Die Verfasserin, Margaretha Helm, war die Frau des Kantors der Kirche St. Egidien, sie lehrte Stickerei, malte und arbeitete als Kupferstecherin. In ihrem Buch empfahl sie bestimmte Stoffe, Garne und Farben – nach ihren praktischen Anleitungen konnten professionelle Modistinnen sowie nähende Hausfrauen Kleider fertigen, die ins Auge fielen.

Margaretha Helms Verleger Johann Christoph Weigel war auch ein bedeutender Kupferstecher; er brachte unter anderem einen frühen Schulatlas heraus, und sein Sohn veröffentlichte musikalische Werke Johann Sebastian Bachs. Weigel war für seine illustrierten instruktiven Bücher bekannt und veröffentlichte noch zwei weitere Musterbücher, wobei er betonte, es handele sich um Originalmuster. Für Margaretha Helm verfasste er ein kurzes Vorwort, in dem er schrieb, die Nadelarbeit sei eine höchst schickliche Beschäftigung für adlige und bürgerliche Frauen. Das letzte ihrer Musterbücher erschien 1742, dem Jahr, in dem Margaretha Helm starb. Ihr wunderschönes Werk war als **Kupferstichdruck** teuer und wurde vermutlich in relativ kleiner Auflage gedruckt, heute ist es ausgesprochen selten.

LINKS ***Kunst- und Fleissübende Nadel-Ergötzungen*** Die Titelseite des »neu erfundenen Neh- und Stick-Buchs«, so der Untertitel. Die Nürnbergerin Margaretha Helm (1659–1742) lehrte Sticken und arbeitete als Kupferstecherin, beides Beschäftigungen, die Fingerspitzengefühl erfordern.

OBEN **»Zwei Handschuhe«**, die Bildtafel 47 mit einem Kupferstich von Stickmustern. Feinstickereien wurden häufig mit Silber- oder Goldfäden auf Seide, Taft oder Samt ausgeführt. Auf anderen Seiten finden sich Blütenmotive für Leinenstoffe und Schürzen.

Bezüge

Zu anderen Büchern von Frauen, siehe:

Elizabeth Blackwells A Curious Herball, *S. 144–145*

Anna Atkins' Photographs of British Algae, *S. 184–185*

Lucy Aikins Robinson Crusoe, *S. 194–195*

Zu einer feministischeren Sicht der Dinge, siehe:

Marie Stopes' Married Love, *S. 230–231*

Ein herausragendes botanisches Werk

Elizabeth Blackwells A Curious Herball *ist für seine hervorragenden botanischen Zeichnungen und die Beschreibungen heimischer wie exotischer Pflanzen berühmt – die sie unter ungewöhnlichen Umständen schuf.*

OBEN **Mary Delanys Papierschnitte** Delany, eine Zeitgenossin Elizabeth Blackwells, wandte sich im Alter von 72 Jahren der Kunst des Papierschnitts zu. Der berühmte Botaniker Joseph Banks erklärte, ihre Blumencollagen seien die einzigen Imitationen der Natur, die er als Vorlage für eine korrekte Pflanzenbeschreibung benutzen könne.

RECHTS **Elizabeth Blackwells *A Curious Herball*** Die meisten der 500 abgebildeten Pflanzen wurden im Apothekergarten in Chelsea kultiviert, darunter auch exotische aus der Neuen Welt. Zwischen den Abbildungen, die Elizabeth Blackwell zeichnete, stach und handkolorierte, stehen Beschreibungen und Verwendungszweck der Pflanzen.

Wie Maria Sibylla Merian oder Margaretha Helm (siehe Seite 142–143) war die botanische Zeichnerin Elizabeth Blackwell (um 1700–1758) eine außergewöhnliche Frau, die in einer Zeit wirkte, in der das Botanisieren und Publizieren von Texten und Zeichnungen gewöhnlich Männern vorbehalten war. Dennoch ist über manche Abschnitte ihres Lebens nur wenig bekannt.

Sie stammte aus einer wohlhabenden Aberdeener Kaufmannsfamilie und brannte um 1730 heimlich mit ihrem Cousin Alexander Blackwell durch. Der behauptete, er hätte in Leiden bei dem berühmten Arzt und Botaniker Hermann Boerhaave studiert – entpuppte sich aber als Tunichtgut. Anfang der 1730er-Jahre lebten sie in London, wo Blackwell als Korrektor für den Drucker William Wilkins arbeitete. Später eröffnete Blackwell eine eigene Druckerei, obwohl dies nur den Mitgliedern der Londoner Druckergilde gestattet war. Er verlor sein Geschäft, und da er die hohe Geldstrafe nicht bezahlen konnte, landete er im Schuldgefängnis.

Elizabeth Blackwell war entschlossen, seine Schulden zu bezahlen. Mit Hilfe von Hans Sloane und Philip Miller, denen die Pflege des Apothekergartens in Chelsea oblag, schrieb und zeichnete sie, stach Kupferplatten und kolorierte die Illustrationen in den gedruckten Exemplaren von Hand. *A Curious Herball* umfasste 500 Bildtafeln und erschien 1737–1739 in 125 wöchentlichen Lieferungen. Obwohl es Raubdrucke gab, verdiente Elizabeth Blackwell genug, um ihren Mann aus dem Gefängnis zu holen und mit ihm ein bescheidenes Leben in Chelsea zu führen.

Alexander Blackwell geriet erneut in Schwierigkeiten und wanderte 1742 nach Schweden aus, wo er zum Hofarzt von König Fredrik I. avancierte. 1747 wurde er des Hochverrats angeklagt und enthauptet. Soweit bekannt ist, zeichnete die verwitwete Elisabeth bis zu ihrem Tod 1758 in Chelsea.

Der Nürnberger Botaniker Christoph Jacob Trew brachte 1750–1773 das *Herbarium Blackwellianum, Vermehrtes und verbessertes Blackwellisches Kräuter-Buch* (neu gezeichnet und gestochen von Nikolaus Friedrich Eisenberger) heraus. Sowohl die Londoner als auch die Nürnberger Ausgabe wurden inzwischen digitalisert.

Bezüge

Zu anderen botanischen Werken, siehe:
Dioskurides' De materia medica, *S. 64–65*
Carl von Linnés Species plantarum, *S. 160–161*

Zu anderen Subskriptionswerken, siehe:
Samuel Johnsons Dictionary, *S. 154–155*
Denis Diderots Encyclopédie, *S. 158–159*

Zu anderen Büchern von Frauen, siehe:
Anna Atkins' Photographs of British Algae, *S. 184–185*
Marie Stopes' Married Love, *S. 230–231*

Plate 1.
Dandelion
Eliz. Blackwell delin. sculp. et Pinx.
1 Flower
2 Root
3 Seed
Dens Leonis
Taraxacum

RECHTS ***The Art of Dance*** Kellom Tomlinsons »Kunst des Tanzens« aus dem Jahr 1735 enthält 37 Kupferstiche von Jan van der Gucht und anderen. Die Kombination aus perspektivisch gezeichneten Figuren (entfernten Vorläufern moderner 3-D-Animationen) mit den Schrittkarten zu Feuillets komplexen Choreografien, erlaubte es Tomlinson, den barocken Tanz beschwingt darzustellen.

Bezüge

Zu anderen Büchern für gehobene Kreise, siehe:

Thomas Bewicks British Birds, *S. 172–173*

Humphry Reptons »Rote Bücher«, *S. 174–175*

Zu anderen Subskriptionswerken, siehe:

Samuel Johnsons Dictionary, *S. 154–155*

Denis Diderots Encyclopédie, *S. 158–159*

Walt Whitmans Leaves of Grass, *S. 216–217*

Zu anderen Büchern mit Kupferstichen, siehe:

Linschotens Itinerario, *S. 132–133*

Elizabeth Blackwells A Curious Herball, *S. 144–145*

François Bouchers Molière, *S. 152–153*

Eine barocke Tanzstunde

Die vornehme Gesellschaft des 18. Jahrhunderts genoss viele Annehmlichkeiten. Dazu gehörte die recht kostspielige Unterweisung durch Tanzmeister.

»Lasst uns lesen und lasst uns tanzen, diese Freuden werden der Welt niemals Schaden zufügen«, schrieb Voltaire. In den höfischen Kreisen Ludwigs XIV. und anderer europäischer Herrscher war es von großem Vorteil, ein guter Tänzer zu sein. Die Tanzmeister hatten in den Metropolen ein gutes Auskommen.

Es heißt, Ludwig XIV. habe seinem Tanzmeister befohlen, die tänzerischen Bewegungen schriftlich zu fixieren. Diese Notation veröffentlichte Raoul-Auger Feuillet 1700 unter dem Titel *Choréographie*. Auch in England und anderen Ländern wurde sie begeistert aufgenommen. Das System war ziemlich komplex, es umfasste die Musik, Bodenwegzeichnungen, Takte, Schritte sowie die Körperhaltungen der Tänzer. Gewöhnlich wurden die Lehrbücher von den Tanzmeistern benutzt, nicht aber von den Schülern, die auswendig lernten, was die Lehrer ihnen zeigten.

The Art of Dancing des berühmten Londoner Tanzmeisters Kellom Tomlinson (um 1690–1753) war ein aufwendiges Buch, in dem vieles handschriftlich ausgearbeitet wurde. Die Illustrationen wurden in Kupfer gestochen, damit sie möglichst exakt ausfielen. **Kupferstichdrucke** waren teuer, die Vorleistungen höher, als ein Tanzmeister sich leisten konnte, der Verkauf aufgrund des hohen Buchpreises riskant – deshalb entschied sich Tomlinson für die **Subskription**.

Die Subskription entsprach dem Zeitgeist und minderte das Risiko eines finanziellen Verlusts, doch sie hatte auch zwei wesentliche Nachteile: Die Herstellung ging langsam voran, und konkurrierende Autoren und Verleger konnten die Idee aufgreifen und schneller sein. Und tatsächlich: Tomlinson benötigte ganze zehn Jahre, um sein Werk schließlich 1735 zu veröffentlichen, und zuvor wurde die Übersetzung eines französischen Lehrbuchs auf den Markt geworfen. Tomlinsons Subskribenten kamen vor allem aus adeligen und landbesitzenden Kreisen, auch Tanzmeister, Theaterdirektoren, Musiker, Buchhändler und Drucker orderten. Das Buch, das stolze zweieinhalb Guineen kostete (nach heutigem Standard etwa 450 Euro), steht beispielhaft für das Genre und die Blütezeit der englischen Buchherstellung.

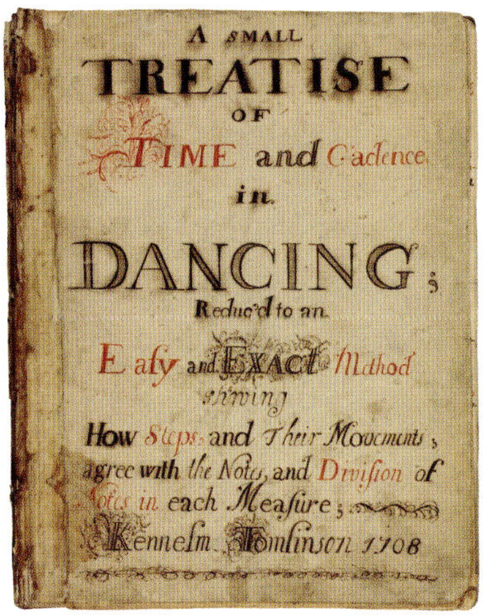

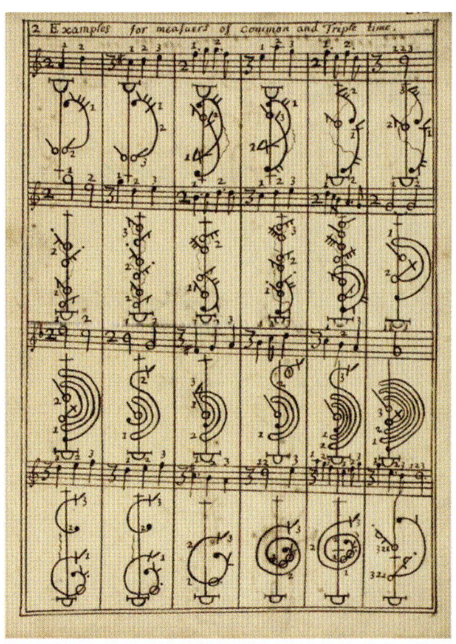

OBEN **Eine kleine Abhandlung** über Zeit und Rhythmus beim Tanz stellte Kellom Tomlinson zwischen 1708 und etwa 1721 zusammen; sie wurde erst kürzlich in einer Privatsammlung entdeckt. Tomlinson übernahm einiges aus französischen Traktaten, erarbeitete aber auch eigene Tanzfolgen. Die hier zu sehende Notation stammt aus Raoul-Auger Feuillets *Traité de la Cadence*, dem Vorwort zu Louis Pécours *Recüeil de dances* (Paris, 1704). Pécour choreografierte 1704 für eine Pariser Aufführung von Campras Oper *Tancrède* die »Sarabande für zwei«, Tomlinsons Choreografie, 1716 in Lincoln's Inn Field aufgeführt, war für einen Tänzer.

KAPITEL

RECHTS ***A Dictionary of the English Language***
Das zu großen Teilen von Samuel Johnson allein zusammengestellte Wörterbuch der englischen Sprache erschien am 15. April 1755 in zwei Foliobänden; die Auflagen ab 1818 umfassten vier Bände (siehe Seite 154–155).

8 Druckkunst & Aufklärung

Fast alle heute üblichen Formen des Publizierens etablierten sich im 18. Jahrhundert. Die Protagonisten der Aufklärung prägten in dieser Zeit mit ihren Publikationen und Lektüren das wissenschaftliche und rationale Denken. Letztendlich führten diese Ideen zur Französischen Revolution.

A

DICTIONARY

OF THE

ENGLISH LANGUAGE:

IN WHICH

The WORDS are deduced from their ORIGINALS,

AND

ILLUSTRATED in their DIFFERENT SIGNIFICATIONS

BY

EXAMPLES from the beſt WRITERS.

TO WHICH ARE PREFIXED,

A HISTORY of the LANGUAGE,

AND

AN ENGLISH GRAMMAR.

BY SAMUEL JOHNSON, A.M.

IN TWO VOLUMES.

VOL. I.

THE SECOND EDITION.

Cum tabulis animum cenſoris ſumet honeſti:
Audebit quæcunque parum ſplendoris habebunt,
Et ſine pondere erunt, et honore indigna ferentur.
Verba movere loco; quamvis invita recedant,
Et verſentur adhuc intra penetralia Veſtæ:
Obſcurata diu populo bonus eruet, atque
Proferet in lucem ſpecioſa vocabula rerum,
Quæ priſcis memorata Catonibus atque Cethegis,
Nunc ſitus informis premit et deſerta vetuſtas. HOR.

LONDON,
Printed by W. STRAHAN,
For J. and P. KNAPTON; T. and T. LONGMAN; C. HITCH and L. HAWES;
A. MILLAR; and R. and J. DODSLEY.
MDCCLV.

Im 18. Jahrhundert nahmen das Druckwesen und die Buchherstellung Formen an, die uns noch heute vertraut sind. In Großbritannien und Frankreich prosperierten die vornehmen und bürgerlichen Kreise, trotz des anhaltenden Konflikts zwischen beiden Ländern.

Zu Beginn dieser Ära war – oder galt – Frankreich als führende Nation auf dem Gebiet der Wissenschaft und Technik. Die Gründung der *Imprimerie Royale*, der königlichen Druckerei, 1640, hatte bereits zu einem wachsenden Stilempfinden beigetragen. Die Académie Royale des Sciences ließ eine neue **Schrifttype** entwickeln, eine *romain du roi* genannte Barock-Antiqua. Mitte des 18. Jahrhunderts verantwortete die Académie auch die *Descriptions des Arts et Métiers* (Beschreibungen der Künste und Handwerke). Die 1702 eingeführte *romain du roi* war eine symmetrische, geradlinige Ableitung der Renaissance-Antiqua. Der Pariser Typograf Pierre Simon Fournier entwickelte sie weiter und perfektionierte 1737 ein Maßsystem für Schriftgrößen. Der sogenannte typografische Punkt orientiert sich am **Didot**-System (in Frankreich und lange Zeit in Deutschland) beziehungsweise am **Pica**-System (in Großbritannien, USA, heute ganz Westeuropa).

Auch die Kupferstecher leisteten herausragende Arbeit (siehe Seite 152–153). Die Bücher der *Imprimerie Royale* waren, dem Wunsch des Sonnenkönigs entsprechend, eindrucksvoll. Allerdings ließen **Papier**- und Druckqualität zu wünschen übrig. Das französische Papier wurde in der Regel noch mit Stampfwerken hergestellt, bis im späten 17. Jahrhundert der **Holländer** erfunden wurde, ein durch Windmühlen betriebenes, feineres Mahlwerk, das sich schließlich in ganz Europa durchsetzte. Dank des verbesserten Bleichens, feinerer Schöpfformen und des **Heißkalanderns** (Glätten mit Walzen) – vom Papiermacher James Whatman und dem Typografen und Drucker John Baskerville in England entwickelt – konnten ab etwa 1750 feinere Papiere und damit schönere Bücher hergestellt werden.

Die Gestaltung englischer Bücher wurde vorwiegend durch die Niederlande beeinflusst, von dort wurden Papier, Druckerpressen und Schriften nach Großbritannien importiert. Die holländischen Schrifttypen waren solide, unverschnörkelte Renaissance-Antiqua. 1720, lange nachdem in Frankreich über die ideale Schrift diskutiert worden war, brachte der Londoner Typograf William Caslon einige Antiqua-Schriften heraus, die in Großbritannien und dem britischen Amerika zu Standardschriften avancierten. Die amerikanische Unabhängigkeitserklärung ist in einer Caslon gedruckt. 1710 wurde mit dem »Statute of Anne« in Großbritannien das erste Urheberrechtsgesetz überhaupt geschaffen, das dem Autor die Rechte an seinem Text verbrieft. In Irland und den amerikanischen Kolonien war es vorerst allerdings nicht durchsetzbar (siehe Seite 156–157). Die Staaten des Deutschen Bundes verabschiedeten ein Urhebergesetz erst 1837. Dank internationaler Abkommen wurde schließlich das Copyright allgemeingültig – bevor das Internet aufkam.

Wissenschaftliches Publizieren

Die Entwicklungen im Buchhandel und Verlagswesen erlaubten es Unternehmen auf beiden Seiten des Ärmelkanals, sich zu spezialisieren: So verlegte John Newbery (1713–1767) in London Kinderbücher (siehe Seite 156–157) und Charles-Joseph Panckoucke (1736–1798) in Paris Werke der Aufklärer.

Die Entwicklung zu wissenschaftlichem und philosophischem Denken war allerdings nicht auf Frankreich und Großbritannien beschränkt (siehe Seite 158–159). In ganz Europa veröffentlichten gelehrte Gesellschaften ihre Erkenntnisse in eigenen Zeitschriften, etwa in *Acta Eruditorum, Journal des Savants* oder den *Philosophical Transactions of the Royal Society*. Der Austausch von Wissen war aber auch auf inoffiziellem Weg möglich – durch Korrespondenzen. Es ist kaum vorstellbar, dass der große schwedische Naturforscher Carl von Linné (1707–1778) sein Werk hätte schaffen können, ohne mit anderen Wissenschaftlern – selbst dem weit entfernt lebenden Benjamin Franklin – in Briefkontakt zu stehen (siehe Seite 160–161). Auch Neuigkeiten über Kunst, Literatur, Musik und Geschichte zirkulierten in Briefform, etwa in der handgeschriebenen *Correspondance littéraire, philosophique et critique* des Friedrich Melchior Grimm (1723–1807), der dadurch die für Druckwerke geltende Zensur umging.

Der Werdegang von John Baskerville spiegelt beispielhaft den pragmatischen Umgang mit den Ideen der Auflärung in England wider. Baskerville arbeitete zunächst als Schriftmeister, besaß dann einen Emaillierbetrieb und war eng mit der Birminghamer *Lunar Society* verbunden. Deren Mitglieder – aufstrebende Unternehmer, die die Industrielle Revolution mit einleiteten – trafen sich bei Vollmond (daher der Name), um nach ihren Zusammenkünften natürliches Licht auf dem Heimweg zu haben. Auch William Playfair, der Erfinder von Informationsgrafiken wie dem

Tortendiagramm, stand mit ihnen in Kontakt (siehe Seite 162–163). Zu Wohlstand gekommen, widmete Baskerville sich schließlich dem Drucken und der Typografie. Er verwendete glatte Papiere, arbeitete an der Verbesserung von Farben und Druckerpressen und schnitt neue Schriften. Seine eleganten Bücher wurden bewundert. Der Komödienautor Beaumarchais druckte seine Voltaire-Ausgabe (1784–1789) in Kehl mit Baskervilles Lettern. Heimlich finanziert wurde die Ausgabe vom Pariser Verleger Panckoucke (der unter anderem ein vierbändiges Supplement zu Diderots *Encyclopédie* herausbrachte). Kehl lag in Baden, so umgingen Beaumarchais und Panckoucke die französische Zensur. Baskerville-Schriften waren danach in ganz Europa beliebt.

Neue Formen der Veröffentlichung

Im 18. Jahrhundert begannen sich bestimmte Literaturgenres zu etablierten, etwa Kriminalgeschichten (*Pitaval*) und Sensationsliteratur wie der *Newgate Calendar* (siehe Seite 164–165). Der Roman erlebte überall in Europa eine Blütezeit; Voltaires *Candide* und Laurence Sternes *Tristram Shandy* wurden viel bewundert und regten zahlreiche andere Autoren zu neuen Werken an (siehe Seite 166–167 und 168–169).

Viele Verleger brachten jährlich erscheinende Almanache heraus, besonders in Deutschland wurde der *Musen-Almanach* beliebt. In Nordamerika veröffentliche Benjamin Franklin ab 1732 sehr erfolgreich *Poor Richard's Almanack*, für den er den »armen« Richard Saunders als literarisches Alter Ego erfand. Auch politische Töne wurden in Almanachen angeschlagen: Benjamin Banneker forderte ein Ende der Sklaverei (siehe Seite 170–171).

Naturkundebücher waren schon lange beliebt, doch die hohen Kosten für das Stechen und Drucken von Kupferplatten standen einer weiten Verbreitung im Weg. Dank Baskervilles verbesserter Druckerpressen und -farben sowie des satinierten (glatten) Papiers, konnte der geniale Holzschneider Thomas Bewick den Holzstich als Fortentwicklung des Holzschnitts für illustrierte Bücher bis weit ins 19. Jahrhundert populär machen (siehe Seite 172–173).

Im späten 18. Jahrhundert erschien eine Reihe beachtenswerter handgeschriebener Bücher für die englische Oberschicht: Hymphry Reptons »Rote Bücher« mit Vorschlägen zur Gartengestaltung (siehe Seite 174–175). Und kurz bevor die Französische Revolution alles veränderte, versuchte man, Blinden das Lesen zu ermöglichen (siehe Seite 176–177).

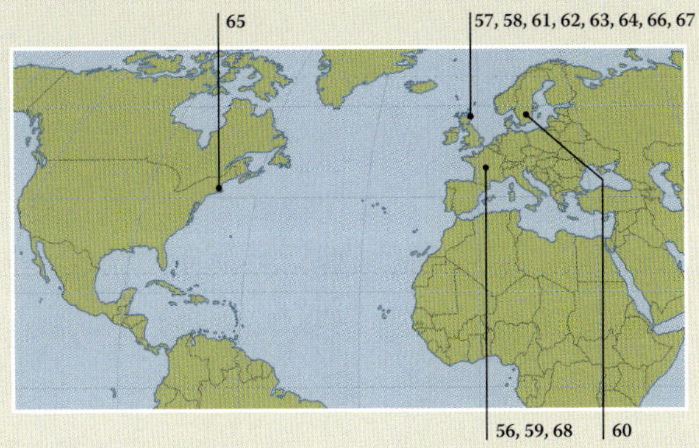

IN DIESEM KAPITEL | *Seite*

Klassisches Drama im Rokokogewand

Racine, Corneille und Molière waren die großen französischen Dramatiker des 17. und 18. Jahrhunderts. 1734 wurde, vom königlichen Hof gefördert, eine Luxusausgabe von Molières Werken veröffentlicht, die Frankreichs führende Rolle auf dem Gebiet der Künste demonstrieren sollte.

Die französische Kunst und Literatur stand fast das gesamte 18. Jahrundert in ihrem Zenit. Englische Grafiker wie Hogarth und **Kupferstecher** wie George Bickham (Vater und Sohn) beherrschten zwar auch ihr Metier, doch die typografische Gestaltung, Illustrationen und Einbände der Bücher aus Paris waren unübertroffen. Die französischen Graveure galten allgemein als die besten, und erst als einer von ihnen, Hubert-François Gravelot, der bei Boucher studiert hatte, in London mit den Bickhams zusammenarbeitete und schließlich Gainsborough unterrichtete, erreichte die englische Buchillustration die Qualität der französischen und übertraf sie teilweise sogar.

Der Maler François Boucher (1703–1770) hatte das große Glück, die Gunst König Ludwigs XV. zu gewinnen. Dass er dann außerdem dessen mächtige Mätresse Madame de Pompadour im Zeichnen und Kupferstechen unterwies, war nur förderlich. Die Pompadour fertigte Radierungen für eine Ausgabe von Corneilles Tragödie *Rodogune*, die sie

RECHTS **Bouchers *Molière*** Boucher, ein Meister des Rokoko-Stils, entwarf auch Kulissen und Kostüme fürs Theater, das er regelmäßig besuchte, während er an den Illustrationen zum Werk des großen französischen Dramatikers arbeitete. Hier das Frontispiz von Pierre Praults sechsbändiger Ausgabe von 1734, mit 33 Zeichnungen von Boucher – wohl eine der schönsten Publikationen des 18. Jh.

1770 in ihrer eigenen Druckerei in Versailles fertigstellen ließ. Berühmt ist Boucher vor allem für seine anmutigen – und häufig gewagten – Darstellungen adligen Lebens im Ancien Régime sowie seine Dekorationen im Schloss von Versailles.

Genau wie der Maler und Illustrator Jean-Baptiste Oudry, dessen Zeichnungen Charles-Nicolas Cochin für eine 1755 veröffentlichte Prachtausgabe von La Fontaines *Fabeln* bearbeitete, ließ auch Boucher seine Zeichnungen von anderen stechen und radieren. Seine berühmtesten Buchillustrationen, zu denen Laurent Cars die Stiche anfertigte, schuf er 1734 für die Ausgabe der gesammelten Werke Molières, des wohl berühmtesten französischen Komödiendichters. Es heißt, Ludwig XV. habe einen Teil der Herstellungskosten getragen, und die staatlichen Zensoren hätten das Vorhaben wohlwollend begleitet.

Heutige Leser der Werke Molières bevorzugen eine moderne Ausgabe – oder sie kehren zu den Originalen des 17. Jahrhunderts zurück. Die Bedeutung der Edition von 1734 liegt nicht in deren Textfassung, sondern im *mise-en-page*, der Typografie, den Rokoko-Ornamenten sowie den Radierungen, die Bouchers *Molière* zum vielleicht besten illustrierten Buch des Jahrhunderts machen.

LINKS ***Psyche*** Das tragikomische Ballett ist eine weniger freizügige Version von Apuleius' Geschichte von Amor und Psyche aus dem *Goldenen Esel*. Boucher lernte beim Graveur Jean-François Cars, dessen Sohn Laurent, zusammen mit François Joullain, die Platten stach.

Bezüge

Zu anderen glanzvollen Ausgaben, siehe:

Der Hamlet der Cranach-Presse, **S. 214–215**
Walt Whitmans Leaves of Grass, **S. 216–217**

Das großartigste Wörterbuch der englischen Sprache

Zwei bedeutende Werke des 18. Jahrhunderts, Johnsons Dictionary *sowie die* Encyclopédie *von Diderot und d'Alembert, stehen beispielhaft für die traditionalistische englische Vorgehensweise einerseits und die geistreiche, innovative Art der französischen Aufklärer andererseits. In der Vorbereitungsphase aber gab es Parallelen.*

Andere Länder Europas besaßen bereits »offizielle« Wörterbücher – Italien das *Vocabolario dell' Accademia della Crusca* (1612) und Frankreich das *Dictionnaire de l'Académie française* (1604) –, als in England 1721 das bis dahin beste inoffizielle Wörterbuch von Nathaniel Bailey erschien. Da es aber nicht umfassend genug war, betraute ein Verlegerkonsortium 1746 Samuel Johnson (1709–1784) mit der Herausgabe eines neuen. Johnson galt zwar als guter Essayist und Dichter, doch seine einzige lexikalische Erfahrung bestand in einigen Artikeln, die er für Dr. Robert James' erfolgreiches dreibändiges *Medical Dictionary* (1743–1745) verfasst hatte, das von Denis Diderot und anderen ins Französische übersetzt wurde.

Johnson und Diderot fristeten als freie Autoren beide ihr Leben in Dachkammern und arbeiteten beharrlich an analogen Aufgaben – damit enden aber auch schon die Gemeinsamkeiten. Johnsons *A Dictionary of the English Language* (1755) war im Großen und Ganzen ein Einmannwerk, sieht man von den sechs untauglichen englischen und schottischen Gehilfen ab, die Johnson vermutlich nur beschäftigte, weil sie arm waren und er ein gutes Herz hatte. In seiner Mansarde am Gough Square, nördlich der Fleet Street, plagten sich Johnson und seine Helfer mit der Zusammenstellung eines der bedeutendsten Nachschlagewerke, das jemals publiziert wurde.

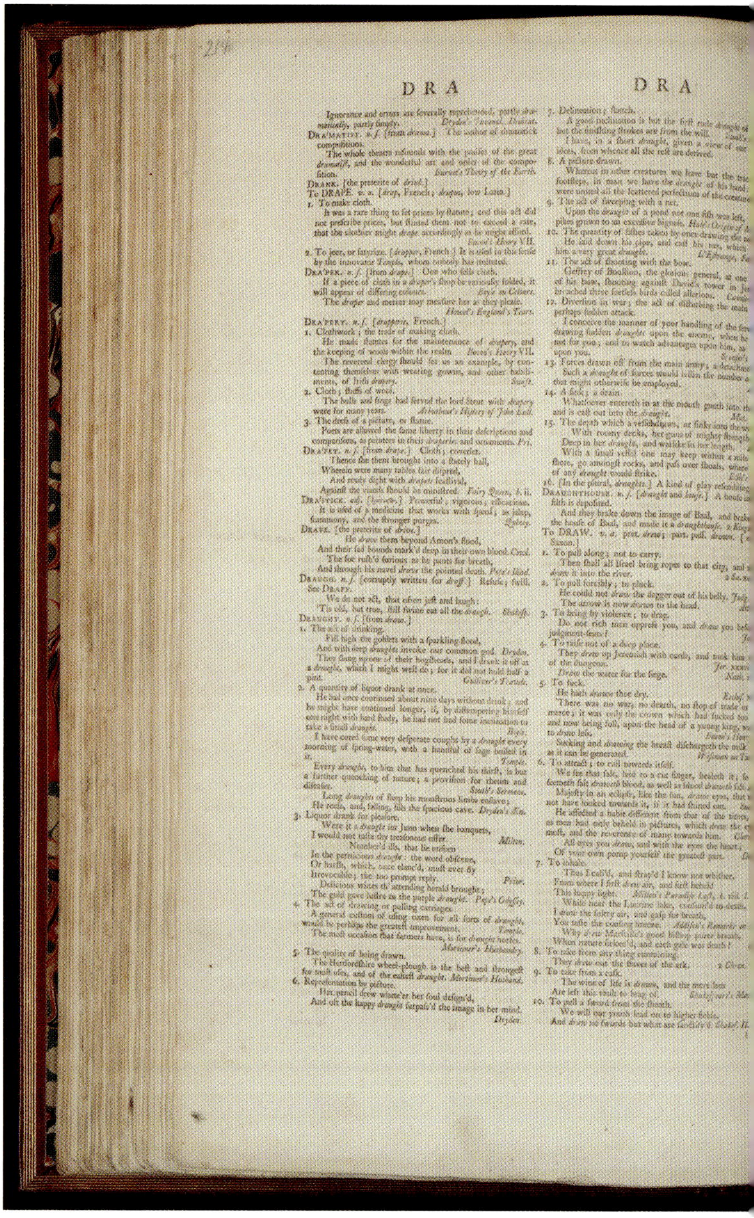

Bezüge

Zu anderen Gemeinschaftswerken, siehe:

Die polyglotte Complutense-Bibel, S. *118–119*

Denis Diderots Encyclopédie, S. *158–159*

Zu einem Buch, das zeigt, dass selbst Johnson irrte, siehe:

Laurence Sternes Tristram Shandy, S. *166–167*

UNTEN ***Dictionary of the English Language*** Am 15. April 1755 in zwei Foliobänden veröffentlicht (spätere Ausgaben erschienen in vier Bänden), weitgehend allein von Samuel Johnson zusammengestellt. Hier sieht man die Seiten 214–215 der Erstausgabe mit handschriftlichen Anmerkungen Dr. Johnsons.

RECHTS **Bandog** ... Samuel Johnson notierte sich eine Erläuterung des Wortes »Bandog« (deutsch: Kettenhund, auch Mastiff) in sein Exemplar des *Dictionary*. Einer guten Freundin, der Schriftstellerin Hester Thrale, schenkte er ein Exemplar, das diese ebenfalls mit eigenen Anmerkungen versah.

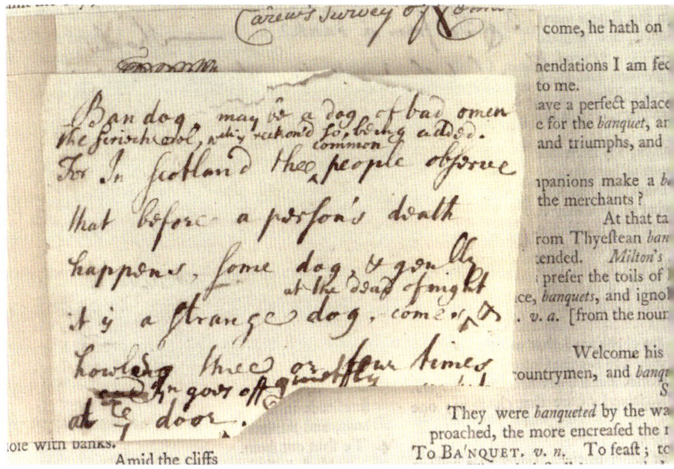

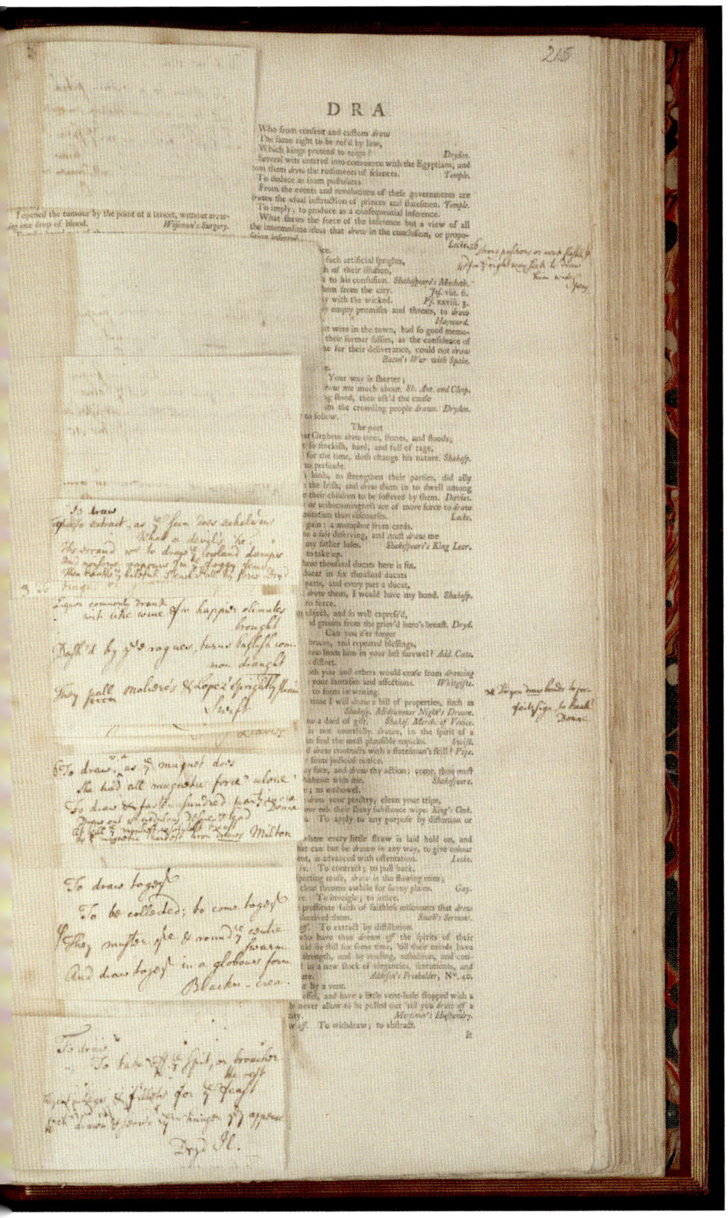

Zur Vorbereitung seines *Dictionary* las Johnson Literatur aller Art, um Beispiele für den Gebrauch der Wörter geben zu können. Danach setzte er sich an seine Wortbeschreibungen, die noch heute für ihren trockenen Humor berühmt sind:

AKZISE: eine hassenswerte Steuer auf Waren, nicht von Unparteiischen bestimmt, sondern von Lumpen, die jene beschäftigen, denen die Akzise gezahlt wird.
MONSIEUR: scheltende Beschreibung für einen Franzosen.
HAFER: ein Korn, das in England gemeinhin an Pferde verfüttert wird, in Schottland aber Menschen ernährt.

Seine Zeitgenossen erkannten Johnsons *Dictionary* schnell als das überragende Wörterbuch der englischen Sprache an, doch es gab auch Zweifler: »Ich kann mir nicht vorstellen, dass Dr. Johnsons Ruhm lange währt«, meinte der Schriftsteller Horace Walpole. Spätere Kritiker waren großzügiger: »Eine der bedeutendsten Leistungen auf dem Gebiet der Wissenschaft«, nannte es der Herausgeber des *Oxford English Dictionary*. Johnsons Vorbereitungsmethode wurde im 19. Jahrhundert von dem Gemeinschaftsunternehmen des *Oxford English Dictionary* übernommen, dessen erste Ausgabe in zahlreichen Lieferungen 1884–1933 erschien. Heute kann man im Internet in Johnsons *Dictionary* seine Definition des Lexikografen einsehen: »ein Verfasser von Wörterbüchern, ein harmloses Arbeitstier«.

Ein sehr frühes Kinderbuch

***Volksbücher, Groschenhefte, Bilderbogen** und andere Lesestoffe für Kinder wurden häufig so lange benutzt, bis sie auseinanderfielen. Englische und amerikanische Verleger hatten die brillante Idee, ihnen Spielzeug beizugeben.*

Bezüge

Zu anderen Raubdrucken, siehe:

Charles Dickens' Pickwick Papers, *S. 190–191*

Rolf Boldrewoods Robbery Under Arms, *S. 204–205*

Zu anderen Kinderbüchern, siehe:

Lucy Aikins Robinson Crusoe, *S. 194–195*

Heinrich Hoffmanns Struwwelpeter, *S. 196–197*

Ángela Ruiz Robles' mechanische Enzyklopädie, S. 244–245

UNTEN ***A Curious Hieroglyphick Bible***
Die »artige hieroglypfische Bibel«, mit fast 500 **Holzschnitten**, eines der wichtigsten Kinderbücher des 18. Jh., druckte Isaiah Thomas 1788 in Boston. Die falsche, aber verspielte Schreibweise »*Hieroglyphick*« zeigt, dass er belehren und unterhalten wollte.

Man könnte vermuten, das Schreiben und Verlegen von Kinderbüchern sei eine Erfindung der Aufklärung. Und tatsächlich begann John Newbery in den 1740er-Jahren in London sehr erfolgreich damit, Kinderbücher herauszubringen – das erste Werk, das sich gezielt an Kinder richtete, war jedoch 1658 *Orbis Sensualium Pictus* (*Die Welt in Bildern*) des mährischen Humanisten Johann Amos Comenius (1592–1670). Dieses bald in ganz Europa verbreitete Buch kam bereits im selben Jahr mit deutscher Textergänzung bei Michael Endter in Nürnberg heraus.

Bei Comenius' *Orbis* handelte es sich um ein Lehrbuch; die kleinen Bücher, die der vielseitige John Newbery 1737–1767 veröffentlichte, waren dagegen auch zum Vergnügen bestimmt. Sein erstes, *A Little Pretty Pocket-Book* (1744), sollte den Kindern das Alphabet »mittels der Ergötzung« nahebringen. Den

Eltern versprach es, »Tom unfehlbar zu einem braven Knaben und Polly zu einem braven Mädchen« zu machen. Gemeinsam mit dem Buch erhielt der Käufer entweder ein kostenloses Nadelkissen oder einen Ball, außerdem lag ein Brief von »Jack, dem Drachentöter« bei, in dem der Gebrauch dieser Spielsachen erläutert wurde. Das Buch wurde zu einem ungeheuren Erfolg. Newbery brachte schließlich mehr als 100 Kinderbücher heraus, die er in England und den amerikanischen Kolonien verkaufte. Er unterstützte Dichter wie Christopher Smart und Oliver Goldsmith finanziell und war ein enger Freund Samuel Johnsons. Einen Großteil seines Geldes verdiente er aber nicht mit Büchern, sondern mit »Dr. James' Fieberpulver«, das er in seinen Büchern durch Anzeigen bewarb.

Zu Newberys nordamerikanischen Lesern gehörte Isaiah Thomas (1749–1831). Der wohl bedeutendste Drucker auf Seiten der Rebellen während des amerikanischen Unabhängigkeitskriegs gründete 1812 die American Antiquarian Society, die alle in Nordamerika erschienenen Druckwerke sammelt.

Thomas setzte sich ungeniert über das britische Urheberrechtsgesetz (Statute of Anne) hinweg, das den Autoren das Eigentum an ihren Texten sicherte, indem er *A Little Pretty Pocket-Book* 1787 einfach leicht verändert nachdruckte und – ebenfalls mit Nadelkissen und Ball – vertrieb. Von dieser Ausgabe aus Worcester, Massachusetts, sind mehr Exemplare erhalten als von den zahlreichen Londoner Auflagen, doch weil es sich dabei um das erste amerikanische Buch handelt, in dem Baseball erwähnt wird, ist sie bei Bibliotheken und Sammlern außerordentlich begehrt.

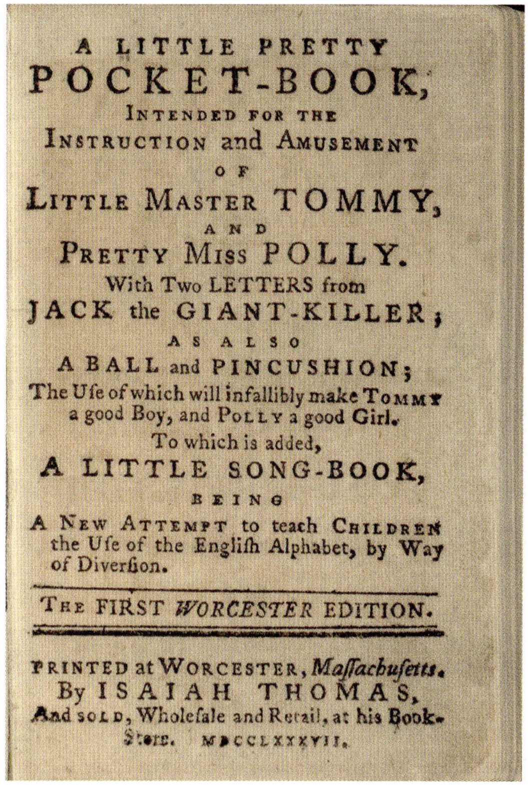
A LITTLE PRETTY
POCKET-BOOK,
INTENDED FOR THE
INSTRUCTION and AMUSEMENT
OF
LITTLE MASTER TOMMY,
AND
PRETTY MISS POLLY.
With Two LETTERS from
JACK the GIANT-KILLER;
AS ALSO
A BALL and PINCUSHION;
The Uſe of which will infallibly make TOMMY a good Boy, and POLLY a good Girl.
To which is added,
A LITTLE SONG-BOOK,
BEING
A NEW ATTEMPT to teach CHILDREN the Uſe of the Engliſh Alphabet, by Way of Diverſion.

THE FIRST *WORCESTER* EDITION.

PRINTED at WORCESTER, *Maſſachuſetts*.
By ISAIAH THOMAS,
And SOLD, Wholeſale and Retail, at his Book-Store. MDCCLXXXVII.

The *little* k Play. 43

BASE-BALL.

THE *Ball* once ſtruck off,
Away flies the *Boy*
To the next deſtin'd Poſt,
And then Home with Joy.

MORAL.

Thus Seamen, for Lucre
Fly over the Main,
But, with Pleaſure tranſported
Return back again.

OBEN RECHTS **Das hübsche kleine Taschenbuch** ist mit den kostenlosen Beigaben, dem Nadelkissen für die Mädchen und dem Ball für die Jungen, ein frühes Beispiel für geschlechtsspezifische Zielgruppenansprache. Oder das Marketing zielte doch eher auf die Eltern, die hofften, ihre unruhigen Kinder ablenken zu können.

UNTEN RECHTS **Baseball** *A Little Pretty Pocket-Book* enthält die erste bekannte Erwähnung des so typisch amerikanischen Ballspiels, obwohl die Abbildung vermutlich »Rounders«, ein anderes Schlagballspiel, zeigt. Anhand von Newberys Buch sind Gesellschaftshistoriker in der Lage, die Entwicklung von Spielen nachzuvollziehen.

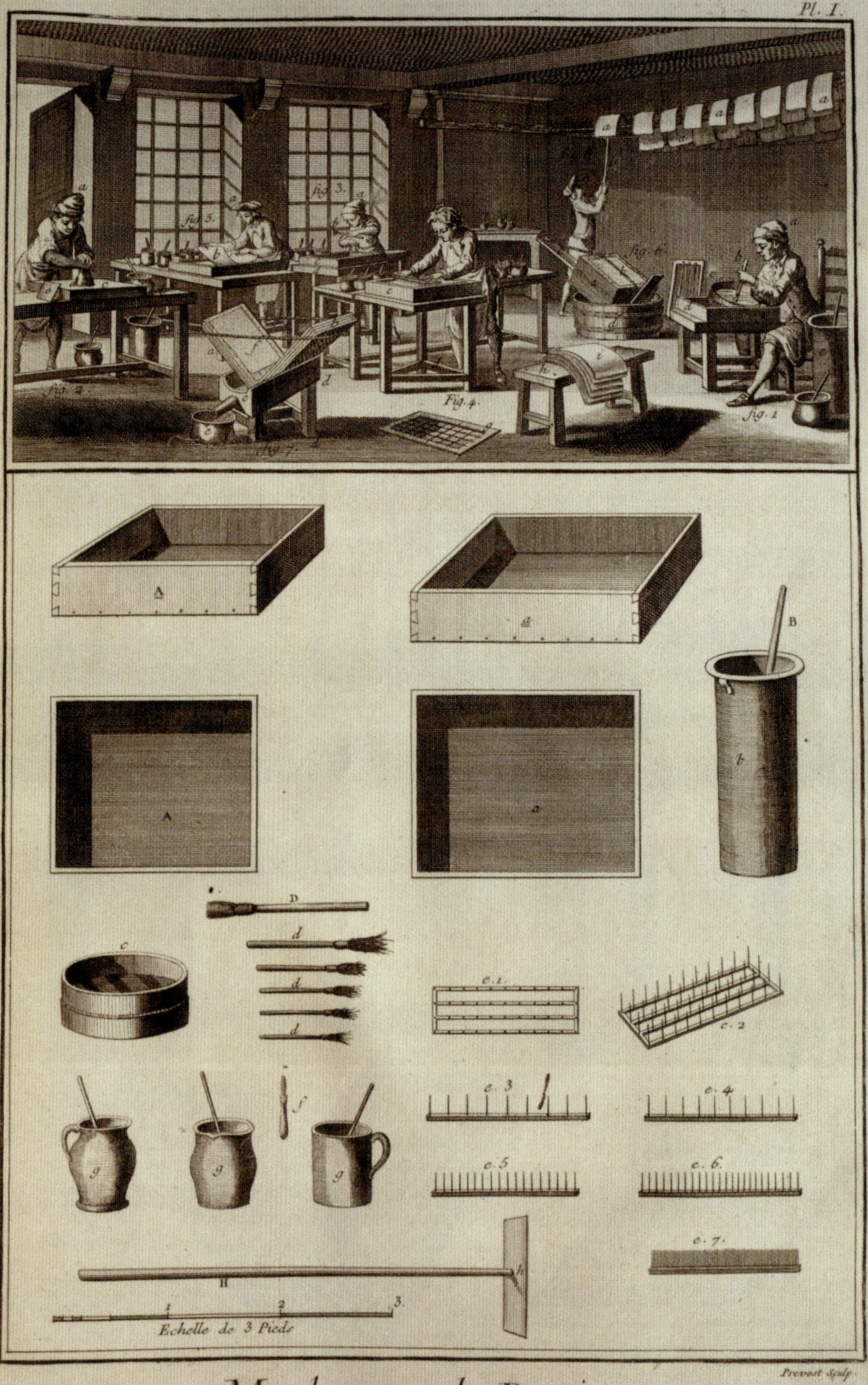

Marbreur de Papier.

Der Magnet der Aufklärung

Fast wäre das Vorhaben gescheitert – mit der französischen Enzyklopädie waren zunächst englische und deutsche Herausgeber betraut. Dann beauftragten die Verleger Denis Diderot, und die europäische Kultur veränderte sich grundlegend.

Die erste Hälfte des 18. Jahrhunderts war die Ära der Nachschlagewerke. Pierre Bayle veröffentlichte 1696 den *Dictionnaire Historique et Critique* (Historisches und kritisches Wörterbuch; 1740 erstmals von Gottsched ins Deutsche übersetzt), der als »Bibel der Aufklärung« gilt. Ephraim Chambers *Cyclopeadia* (London, 1728) behandelte zusätzlich Naturwissenschaft und Technik, die bei Bayle fehlten. Einige Pariser Verleger wollten eine französische Ausgabe herausbringen: Sie beauftragen deutsche und englische Gelehrte mit der Übersetzung, entließen sie aber wegen Inkompetenz und engagierten, einer glücklichen Eingebung folgend, Denis Diderot (1713–1784) als verantwortlichen und Jean d'Alembert als Ko-Herausgeber. Beide waren brillante Essayisten; der geistreiche, gründliche, aber zugleich unzuverlässige Diderot verfügte über geniale Züge, eine Seltenheit bei Gelehrten.

Zahlreiche bedeutende Autoren wurden für die Mitarbeit gewonnen, darunter Montesquieu, Voltaire, François Quesnay und Anne Robert Jacques Turgot, die maßgebliche Artikel beisteuerten. Die meisten Einträge, mit 18 000 etwa ein Viertel der Enzyklopädie, stammten von Louis de Jaucourt. Die analytische Schärfe von Diderots Beiträgen, die sich auch in seinem literarischen Werk zeigt, überstrahlte alle anderen. Von Bayle hatte er die Methode der Verweisungen übernommen und verband Artikel durch »siehe auch«. Ebenfalls von Bayle lernte er, dem Leser mithilfe der Ironie seine Gedanken zu vermitteln, ohne die Zensur herauszufordern. Dies war ein riskantes Mittel, und der besorgte Drucker André le Breton schwächte heimlich einige Passagen ab. Dennoch konnte nur die Fürsprache Madame de Pompadours, der einflussreichen Mätresse des Königs, sowie des Zensors Malesherbes ein Verbot des Werks verhindern.

Als zweibändiges Werk geplant, erschien die *Encyclopédie, ou Dictionnaire raisonné des sciences, des arts et des métiers* (Enzyklopädie oder durchdachtes Wörterbuch der Wissenschaften, Künste und Handwerke) zwischen 1751 und 1765 in 17 Bänden, 1762–1772 erschienen ergänzend elf Bände mit Illustrationen. Diese waren zu Teilen von den Platten abgenommen, die die *Académie Royale des Sciences* ein Dreivierteljahrhundert zuvor für die *Descriptions des Arts et Métiers* (Beschreibungen der Künste und Handwerke) hatte stechen lassen. Die *Encyclopédie* von Diderot und d'Alembert hätte keine solche Bedeutung gehabt, wären die *Descriptions* nicht erst 1761–1788 erschienen.

Die *Encyclopédie* war ungeheuer erfolgreich, 4000 Exemplare wurden verkauft. Entgegen den anfänglichen Bedenken machten die Verleger Gewinn. Noch heute wird diskutiert, ob die *Encyclopédie* durch ihre aufklärerischen politischen Ideen zur Französischen Revolution führte; fest steht jedoch, dass ihr Erscheinen das europäische Denken von Grund auf veränderte.

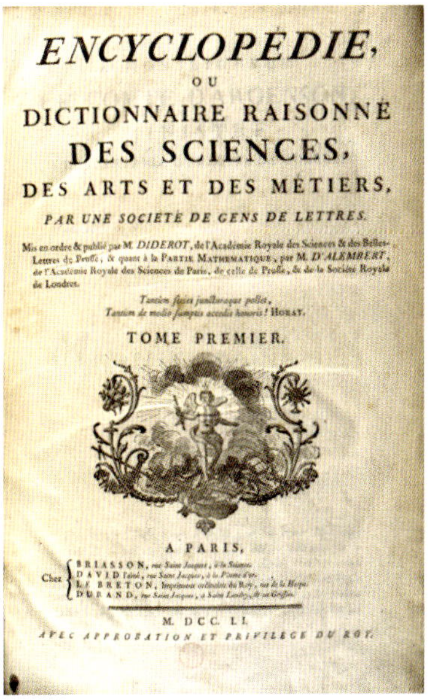
ENCYCLOPEDIE,
OU
DICTIONNAIRE RAISONNE
DES SCIENCES,
DES ARTS ET DES METIERS,
PAR UNE SOCIETE DE GENS DE LETTRES.
Mis en ordre & publié par M. DIDEROT, de l'Académie Royale des Sciences & des Belles-Lettres de Prusse; & quant à la PARTIE MATHEMATIQUE, par M. D'ALEMBERT, de l'Académie Royale des Sciences de Paris, de celle de Prusse, & de la Société Royale de Londres.
TOME PREMIER.
A PARIS,
M. DCC. LI.
AVEC APPROBATION ET PRIVILEGE DU ROY.

RECHTS **Ein durchdachtes Wörterbuch** Die Titelseite von Diderots und d'Alemberts *Encyclopédie ou Dictionnaire raisonné*, 1751.

LINKS **Diderots *Encyclopédie*** Das 28-bändige Werk umfasst 3129 ganzseitige, detaillierte Illustrationen wie diese, die Geräte und Abläufe beim Marmorieren von Papier zeigt; Stich von Bonaventure-Louis Prévost.

Bezüge

Zu anderen Enzyklopädien, siehe:
Die Enzyklopädie Yongle Dadian, S. *36–37*

Zu anderen technischen Werken, siehe:
Al-Dschazaris Kompendium der mechanischen Künste, S. *88–89*

Zu anderen subversiven Publikationen, siehe:
Aleksander Kamińskis Steine für die Schanze, S. *226–227*
Michail Bulgakows Meister und Margarita, S. *228–229*

Eine Pionierarbeit der Klarheit

Von jeher suchten Ärzte, Kräuterkundige und -sammler nach Wegen, die Vielzahl der Pflanzen in eine zweckmäßige, sinnvolle Ordnung zu bringen. Im 18. Jahrhundert fand ein ehrgeiziger schwedischer Wissenschaftler eine Methode, die noch heute unsere Wahrnehmung von Flora und Fauna bestimmt.

Keiner war ein größerer Botaniker oder Zoologe. Keiner hat mehr Bücher geschrieben, genauer, methodischer, aus eigener Erfahrung. Keiner eine ganze Wissenschaft so von Grund auf geändert und eine neue Epoche eingeleitet.

Die Selbsteinschätzung des schwedischen Wissenschaftlers Carl von Linné (1707–1778) liest sich wie eine maßlos selbstbewusste Bewerbung – doch andere bedeutende Persönlichkeiten der Aufklärungszeit urteilten ähnlich. Goethe schrieb, nur Shakespeare und Spinoza hätten ihn stärker beeinflusst, und Rousseau, der andere selten lobte, verkündete, er kenne »keinen größeren Mann auf Erden«.

Linné, Professor für Medizin und Botanik an der Universität von Uppsala, verdiente sich den Beifall mit seiner Klassifikation von Tieren und Pflanzen (Taxonomie), für die er eine binäre Nomenklatur (zweiteilige Namen), etwa *Homo sapiens*, schuf. Schon der Basler Botaniker Caspar Bauhin hatte in *Pinax theatri botanici* (Illustrierte Anschauung der Pflanzen, 1623) eine Klassifizierung vorgenommen, die aber noch nicht ausgereift war. Eine praktikable Taxonomie erschien erst 1735 in Linnés nur zwölfseitiger *Systema naturae*. Das System der Klassifikation und Benennung von Pflanzen stellte er 1753 ausführlich in *Species plantarum* (Pflanzenarten) dar, dem noch heute gültigen Referenzwerk für Pflanzennamen.

1758 hatten bereits Naturforscher auf der ganzen Welt Linnés System übernommen, Neuauflagen ihrer Bücher erschienen in überarbeiteter Fassung mit Linnés Bezeichnungen aus der 10. Auflage seines Werks, das 7700 Pflanzen- und 4400 Tierarten klassifizierte. Das Sammeln und Ordnen dieser ungeheuren Menge von Informationen erforderte die enge Zusammenarbeit mit anderen Botanikern, methodisches Dokumentieren und durchdachtes Ordnen von Daten, etwa mit Tabellen und Karteien.

Linnés Methoden zur Klassifikation der Pflanzen sind leicht zu erlernen; ein Historiker schrieb, sie verwandelten »die Botanik in ein Gesellschaftsspiel für junge Damen, die bis zwölf zählen können«. Die Natur schien durch rationales Denken und Beobachtung bezähmt worden zu sein – den Methoden der Aufklärung, die nach Ansicht der Philosophen die Welt verbessern können.

LINKS **Über die »Hochzeit der Pflanzen«.** *Praeludia sponsaliorum plantarum* verfasste Linné 1729 mit 21 Jahren. Seine Beschreibung der Sexualität der Pflanzen erntete nicht nur Lob, der Gedanke, dass Pflanzen durch Zeugung entstehen, erschien manchem blasphemisch.

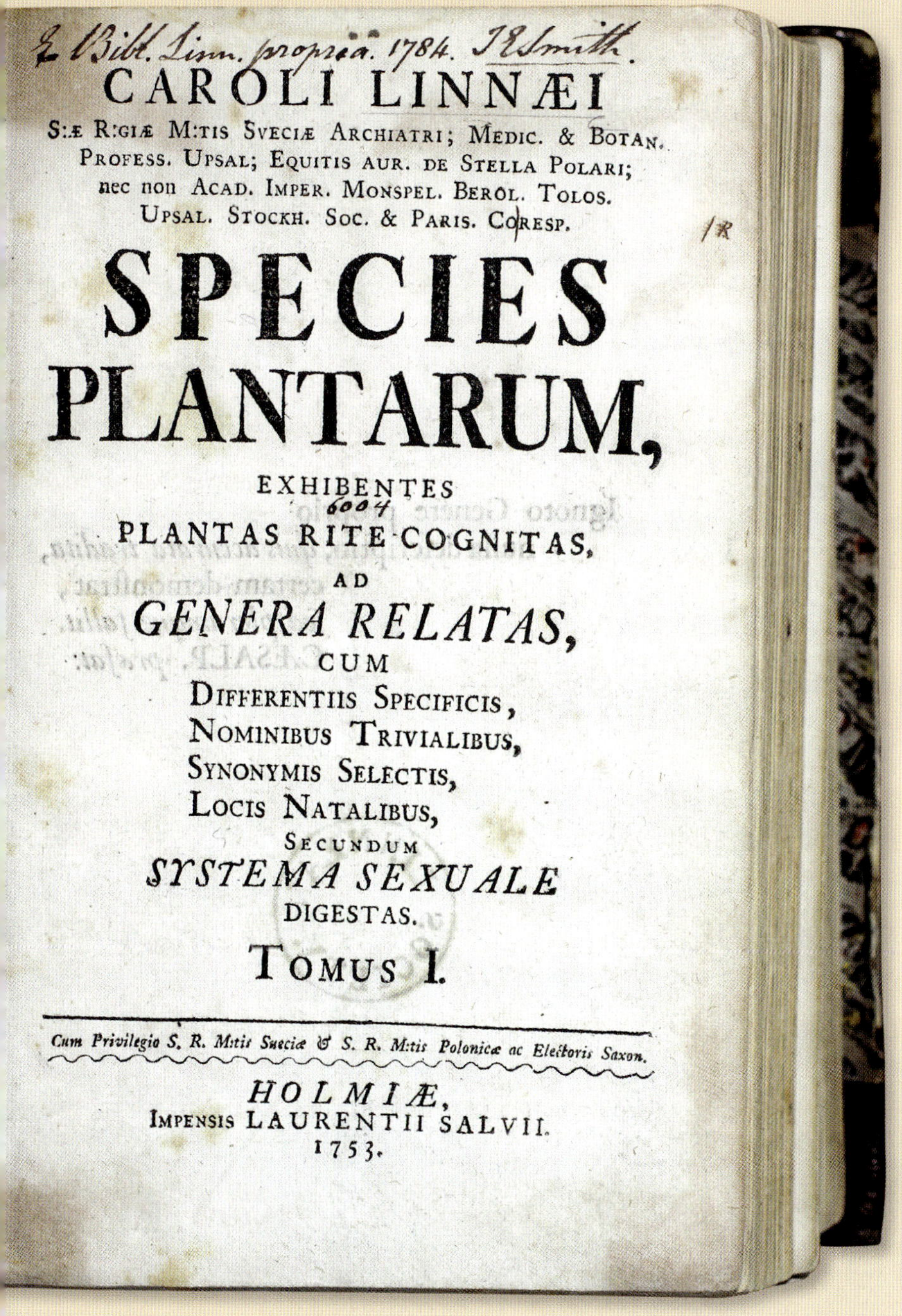
Bibl. Linn. propria. 1784. J E Smith.

CAROLI LINNÆI

S:Æ R:GIÆ M:TIS SVECIÆ ARCHIATRI; MEDIC. & BOTAN. PROFESS. UPSAL; EQUITIS AUR. DE STELLA POLARI; nec non ACAD. IMPER. MONSPEL. BEROL. TOLOS. UPSAL. STOCKH. SOC. & PARIS. CORESP.

SPECIES PLANTARUM,

EXHIBENTES
6004
PLANTAS RITE COGNITAS,
AD
GENERA RELATAS,
CUM
DIFFERENTIIS SPECIFICIS,
NOMINIBUS TRIVIALIBUS,
SYNONYMIS SELECTIS,
LOCIS NATALIBUS,
SECUNDUM
SYSTEMA SEXUALE
DIGESTAS.

TOMUS I.

Cum Privilegio S. R. M:tis Sueciæ & S. R. M:tis Polonicæ ac Electoris Saxon.

HOLMIÆ,
IMPENSIS LAURENTII SALVII.
1753.

LINKS *Species plantarum* mit Anmerkungen In verschiedenen Exemplaren desselben Titels finden sich oft unterschiedliche Anmerkungen Linnés, häufig in Latein.

UNTEN Gattung und Art Linné stellte seine zweiteiligen Namen (binäre Nomenklatur) in *Species plantarum* vor. Auf dieser Seite der Ausgabe von 1753 sind unter der Überschrift *Polygynia* (vielehige Pflanzen) seine handschriftlichen Ergänzungen zur *Rosa eglanteria*, der Weinrose, eingetragen.

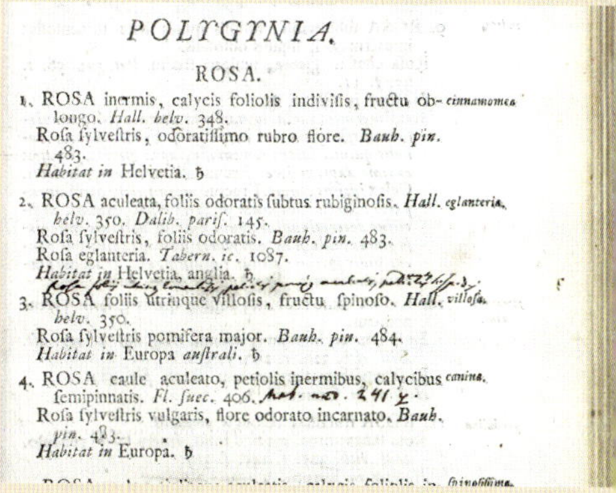
POLYGYNIA.

ROSA.

1. ROSA inermis, calycis foliolis indiviſis, fructu oblongo. *Hall. helv.* 348. *cinnamomea.*
Roſa ſylveſtris, odoratiſſimo rubro flore. *Bauh. pin.* 483.
Habitat in Helvetia. ♄

2. ROSA aculeata, foliis odoratis ſubtus rubiginoſis. *Hall. helv.* 350. *Dalib. pariſ.* 145. *eglanteria.*
Roſa ſylveſtris, foliis odoratis. *Bauh. pin.* 483.
Roſa eglanteria. *Tabern. ic.* 1087.
Habitat in Helvetia, anglia. ♄

3. ROSA foliis utrinque villoſis, fructu ſpinoſo. *Hall. helv.* 350. *villoſa.*
Roſa ſylveſtris pomifera major. *Bauh. pin.* 484.
Habitat in Europa *auſtrali.* ♄

4. ROSA caule aculeato, petiolis inermibus, calycibus ſemipinnatis. *Fl. ſuec.* 406. *canina.*
Roſa ſylveſtris vulgaris, flore odorato incarnato. *Bauh. pin.* 483.
Habitat in Europa. ♄

Bezüge

Zu älteren botanischen Büchern, siehe:

Dioskurides' De materia medica, *S. 64–65*
Elizabeth Blackwells A Curious Herball, *S. 144–145*

Zu Büchern, die Linnés Klassifikation übernehmen, siehe:

Anna Atkins' Photographs of British Algae, *S. 184–185*

Durch Grafiken Einsicht gewinnen

Man könnte meinen, der Erfinder der statistischen Grafik hätte ein eintöniges Leben geführt, doch er war ein Betrüger und Erpresser und musste während der Französischen Revolution aus Paris fliehen.

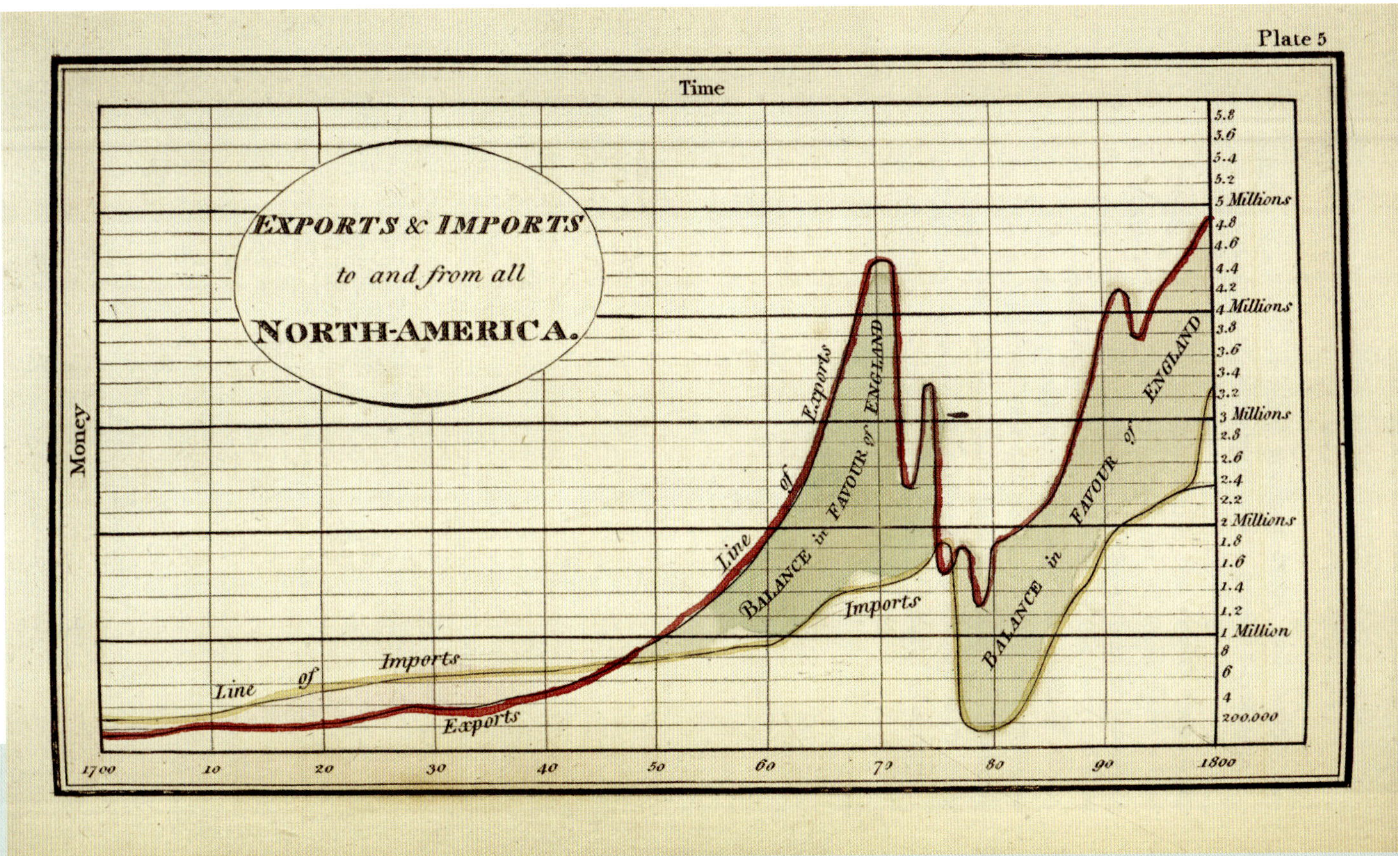

OBEN **Playfairs *Commercial and Political Atlas*** von 1786 war die erste Veröffentlichung, die statistische Grafiken sowie Säulen- und Liniendiagramme (trotz des Titels aber keine Landkarten) enthielt, mit denen der Autor seine scharfsinnigen Beobachtungen des internationalen Handels und der Wirtschaft illustrierte. Der Kupferstich zeigt die dramatischen Auswirkungen des amerikanischen Unabhängigkeitskriegs auf den Handel zwischen England und den früheren Kolonien.

Bezüge

Zu anderen technischen Erfindungen, siehe:

Jacob Perkins' Patent, *S. 182–183*

Zu einer älteren Verwendung von Grafiken, siehe:

Mansurs Anatomie, *S. 90–91*

William Playfair (1759–1823) gehörte zu den intelligenten jungen Schotten, die in England ihr Glück suchten. Sein älterer Bruder John, der später Mathematik an der Universität Edinburgh lehrte, förderte seine Ausbildung. Playfair ging nach der Lehrzeit bei einem Ingenieur nach Birmingham, wo er bei der Entwicklungsfirma Boulton & Watt gemeinsam mit James Watt an dessen Erfindung, der Dampfmaschine, arbeitete. In Birmingham lernte Playfair auch den Chemiker James Keir und andere Mitglieder der Lunar Society kennen, die im Sinne der Aufklärung die Wissenschaften vorantrieben. Playfair und Keir arbeiteten zusammen an dem von James Watt entwickelten Kopierverfahren, bis sich ihre Wege trennten, weil Keir den Verdacht hegte, Playfair habe sich einige seiner Ideen zur Metallverarbeitung »geborgt«, um eigene Patente anzumelden.

Danach betrieb Playfair einige Jahre mit einem Partner in London eine Silberschmiede. Das Unternehmen scheiterte nach einem Muster, das sich wie ein roter Faden durch sein Leben zog: große Visionen, Streit mit Kollegen, mutmaßlicher Betrug. Eine Zeit lang brachte er Publikationen heraus, für die er eine neuartige, leicht verständliche Methode der Informationsvisualiserung erfand, die noch heute genutzt wird: Balken-, Säulen- und Kreisdiagramme. 1786 verwendete er sie erstmals in seinem *Commercial and Political Atlas*. In England fand sie wenig Beachtung, im übrigen Europa wurde sie jedoch von so unterschiedlichen Männern wie Alexander von Humboldt und König Ludwig XVI. von Frankreich geschätzt.

Da Playfairs statistische Schriften ihm in seiner Heimat kaum Geld und Anerkennung brachten, ging er nach Paris, wo er während der Revolutionswirren in ein betrügerisches Unternehmen verstrickt war, das französischen Auswanderern Land in Nordamerika versprach. Man kam ihm auf die Spur, doch er konnte 1793 rechtzeitig nach England fliehen. Später war er in Frankreich und England in eine Reihe von Betrugsfällen sowie in versuchte Erpressung verwickelt. Der Mann, dessen scharfer Verstand so vielversprechend gewesen war, starb verarmt. Erst nachdem der geniale französische Ingenieur Charles Joseph Minard und andere verbesserte Informationsgrafiken entwickelt hatten, wurde deren eigentlicher Erfinder in Großbritannien gewürdigt.

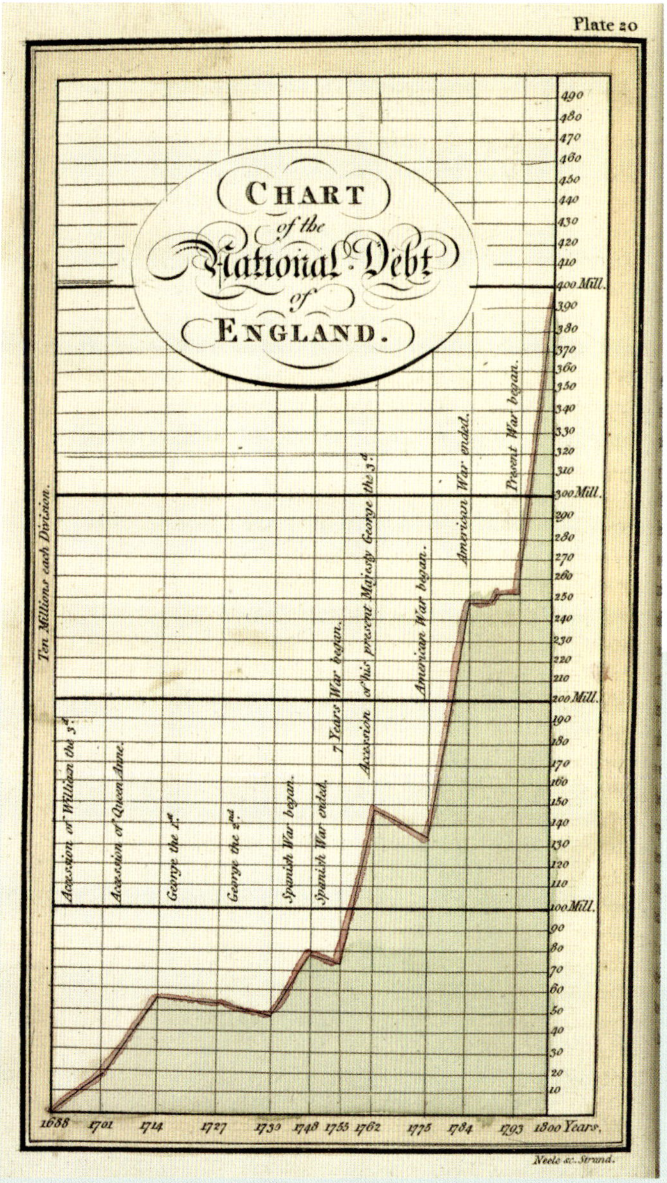

RECHTS **Englands nationales Defizit** Die Grafik aus dem *Commercial and Political Atlas* zeigt das steigende Defizit und impliziert, dass durch einen Krieg (in diesem Fall mit den amerikanischen Kolonien) der Schuldenberg wächst. Eine starke Besteuerung, so der Kommentar, führe zu einer Verarmung der Mittel- und Unterschicht.

Berichte über Verbrechen und Strafe

Noch immer gefällt es den Menschen, wenn Kriminelle ihre gerechte Strafe erhalten. Als Verbrechen noch härter geahndet wurden, ergötzte man sich an Berichten über die Gaunersprache und »Baumelmänner«, die öffentlich gehängt wurden.

In einem britischen Durchschnittshaushalt des 18. Jahrhunderts fand man: stets eine Bibel und oft auch John Bunyans *The Pilgrim's Progress* (1678, *Pilgerreise*). Ergänzt wurde diese erbauliche Bibliothek ausgerechnet von einem Sensationsbericht: *The Newgate Calendar.*

Begonnen hatte es mit Einblattdrucken, die fliegende Händler bei öffentlichen Hinrichtungen oder auf Märkten verhökerten. Sie erzählten sensationsheischend von den Taten, Prozessen und Strafen der berüchtigten Verbrecher, die in Tyburn oder im Newgate-Gefängnis gehängt wurden. Diese Berichte über die Londoner Unterwelt übten – und üben – eine makabre Faszination auf ihre Leser aus. 1700 begann man mit der Aufzeichnung und führte sie das ganze Jahrhundert über fort. Die moralische Linie war dabei eindeutig: Man fühlte patriotisch, war gegen Katholiken, Franzosen und Verbrecher eingestellt und befürwortete harte Strafen.

Wesentlicher und nicht so sensationslüstern waren *The Proceedings of the Old Bailey* (Verfahren vor dem Gerichtshof), die von 1674 bis 1913 erschienen und alle Strafprozesse in London erfassten. Die fast 200 000, oft langatmigen, aber im Vergleich zum *Newgate Calendar* relativ objektiven Berichte der *Proceedings of the Old Bailey* ergeben ein einmaliges Bild der Londoner Unterwelt.

Ganze Jahrgänge dieser Berichte liegen in gedruckten Bänden vor, doch vor der Computererfassung war es schwierig, unbegrenzten Zugriff auf das Material zu bekommen, das für die Sozialgeschichte unverzichtbar ist. 2003 stellte der Gerichtshof Old Bailey mit Unterstützung des Staates und einiger Universitäten eine digitalisierte, indexierte Fassung online. Nun kann jedermann nach den Namen von Angeklagten, Anwälten, Zeugen und allen anderen suchen, die an den Verfahren beteiligt waren. Die Datenbank ermöglicht natürlich auch Historikern und Sozialwissenschaftlern eine ausführliche Recherche. Der sensationellere, mitreißendere *Newgate Calendar* wurde von privater Hand digitalisiert.

LINKS ***The Newgate and Tyburn Calendar*** Die Illustration von 1779 zeigt Verurteilte auf dem Weg zur Blackfriars Bridge in London. Von dort aus wurden sie per Schiff nach Woolwich gebracht, um nach Australien deportiert zu werden. Die Chronik zeigte auch blutigere Bilder; die Kupferstecher besaßen eine Vorliebe für die Darstellung schmerzhafter Bestrafungen.

Bezüge

Zu anderen Büchern nach dem Geschmack des Lesers, siehe
Wynkyns Demaundes Joyous, **S. *104–105***
Zu älteren, grausameren Bildern von Gehängten, siehe:
Vesalius' De humani corporis fabrica, **S. *134–135***
Zu anderen Berichten von Verbrechen und Abenteuern, sieh
Frank Powells Old Grizzly Adams, **S. *192–193***
Rolf Boldrewoods Robbery Under Arms, **S. *204–205***

RECHTS ***Newgate Calendar*** *The Malefactors' Bloody Register* (Der Missetäter blutiges Verzeichnis), so der Untertitel, erschien als eine Serie von Flugblättern und berichtete seit 1700 monatlich über ausgewählte Hinrichtungen. Ab 1774 kamen sie in fünfbändigen Ausgaben heraus und erzählten von den Taten so berüchtigter und teilweise auch bewunderter Gesetzloser wie des Piratenkapitäns William Kidd.

THE

NEWGATE CALENDAR;

COMPRISING

INTERESTING MEMOIRS

OF

THE MOST NOTORIOUS CHARACTERS

WHO HAVE BEEN CONVICTED OF OUTRAGES ON

The Laws of England

SINCE THE COMMENCEMENT OF THE EIGHTEENTH CENTURY;

WITH

OCCASIONAL ANECDOTES AND OBSERVATIONS,

SPEECHES, CONFESSIONS, AND LAST EXCLAMATIONS OF SUFFERERS.

BY

ANDREW KNAPP AND WILLIAM BALDWIN,

ATTORNEYS AT LAW.

The Tower of London.

VOL. IV.

London:

J. ROBINS AND CO. IVY LANE, PATERNOSTER ROW.

1826.

Eine hinreißende literarische Kuriosität

Manchmal verändern Bücher unser Denken und unseren Blick aufs Leben. Laurence Sterne erneuerte den Roman auf eine Weise, die uns noch heute angeht.

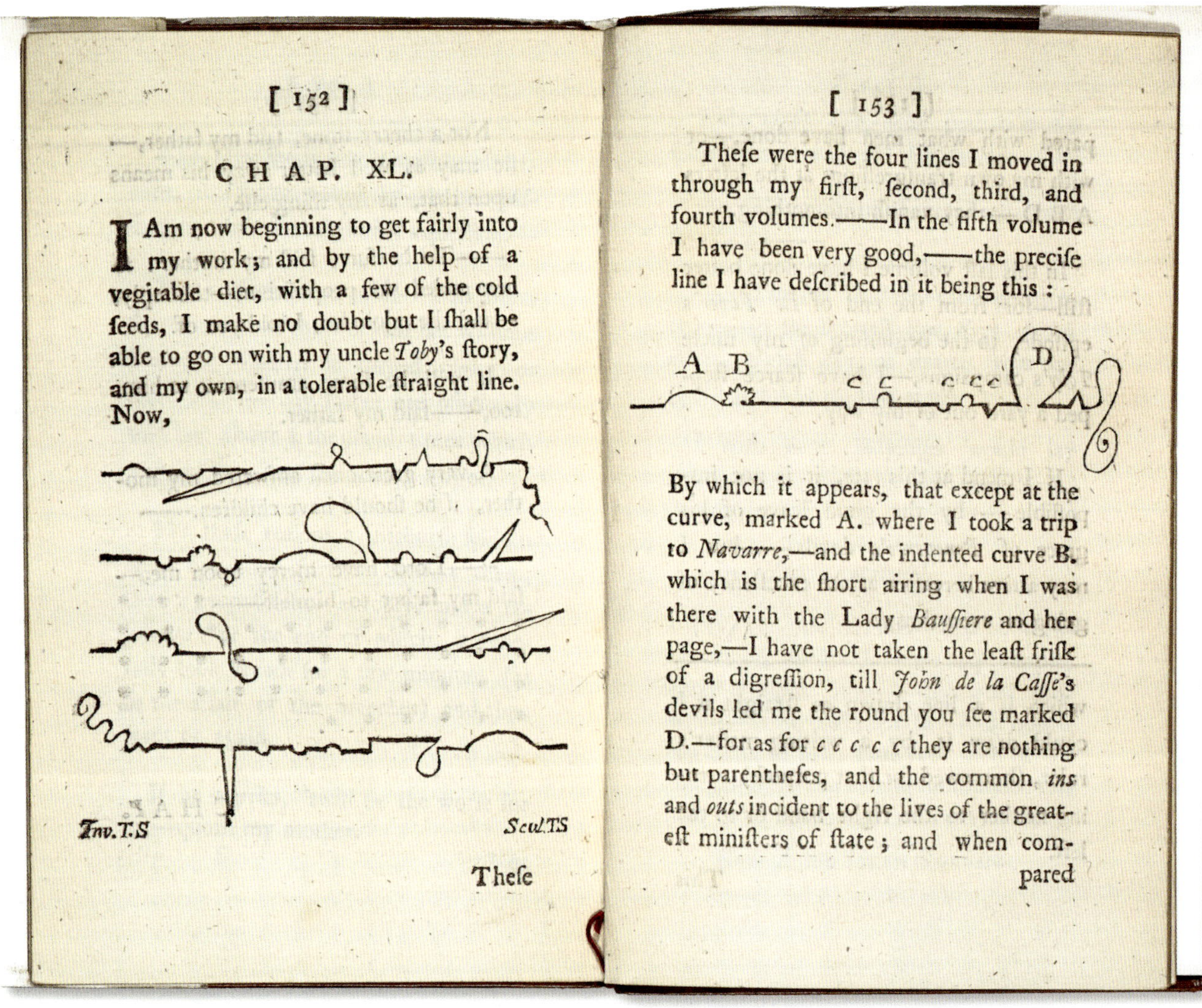

[152]

CHAP. XL.

I Am now beginning to get fairly into my work; and by the help of a vegitable diet, with a few of the cold ſeeds, I make no doubt but I ſhall be able to go on with my uncle *Toby*'s ſtory, and my own, in a tolerable ſtraight line. Now,

Inv. T. S *Scul. T S*

Theſe

[153]

Theſe were the four lines I moved in through my firſt, ſecond, third, and fourth volumes.——In the fifth volume I have been very good,——the preciſe line I have deſcribed in it being this :

By which it appears, that except at the curve, marked A. where I took a trip to *Navarre*,—and the indented curve B. which is the ſhort airing when I was there with the Lady *Bauſſiere* and her page,—I have not taken the leaſt friſk of a digreſſion, till *John de la Caſſe*'s devils led me the round you ſee marked D.—for as for *c c c c c* they are nothing but parentheſes, and the common *ins* and *outs* incident to the lives of the greateſt miniſters of ſtate; and when compared

OBEN ***Tristram Shandy*** Sternes abschweifender Text, der manchmal als postmodern bezeichnet wird, weil er die Erzählhandlung aufbricht, ist voller Anspielungen auf führende Autoren des 17. und 18. Jh. wie Rabelais und Robert Burton, deren Werke er spielerisch persifliert. Auch die kühne Typografie dieses einflussreichen Romans ist ausgelassen, wie man auf den ersten Seiten von Kapitel XL erkennen kann.

Ihr Inhalt mag phantastisch oder satirisch anmuten, doch die Romane des 18. Jahrhunderts zeichneten ein realistisches Bild ihrer Zeit. Autoren wie Daniel Defoe mit *Robinson Crusoe* (1719) oder Jonathan Swift mit *Gulliver's Travels* (1726, *Gullivers Reisen*) waren auch bei den »kontinentalen« Lesern beliebt. Samuel Richardsons *Pamela* (1740) diente Rousseaus *Julie ou la Nouvelle Héloïse* (1761, *Julie oder Die neue Heloise*) als Vorbild.

Die alte Rivalität zwischen Frankreich und Großbritannien bezog sich nicht auf die Literatur: Französische Romane wurden in England viel gelesen und – wie die Pariser Mode – bewundert. Mochte der Autor auch als verrucht gelten, Voltaires funkelnder *Candide* (1759) war das Sinnbild französischer Romankunst.

Laurence Sterne (1713–1768) kannte den *Candide*. Sein eigener Roman *The Life and Opinions of Tristram Shandy, Gentleman* (1759–1767, *Leben und Ansichten des Tristram Shandy, Gentleman*) entzückte nun den Kontinent. Voltaire, Lessing und Wieland waren begeistert, Goethe sah in Sterne den »schönste[n] Geist, der je gewirkt hat«. Dabei ist *Tristram Shandy* eine lange, abschweifende, unlogische Geschichte voller Anspielungen, die ein moderner Kritiker als »längsten surrealistischen Witz ohne Pointe« bezeichnete.

»Nichts Wunderliches überdauert. Auch *Tristram Shandy* nicht«, lautete Samuel Johnsons strenges (Fehl-)Urteil. Die viktorianischen Leser mögen wegen des Rabelais'schen Humors, der durch die neun Bände des *Tristram Shandy* weht, den seltsamen Landpfarrer mit Argwohn betrachtet haben, doch zu seiner Zeit und dann erneut seit Anfang des 20. Jahrhunderts wurde Sternes Roman gefeiert. Diderot ließ sich von ihm beim Verfassen von *Jacques, der Fatalist* inspirieren, so grundverschiende Autoren wie Virginia Woolf, James Joyce, Georges Perec, Joaquim Maria Machado de Assis und Italo Calvino suchten in Sternes unbändigen Buch nach Anregungen. Seine für das 18. Jahrhundert ungewöhnliche, gewagte Typografie beeinflusst noch heute die Gestaltungskunst. Ob man sie auch im E-Book wagte?

OBEN **Ein Rebus** (Bilderrätsel)
Diese Werbung für die staatliche Lotterie, um 1805, verwendet das Rätsel, indem einzelne Wörter oder Wortteile durch Bildmotive ersetzt werden. Sie zeigt, wie beliebt die spielerische Typografie zu Sternes Zeiten war; selbst in Briefen und in politischen Satireschriften wurden **Piktogramme** und Bilderrätsel verwendet.

Bezüge

Zu jüngerer typografischer Kunst, siehe:

Wassili Kamenskis Tango mit Kühen, **S. 218–219**

Zu britischer Typografie jener Zeit, siehe:

Samuel Johnsons Dictionary, **S. 154–155**

John Clelands Fanny Hill, **S. 168–169**

Zu einem Bewunderer Sternes, siehe:

Denis Diderots Encyclopédie, **S. 158–159**

Grob unzüchtig oder klassisch?

Die Zensur ist so alt wie der Buchdruck. Was Pornografie und ob sie zulässig ist, wird noch heute gefragt. Doch Zeiten und Moden ändern sich, und ein Buch, das im 18. Jahrhundert als obszön verboten wurde, gilt heute als Klassiker der Literatur.

Am 13. Januar 1668 schrieb Samuel Pepys in sein Tagebuch, er habe ein französisches Buch gekauft, »es heißt *L'Escole des filles* (Schule der Mädchen), als ich hineinlas, erkannte ich, dass es das schamloseste und liederlichste Buch ist, das ich jemals sah«. Nachdem Pepys dieses berühmte, 1655 erstmals in Paris erschienene Buch durchgelesen hatte, verbrannte er es. Schlüpfrige Literatur war bei Männern wie Frauen durchaus beliebt. Die Verfasser, Verleger und Händler von Pornografie wurden zwar häufig bestraft, doch ihre Bücher verschwanden nicht, sie begaben sich lediglich in den Untergrund. Pepys' schamloses, liederliches Buch war in Paris verboten worden, doch er hatte einen holländischen Raubdruck erstanden.

Das berühmteste englische Buch, das Sexualität freimütig feierte, war *Memoirs of a Woman of Pleasure* (*Geschichte eines Freudenmädchens*), häufig nach seiner Heldin nur *Fanny Hill* genannt. John Cleland (um 1710–1789) hatte es in den 1730er-Jahren in Bombay verfasst, um einem Kollegen zu beweisen, dass man einen Roman über Huren ohne vulgäre Ausdrücke schreiben konnte. Als Cleland 1748 in London im Schuldgefängnis saß, beendete er sein Werk, das 1748–1749 erschien. Es wurde ein ungeheurer Erfolg, eine stilistische Tour de Force, die vielfach in andere Sprachen übersetzt wurde. Zwar wurde es verboten, selbst in einer bereinigten Fassung, doch es war trotzdem immer erhältlich. In einem Nachruf wurde behauptet, Cleland habe vom Staat eine jährliche Pension von 100 Pfund erhalten, damit er nie wieder ein solches Buch schreibe. Wenn dies der Wahrheit entspräche, wäre es ein äußerst ungewöhnlicher Fall von Zensur.

Auch in viktorianischer Zeit war *Fanny Hill* verboten; schließlich zwang die öffentliche Moral damals Verleger, Bibliotheken und selbst Schriftsteller wie Thackeray, Trollope und Dickens, sogar die unschuldigsten Texte zu zensieren. Dennoch wurden Ausgaben schwarz gehandelt, die zumeist mit falschem Impressum im Ausland gedruckt wurden. Erst 1970 wurde das Verbot in Großbritannien aufgehoben. In Deutschland hatte das höchste Gericht 1969 entschieden, *Fanny Hill* sei »erotische Literatur«, aber nicht »unzüchtig«.

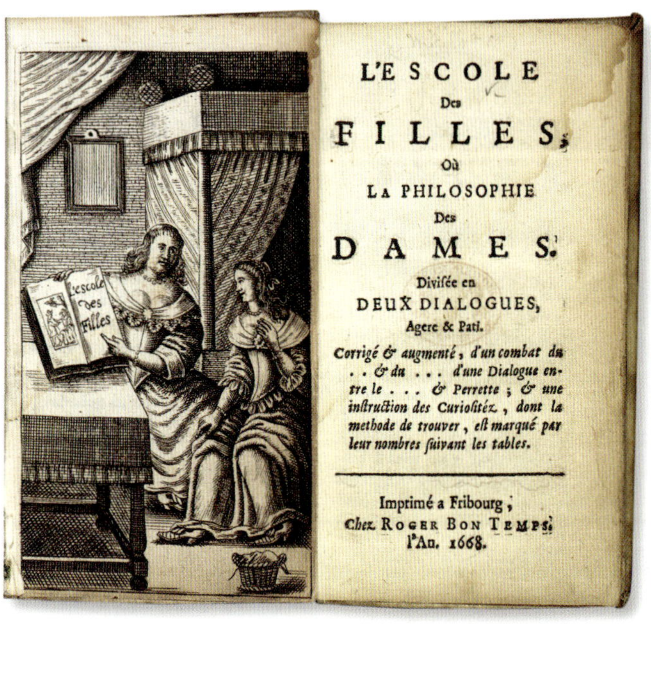
L'ESCOLE
Des
FILLES,
Où
LA PHILOSOPHIE
Des
DAMES.
Divisée en
DEUX DIALOGUES,
Agere & Pati.
Corrigé & augmenté, d'un combat du . . & du . . . d'une Dialogue entre le . . . & Perrette ; & une instruction des Curiositéz, dont la methode de trouver, est marqué par leur nombres suivant les tables.
Imprimé a Fribourg ;
Chez Roger Bon Temps;
l'An. 1668.

LINKS **Das Buch, das Samuel Pepys erröten ließ** Diese »Schule der Venus«, eine Einführung in die Lust, erschien 1655 als Dialog einer Jungfrau mit einer erfahrenen Frau. Pepys, der die Damen sehr schätzte, schwänzte die Kirche, um es lesen zu können: »Ein verständiger Mann kann so etwas durchaus lesen, um sich ein Bild von der Verruchtheit der Welt zu machen.«

Bezüge

Zu anderen verbotenen oder zensierten Büchern, siehe:

Wynkyns Demaundes Joyous, *S. 104–105*

Marie Stopes' Married Love, *S. 230–231*

Zu auch aus moralischen Gründen zensierten Büchern, siehe:

Charles Dickens' Pickwick Papers, *S. 190–191*

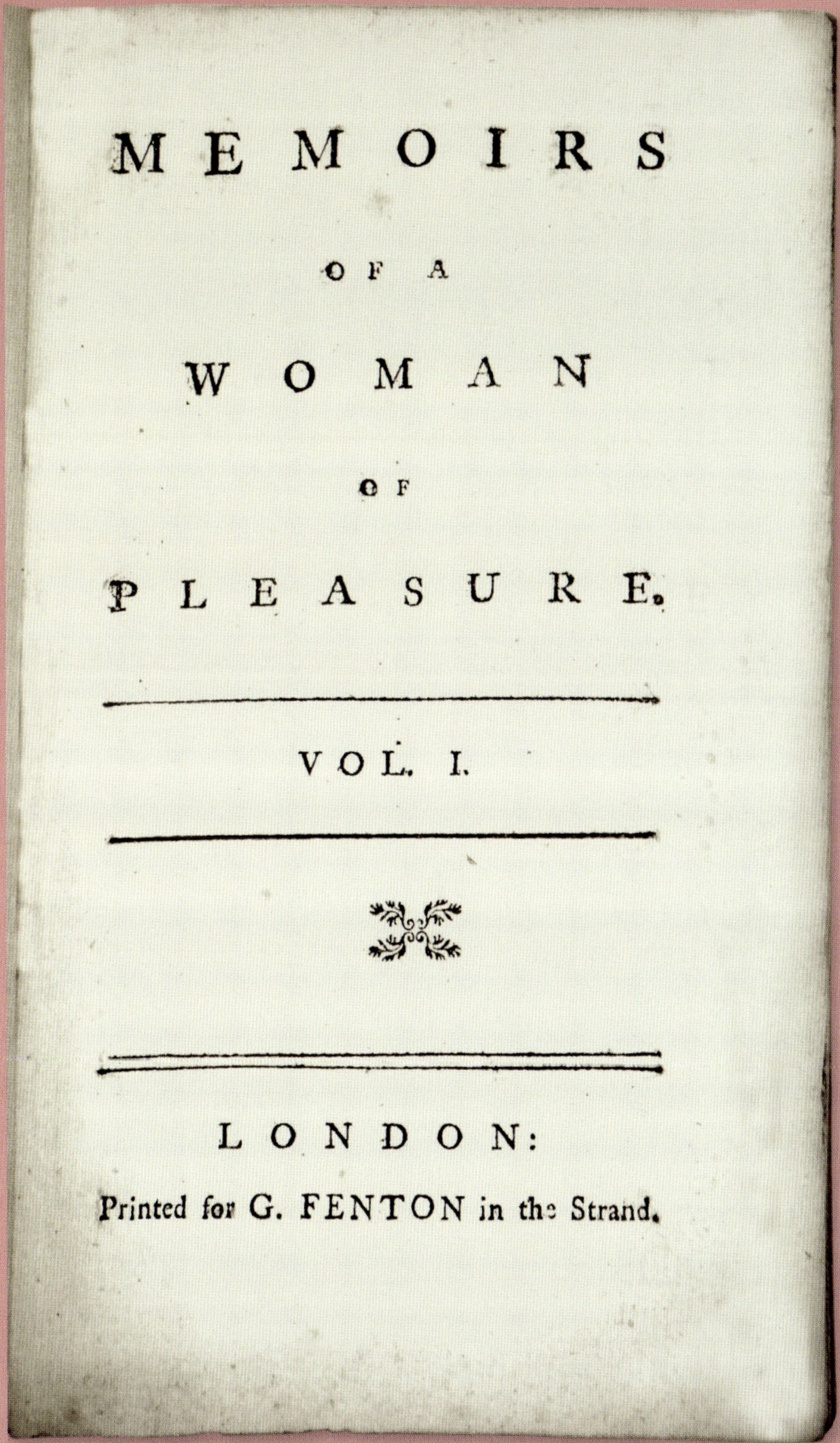

MEMOIRS
OF A
WOMAN
OF
PLEASURE.

VOL. I.

LONDON:
Printed for G. FENTON in the Strand.

LINKS ***Fanny Hill*** Die gesittete, durchaus elegante Typografie der Titelseite dieser frühen Ausgabe mit falschem Impressum, um 1765, täuscht über den lasterhaften Inhalt hinweg. 1964 noch hielt die Münchner Staatsanwaltschaft die Vermittlung »nackter Sinnenfreude« für eine kriminelle Handlung. 1969 urteilte der Bundesgerichtshof schließlich, der Roman sei ein »Werk der erotischen Literatur, aber keine unzüchtige Schrift«.

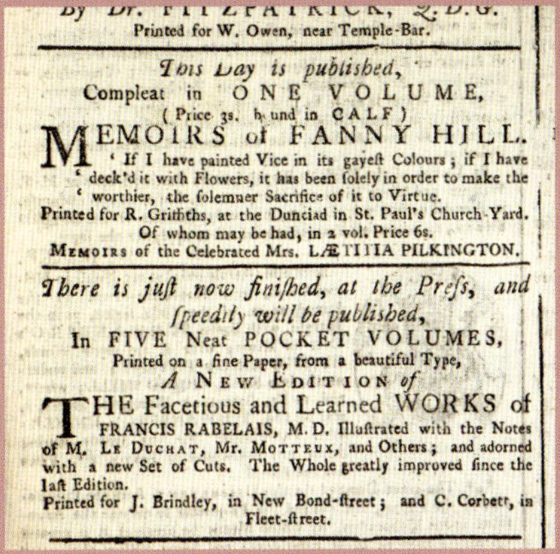

By Dr. FITZPATRICK, Q.D.G.
Printed for W. Owen, near Temple-Bar.

This Day is published,
Compleat in ONE VOLUME,
(Price 3s. bound in CALF)
MEMOIRS of FANNY HILL.
'If I have painted Vice in its gayeſt Colours; if I have 'deck'd it with Flowers, it has been ſolely in order to make the 'worthier, the ſolemner Sacrifice of it to Virtue.
Printed for R. Griffiths, at the Dunciad in St. Paul's Church-Yard.
Of whom may be had, in 2 vol. Price 6s.
MEMOIRS of the Celebrated Mrs. LÆTITIA PILKINGTON.

There is juſt now finiſhed, at the Preſs, and ſpeedily will be publiſhed,
In FIVE Neat POCKET VOLUMES,
Printed on a fine Paper, from a beautiful Type,
A NEW EDITION *of*
THE Facetious and Learned WORKS of FRANCIS RABELAIS, M. D. Illuſtrated with the Notes of M. LE DUCHAT, Mr. MOTTEUX, and Others; and adorned with a new Set of Cuts. The Whole greatly improved ſince the laſt Edition.
Printed for J. Brindley, in New Bond-ſtreet; and C. Corbett, in Fleet-ſtreet.

OBEN **Werbung für ein Freudenmädchen** »Laster in seinen lebhaftesten Farben« versprach die Anzeige für *Fanny Hill* im Londoner *Gentleman's Monthly Intelligencer*. Der Dichter François Rabelais (um 1484–1553), selbst Verfasser deftiger Schriften, dessen Werk hier ebenfalls beworben wurde, hätte sich über das Zusammentreffen gefreut.

RECHTS Bannekers *Almanack* Benjamin Banneker, ein freier Mann, dessen Eltern noch Sklaven gewesen waren, brachte 1792–1797 sechs dieser Almanache heraus. Den ersten schickte er Thomas Jefferson und bat ihn, die Sklaverei abzulehnen, denn »der Allmächtige Vater … gab uns allen denselben Verstand und dieselben Fähigkeiten«.

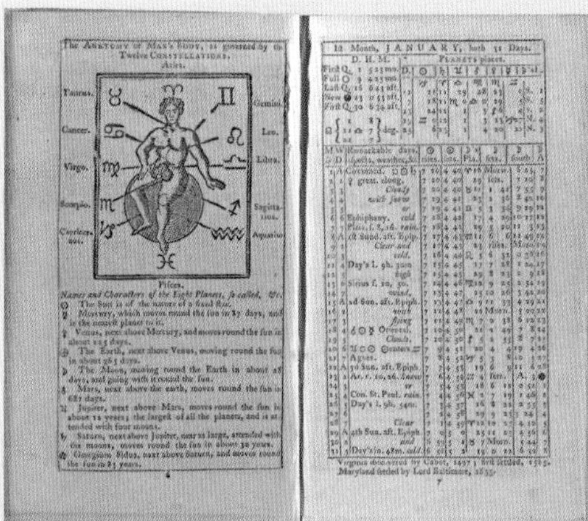

OBEN Tierkreiszeichenmensch Banneker erhielt eine schulische Ausbildung bei den Quäkern, war aber vor allem Autodidakt. Medizinische und astronomische Ratschläge und Angaben zu den Gezeiten in seinen Almanachen erarbeitete er selbst. Diese Zeichnung zeigt den Einfluss der Tierkreiszeichen auf den menschlichen Körper.

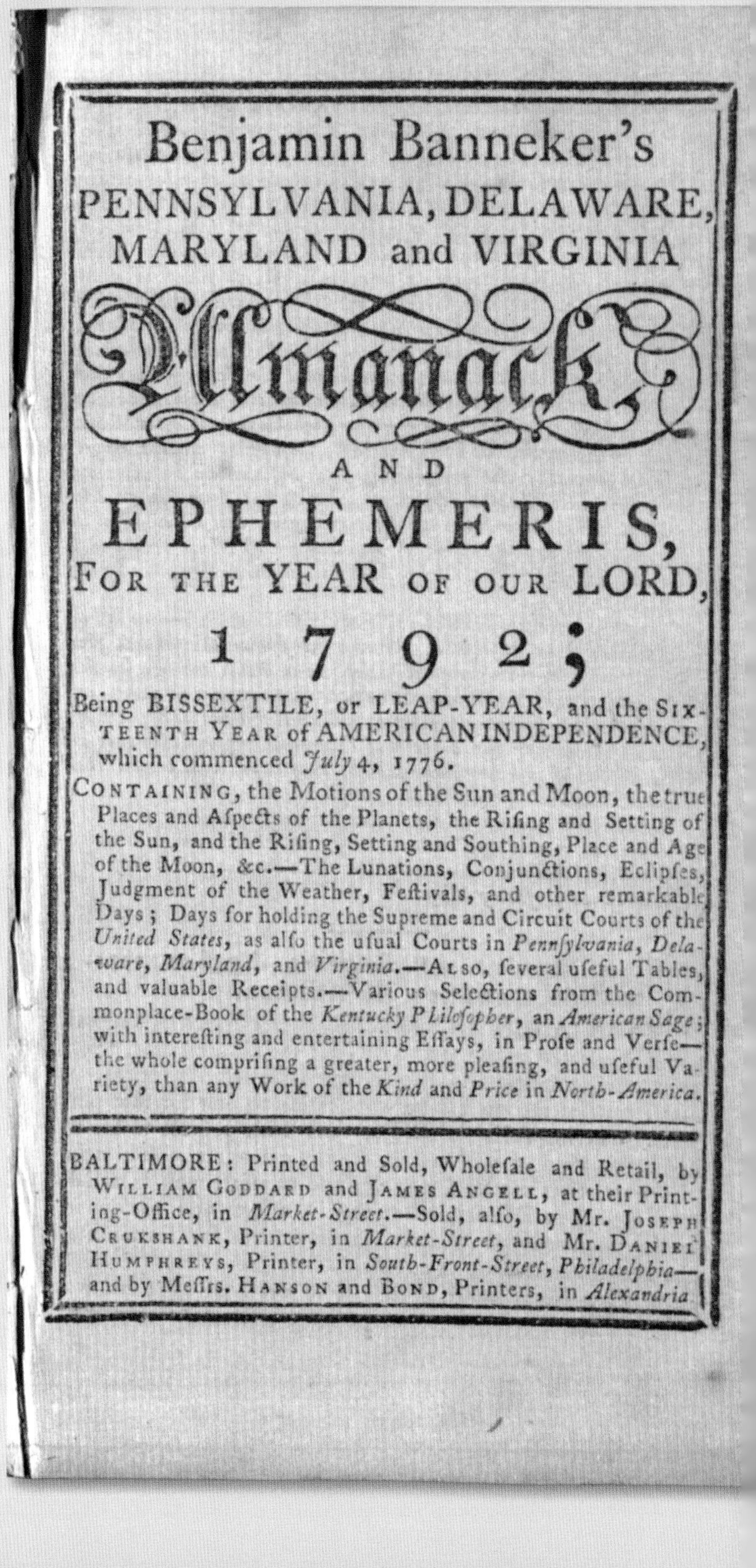

Benjamin Banneker's
PENNSYLVANIA, DELAWARE, MARYLAND and VIRGINIA
Almanack
AND
EPHEMERIS,
FOR THE YEAR OF OUR LORD,
1792;
Being BISSEXTILE, or LEAP-YEAR, and the SIXTEENTH YEAR of AMERICAN INDEPENDENCE, which commenced *July* 4, 1776.

CONTAINING, the Motions of the Sun and Moon, the true Places and Aspects of the Planets, the Rising and Setting of the Sun, and the Rising, Setting and Southing, Place and Age of the Moon, &c.—The Lunations, Conjunctions, Eclipses, Judgment of the Weather, Festivals, and other remarkable Days; Days for holding the Supreme and Circuit Courts of the *United States*, as also the usual Courts in *Pennsylvania*, *Delaware*, *Maryland*, and *Virginia*.—ALSO, several useful Tables, and valuable Receipts.—Various Selections from the Commonplace-Book of the *Kentucky Philosopher*, an *American Sage*; with interesting and entertaining Essays, in Prose and Verse—the whole comprising a greater, more pleasing, and useful Variety, than any Work of the *Kind* and *Price* in *North-America*.

BALTIMORE: Printed and Sold, Wholesale and Retail, by WILLIAM GODDARD and JAMES ANGELL, at their Printing-Office, in *Market-Street*.—Sold, also, by Mr. JOSEPH CRUKSHANK, Printer, in *Market-Street*, and Mr. DANIEL HUMPHREYS, Printer, in *South-Front-Street*, *Philadelphia*—and by Messrs. HANSON and BOND, Printers, in *Alexandria*.

Bezüge

Zu älteren amerikanischen Büchern, siehe:

Das »Bay Psalm Book«, *S. 128–129*

John Newberys Little Pretty Pocket-Book, *S. 156–157*

Zu Karibik-Ansichten nach der Sklavenbefreiung, siehe:

Adolphe Duperlys Daguerian Excursions in Jamaica, *S. 186–187*

Afroamerikanische Ausgabe eines alten Genres

Almanache sind so alltäglich, dass man übersieht, wie nützlich sie als Mittel der Aufklärung waren. Dieser Versuch eines freien Afroamerikaners, Jefferson gegen die Sklaverei einzunehmen, ist bemerkenswert.

Almanache gehören zu den ältesten Formen der Buchproduktion. Ursprünglich waren es periodische Schriften mit Berechnungen der Positionen der Sterne und des Mondes sowie der Jahreszeiten und des Wechsels der Gezeiten. In Ägypten und Babylonien gab es sie bereits im 2. Jahrtausend v. Chr., in China gehen sie auf die Herrschaft des weisen Kaisers Yao (um 2356–2255 v. Chr) zurück, der jährlich erscheinende Almanach *Tung Shing* (Siegreich in allem) wird noch heute von Chinesen in aller Welt konsultiert.

In Europa gehörten Almanache zu den frühesten Druckwerken, in fast allen Ländern waren sie eine sichere Einnahmequelle des Buchhandels. Im 18. Jahrhundert lösten sie sich von der Astronomie – in Deutschland erfreuten sich zum Beispiel literarische Musen-Almanache großer Beliebtheit. In Nordamerika waren Almanache derart alltäglich, dass ihnen keine besondere Bedeutung beigemessen wurde. Benjamin Bannekers (1731–1806) *Almanack* erschien jährlich von 1792–1797. Was ihn aus der Masse heraushob, war die Tatsache, dass er von einem freien Schwarzen verfasst und publiziert wurde, der mit Thomas Jefferson disputierte. Noch vor Banneker hatte die im Senegal geborene Dichterin Phillis Wheatley (1753–1784) als erste Schwarze ihr Werk veröffentlichen können.

Es besteht Uneinigkeit über manche Aspekte von Bannekers Leben und Leistungen: Einige Forscher meinen, seine Eltern seien beide afrikanischer Abstammung gewesen, andere, seine Mutter sei eine abhängige weiße Bedienstete gewesen. Die Bannekers besaßen eine Farm in Maryland, Benjamin wurde von benachbarten Quäkern im Lesen, Schreiben und Rechnen unterrichtet, vor allem von der Familie Ellicott. Das ermöglichte es ihm, an der Vermessung des District of Columbia mitzuarbeiten.

Banneker nutzte seine Möglichkeiten als Herausgeber seines Almanachs und schrieb an Thomas Jefferson, die Sklaverei stehe im Widerspruch zur Unabhängigkeitserklärung, die Jefferson selbst mit entworfen hatte. Jefferson nannte die Sklaverei zwar ein »abscheuliches Verbrechen«, besaß aber selbst Sklaven und sprach sich nicht für ein allgemeines Verbot aus. Er versprach jedoch, Bannekers Almanach an den Marquis de Condorcet zu schicken, der sich in der Pariser *Société des Amis des Noirs* (Gesellschaft der Freunde der Schwarzen) engagierte.

Doch Condorcet kam während der Französischen Revolution ums Leben. Zudem machte der Verlauf der Haitianischen Revolution (1791–1804) der Hoffnung auf Befreiung ein Ende. Erst lange nach dem Verbot des Sklavenhandels in Großbritannien (1807) und den britischen Kolonien (1834) wurden die Sklaven in Frankreich (1848) und den USA (1861) tatsächlich befreit. Bannekers Protest hallt noch heute nach.

LINKS **Die schwarze Dichterin** Phillis Wheatley wurde 1760 mit sieben Jahren nach Boston in die Sklaverei verkauft. Ihr Besitzer ließ sie unterrichten und förderte ihre Lyrik. *Poems on Various Subjects* (Gedichte zu verschiedenen Themen), hier das Frontispiz, fanden keinen Bostoner Verleger, erschienen aber 1773 in London und wurden sowohl von George Washington als auch von Voltaire geschätzt.

Der Meister des Schwarz-Weiß

In der zweiten Hälfte des 18. Jahrhunderts, als die britische Buchillustration begann, die französische zu übertreffen, entwickelte ein Künstler in Northumberland, im Norden Englands, eine neue Technik des Holzschnittdrucks.

Im 18. Jahrhundert wurden Kupferstiche für Buchillustrationen bevorzugt. Die Tage Dürers und Jan Steven van Kalkars (deren Holzschnitte noch vollkommenen und kunstvollen Zeichnungen glichen) waren lange vorbei. **Holzschnitte** wurden nur noch in preiswerten Publikationen – oder in geschmacklosen, wie dem *Newgate Calendar* (siehe Seite 164–165) – und von mittelmäßigen Künstlern verwendet. Die Technik verkam.

Wiederbelebt wurde sie in Frankreich von Jean-Michel Papillon, der seine Kunst in Diderots *Encyclopédie* beschrieb. In seinem 1766 in Paris erschienenen Traktat über die Formschneidekunst, *Traité historique et pratique de la gravure en bois*, beschrieb er als Erster den Weißlinienschnitt auf dem Hirnholz eines Buchsbaumblocks. Thomas Bewick (1753–1828) vervollkommnete diese Technik des Holzstichs, seine Arbeiten galten bald als wahre Wunderwerke. Seine kleinen Buchsbaumtafeln waren selten größer als 2,5 × 5 Zentimeter, dennoch gelang es ihm, in seinen mit einem Stichel fein gearbeiteten Miniaturen jedes Detail und jede Schattierung sichtbar zu machen. Seine berühmte *History of British Birds* (Geschichte der britischen Vögel, 1797–1804) wurde noch zu seinen Lebzeiten achtmal neu aufgelegt.

Bewick, Sohn eines Bauern in Northumberland, entwickelte früh eine Liebe fürs Landleben, die in seinen meisterlichen Stichen von der Natur ihren Ausdruck findet. Die handwerklichen Fähigkeiten erlernte er bei einem Kupferstecher in Newcastle upon Tyne. Abgesehen von ausgedehnten Wanderungen in Schottland und einem kurzen Aufenthalt in London – das er hasste – verbrachte er sein ganzes Leben in und um Newcastle. Viele der begabtesten Holzschneider, die bis Mitte des 19. Jahrhunderts Bücher illustrierten, gingen bei Bewick in die Lehre. Seine Technik beeinflusste die Holzstichgrafik grundlegend und verhalf ihr zu neuem Ansehen. Der amerikanische Zeichner John James Audubon meinte, er sei für die Holzstichkunst, was Linné für die Naturforschung war, »nicht ihr Begründer, doch ihr aufgeklärter Verbesserer und illustrer Förderer.«

RECHTS **»Über den Teufel,** der das Bündel des Diebes, hielt, blätterte ich eilig hinweg, er flößte mir Schrecken ein.« Charlotte Brontë beschreibt die Schlussvignette aus *British Birds* im ersten Kapitel von *Jane Eyre.* Die unglückliche Jane flieht, »mit gekreuzten Beinen, wie ein Türke« auf einem Fenstersitz lesend, in Bewicks Welt.

Bezüge

Zu älteren naturwissenschaftlichen Büchern, siehe:

Dioskurides' De materia medica, S. 64–65

Elizabeth Blackwells A Curious Herball, S. 144–145

Carl von Linnés Species plantarum, S. 160–161

Zu anderen Büchern für wohlhabende Leser, siehe:

Humphry Reptons »Rote Bücher«, S. 174–175

Der Hamlet der Cranach-Presse, S. 214–215

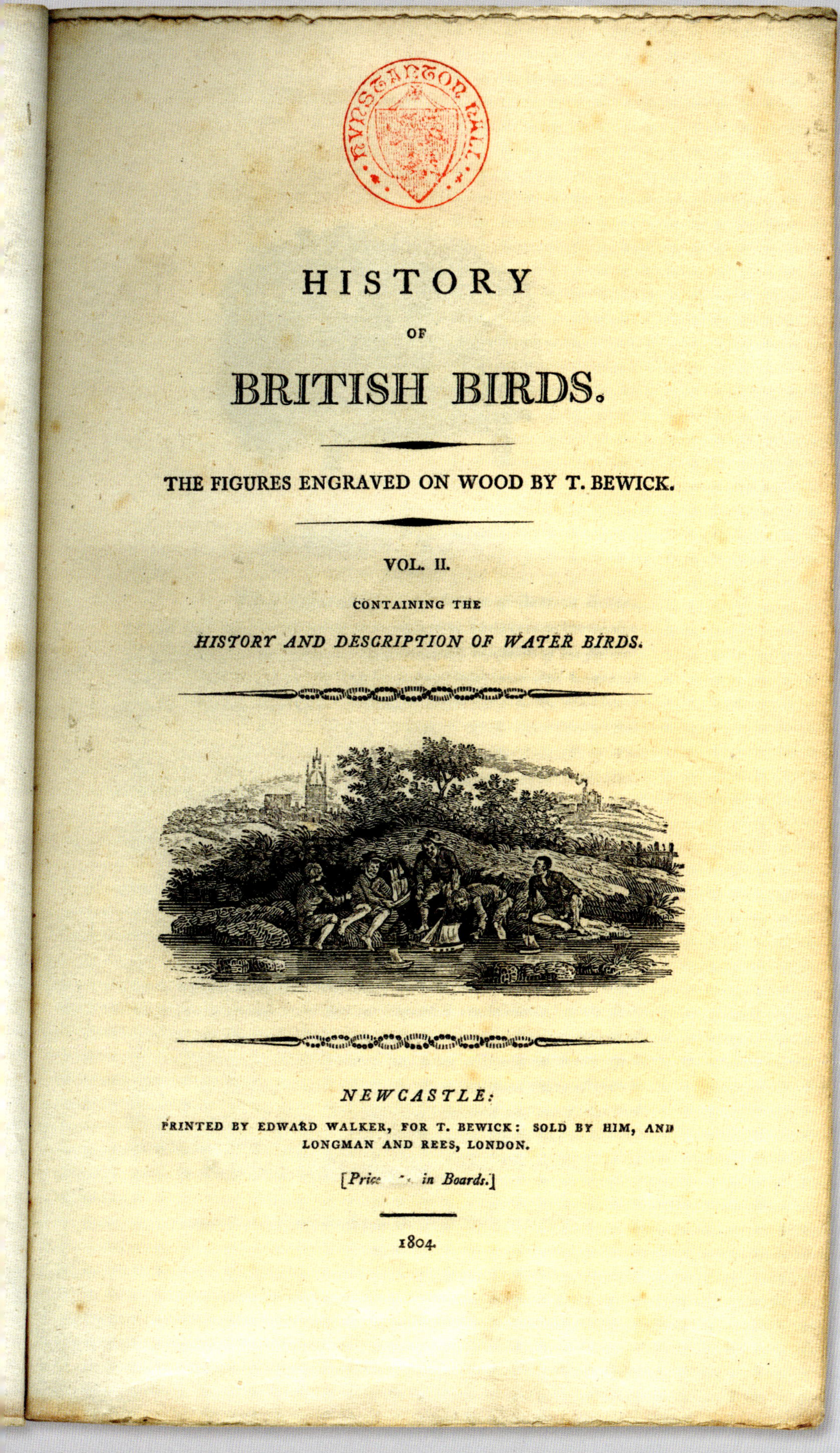

HISTORY

OF

BRITISH BIRDS.

THE FIGURES ENGRAVED ON WOOD BY T. BEWICK.

VOL. II.

CONTAINING THE

HISTORY AND DESCRIPTION OF WATER BIRDS.

NEWCASTLE:

PRINTED BY EDWARD WALKER, FOR T. BEWICK: SOLD BY HIM, AND LONGMAN AND REES, LONDON.

[*Price* [illegible] *in Boards.*]

1804.

LINKE SEITE, OBEN **Nachtigall** Bewicks Holzstich der Nachtigall (*Luscinia megarhynchos*), 1797. Der naturliebende Lyriker William Wordsworth bewunderte Bewick; in seinem Gedicht »Die zwei Diebe« wünschte er: »Ach wäre doch das Genie Bewicks mein, die Fertigkeiten, die er lernte am Ufer des Tyne …«

LINKS **Bewicks *History of British Birds*** Auf der Vignette der Titelseite zu Band II der Erstausgabe von 1804, *Waterbirds* (Wasservögel), ist hinter den am Wasser spielenden Jungen der Turm der Kathedrale St. Nicholas von Newcastle zu erkennen. Thomas Bewick verfasste sämtliche Texte und fertigte die Holzstiche.

OBEN **Reptons »Rote Bücher«** Mit Hilfe eine Klappe demonstrierte Humphry Repton den Vorher- und Nachher-Zustand. Hier zu sehen ist sein Vorschlag aus dem Jahr 1801 für Veränderungen in Wimpole Hall, einem 1640 erbauten Landsitz in Cambridgeshire. Den von Capability Brown und William Emes gestalteten Park wollte er durch einen kleinen Garten auf der Nordseite des Hauses verschönern.

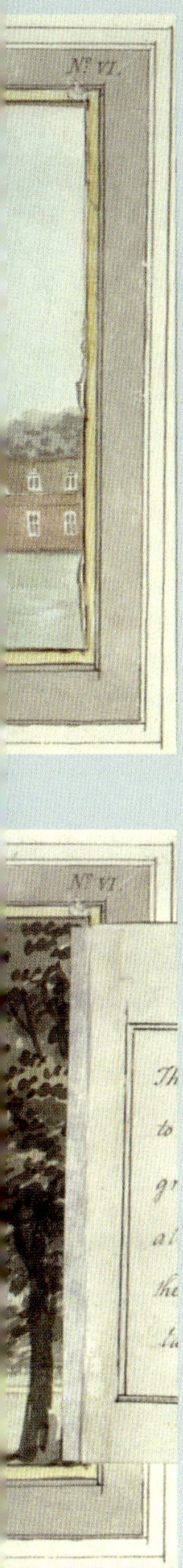

Landschaft in Bestform

Als sich in England die Vorstellungen von Garten- und Landschaftsgestaltung völlig von den formalen französischen Anlagen lösten, formten »Capability« Brown und Humphry Repton die englische Landschaft um – Repton wusste auch seine Ideen gut in Szene zu setzen.

»Capability« (eigentlich Lancelot) Brown (1716–1783), der bedeutendste und berühmteste englische Landschaftsgärtner, gestaltete die Anlagen von mehr als 170 Landsitzen in Großbritannien. Humphry Repton (1752–1818) betrachtete sich als sein Nachfolger. Im Gegensatz zu Brown, der als Gärtner gelernt hatte, stammte Repton aus der besitzenden Klasse und war Autodidakt.

Als junger Mann war Repton Privatsekretär des englischen Staatssekretärs für Irland, dank seiner Herkunft und seiner Verbindungen konnte er zwanglos mit Politikern und Landbesitzern verkehren. Diesen Umstand nutzte er, als er sich der Gartengestaltung zuwandte, für eine gezielte Werbemaßnahme: Reptons »Rote Bücher«. Diese querformatigen Bände, die meist in rotes Maroquin gebunden waren, enthielten Reptons Vorschläge für die Verschönerung der Güter seiner Klienten: hier ein Hügel eingeebnet, dort ein See angelegt, eine wohlplatzierte Baumgruppe … Die Bücher waren nicht gedruckt, sondern handgeschrieben, Texte, Pläne und Zeichnungen steuerten Experten ihres Fachs bei. In jedem »Roten Buch« gab es eine besondere Ansicht, die das Davor und Danach demonstrierte – eine Aquarellzeichnung des neu gestalteten Anwesens, über die sich eine in die passende Form geschnittene Klappe mit dem bisherigen Zustand legte.

Die »Roten Bücher« waren schöne Alben, die als Bildband in der Bibliothek des Hausherrn liegen oder als Pläne und Notizbücher für die laufenden Arbeiten dienen konnten. Doch Reptons Gartengestaltungen waren kostspielig; einige Kunden orderten um ihres Prestiges willen ein Buch, dachten aber nicht daran, seine weiteren Dienste in Anspruch zu nehmen. Als Anschauungsmaterial für einen bestimmten Kunden konzipiert, war jedes Buch individuell gestaltet. Mit der Zeit wurde der Gartenbau zu einem gesellschaftlichen Thema, das in die Literatur einfloss. In Jane Austens *Northanger Abbey* (Die Abtei von Northanger) etwa legt Henry Tilney selbst Hand bei der Umgestaltung des Parks an, in *Mansfield Park* hat ein Freund von Mr Rushworth einen Gartenarchitekten engagiert.

In Reptons Werk spiegelt sich der selbstbewusste Stil einer prosperierenden Gesellschaft. Seine »Roten Bücher« sind äußerst selten, bei Sammlern und Bibliotheken sehr gefragt – und noch immer kostspielig.

Bezüge

Zu anderen Büchern mit Klappen und Pop-ups, siehe:

Vesalius' De humani corporis fabrica, S. *134–135*

Lothar Meggendorfers Internationaler Circus, S. *198–199*

Zu anderen aufwendigen Manuskripten für Kenner, siehe:

Cristoforo Buondelmontis Liber insularum archipelagi, S. *70–71*

Das Stundenbuch des Alessandro Farnese, S. *74–75*

Zu anderen Büchern für wohlhabende Leser, siehe:

Kellom Tomlinsons Art of Dancing, S. *146–147*

Der Hamlet *der Cranach-Presse*, S. *214–215*

Die Schrift wird tastbar

Bis zum 18. Jahrhundert kümmerte sich kaum jemand um die Bildung von Blinden. Dann nahm sich ein Pariser Philanthrop ihrer an und erzielte einen großen Erfolg.

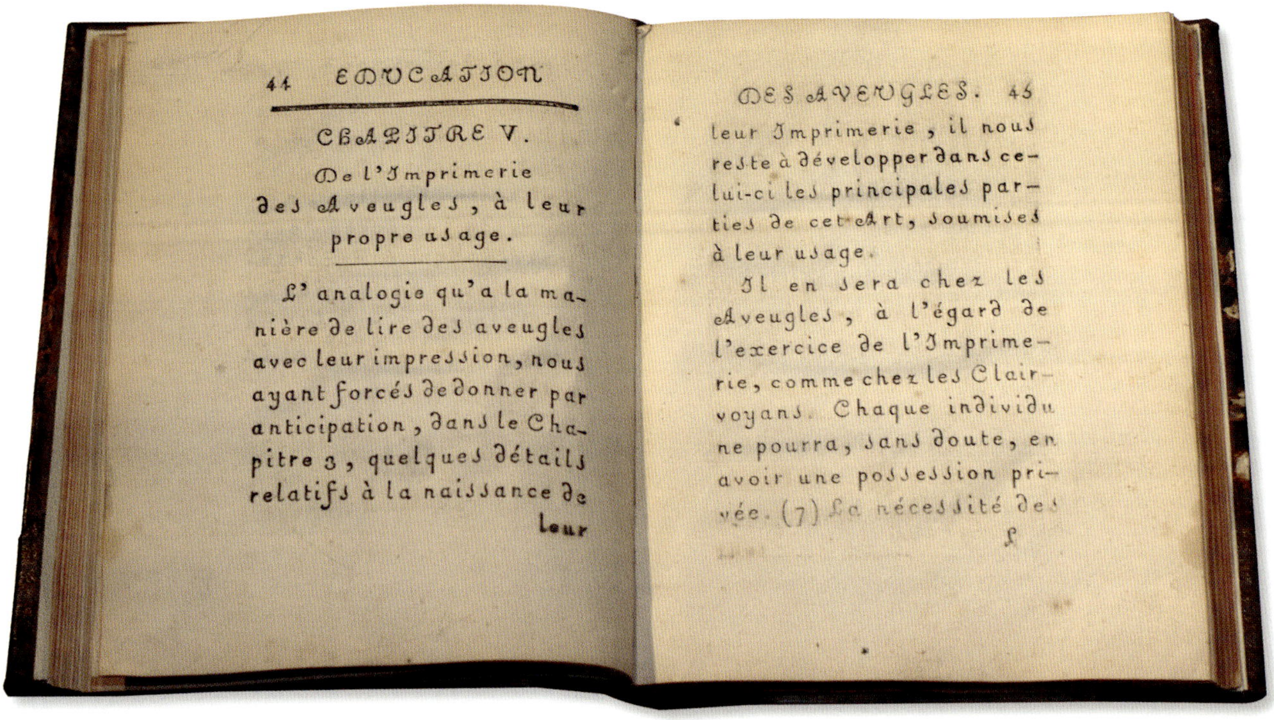
44 EDUCATION
CHAPITRE V.
De l'Imprimerie
des Aveugles, à leur
propre usage.
L'analogie qu'a la manière de lire des aveugles
avec leur impression, nous
ayant forcés de donner par
anticipation, dans le Chapitre 3, quelques détails
relatifs à la naissance de
leur

DES AVEUGLES. 45
leur Imprimerie, il nous
reste à développer dans celui-ci les principales parties de cet Art, soumises
à leur usage.
Il en sera chez les
Aveugles, à l'égard de
l'exercice de l'Imprimerie, comme chez les Clair-voyans. Chaque individu
ne pourra, sans doute, en
avoir une possession privée. (7) La nécessité des
L

OBEN ***Bildung für Blinde*** Die Schule, an der Louis Braille sein Leben verbrachte, war 1785 von Valentin Haüy gegründet worden. Haüy brachte im Jahr darauf ein technisch revolutionäres Buch heraus, dessen Buchstaben als Relief ins Papier geprägt waren. Hergestellt hatten es blinde Kinder bei Jacques-Gabriel Clousier, dem königlichen Drucker.

Wer lesen lernt, muss sehen können – wie also unterrichtet man Blinde? Im 16. Jahrhundert kam der italienische Mathematiker Girolamo Cardano auf den Gedanken, der Tastsinn könne Blinden helfen, das Alphabet zu erkennen. Er verfolgte diese Idee aber nicht weiter.

Im 18. Jahrhundert hatte man Kenntnis von einigen blinden Wunderkindern: Schon 1685 hatte der Schweizer Mathematiker Jakob Bernoulli im *Journal des Savants* (Journal der Wissenschaften) von der Musikerin Esther Elisabeth von Waldkirch berichtet, die in Holz geschnittene Buchstaben lesen konnte. Die berühmte österreichische Pianistin und Komponistin Maria Theresia von Paradis lernte mit Hilfe von ins Papier geprägten Buchstaben lesen. Bei einem von Königin Marie-Antoinette 1784 in Versailles veranstalteten Konzert lernte sie Valentin Haüy (1745–1822) kennen, der sich bereits mit der Blindenbildung beschäftigte. 1785 eröffnete er die erste Blindenschule, L'Institution des Enfants Aveugles (Einrichtung für blinde Kinder). Weihnachten 1786 präsentierten die Schüler bei Hofe ein Buch, das sie unter Anleitung des Pariser Druckers und Verlegers Jacques-Gabriel Clousier hergestellt hatten.

Für Haüys Reliefschrift wurden gewöhnliche Schriftzeichen auf der Blattrückseite spiegelverkehrt eingeritzt oder eingedrückt, sie war daher schwer zu lesen. In den späten 1820er-Jahren entwickelte Louis Braille (1809–1852) ein System, das sich von der Druck- und Schreibschrift löste: Seine Punktschrift, die alle Buchstaben als eine Kombination von sechs ins Papier gedrückten Punkten darstellt, war eine Verbesserung der militärischen »Nachtschrift« von Charles Barbier.

Die Braille-Schrift war einfacher zu lesen als die Schriften von Haüy oder dessen Nachfolger Sebastien

OBEN **Moons Blindenalphabet** William Moon hatte eine starke Sehschwäche und erblindete mit 21 Jahren völlig. Da er keine der bestehenden Tastschriften für ausgereift hielt, entwickelte er eine eigene. Moons Buchstaben, hier auf einer Übersicht aus seiner Brightoner Druckerei, ähneln dem lateinischen Alphabet für Sehende.

OBEN ***Pilgerreise* für Blinde** John Bunyans Erbauungsbuch *The Pilgrim's Progress* erschien 1860 in der Londoner Gesellschaft zur Erziehung des Blinden. Es ist in »Lucas Type« geprägt, einer taktilen Schrift, die der Stenografielehrer Thomas Lucas um 1835 in Bristol entworfen hatte.

Guillé, doch in Großbritannien arbeiteten in Bristol, Edinburgh, London und anderen Städten Philanthropen an eigenen Blindenschriften. Sie entwickelten zwar technisch machbare Methoden, konnten jedoch nicht genügend Lesestoff für die Bedürfnisse der Blinden herstellen. Das einzige System, das der Braille-Schrift lange Konkurrenz machte, war die Moon-Schrift. Der blinde William Moon (1818–1894) entwickelte in Brighton eine vereinfachte Schwarzschrift (»Normalschrift«), die als Relief geprägt wurde. Dank eines ebenfalls blinden Gönners hielt sich die von Moon gegründete Druckerpresse noch bis 1960. – Brailles Schrift hat sich weltweit durchgesetzt, in Deutschland wird sie seit 1879 offiziell an Blindenschulen gelehrt.

Bezüge

Zu anderen Leselernbüchern, siehe:

John Newberys Little Pretty Pocket-Book, S. 156–157

Lucy Aikins Robinson Crusoe, S. 194–195

Zu anderen technischen Fortschritten beim Drucken, siehe:

Jacob Perkins' Patent, S. 182–183

KAPITEL

9 Druck & Dampf

RECHTS ***Robinson Crusoe in Words of One Syllable*** erschien 1882 bei McLoughlin Brothers. Diese Bearbeitung des Textes in einsilbigen Wörtern hatte Lucy Aikin unter dem Pseudonym Mary Godolphin verfasst. Das Cover sowie sechs ganzseitige farbige Illustrationen im Innenteil sollten vor allem junge Leser ansprechen. Das zerlesene Exemplar zeugt von Jahren des intensiven Gebrauchs (siehe Seite 194–195).

Im 19. Jahrhundert prosperierte das Verlagswesen. Die Flut neuer und neuartiger Bücher galt den einen als Segen, weil sie die Alphabetisierung begünstigte, den anderen als Fluch, weil sie revolutionäres Denken befördern konnte.

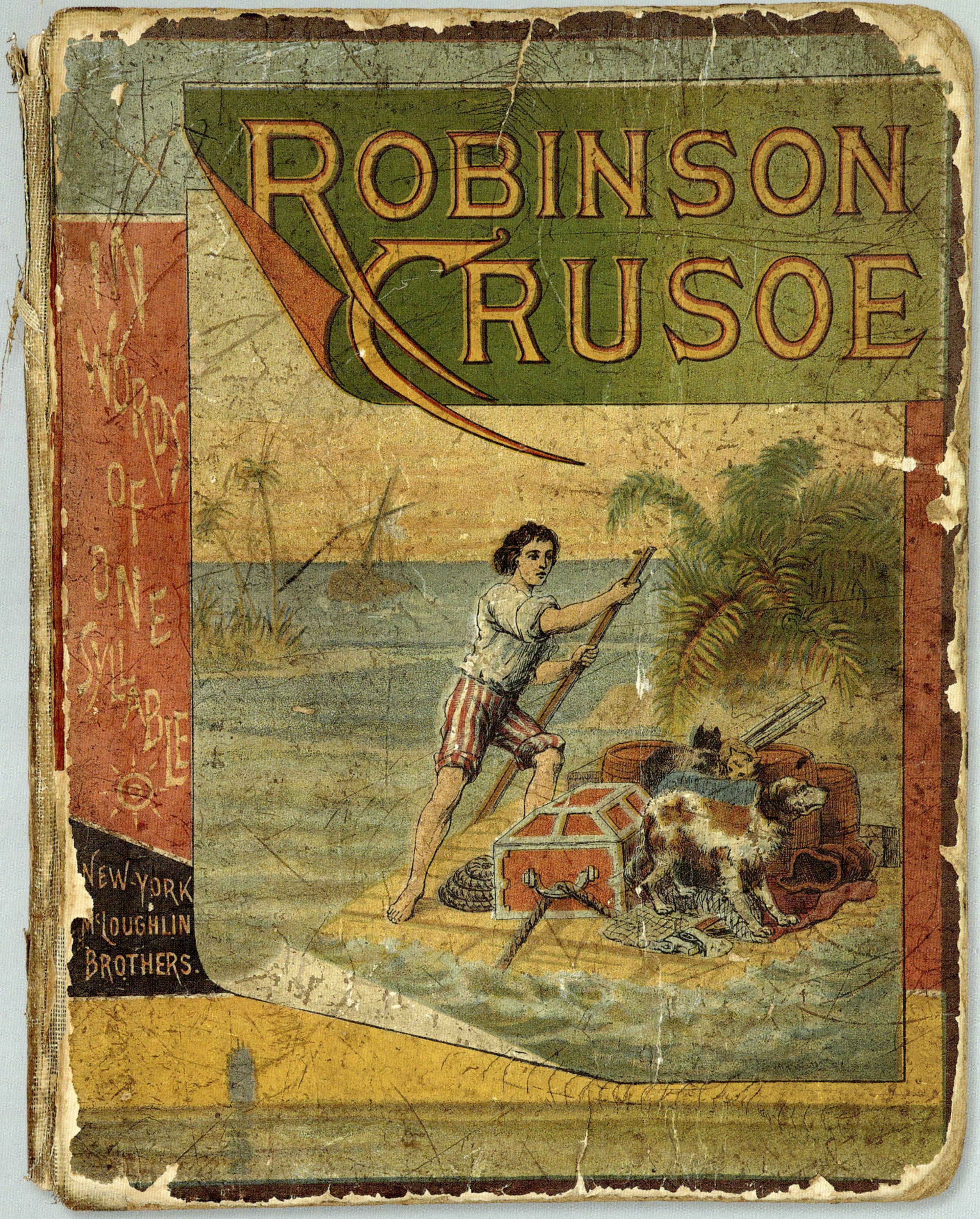
ROBINSON CRUSOE
IN WORDS OF ONE SYLLABLE
NEW-YORK
McLOUGHLIN
BROTHERS.

Innovationen und Erfindungen prägten die Industrielle Revolution. Vieles, was das Verlagswesen des 19. Jahrhunderts auszeichnete – neue Verfahren zur Papierherstellung, verbesserte Schrifttypen und neue Illustrationsmethoden –, war schon vor 1800 angestoßen worden. Zu den wichtigsten Neuerungen gehörte die **Stereotypie**: Ganze aus beweglichen **Lettern** gesetzte Druckseiten wurden auf eine Matrize abgeformt, von der ein Metallabguss erstellt wurde, der dann als Druckplatte diente. Der Schotte William Ged hatte das Verfahren 1725 erfunden. Es ermöglichte schnelles Drucken und jederzeitiges Nachdrucken, die Druckplatten konnten jahrzehntelang benutzt oder auch weiterverkauft werden. Dank der Stereotypie und verbesserter Setzverfahren wurden Bücher billiger.

Jede Neuerung besitzt auch ihre Schattenseiten. Da die Stereotypie so preiswert und praktisch war, brachten Verleger vor allem unveränderte Nachdrucke und seltener überarbeitete, verbesserte Auflagen heraus. Die Maschinen zur Papierherstellung waren inzwischen so weit entwickelt, dass der wachsende europäische Bedarf gedeckt werden konnte. Es wurden Verfahren entwickelt, verschiedene Pflanzen zum Papiermachen zu nutzen, um die traditionellen Leinenlumpen zu ersetzen. Das ging aber auf Kosten der Langlebigkeit, denn das traditionelle **Papier** hielt sich sehr viel länger als das aus Holzfaserbrei hergestellte. Schon in den 1820er-Jahren klagte man über schlechte Papierqualität. Gutes Papier machte man in Großbritannien zum Beispiel aus Espartogras und in Deutschland aus Mais. Ab etwa 1875 wurden die billigsten Bücher, Magazine und Zeitschriften auf Papier aus Holzfaserbrei gedruckt, das schnell gilbte.

Der größte Wandel vollzog sich bei den Buchillustrationen. Dank Jacob Perkins' **Siderografie** (siehe Seite 182–183) und der Patente anderer Erfinder setzte sich der Stahlstich durch. Die Verwendung von Holzstichen (siehe Seite 172–173) wurde durch die Stereotypie und ab etwa 1840 durch die **Elektrotypie** erleichtert. Fortschritte gab es auf den Gebieten der **Lithografie** und Fotografie ebenso wie in den längst in Vergessenheit geratenen Verfahren der **Daguerreotypie** und **Cyanotypie** (siehe Seite 186–187). Eingesetzt wurden die neuen Verfahren nicht nur in den großen Druckzentren wie London, Paris und Leipzig, sondern auch in den Kolonien, die Daguerreotypie zum Beispiel in Jamaika (siehe Seite 186–187). Auch in anderen britischen Kolonien wurden ungewöhnliche Bücher hergestellt; so kamen aus kanadischen Missionsverlagen **Naturdrucke** (siehe Seite 188–189).

Die Leselust verbreitet sich

Die Buchherstellung entwickelte sich in einem zyklischen Prozess: Die Nachfrage der Leser stimulierte neue Publikationen; die Verleger ersannen neue, günstigere Druckverfahren; die Flut der Druckerzeugnisse erreichte neue Leser. Verleger, Leihbibliotheken und erfindungsreiche Autoren wie Charles Dickens (siehe Seite 190–191) führten bleibende sowie lukrative Neuerungen ein, wie den Lieferungs- und Fortsetzungroman. Der dreibändige Roman wurde für viele Autoren zum Standard. Die Schriftstellerei kommerzialisierte sich zu einem Gewerbe, die Schöne Literatur (belles lettres) reüssierte, und die Romanhandlungen von Autoren wie Dickens, Thackery und Trollope wurden immer länger.

Doch dass »die Lesesucht, die nicht selten zur Lesewut ausartet, [sich] so allgemein verbreitet, dass [...] sogar schon in den mittleren und niederen Volksklassen gelesen wird«, wurde nicht nur 1801 vom preußischen Feldprediger Wagener mit Sorge betrachtet. In *A Spelling-Book* (1831), seinem Buchstabierbuch für Arbeiter, warnte William Cobbet, Romane seien »der Gin und der Whisky der Literatur: Sie benebeln den Geist, anstatt ihn zu beleben.« Das schien ein Blick in die **Groschenromane** nur zu bestätigen (siehe Seite 192–193). Es gab viele ernsthafte Versuche, den Geist der Menschen zu fördern und zu beleben, Bildungsvereine und öffentliche Bibliotheken wurden gegründet, Erbauungsliteratur herausgebracht. Eine besondere Rolle kam dem Kinderbuch zu (siehe Seite 194–199).

Bibliografische Kontrolle

Als die Zahl der Neuerscheinungen stieg und es immer mehr Möglichkeiten der Verbreitung gab, musste man Wege finden, mit dieser Überfülle an Informationen umzugehen. In Deutschland etwa gab es seit 1564 Messekataloge, in denen die auf den Buchmessen in Frankfurt und Leipzig vorgestellten Bücher verzeichnet waren. Doch nun musste die Werbung intensiviert werden, damit Buchhändler und potenzielle Leser wussten, was wann erschien. Rezensionsmagazine waren dabei hilfreich. Zwar konnten Autoren – beispielsweise im Jahr 1840 – ihre Bücher auch selbst oder bei einem Zuschussverlag herausbringen, doch damals wie heute bestand die Schwierigkeit darin, Buchhandlungen und Bibliotheken davon zu überzeugen, die Werke vorrätig zu halten, und die Zeitschriften dazu zu bewegen, sie zu besprechen.

Es wurden National- und Archivbibliotheken gegründet, die verpflichtet waren, alle im Land oder in der jeweiligen Landessprache erschienenen Bücher lückenlos zu sammeln. Die Verlage lieferten Pflichtexemplare ihrer Neuerscheinungen ab. In Großbritannien gibt es sechs Archivbibliotheken. In Deutschland wurde 1912 in Leipzig die Deutsche Bücherei gegründet, die Österreichische Nationalbibliothek entstand aus den Sammlungen der Habsburger und nennt stolz das Jahr 1368 als Gründungsdatum.

Die Nationalbibliotheken erstellten gültige Regelwerke, wie die berühmten 91 Regeln des British Museum (1841), um ihre Sammlungen systematisch zu ordnen und in Katalogen zu erfassen, auch nationale Gesamtkataloge entstanden. Auf dem Gebiet der Wissenschaften halfen Referatorgane (-zeitschriften) oder *Abstract Journals* mit objektiven Kurzfassungen von Publikationen, den Überblick zu wahren. So erschien beispielsweise das älteste Referatorgan der Chemie 1830 in Leipzig. Zur gleichen Zeit kamen auch neue Maschinen für ein schnelleres Setzverfahren auf den Markt, wie die von Ottmar Mergenthaler entwickelte **Linotype** (1886) oder die amerikanische **Monotype** (1887). Die Buchproduktion wurde einfacher, schneller und billiger.

Niedrige Buchpreise waren ein Kaufanreiz, von dem viele Genres profitierten. Der wachsenden Reiselust trugen die Handbücher von Baedeker (ab 1832) und Murray (ab 1836) Rechnung, die – nebenbei – auch noch die Kategorie des »Sehenswerten« einführten. Sie waren so erfolgreich, dass spezialisierte Reisebuchverlage entstanden (siehe Seite 200–201). Auch der Markt für Koch- und Hauswirtschaftsbücher wuchs beträchtlich, zu den erfolgreichsten Autoren zählte Alexis Soyer (siehe Seite 202–203).

Gegen Ende des 19. Jahrhunderts hatten Billigausgaben den dreibändigen Roman abgelöst (siehe Seite 204–205). In Deutschland kostete 1900 ein Pfund Kaffee etwa vier Reichsmark, der durchschnittliche Buchpreis lag bei etwa 2,80 Reichsmark, Heftchenromane gab es für zehn Pfennig. Man kritisierte die Inhalte in »Schmutz und Schund«-Debatten und beklagte die unschöne Gestaltung der schnell produzierten Bücher. Der englische Designer William Morris forderte eine Rückbesinnung auf die Kunst der Buchgestaltung und leitete ihre Erneuerung ein, die er in seinem eigenen Verlag umsetzte. Seinem Beispiel folgten Verlage und Privatpressen in ganz Europa (siehe Kapitel 10).

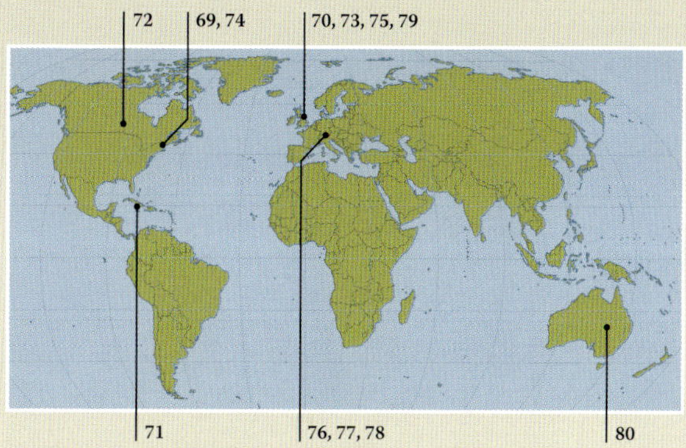

IN DIESEM KAPITEL *Seite*

Geniale amerikanische Erfindungsgabe

Die Industrielle Revolution wurde in Europa und den USA vom Patentsystem beflügelt. Jacob Perkins, einer der bedeutendsten Erfinder, hatte auf beiden Seiten des Atlantiks Erfolg.

Früher gewährten Herrscher Erfindern – wie auch Druckern – Privilegien, also exklusive Vorrechte. Das Privilegiensystem wurde nach und nach durch das Patentsystem abgelöst, das seinen Ursprung im englischen *Statute of Monopolies* (Monopolgesetz, 1623) hat. Während der Herrschaft von Königin Anne (1702–1714) wurde festgelegt, dass Erfinder eine genaue schriftliche Beschreibung ihrer Neuerung abzugeben hatten, die dann amtlich registriert wurde. Die Patente, die eine Erfindung deutlich von der anderen abgrenzten, förderten die Rendite der Unternehmen und trieben so die Industrielle Revolution voran. Patenturkunden sind wertvolle Beispiele für diese Entwicklung.

Wertvoll waren sie auch für ihre Inhaber; die Firma Boulton & Watt etwa verdiente hervorragend an ihren Dampfmaschinen. Jacob Perkins (1766–1849) verließ Massachusetts, um in England viel Geld zu machen. Er war ausgesprochen vielseitig, in seiner Heimat hatte er bereits eine Rotationsmaschine sowie eine Maschine zur Nagelfertigung erfunden. Perkins war überzeugt, dass man mit seinem neuen Verfahren der **Siderografie** (Stahlstich) fälschungssichere Banknoten drucken konnte – die Bank of England offerierte für eine entsprechende Erfindung die Belohnung von 20000 Pfund, heute umgerechnet mehr als eine Million Euro.

1819 ging Perkins nach England, um für sein Verfahren zu werben. Bei der Bank of England hatte er keinen Erfolg, sie bevorzugte einen englischen Erfinder, doch der Londoner Verleger Charles Heath setzte Stahlstiche für Buchillustrationen ein. Die Firma Perkins & Bacon druckte Wertpapiere und Banknoten für Provinzbanken sowie von 1840–1861 die Briefmarken für Großbritannien und die britischen Kolonien. In Deutschland wurde die Technik des Stahlstichs vom Karlsruher Maler Carl Ludwig Frommel eingeführt.

Perkins erfand auch ein Dampfgewehr – das der Oberbefehlshaber der Armee, der Herzog von Wellington, angeblich als zu verheerende Waffe ablehnte – Dampfmaschinen sowie verbesserte Schiffspropeller. Doch die Erfindung, die unser aller Leben verändern sollte, war das Patent GB 6662/1835, der »Apparat zur Erzeugung von Eis und zum Abkühlen von Flüssigkeiten«. Alexis Soyer benutzte ihn schon 1838 (siehe Seite 202–203). Die Kühlindustrie war geboren.

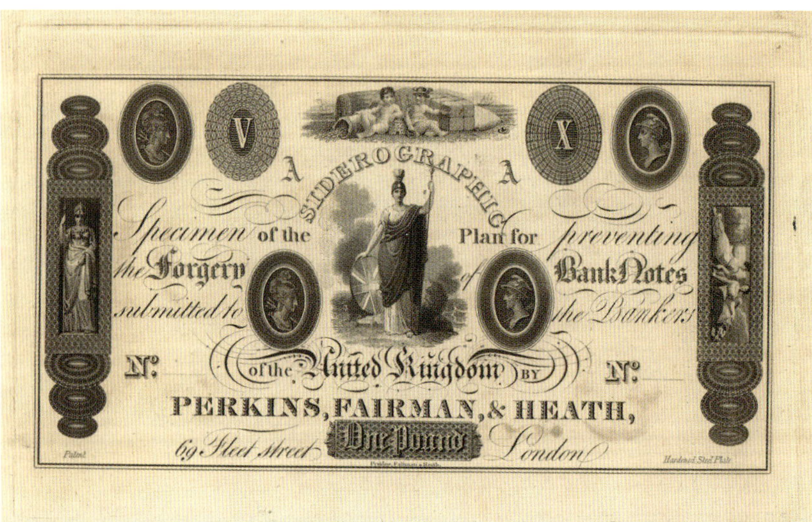

LINKS **Musterbanknote.** Vorderseite der ersten Musterpfundnote, mit gehärteten Stahlplatten von Perkins, Fairman & Heath gedruckt, um 1821. Das Muster sollte die Bank of England überzeugen – die Aufträge kamen dann aber von anderen Banken.

Bezüge

Zu anderen Erfindern, siehe:

Al-Dschazaris Kompendium der mechanischen Künste, *S. 88–89*

Gutenbergs 42-zeilige Bibel, S. 98–99

William Playfairs Commercial and Political Atlas, *S. 162–163*

Zu einem jüngeren amerikanischen Erfinder, siehe:

Chester Carlsons Laborbuch, S. 212–213

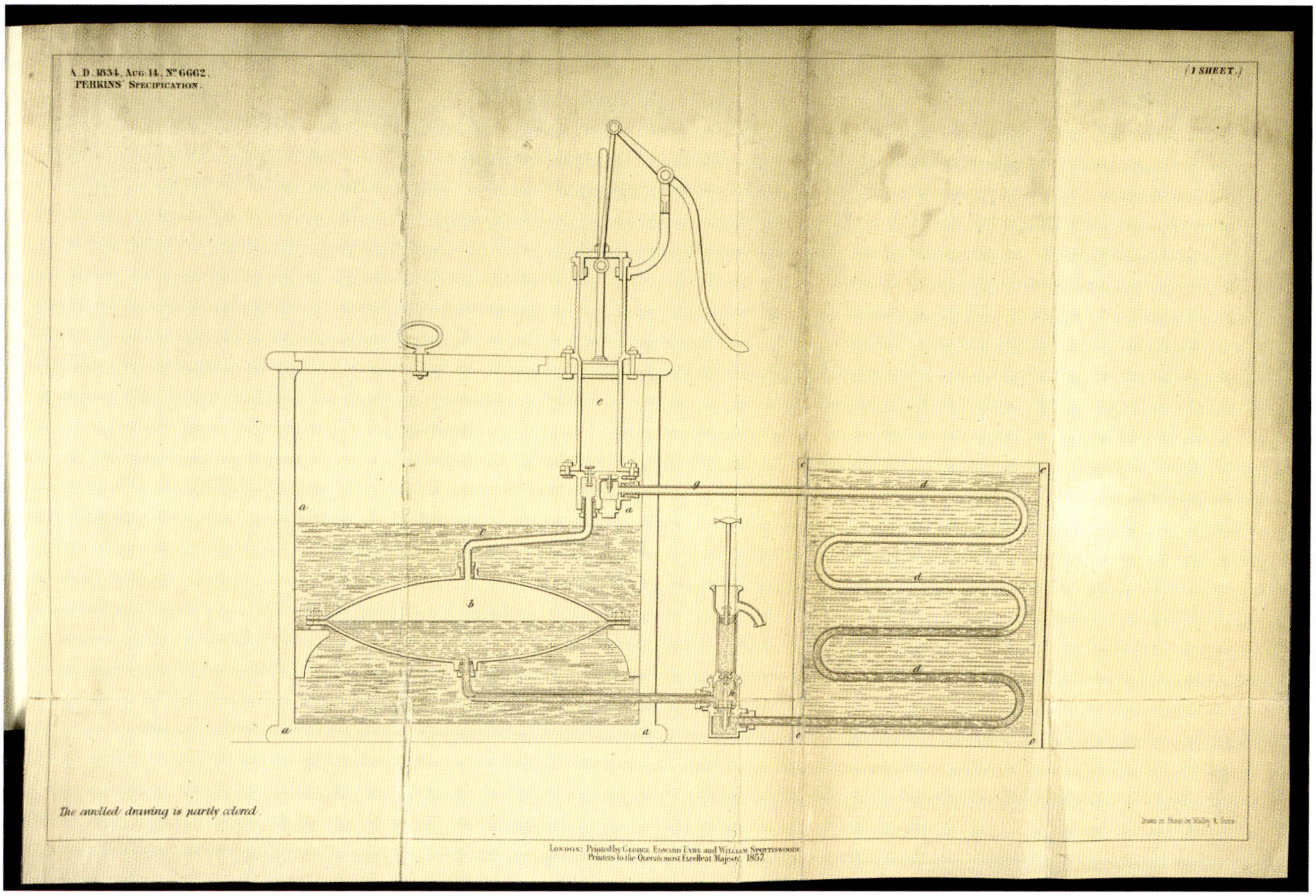

OBEN **Perkins' Patent** für einen »Apparat zur Erzeugung von Eis und zum Abkühlen von Flüssigkeiten« vom 14. August 1835. Gebaut hatte den Apparat, der Äthyläther zur Eisherstellung nutzte, John Hague. Das Drucken und die Veröffentlichung von Patenten gehört wesentlich zur Geschichte der Druckereien und Verlage, die auch dank ihrer Patente (z. B. Falkplan) überleben.

LINKS ***The Pleasures of Hope*** Thomas Campbells *Die Freuden der Hoffnung* erschien 1821 im Verlag Longman als Neuauflage mit Illustrationen von Richard Westall. Die Stahlstiche führte Charles Heath aus, den Druck Perkins, Fairman & Heath: Zum ersten Mal wurden Stahl- anstelle der weicheren Kupferdruckplatten verwendet.

Das erste fotografisch illustrierte Buch

Die moderne Fotografie entwickelte sich aus den Arbeiten französischer und englischer Experimentatoren. Das erste – und wunderschöne – Buch mit Fotografien ist allerdings das eigenständige Werk einer unabhängigen Autodidaktin.

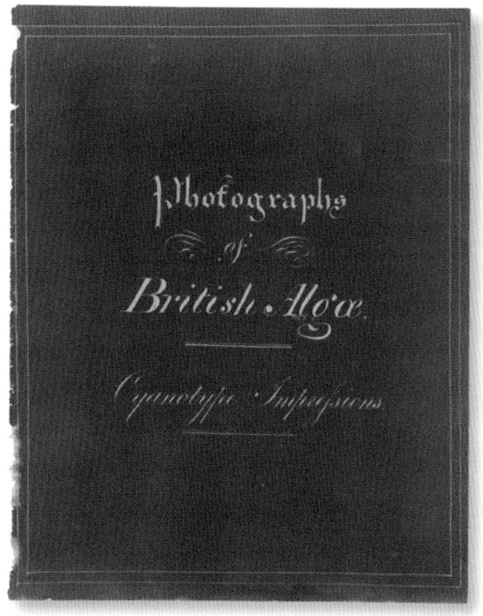

OBEN **Cyanotypie** Das Titelblatt von Anna Atkins' Buch mit invertierten Buchstaben.

Ab Mitte des 17. Jahrhunderts, nach Ansicht einiger Kunsthistoriker bereits viel früher, nutzten Künstler die **Camera obscura** zum Zeichnen. Sie waren allerdings nicht in der Lage, deren Bilder haltbar zu machen. Als William Fox Talbot, einer der Erfinder der Fotografie, am Comer See zeichnete, dachte er deshalb über ein neues chemisches bildgebendes Verfahren nach.

Die ersten funktionierenden fotografischen Techniken entwickelten die Franzosen Nicéphore Niépce (1765–1833) und Louis Daguerre (1787–1851). Die **Daguerreotypie** wurde von Talbots Negativ-Postiv-Verfahren abgelöst, und 1842 erfand Sir John Herschel die **Cyanotypie**, den Blaudruck. Diese Methode nutzte eine Autodidaktin für das erste Buch mit fotografischen Illustrationen.

Anna Atkins (1799–1871) war die außergewöhnlich gebildete Tochter des bedeutenden Naturwissenschaftlers John George Children, dessen Übersetzung von Lamarcks Klassifikation der Muscheln sie illustrierte. Sie und ihr Vater waren mit Talbot und Herschel bekannt. Anna Atkins wollte William Harveys nicht illustriertes *A Manual of the British Marine Algae* (1841) ergänzen und brachte die erste Lieferung von *Photographs of British Algae: Cyanotype Impressions* im Oktober 1843 heraus.

Die Cyanotoypien waren länger haltbar als alle anderen mit den damaligen fotografischen Verfahren gemachten Bilder. Für jeden Abzug ihrer rund 400 Platten musste Atkins die Chemikalien mischen, das Fotopapier präparieren, die Algen arrangieren, jedes Fotogramm dem Sonnenlicht aussetzen und dann etwa 8000 Bilder entwickeln. – Man mag gar nicht daran denken, wie viele Abzüge misslungen sind.

Atkins wurde in ihrem Vorhaben von der Familie bestärkt und erhielt etwas Hilfe von Anna Dixon, einer Freundin, doch sämtliche Blaudrucke erstellte sie allein. Das Verfahren war ideal für die Abbildung von Algen, aber das Ergebnis hing allein von ihrem Geschmack, ihrem Können – und ihrer Geduld ab. Die Auflage von *Photographs of British Algae* war also sehr klein, wenn einmal ein Exemplar zur Auktion kommt, ist das Interesse entsprechend groß: 2004 erzielte eines ihrer Bücher 406 460 Dollar (etwa 300 000 Euro).

RECHTS **Britische Algen** Ein Fotogramm einer Braunalge aus Anna Atkins' *Photographs of British Algae. Cyanotype Impressions.* Das Buch, das erste mit fotografischen Abbildungen, erschien 1843–1853 in Teillieferungen, acht Monate vor Talbots *Pencil of Nature.* Die Bilder sind Kontaktdrucke, nicht mit einer Kamera aufgenommen, die Algen wurden auf lichtempfindlichem Papier dem Sonnenlicht ausgesetzt.

Bezüge

Zu einem anderen Buch mit Fotografien, siehe:

Adolphe Duperlys Daguerian Excursions in Jamaica, *S. 186–187*

Zu anderen Buch-Pionierinnen, siehe:

Margaretha Helms Nadel-Ergötzungen, *S. 142–143*

Elizabeth Blackwells A Curious Herball, *S. 144–145*

Dictyota dichotoma
in the young state, and
in fruit.

Fotografischer Ausflug in die Karibik

Seit den 1840er-Jahren versuchten Reisende, die Orte, die sie besuchten, fotografisch festzuhalten. Eines der ersten Fotobücher stammt von einem französichen Immigranten auf Jamaika.

UNTEN ***Daguerian Excursions in Jamaica.*** Die Titelseite sowie »Eine Ansicht des Gerichtsgebäudes in Kingston. Aufgenommen an einem Wahltag« (rechts unten), aus dem Jahr 1840. Duperlys Daguerreotypien, nach denen die Lithografien entstanden, sind die wohl ältesten fotografischen Ansichten der Insel.

Adolphe Duperly (1801–1865) wurde in Paris als Graveur, Lithograf und Drucker ausgebildet. In den frühen 1820er-Jahren zog es ihn auf der Suche nach Ruhm und Reichtum nach Haiti, möglicherweise war er auch auf Kuba. Da er an diesen Orten beides nicht fand, begab er sich nach Kingston und arbeitete dort als Lithograf, in einer Zeit, als die Sklaverei auf Jamaika zu Ende ging. 1833 veröffentlichte er eine **Lithografie**, die den Weihnachtsaufstand von 1831 darstellte. 1838 folgte eine weitere anlässlich der Befreiungsfeierlichkeiten in Kingston.

Berühmt wurde Duperly mit seinen lithografischen Drucken der Illustrationen in Isaac Mendes Belisarios *Sketches of Character in Illustration of the Habits, Occupation, and Costume of the Negro Population of Jamaica* (1837–1938), die Traditionen und Feste der schwarzen Bevölkerung auf Jamaika zeigen. Ein bescheidenes Vermögen erwarb er mit den **Daguerreotypien**, die er in seiner um 1840 gegründeten Firma herausbrachte. Das erste Fotogeschäft Jamaikas, später Adolphe Duperly & Son, bestand bis in die

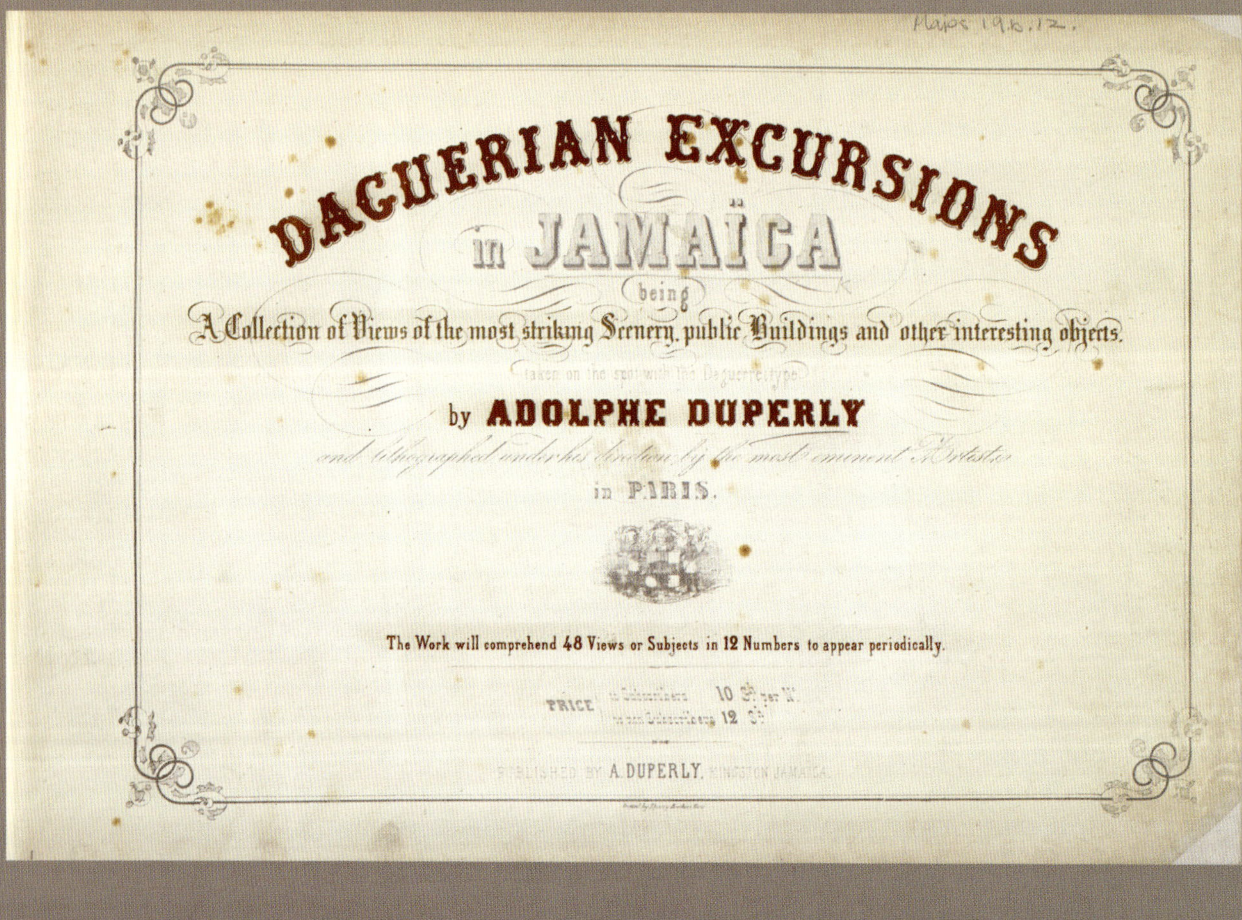

DAGUERIAN EXCURSIONS
in JAMAÏCA
being
A Collection of Views of the most striking Scenery, public Buildings and other interesting objects,
taken on the spot with the Daguerreotype
by ADOLPHE DUPERLY
and lithographed under his direction by the most eminent Artists
in PARIS.

The Work will comprehend 48 Views or Subjects in 12 Numbers to appear periodically.

PRICE 10 … 12 …

PUBLISHED BY A. DUPERLY.

1920er-Jahre; es bot Porträts, Visitenkarten und später auch Fotopostkarten für Touristen an.

Mitte der 1840er-Jahre brachte Duperly eine Serie von Lithografien heraus, die auf Grundlage seiner Daguerreotypien jamaikanischer Ansichten entstanden waren. Wie viele andere französische Lithografen betrachtete er das fotografische Verfahren als nützliches Hilfsmittel für lithografische Zeichnungen. Die Daguerreotypie benötigte eine sehr lange Belichtungszeit und konnte daher keine bewegten Objekte festhalten. Und doch sind in der ersten Folge von *Daguerian* [sic] *Excursions in Jamaica* (Daguerreotypische Streifzüge ...) lebhafte Straßenszenen zu sehen, wobei keines der Bilder unscharf ist. Duperly hatte sie nach Paris zu dem Landschafts-Lithografen J. Jacottet geschickt. Dieser ergänzte Duperlys Arbeiten derart geschickt durch Zeichnungen, dass zahlreiche Betrachter glaubten, die Bilder seien exakte Reproduktionen der Ansichten, die Duperly mit der Linse eingefangen hatte. Eine solche Art der Bildbearbeitung wurde bald allgemein üblich.

»Von heute an ist die Malerei tot!«, erklärte der Künstler Paul Delaroche, als er eine Fotoplatte von Daguerre sah – malte aber dennoch weiter. Duperly hatte begriffen, dass sich mit der Kombination von Fotografie und Lithografie bessere Bücher herstellen ließen. Seine *Daguerian Excursions in Jamaica* sind eines der schönsten Bücher mit Landschaftsansichten, die je aus einer britischen Kolonie kamen.

Bezüge

Zu Literatur nach der Sklavenbefreiung, siehe:
Joseph Nnadozies Beware of Harlots, *S. 222–223*

Zu einem Aufruf zur Sklavenbefreiung in Amerika, siehe:
Benjamin Bannekers Almanack, *S. 170–171*

Zu einem anderen Fotobuch, siehe:
Anna Atkins' Photographs of British Algae, *S. 184–185*

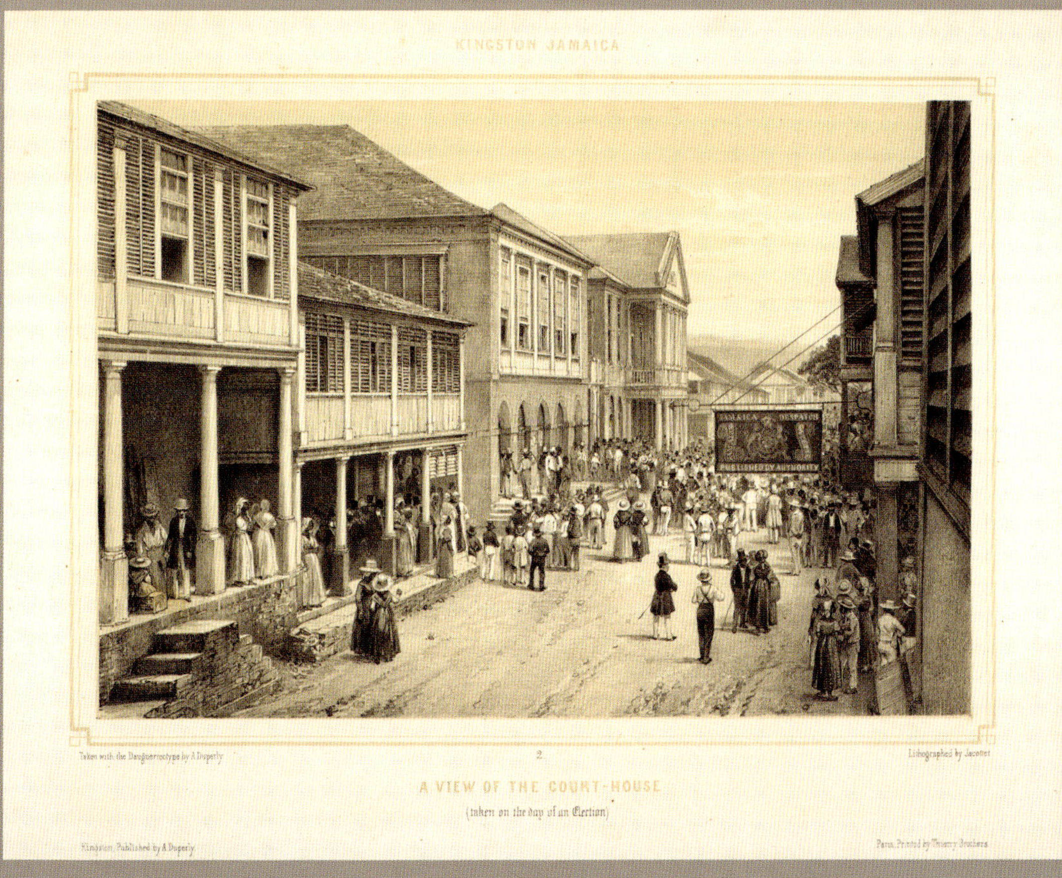

Missionsdrucke in Kanada

Von Missionaren gedruckte Bücher sind selten und wurden kaum von Bibliotheken gesammelt. Für sein Lehrbuch verwendete der kanadische Drucker kein Alphabet, sondern schuf eine Silbenschrift für die Cree-Sprachen.

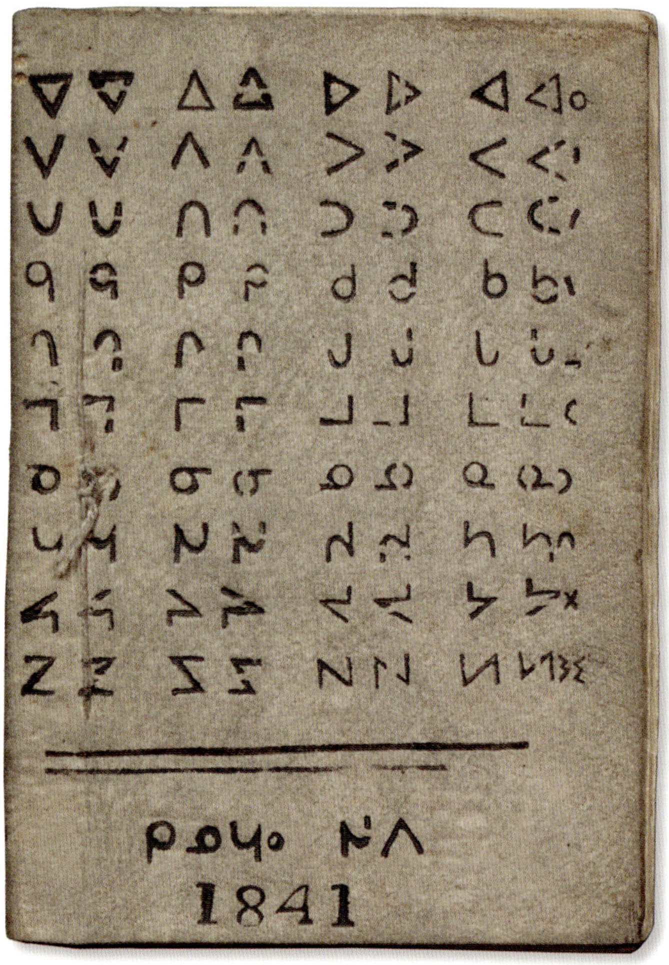

OBEN **Gesangbuch in Silbenschrift** James Evans' 23-seitiges Gesangbuch, schlicht in Elchleder gebunden, erschien 1841 in Norway House. Auf Cover und Rückseite wurden die Zeichen der von ihm entwickelten Silbenschrift abgedruckt. Da er weder über eine Druckerpresse noch über Lettern verfügte, fertigte Evans selbst Gussformen aus Eichenholz, Lettern aus eingeschmolzenen Bleikugeln und dem metallenen Kantenschutz von Teekisten sowie die Farbe aus Ruß und Fischöl. Er druckte mit einer einfachen Schraubenpresse, wie Pelzhändler sie zum Pressen von Tierhäuten verwendeten.

Unmittelbar nachdem die Europäer auf anderen Kontinenten Fuß fassten versuchten sie, die indigenen Völker zum Christentum zu bekehren. In der Regel konkurrierten Katholiken mit Anglikanern und Nonkonformisten um die »zu rettenden« Seelen. Neue Sprachen zu lernen, die meist nicht in schriftlicher Form vorlagen, erwies sich als schwierig. Die Konvertierten mit passenden Schriften zu versorgen, forderte den Erfindungsgeist der Missionare heraus.

Es bedurfte großer logistischer Bemühungen, religiöse Manuskripte zum Drucken nach Europa zu schicken. Theoretisch erschien es daher einfacher, eine Druckerpresse an abgelegenen, oft unwirtlichen, Orten aufzustellen. Die seit 1800 produzierten eisernen Druckerpressen waren transportabel und robust. Missionsgesellschaften führten die Druckkunst in vielen Teilen Afrikas, Asiens und des Pazifiks ein – und bei den First Nations (indigenen Völkern) in Kanada. Dort wurde zum ersten Mal 1751 in Halifax, Nova Scotia, gedruckt.

Missionare mussten zäh, einfallsreich und entschlossen sein. Diese Eigenschaften besaß James Evans (1801–1846), der 1820 mit seinen Eltern von Kingston upon Hull nach Kanada auswanderte. Evans arbeitete zuerst als Lehrer, wurde 1833 als methodistischer Pastor ordiniert und 1840 in die Handelsniederlassung Norway House im Norden des Winnipegsees geschickt, eine wichtige Station der Hudson Bay Company auf dem Weg in die Pelzgegenden im Westen. Da dort Cree lebten, schien es nur natürlich, dass Evans sie das Lesen lehren wollte.

Zahlreiche Missionare an anderen Orten der Welt versuchten, das lateinsche Alphabet für fremde Sprachen und deren ungewohnten Klang anzuwenden. Doch in Kulturen ohne eigene Schriftsprache erschwerte die Komplexität der Kombinationen von 26 Buchstaben das Lesenlernen. Evans, der die Ojibwa-Sprache bereits beherrschte, entschied, dass sich sowohl für die Cree als auch die Ojibwa eine **Silbenschrift** besser eignete.

Zunächst schrieb Evans die Zeichen auf Birkenrinde, damit hatte er bei den Cree so viel Erfolg, dass er beschloss, **Lettern** gießen zu lassen. Die Hudson Bay Company war von diesem Vorhaben jedoch wenig

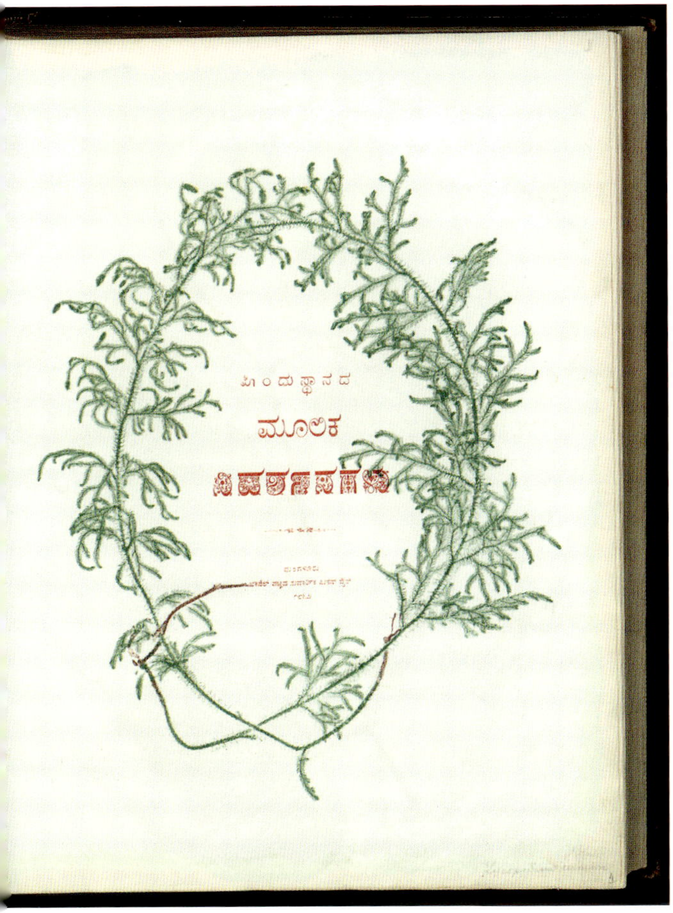

OBEN ***Nature's Self-Printing*** *Useful and Ornamental Plants of the South India Flora* (Selbstdruckende Natur. Nützliche und zierende Pflanzen der südindischen Flora) von Jacob Hunziker; Titelseite mit einem Naturdruck des *Lycopodium cernuum* (einer Bärlapp-Art). Text in Kannada (Kanaresisch), gedruckt von der Basler Missionsdruckerei in Mangalore.

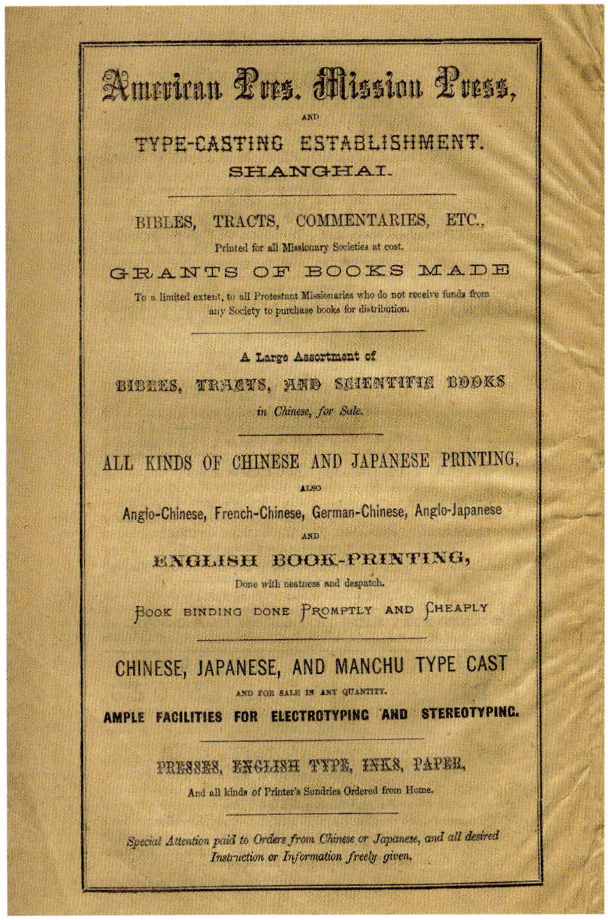

OBEN **American Presbyterian Mission Press** Diese gefällige Anzeige der presbyterianischen Missionsdruckerei in Shanghai aus dem *Chinese Recorder and Missionary Journal* (1875) zeigt, welche Dienstleistungen diese Druckereien anboten: mehrsprachige Texte, verschiedene Schriftarten und Einbände – und das alles »prompt und preiswert«.

begeistert – Evans hatte ihre Vertreter verärgert, als er versuchte, die Cree zu überzeugen, am Sabbat nicht zu arbeiten – und verweigerte ihm Druckerpresse und Lettern. Evans blieb unbeirrt, baute eine einfache Presse, ersann eine Methode, die Lettern zu gießen (er schmolz Gewehrkugeln aus Blei ein), und mischte aus Ruß und Öl Farbe. Mit diesen schlichten Mitteln druckte er 100 Exemplare seiner Silbenschrift-Fibel und einige Evangelientexte in Cree. Damit konnte er die London Missionary Society überzeugen – diese und auch andere Missionsgesellschaften übernahmen seine Silbenschrift. Noch heute findet man im Süden der kanadischen Hudson Bay Beschilderungen mit einer ungewohnten Schrift – Evans' Zeichen werden noch immer benutzt.

Bezüge

Zu anderen Silbenschriften, siehe:

Die Abba-Garima-Evangelien, S. 50–51

Zu anderen Missionsdrucken in Nordamerika, siehe:

Das »Bay Psalm Book«, S. 128–129

Zu anderen selbst gemachten Pressen und Lettern, siehe:

Dard Hunters Old Papermaking, S. 238–239

Die Entstehung des Fortsetzungsromans

Wie lang soll ein Roman sein? In den 1830er-Jahren wurden Umfang, Herstellungsmethoden und Werbung für Romane vom brillanten Charles Dickens – sowie seinen Verlegern – bestimmt. Es waren gute Zeitem für alle Beteiligten.

Im 18. Jahrhundert erschienen sowohl sehr kurze Romane wie Voltaires *Candide* als auch mehrbändige Werke wie Richardsons *Pamela* (vier Bände) oder Sternes *Tristram Shandy* (neun Bände). In den 1820er-Jahren kamen englische Romane normalerweise in drei Bänden heraus, waren aber so teuer, dass viele Leser sie sich in **Leihbibliotheken** besorgten. Die Verlage räumten den Büchereien hohe Rabatte ein, weil diese ihnen einen festen und sofortigen Absatz garantierten. Ansonsten hätten sie viel Geld vorschießen müssen und oft erst nach Veröffentlichung des dritten Bandes Gewinn gemacht. Autoren erhielten häufig erst ein Honorar, wenn eine gewisse Anzahl von Büchern verkauft war.

Charles Dickens und sein Verlag Chapman & Hall setzten auf eine brillante neue Marketingstrategie. Neben den üblichen dreibändigen brachten sie Romane in Fortsetzungen als vierzehntägige Lieferungen zu je zwei Shilling heraus. Jede Lieferung besaß einen einfachen, mit Anzeigen versehenen Papierumschlag. Die letzte erschien dann als Doppelnummer und umfasste ein Titelblatt sowie Illustrationen, sodass die Kunden alles aufbinden lassen konnten.

Diese Methode kam allen Beteiligten entgegen: den Druckern, den Autoren (die pro Lieferung bezahlt wurden) sowie den Verlegern, die zusätzlich zu den Verkaufseinnahmen noch Erlöse durch das Anzeigengeschäft hatten. Sie war so erfolgreich – die Auflage der *Pickwick Papers* stieg von anfangs 400 Exemplaren auf 40 000 –, dass andere Autoren und Verlage sie übernahmen. Nachdem alle Lieferungen auf dem Markt waren, erschienen zudem günstige einbändige Ausgaben – so gab es Editionen für jeden Geldbeutel.

Doch dieses Erfolgsrezept hatte auch seine Tücken. Jede Folge musste, wie heute bei einer Soap, mit einem dramatischen Ereignis enden. Umsichtige Autoren wie Trollope und Thackeray komponierten ihre Romane entsprechend und beendeten sie vor dem Druck. Dickens tat das nicht, und so blieb sein *Edwin Drood* unvollendet. Manchmal änderte er als Reaktion auf Leserkommentare nachträglich ganze Passagen seiner Romane – die späteren Herausgeber hatten Mühe, eine gültige Textfassung zu erstellen.

Dickens' Werk war außerhalb Großbritanniens nicht durch das Copyright geschützt, aber Chapman & Hall besaß Verträge mit amerikanischen Verlagen, die gegen ein moderates Honorar Vorabdruckfahnen erhielten. Der Leipziger Verleger Bernhard Tauchnitz zahlte britischen und amerikanischen Autoren freiwillig Honorare und pflegte eine enge Freundschaft zu Dickens und anderen. Seine *Tauchnitz Collection* erschien ab 1841 mit den Originalfassungen und wurde auf dem Kontinent vertrieben. Dickens avancierte zum berühmtesten Autor seiner Zeit, seine Verlage und er selbst wurden reich.

LINKS ***Tauchnitz Magazine*** Diese Ausgabe des englischen *Allerlei für kontinentale Leser* erschien im August 1892 in Leipzig. Dickens schrieb 1860 seinem deutschen Verleger Tauchnitz, er habe »volles Vertrauen« in ihn.

RECHTS ***Pickwick Papers.*** *The Posthumous Papers of the Pickwick Club* erschienen in 20 monatlichen Lieferungen, April 1836 bis November 1837, bei Chapman & Hall. Illustrationen von Robert Seymour, Robert W. Buss und Hablot K. Browne (Pseudonym »Phiz«, Dickens war »Boz.«).

Bezüge

Zu der Gefahr von Raubdrucken, siehe:

Rolf Boldrewoods Robbery Under Arms, **S. 204–205**

Zu anderen erfolgreichen Serien, siehe:

Rosamond Lehmanns Invitation to the Waltz, **S. 224–225**

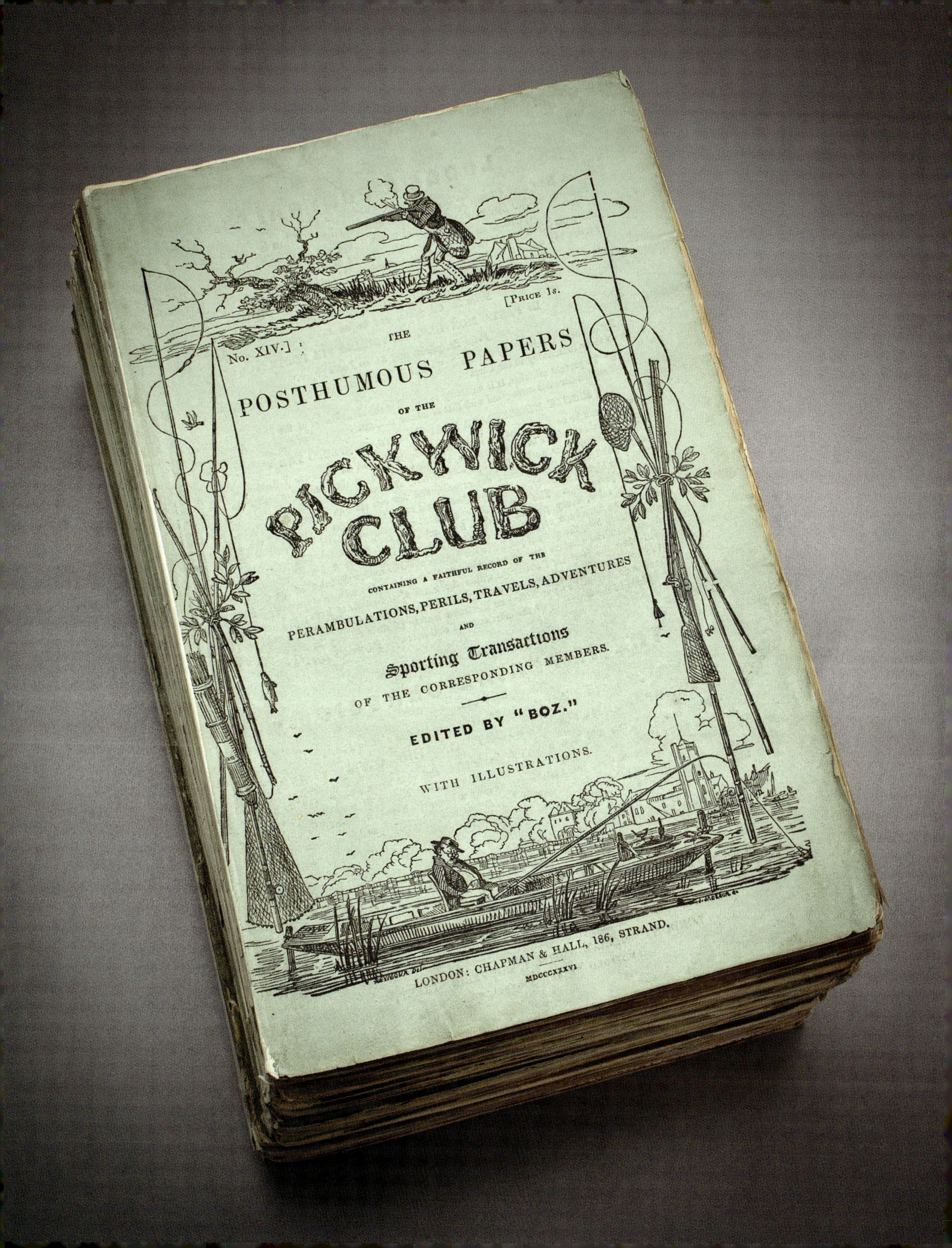
No. XIV.]
[Price 1s.
THE
POSTHUMOUS PAPERS
OF THE
PICKWICK
CLUB
CONTAINING A FAITHFUL RECORD OF THE
PERAMBULATIONS, PERILS, TRAVELS, ADVENTURES
AND
Sporting Transactions
OF THE CORRESPONDING MEMBERS.
EDITED BY "BOZ."
WITH ILLUSTRATIONS.
LONDON: CHAPMAN & HALL, 186, STRAND.
MDCCCXXXVI

Beadle's Boy's Library of Sport, Story and Adventure

No. 23. *Published Every Week.* M. J. IVERS & CO., Publishers, (James Sullivan, Proprietor,) 379 Pearl Street, New York. *Price 5 Cents. $2.50 a Year.* Vol. II.

OLD GRIZZLY ADAMS, THE BEAR TAMER; Or, "The Monarch of the Mountains."

BY DR. FRANK POWELL,

Viktorianische Groschenhefte

Im 19. Jahrhundert wurde das Verlegen populärer Lesestoffe revolutioniert. Die Groschenromane von Beadle & Adams erfreuten die Massen.

Wachsende Städte, schnellere Kommunikation, dampfgetriebene Schnellpressen, billiges **Papier**, maschinelle Bindung und die zunehmende Lesefähigkeit der Arbeiterklasse spornten Drucker wie Verleger an, neue Absatz- und Marketingwege zu beschreiten. Im späten 19. Jahrundert kostete die Erstauflage eines Romans so viel, wie ein Handwerker in drei Wochen verdiente. Preiswertere Nachdrucke zogen mehr Kundschaft an. Die Reisebibliothek *Railway Library* des Verlags Routlegde wurde in den noch jungen Bahnhofsbuchhandlungen angeboten – er reagierte damit auch auf Klagen von Reisenden, die Lektüren der fliegenden Händler seien zu trivial. In Deutschland kündigte Brockhaus 1855 eine preisgünstige *Eisenbahnbibliothek* an, mit »nicht zu kleinen Lettern, die beim Rütteln der Waggons leicht ineinanderrinnen«.

Romane, die als Fortsetzungslieferungen erschienen, wie Dickens' Werke, machten Bücher erschwinglicher. Als Weiterentwicklung dieses Konzepts erschienen **Groschenromane**, in Form von Broschuren oder gar Heften, die für jedermann erschwinglich waren – und in Deutschland auch von Kolporteuren an der Wohnungstür verkauft wurden. Sie waren so billig, dass die Auflagen in die Tausende und Zehntausende gingen. Verleger und Autoren konnten gut davon leben.

In den USA hießen sie »**dime novels**«. Der New Yorker Verlag Beadle & Adams machte sich ab 1860 mit solchen Groschenromanen und Serien, die sich vor allem an männliche Leser richteten, einen Namen. Bis zum Ende des Bürgerkriegs 1865 verkaufte der Verlag über vier Millionen Hefte. Für den Versand dachte man sich einen Kniff aus: Jedes Heft bekam eine Nummer, wie eine Zeitschrift, und wurde mit entsprechend verbilligtem Porto per Post als Nachnahme verschickt – bis die Postbehörde dem einen Riegel vorschob. Von 1861 bis 1866 hatte der Verlag eine Niederlassung in London, dann verkaufte er seine Rechte an Routledge.

LINKS ***Old Grizzly Adams, the Bear Tamer*** Das Cover von Frank Powells Geschichte vom Bärenzähmer (1899) versprach spannende Abenteuer für Jungen, ganz so, wie man es von der *Boys-Library*-Serie des Verlags Beadle & Adams erwarten konnte.

RECHTS ***The Indian Queen's Revenge*** (Die Rache der Indianerkönigin, 1865). Der Kanadier George Munro machte seinem ehemaligen Arbeitgeber Beadle & Adams Konkurrenz. Bei vielen seiner Titel handelt es sich um Indianergeschichten, ein Dauerbrenner bei jungen Lesern.

Bezüge

Zu anderen Büchern für den Massenmarkt, siehe:

Der Newgate Calendar, S. 164–165

Charles Dickens' Pickwick Papers, S. 190–191

Rosamond Lehmanns Invitation to the Waltz, S. 224–225

Zu einer anderen wegweisenden Reihe, siehe:

Baedekers Schweiz, S. 200–201

Frank Powells *Old Grizzly Adams, the Bear Tamer* (Old Grizzly Adams, der Bärenzähmer, 1884) ist typisch für die Trivialliteratur, die Beadle & Adams so erfolgreich herausbrachte. Natürlich hatte der Verlag Nachahmer, etwa den Kanadier George P. Munro, einen früheren Angestellten von Beadle, der von 1865 bis 1893 als einer der Ersten Groschenromane für Frauen verlegte.

Erleichternde Einsilbigkeit für Kinder

Im 18. Jahrhundert begann man, für Kinder zu schreiben und zu illustrieren. Im darauf folgenden Jahrhundert entwickelte man neue Drucktechniken und Lehrmethoden.

In den 1740er-Jahren legten Verleger wie der Londoner John Newbery (siehe Seite 156–157) den Grundstein für den Handel mit Kinderbüchern. Im frühen 19. Jahrhundert mündete die wachsende Frömmigkeit in gut gemeinten und lauteren Versuchen, Bücher herzustellen, die sowohl lehrreich als auch unterhaltsam sein sollten. Oft wurden sie von Nonkonformisten aus Überzeugung geschrieben und gedruckt – und da sie als fromm und gebildet galten, sah man ihre Bücher als mustergültig an.

Viele dieser Werke wurden bei Darnton & Harvey veröffentlicht, einem Quäker-Verlag, der die Rechte an Newberys Büchern erworben hatte. In London produzierte er zwischen den 1790er-Jahren und 1870 preiswerte erbauliche Bücher. Zu seinen bekanntesten Autorinnen und Illustratorinnen gehörten die Schwestern Jane (1783–1824) und Ann Taylor (1782–1866). Jane Taylors Kinderreim »Twinkle, Twinkle, Little

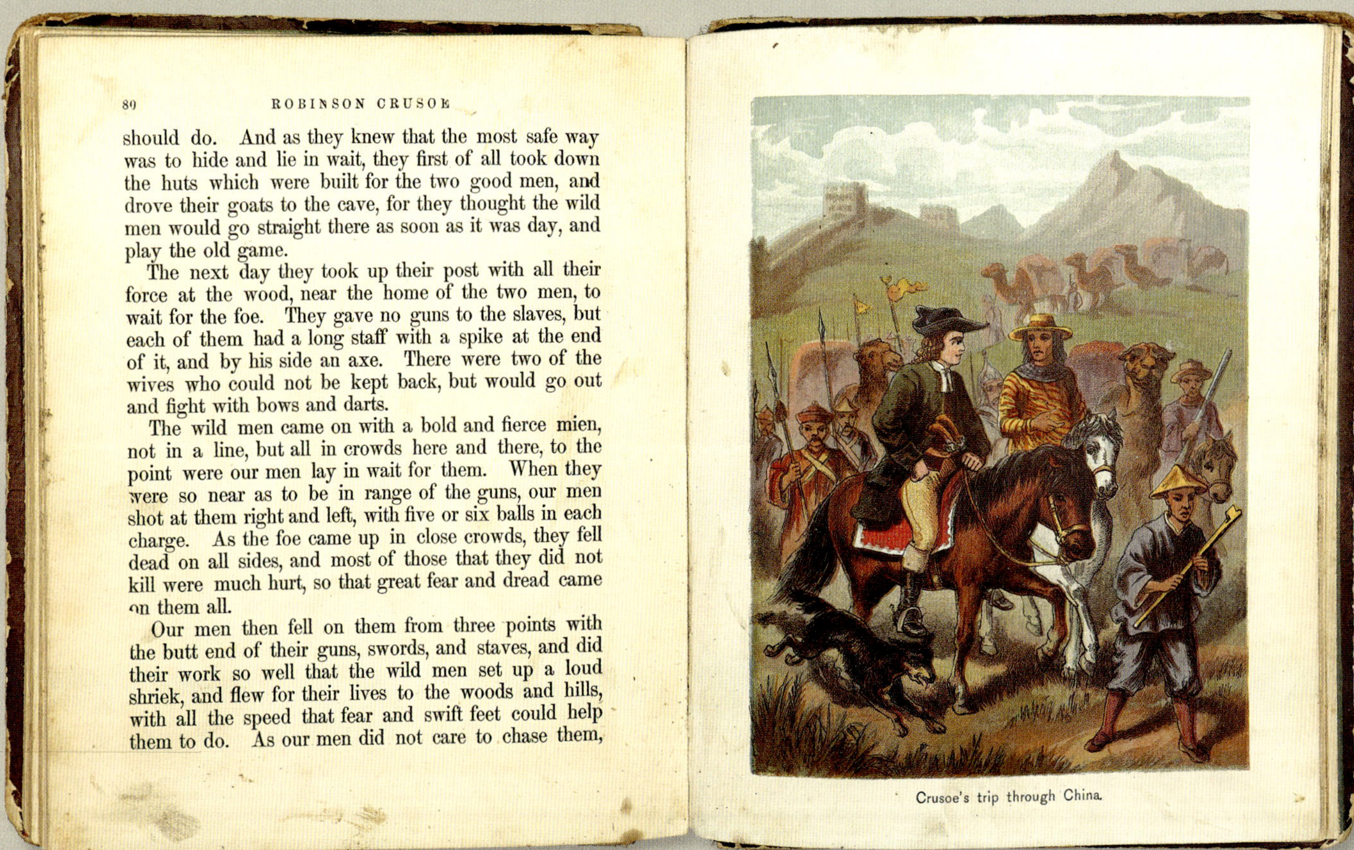

80 ROBINSON CRUSOE

should do. And as they knew that the most safe way was to hide and lie in wait, they first of all took down the huts which were built for the two good men, and drove their goats to the cave, for they thought the wild men would go straight there as soon as it was day, and play the old game.

The next day they took up their post with all their force at the wood, near the home of the two men, to wait for the foe. They gave no guns to the slaves, but each of them had a long staff with a spike at the end of it, and by his side an axe. There were two of the wives who could not be kept back, but would go out and fight with bows and darts.

The wild men came on with a bold and fierce mien, not in a line, but all in crowds here and there, to the point were our men lay in wait for them. When they were so near as to be in range of the guns, our men shot at them right and left, with five or six balls in each charge. As the foe came up in close crowds, they fell dead on all sides, and most of those that they did not kill were much hurt, so that great fear and dread came on them all.

Our men then fell on them from three points with the butt end of their guns, swords, and staves, and did their work so well that the wild men set up a loud shriek, and flew for their lives to the woods and hills, with all the speed that fear and swift feet could help them to do. As our men did not care to chase them,

Star« ist in Deutschland vor allem als Lied bekannt: »Funkel, funkel, kleiner Stern«. Gemeinsam verfassten sie *Rural Scenes, or a Peep into the Country* (Ländliche Szenen oder Ein Blick in die Landschaft), ein Buch, das über 40 Jahre lang stetig nachgedruckt wurde.

Auch Lucy Aikin (1781–1864) war Nonkonformistin. Sie stammte aus einer prominenten, gebildeten Unitarier-Familie, vertrat feministische Ansichten und verfasste Bücher für Frauen und Kinder. In ihren letzten Lebensjahren widmete sie sich vor allem der Bildung von Kindern und adaptierte berühmte Romane wie *Robinson Crusoe, The Swiss Family Robinson* (*Die Schweizer Familie Robinson*) oder Äsops *Fabeln*. Ihre Geschichten in einsilbigen Wörtern, die sie unter dem Pseudonym Mary Godolphin veröffentlichte, entpuppten sich als Longseller. In Deutschland war sie im 19. Jahrhundert als Biografin ihrer Tante, der Dichterin Anna Laetitia Barbauld, bekannt.

Dem Verleger Isaac Pitman gefielen ihre Vereinfachungen als Lehrmethode so gut, dass er *Robinson Crusoe in Words of One Syllable* in Kurzschrift als Lehrbuch für ein von ihm entwickeltes Stenografiesystem herausbrachte.

Bezüge

Zu einem anderen Kinderbuch, siehe:

John Newberys Little Pretty Pocket-Book, *S. 156–157*

Zu einer gruseligeren Lektüre für Kinder, siehe:

Heinrich Hoffmanns Struwwelpeter, *S. 196–197*

Zu einem anderen Leselernbuch, siehe:

Valentin Haüys Über die Erziehung von Blinden, *S. 176–177*

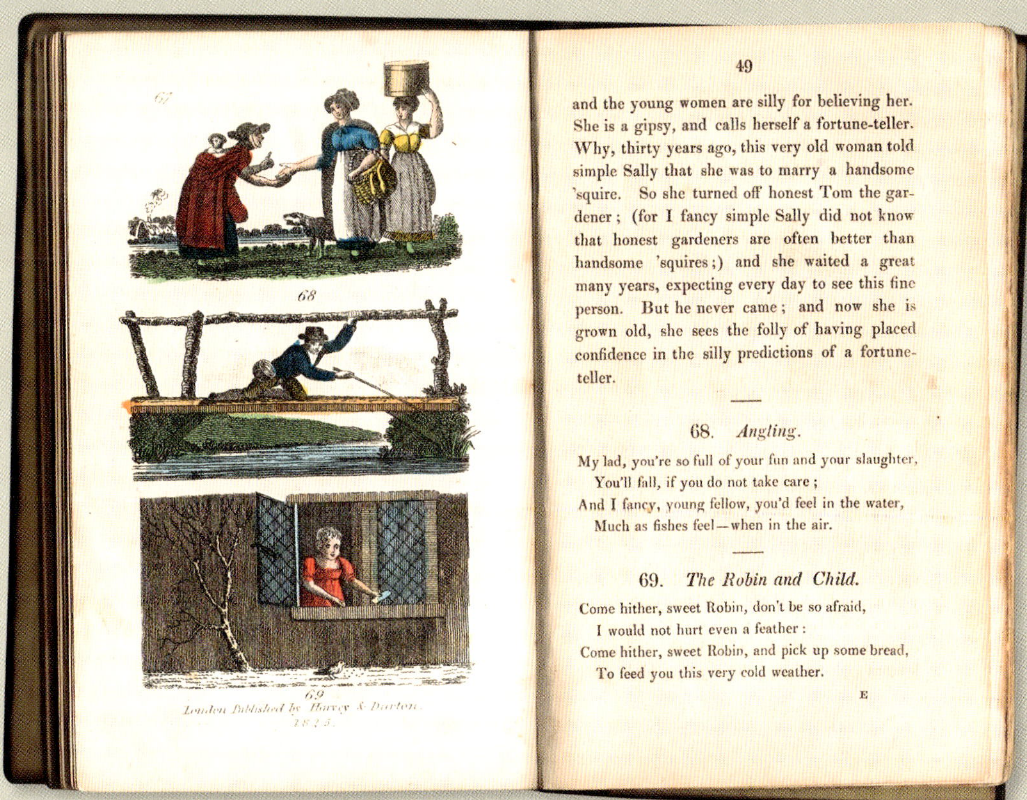

LINKS **Crusoes Reise durch China** Eine von sechs ganzseitigen Abbildungen aus dem zweiten Teil des *Robinson Crusoe, The Farther Adventures of Robinson Crusoe* (Die weiteren Abenteuer ...), 1719–1720. Der erste Teil war vom wahren Leben des schiffbrüchigen Alexander Selkirk inspiriert, der zweite Teil von der Reise einer russischen Gesandtschaft nach Peking, 1683–1695.

RECHTS ***Rural Scenes, or a Peep into the Country*** Die literarische Zusammenarbeit (1805) der Schwestern Jane und Ann Taylor fand Beifall und, wie Mary Godolphin, eine treue junge Leserschaft. *The Monthly Review* urteilte 1806, die Zeichnungen seien für »Auge und Geist gefällig« und wohl geeignet, »zur weiteren Erbauung und ständigem Wohl« beizutragen. Dieses Exemplar wurde 1825 gedruckt.

Sittliche Erziehung durch Bilder

Mitte des 19. Jahrhunderts erkannte man, dass reines Moralisieren Kinder abschreckt. Ein Frankfurter Arzt hatte die brillante Idee, eine Mischung aus Grausen und Spaß könne Kinder gutes Benehmen lehren.

Die Geschichten vom Struwwelpeter, vom Zappel-Phillipp, vom Suppen-Kaspar und all den anderen haben Generationen entzückt. Es gibt allerdings Menschen, die sie abstoßend finden und als Beispiel schwarzer Pädagogik ansehen. Manche meinen gar, ihre Geisteshaltung nehme die Adolf Hitlers und der Nationalsozialisten vorweg.

Dabei war Heinrich Hoffmann (1809–1894) ein Anhänger der Revolution von 1848. Er arbeitete als Armenarzt und wurde schließlich Leiter der »Anstalt für Irre und Epileptische« in Frankfurt am Main. Diese Klinik reformierte er und setzte sich dabei leidenschaftlich für einen großzügigen Neubau mit Gärten für seine Patienten ein. Seine übrige Zeit widmete er seiner Frau und seinen Kindern, die er mit selbst gezeichneten komischen Bildern unterhielt. 1845 überredeten Freunde ihn, eine Geschichte, die er für seinen dreijährigen Sohn zu Weihnachten geschrieben hatte, zu veröffentlichen. Und so erschienen im Verlag Literarische Anstalt J. Loening des Vormärz-Verlegers Zacharias Löwenthal *Lustige Geschichten und drollige Bilder für Kinder von drei bis sechs Jahren*, die ab der vierten Auflage nur noch *Der Struwwelpeter* hießen. Sie wurden sofort ein Erfolg und noch zu Hoffmanns Lebzeiten vielfach übersetzt. Bis 1876 erschienen allein in Deutschland 100 Auflagen; in Großbritannien 50 Auflagen im Zeitraum von 50 Jahren.

Hoffmann erfand das erzählende Bilderbuch, manche meinen sogar: den Comic. Er zeichnete Bilder, die von einem Text begleitet werden; der Text ist nicht das tragende Element. Er hatte die Versgeschichten bei seinen eigenen Kindern erprobt, die wie alle anderen lernen mussten, nicht mit Streichhölzern zu spielen, nicht das Essen zu verweigern oder nicht am Daumen zu lutschen – das macht ihren besonderen Reiz aus. Den vorlesenden Eltern und lauschenden Kindern gefiel es, dass er eben nicht biedermeierlich moralisierte. Man glaubt, seine Zuneigung zu den Widerborstigen und Träumern zu spüren. Hans Magnus Enzensberger widmete einer dieser Figuren sogar ein Gedicht und meinte: »Hoffmann tut so, als wäre er dieser gute Pädagoge, in Wirklichkeit aber sympathisiert er natürlich mit dem Fliegenden Robert.«

Von Beginn an inspirierte der *Struwwelpeter* zu Nachahmungen, Parodien, Abwandlungen und Travestien: 1882 erschien ein *Kurzer gynäkologischer Struwwelpeter* über Missbildungen und Totgeburten, und aus dem Jahr 1970 stammt *Der Anti-Struwwelpeter* des Satirikers Friedrich Karl Waechter. Vom Original des *Struwwelpeter* wurden bis heute allein in Deutschland etwa 30 Millionen Exemplare verkauft.

LINKS **Weh!** Jetzt geht es klipp und klapp / Mit der Scher' die Daumen ab … Ungehorsamen Kindern konnte so allerhand Schreckliches zustoßen.

Bezüge

Zu anderen Kinderbüchern, siehe:

John Newberys Little Pretty Pocket-Book, **S. 156–157**

Lothar Meggendorfers Internationaler Circus, **S. 198–199**

Zu einem anderen Buch mit grausigen Bildern, siehe:

Max Ernsts Une Semaine de Bonté, **S. 220–221**

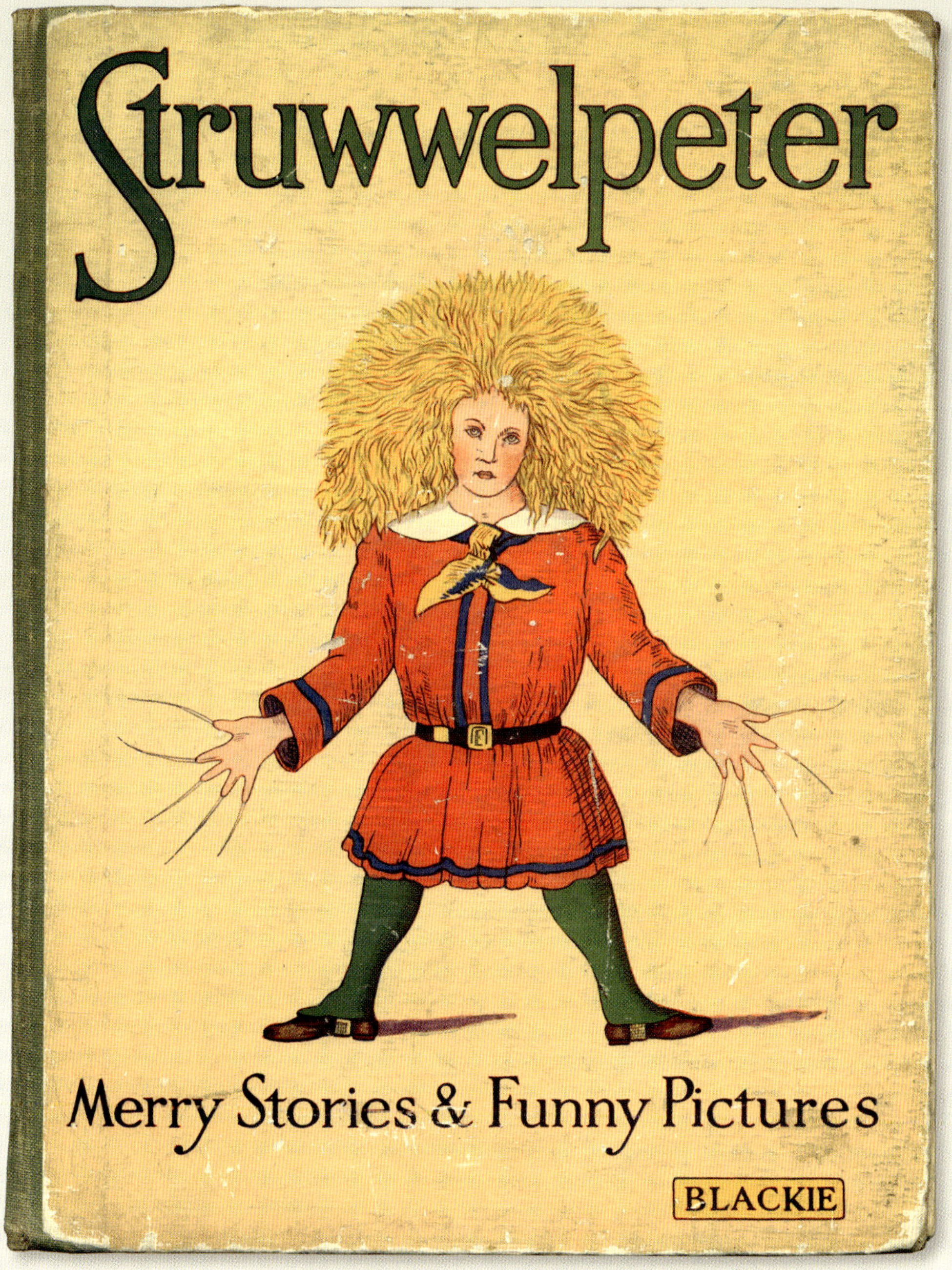

LINKS ***Struwwelpeter. Merry Stories & Funny Pictures*** Die erste englische Übersetzung der lustigen Geschichten und drolligen Bilder erschien bei Blackie & Sons in Glasgow. Alles in allem kamen Übersetzungen in etwa 40 Sprachen und 60 Dialekten sowie unzählige Adaptionen und Parodien heraus. Während des Ersten Weltkriegs erschien als Parodie auf Kaiser Wilhelm II. der *Swollen-headed William* (Aufgeblasener Wilhelm), während des Zweiten Weltkriegs der *Struwwelhitler.*

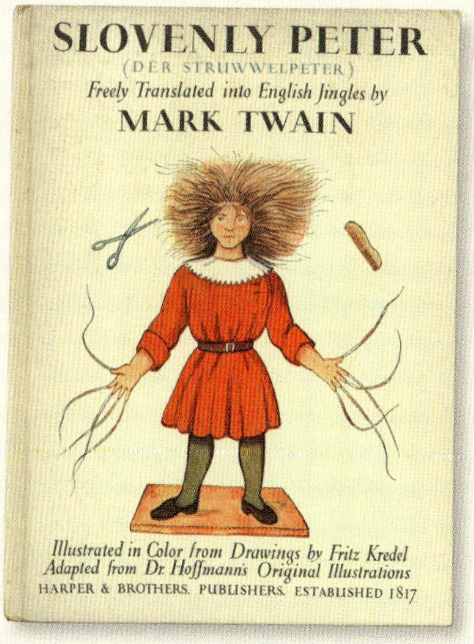

OBEN ***Slovenly Peter*** Mark Twain schrieb seine freie Übertragung 1891, wohl in Berlin, als Weihnachtsgeschenk für seine Kinder; sie erschien 1935 in New York.

OBEN **Meggendorfers *Internationaler Circus*** Das ausgeklügeltste bewegliche Buch von Meggendorfer entfaltet sich zu einem mehrschichtigen Manegenpanorama. Es vollzieht bis zu fünf Bewegungen in gegensätzliche Richtungen. Diese Ausgabe des Meisterwerks erschien 1887 in Paris.

Vom mittelalterlichen Visionär zum Papieringenieur

Buchklappen und Pop-ups wurden Jahrhunderte vor der Einführung des Buchdrucks im Westen erfunden. Heute sind sie in Kinderbüchern üblich, weil es Autoren und Künstlern gelang, Papier auf ganz neue Art zu nutzen.

Wir werden wohl nie erfahren, wer zuerst Papier zuschnitt, um bewegliche Elemente in Büchern zu schaffen. Der Katalane Ramón Llull (um 1232–1315) und der englische Mönch Matthew Paris (um 1200–1259) nutzten Drehscheiben (**Volvellen**) und Buchklappen, auch Autoren wissenschaftlicher Bücher wie Vesalius (siehe Seite 134–135) arbeiteten mit ihnen. Um 1765 entwickelte der Londoner Verleger Robert Sayer Kinderbücher mit mehreren Klappen auf einer Buchseite, diese *Harlequinades* (so benannt nach der Hauptfigur Harlekin) nannte er »*metamorphoses*«, Verwandlungen.

Solche **Verwandlungs-** und **Klapp-Bücher** wurden im 19. Jahrhundert in Großbritannien und den USA sehr beliebt. Der Londoner Miniaturenmaler William Grimaldi schuf 1821 für seine Tochter ein Buch, in dem Artikel auf einem Schminktisch abgebildet waren. Die Bilder ließen sich hochklappen, und darunter wurde eine erstrebenswerte Tugend beschrieben. Sein Sohn Stacey brachte das Buch unter dem Titel *The Toilet* heraus sowie 1823 ein weiteres Klapp-Buch mit Rüstungen für Jungen, *A Suit of Armour for Youth*. In Deutschland hatte Alois Senefelder, der Erfinder der **Lithografie**, bereits erfolgreich mit Farbdrucken gearbeitet, die Chromolithografie ermöglichte dann ab den 1830er-Jahren eine brillante Farbwiedergabe. Von diesen Möglichkeiten profitierte der Künstler Lothar Meggendorfer (1847–1925). Meggendorfer hatte zuerst als Zeichner der satirischen *Fliegenden Blätter* gearbeitet und entwarf dann bewegliche Bücher mit Klapp-, Zieh- und Drehelementen in leuchtenden Farben. Sein erstes, *Lebende Bilder* (1879), gestaltete

OBEN **Ramón Llulls Volvelle.** Faksimile einer Drehscheibe, die Llull für seine *Ars Magna* (Große Kunst) um 1305 fertigte. Die astronomische Volvelle, die einem Astrolab ähnelt, kam vermutlich aus dem Fernen Osten über die arabische Welt nach Europa.

er als Weihnachtsgeschenk für seinen Sohn. Die ausgeklügelte Papiermechanik seiner Werke erforderte auch von ihren Benutzern besondere Feinfühligkeit.

Die verschiedenen mehrdimensionalen Darstellungsmöglichkeiten, die Meggendorfer mit den beweglichen Elementen schuf, machten seine Bücher (darunter ein Zieh-*Struwwelpeter*) ungemein erfolgreich. Sie erschienen in zahlreichen Ausgaben, unter anderem in englischen und französischen. Meggendorfers besondere Kunstfertigkeit, wiewohl vielfach von anderen Gestaltern und Verlegern nachgeahmt, wurde selten übertroffen. Einen nach ihm benannten Preis für herausragende Werke verleiht regelmäßig die Movable Book Society, New York.

OBEN **Adam und Eva.** Der Londoner Verleger Robert Sayer produzierte seit etwa 1765 bewegliche Klapp-Bücher für Kinder, die er »*Harlequinades*« nannte – nach der Harlekin-Figur des Puppenspiels. Sie waren so erfolgreich, dass zahlreiche Raubdrucke und Nachahmungen entstanden: Hier eine amerikanische Version (1788), mit Bildern von James Poupard, der Text – *Anfang, Entwicklung und Ende des Menschen* – stammt von Benjamin Sands.

Bezüge

Zu älteren Pop-up-Büchern, siehe:

Vesalius' De humani corporis fabrica, **S. 134–135**

Humphry Reptons »Rote Bücher«, **S. 174–175**

Zu anderen Kinderbüchern, siehe:

John Newberys Little Pretty Pocket-Book, **S. 156–157**

Lucy Aikins Robinson Crusoe, **S. 194–195**

Heinrich Hoffmanns Struwwelpeter, **S. 196–197**

Wenn einer eine Reise tut

Im 19. Jahrhundert kam der Tourismus auf und mit ihm ein neues Buchgenre – der Reiseführer. Zu den erfolgreichsten und innovativsten Verlagen gehörte Baedeker, der bald zum Synonym wurde.

Nach den Napoleonischen Kriegen eroberten deutsche und englische Reisende Europa. Eisenbahnen und Dampfschiffe ermöglichten schnelles und preiswertes Reisen, und so boomte die Tourismusbranche. Die Engländerin Mariana Starke setzte mit ihren Reiseführern einen neuen Trend, Stendhal mokierte sich in seinem Roman *Die Kartause von Parma* (1838) über einen englischen Reisenden:

> *»... bezahlte nicht einen Heller, bevor er nicht einen Blick in die Reisen einer gewissen Mrs. Starke geworfen hatte, ein Buch, das ... dem besonnenen Engländer den Preis eines Truthahns, eines Apfels, eines Glases Milch und so fort nennt.«*

Mariana Starkes Reiseführer erschienen in London bei John Murray. Verzagten Touristen wurde darin erklärt, wie sie wohin fahren und wo sie preiswert übernachten konnten. Außerdem kennzeichnete die Autorin besondere Sehenswürdigkeiten mit !!!!!, spätere Reiseführer verwendeten dafür *****.

Murray erkannte das Marktpotenzial früh und brachte 1836 das erste seiner *Handbooks for Travellers* (Handbuch für Reisende) heraus, wegen der Einbandfarbe auch *Red Books* genannt. Die ersten Bände behandelten westeuropäische Länder, spätere führten zu entfernteren Zielen wie Algerien, Indien, Japan und Syrien. Die Reihe war ungeheuer erfolgreich, es erschienen zahlreiche überarbeitete Ausgaben, doch als Ende des 19. Jahrhunderts die Konkurrenz zu stark wurde, verkaufte Murray seine Rechte. Diese wurden 1915 von den Brüdern Muirhead erworben, die auch die englische Ausgabe des *Baedeker* verlegten. Sie setzten die ehemaligen *Red Books* als *Blue Guides* fort.

LINKS ***Ägypten.*** Der handliche, rot gebundene Baedeker-Reiseführer ins Land der Pyramiden von 1928 enthält die erste Beschreibung des Tutanchamun-Grabs, das Howard Carter erst sechs Jahre zuvor entdeckt hatte.

Dass Murray sich aus dem Geschäft zurückzog, ist zu einem guten Teil der Genauigkeit und Beharrlichkeit von Karl Baedeker (1801–1859) und dessen Söhnen geschuldet. Baedeker veröffentlichte schon 1828 die *Rheinreise von Mainz bis Cöln*. Der Band über die Schweiz erschien 1844 und steht beispielhaft für Baedekers akribisch vor Ort recherchierte Informationen über Reisegebiete, Verkehrswege und Übernachtungsmöglichkeiten. Zwei Jahre später führte er die Baedeker-Sterne und den roten Einband mit Goldprägung ein. Baedekers Führer wurden bald übersetzt; 1829 erschien der erste französische Band, *Le Rhin*, 1861 der erste englische, *The Rhine*. Murrays *Handbooks* erschienen dagegen nur in Englisch.

In den 1930er-Jahren waren 39 Auflagen des deutschen Schweiz-Bandes erschienen sowie 20 französische und 28 englische. Baedeker ging mit der Zeit und reiste mit dem Zug – 1839 erschien ein *Panorama der Eisenbahn zwischen Leipzig und Dresden*. Alle Bände wurden regelmäßig aktualisiert (der *Baedeker* beschrieb als erster Reiseführer überhaupt das Grab des Tutanchamun), waren systematisch gegliedert und verfügten über ausgezeichnete Karten. Lawrence von Arabien trug die 1912 erschienene 5. englische Auflage *Palestine and Syria* stets bei sich. Seit etwa 1900 – die Bände waren in ganz Europa erhältlich – sagte man »Baedeker«, wenn man »Reiseführer« meinte. Und was im Baedeker mit ***** markiert war, das musste man gesehen haben.

Im 20. Jahrhundert wurden auch andere Reiseführer allgegenwärtig. Zu den bekanntesten zählt der *Michelin*. Die Brüder Michelin erfanden die Führer 1900, um den Verkauf ihrer Autoreifen anzukurbeln, und verteilten kostenlose Exemplare an Autofahrer – ab den 1920er-Jahren wurden sie dann verkauft. Ihre Bedeutung verdanken sie nicht zuletzt den Restaurantbewertungen mit den noch heute begehrten Michelin-Sternen.

RECHTS **Baedekers *Schweiz*** Karl Baedecker brachte die erste Auflage 1844 heraus. Es war einer seiner erfolgreichsten Reiseführer, bis 1937 erlebte er 39 Neuauflagen. Der Biedermeier-Einband dieses abgegriffenen Exemplars war ursprünglich gelb.

UNTEN ***Rheinreise von Straßburg bis Düsseldorf*** 1839 in Koblenz gedruckt, der erste Baedeker mit dem illustrierten Biedermeier-Einband. Diese »dritte durchaus umgearbeitete Auflage der Rheinreise« enthält erstmals auch eine ausfaltbare Karte mit der Gegend von Mainz bis Köln.

Bezüge

Zu älteren Reisebüchern, siehe:

Cristoforo Buondelmontis Liber insularum archipelagi, ***S. 70–71***

Linschotens Itinerario, ***S. 132–133***

Zu anderen international vertriebenen Büchern, siehe:

Lothar Meggendorfers Internationaler Circus, ***S. 198–199***

Rolf Boldrewoods Robbery Under Arms, ***S. 204–205***

UNTEN *The Modern Housewife* Alexis Soyer verbesserte im Krimkrieg gemeinsam mit Florence Nightingale das Essen in den Lazaretten und gründete während der Hungersnot in Irland eine Suppenküche. Er brachte ein *Shilling Cookbook* heraus, damit auch Hungerlöhner ordentlich essen konnten. In seinem Buch für die moderne Hausfrau (1849) führte er fast 1000 »preiswerte und gescheite« Rezepte auf.

RECHTS Sauce für die Dame Soyer bewarb seine eigenen Produkte, etwa diese Sauce, die es in zwei Geschmacksrichtungen gab, eine für die Dame und eine, kurvenreich abgefüllt, für den Herrn sowie seinen fabelhaften Herd »Soyer's Magic Stove«. Er druckte auch lobende Rezensionen und Schreiben des Hofes ab, in denen versichert wurde, Seiner Majestät habe es gemundet.

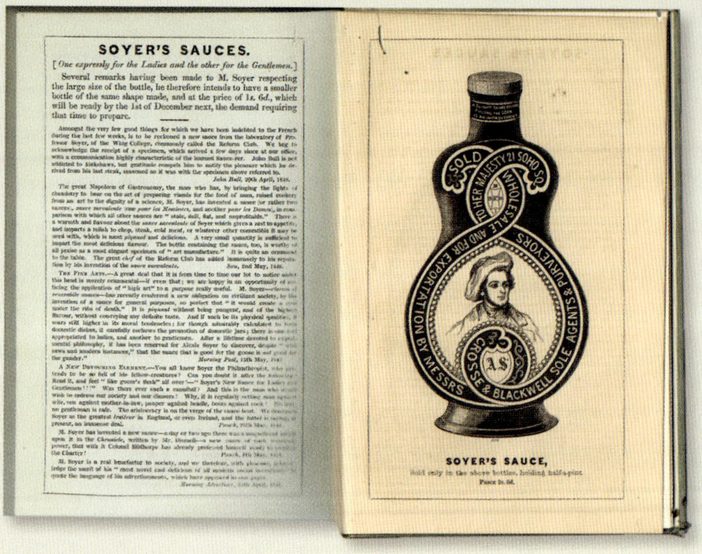

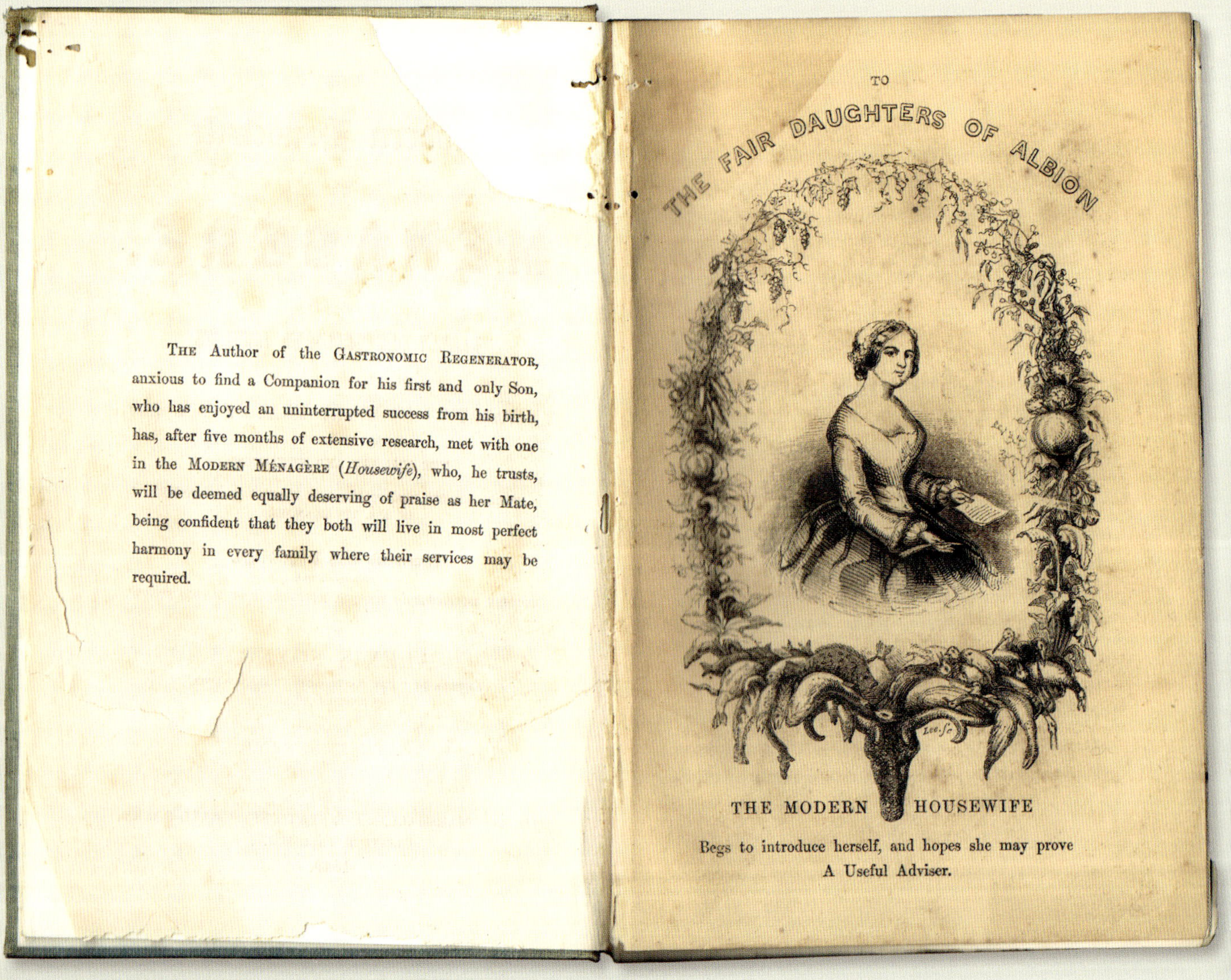

Der erste Starkoch

Der Mann, der als »Napoleon der Gastronomie« gepriesen wurde, führte in seinen Armenküchen, am Rande des Schlachtfelds und in seinen Büchern eine Kampagne für gesunde Ernährung und bewusstes Kochen.

Bis weit ins 19. Jahrhundert hinein galten Köche in der britischen Gesellschaft wenig – wenn sie überhaupt beachtet wurden. Nach den Napoleonischen Kriegen verbesserte sich das Verhältnis zwischen Frankreich und Großbritannien, französische Köche waren in London auf einmal gefragt. Einer der außergewöhnlichsten Küchenchefs war Alexis Soyer (1810–1858). In Versailles war er zweiter Koch des Herzogs von Polignac, floh aber 1830 ebenso wie sein Arbeitgeber, dessen Politik einer der Auslöser für die Pariser Julirevolution war.

In England kochte er in vornehmen Häusern, bis ihm 1837 der Posten des Küchenchefs im eben gegründeten Reform Club angetragen wurde. Das Gehalt war fürstlich – und wohlverdient: Er führte Gasherde und regulierbare Öfen ein und machte die Club-Küche mit seinen neu kreierten Speisen berühmt. Soyer war extravagant und großherzig, früh erkannte er, wie nützlich Publicity war, und ergriff jede Chance, von sich reden zu machen. Das Satire-Magazin *Punch* spottete regelmäßig über ihn, Thackeray, ein Clubmitglied, zitierte ihn in seinem *Book of Snobs* (1846) und parodierte ihn in der Figur des Kochs Alcide Mirobolant (Alcide Grandios) in *Pendennis* (1848–1850).

Soyer arbeitete unermüdlich, er führte nicht nur die Küche des Reform Clubs, sondern erfand und vermarktete diverse Saucen und Getränke sowie einen tragbaren Ofen, den er sich patentieren ließ – dieser Ofen war derart praktisch, dass die britische Armee eine Variante noch im Golfkrieg 1990–1991 nutzte. Auf eigene Kosten richtete er Armenküchen im Osten Londons und in Dublin ein. Er beriet die Admiralität in Fragen der Proviantierung auf den Schiffen der Kriegsmarine und ging 1855 für zwei Jahre auf die Krim, um die Versorgung der Soldaten zu organisieren. Florence Nightingale, die sein Wirken während des englisch-russischen Kriegs sehr bewunderte, bezeichnete seinen frühen Tod als großes Unglück.

Soyers zahlreiche Kochbücher – einige waren von Assistenten und Ghostwritern verfasst worden – verkauften sich gut. Er schrieb Rezepte für Armenküchen, *Charitable Cookery, or, The Poor Man's Regenerator* (1848), und erdachte preiswerte Gerichte für einfache Leute – *Shilling Cookery for the People* (1855) verkaufte sich 250 000 Mal. *The Modern Housewife* (1849) richtete sich an die bürgerliche Hausfrau und war ein Longseller.

LINKS **Die Feldküche**
Soyer mit den Generälen Lord Rokeby und Pelissier auf der Krim neben dem Küchenzelt, aus *The Illustrated London News*, September 1855.

Bezüge

Zu einem antiken Kochbuch, siehe:
Apicius, S. 52–53
Zu anderen erfinderischen Geistern, siehe:
Jacob Perkins' Patent, S. 182–183
Chester Carlsons Laborbuch, S. 212–213

Werbung für die Kolonien

Erfolgreiche Bücher besitzen dank ihrer Nachauflagen ein langes Leben. Diese Serie erschloss neue Märkte und ermöglichte Schriftstellern aus den Kolonien, in den Fokus der Verlagswelt zu rücken.

Die **Stereotypie** erlaubte im 19. Jahrhundert die Massenproduktion billiger Buchserien und Groschenhefte. Die Verleger witterten noch unerschlossene Märkte – man musste sie nur finden.

In Paris veröffentlichte Galignani englischsprachige Bücher für Touristen, in Leipzig erschien 1841 der erste Band von Tauchnitz' Reihe *Collection of British and American Authors*, die europaweit verkauft wurde. Bemerkenswert war, dass der ehrliche Tauchnitz den britischen und amerikanischen Autoren Honorare zahlte, obwohl er dazu gesetzlich nicht verpflichtet war.

Schon seit dem 15. Jahrhundert litten Autoren und Verleger unter Raubdrucken. Die auf Betreiben Victor Hugos verfasste Berner Übereinkunft zum Schutz von Werken der Literatur und Kunst, die Urheberrechte grenzübergreifend schützt, wurde 1886 von den meisten europäischen Regierungen unterzeichnet. Der 1891 erlassene Chase Act garantierte den Schutz europäischer Autoren auch in den USA.

1886 startete Macmillan seine preiswerte *Colonial Library*, für die der Verlag sich Rechte gesichert hatte. Die Bibliothek erschien in leinengebundenen und Broschur-Ausgaben. Wie die Tauchnitz-Editionen wurde die Reihe nicht in Großbritannien zum Kauf angeboten, sondern in Indien, Australien und anderen

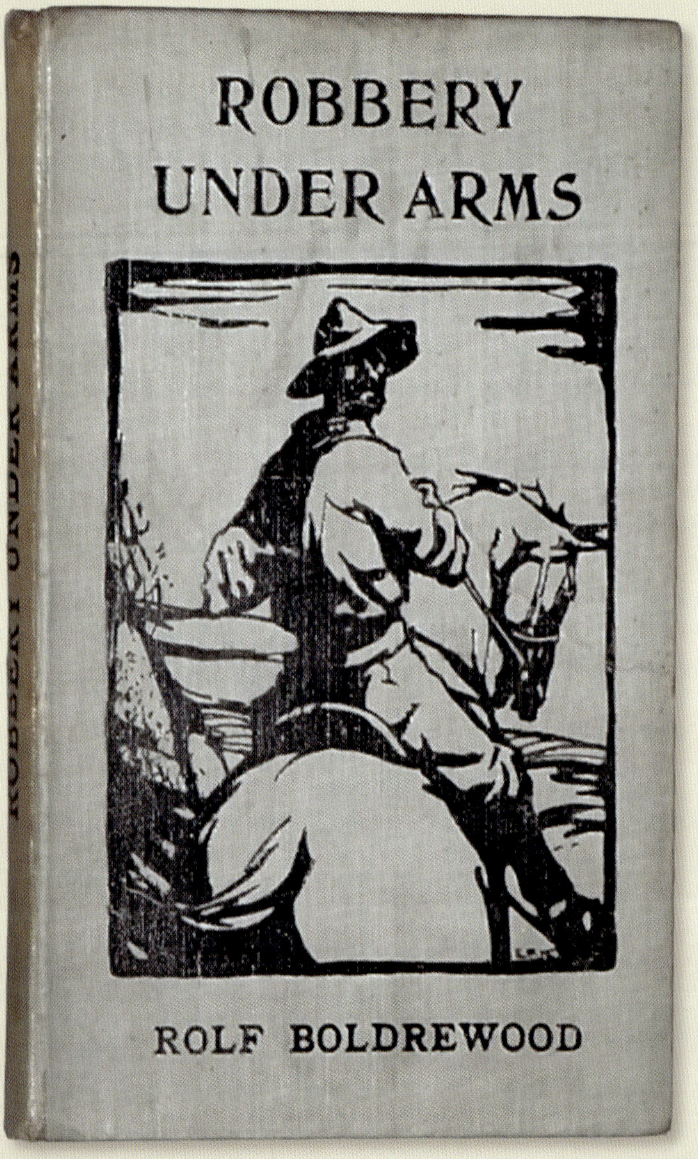

LINKS ***Robbery Under Arms*** Die Geschichte aus dem Outback erschien 1882–1883 zunächst in Fortsetzungen in der *Sydney Mail*. 1889 nahm Macmillan sie in die *Colonial Library* auf, in den 1920er-Jahren wich das schlichte Leinencover des zum Klassiker avancierten Titels einem eindrucksvolleren illustrierten Umschlag.

RECHTS **Ein kolonialer Sherlock Holmes** *Der Hund der Baskervilles* in der ersten für die Kolonien bestimmten Reihe des Londoner Verlags Longman. Sie war aufwendiger gestaltet als Macmillans *Colonial Library*, die Bücher hatten 16 ganzseitige Illustrationen und goldgeprägte Einbände.

britischen Kolonien. Diese Strategie war ungeheuer erfolgreich: 1913 waren über 600 Titel erschienen, meist Romane, von denen sich viele sehr gut verkauften. In Zeitungen und Zeitschriften wie *South Australian Advertiser* und *Times of India* konnte man lesen, dass »der einzelne Buchkäufer … in Indien heute sehr viel mehr für sein Geld bekommt als je zuvor«.

Ein Bestseller der *Colonial Library* war die Nummer 94, die ein australischer Klassiker wurde: *Robbery Under Arms* (Bewaffneter Raub) von Rolf Boldrewood – der Autorenname war das Pseudonym des Kolonialbeamten Thomas Alexander Browne (1826–1915), der die gesetzlosen Pioniere erlebt hatte. In den ersten 50 Jahren verkaufte sich der Roman über 500 000 Mal, noch heute ist er lieferbar. Tauchnitz brachte 1889 in seiner *Collection* eine zweibändige Ausgabe dieser Geschichte von »Leben und Abenteuern im australischen Busch- und Goldland« heraus. 1928 erschien die erste deutsche Übersetzung unter dem eher harmlosen Titel *Im australischen Busch.*

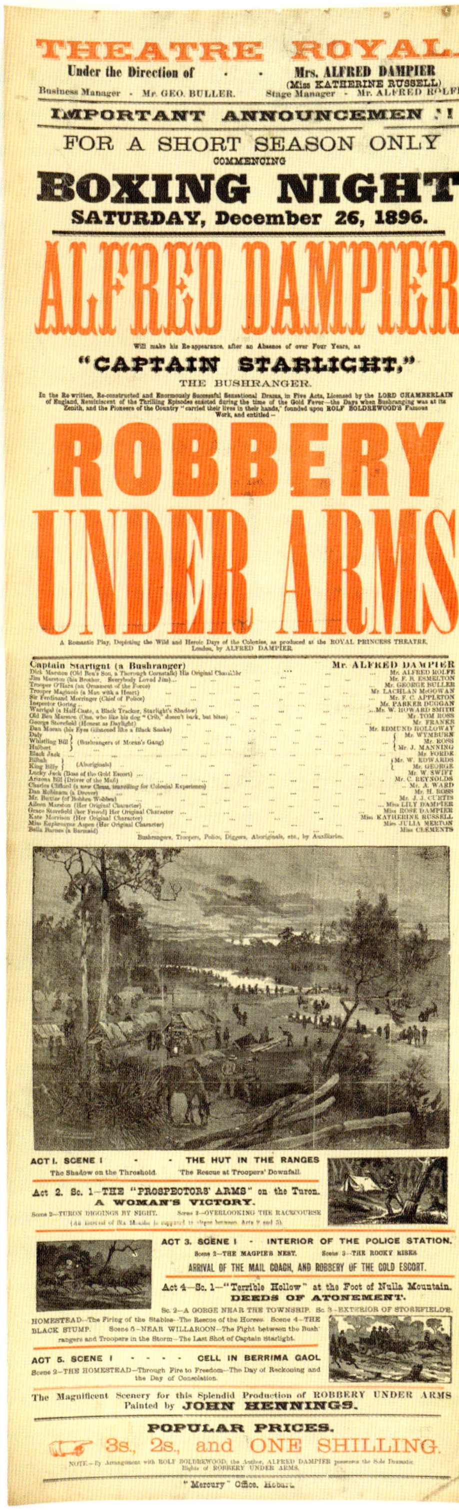

OBEN **Inszenierter Raub** Plakat für eine Aufführung von Boldrewoods Geschichte am Theatre Royal in Hobart, 1896.

Bezüge

Zu anderen Büchern für den Kolonialmarkt, siehe:

Das »Bay Psalm Book«, S. *128–129*

Zu Autorenvergütungen, siehe:

Charles Dickens' Pickwick Papers, S. *190–191*

Zu anderen Büchern über Verbrechen und Abenteuer, siehe:

Der Newgate Calendar, S. *164–165*

Frank Powells Old Grizzly Adams, S. *192–193*

KAPITEL 10

RECHTS ***Architektur an der VChUTEMAS*** In den 1920er-Jahren waren die VChUTEMAS (Höhere staatliche Künstlerisch-Technische Werkstätten) in Moskau ein Zentrum der Avantgarde, vergleichbar mit dem Weimarer Bauhaus. Das drückt sich in dem 1927 entstandenen Buchcover von El Lissitzky aus (siehe Seite 218–219).

Das Buch im turbulenten 20. Jahrhundert

Neben totalitären Ideologien und den beiden Weltkriegen bedrohten technische und kulturelle Entwicklungen wie die Massenkommunikation und das Fernsehen die Buchlandschaft. Die Bücher des 20. Jahrhunderts unterschieden sich oft stark von ihren Vorläufern, sind aber lebendig wie eh und je.

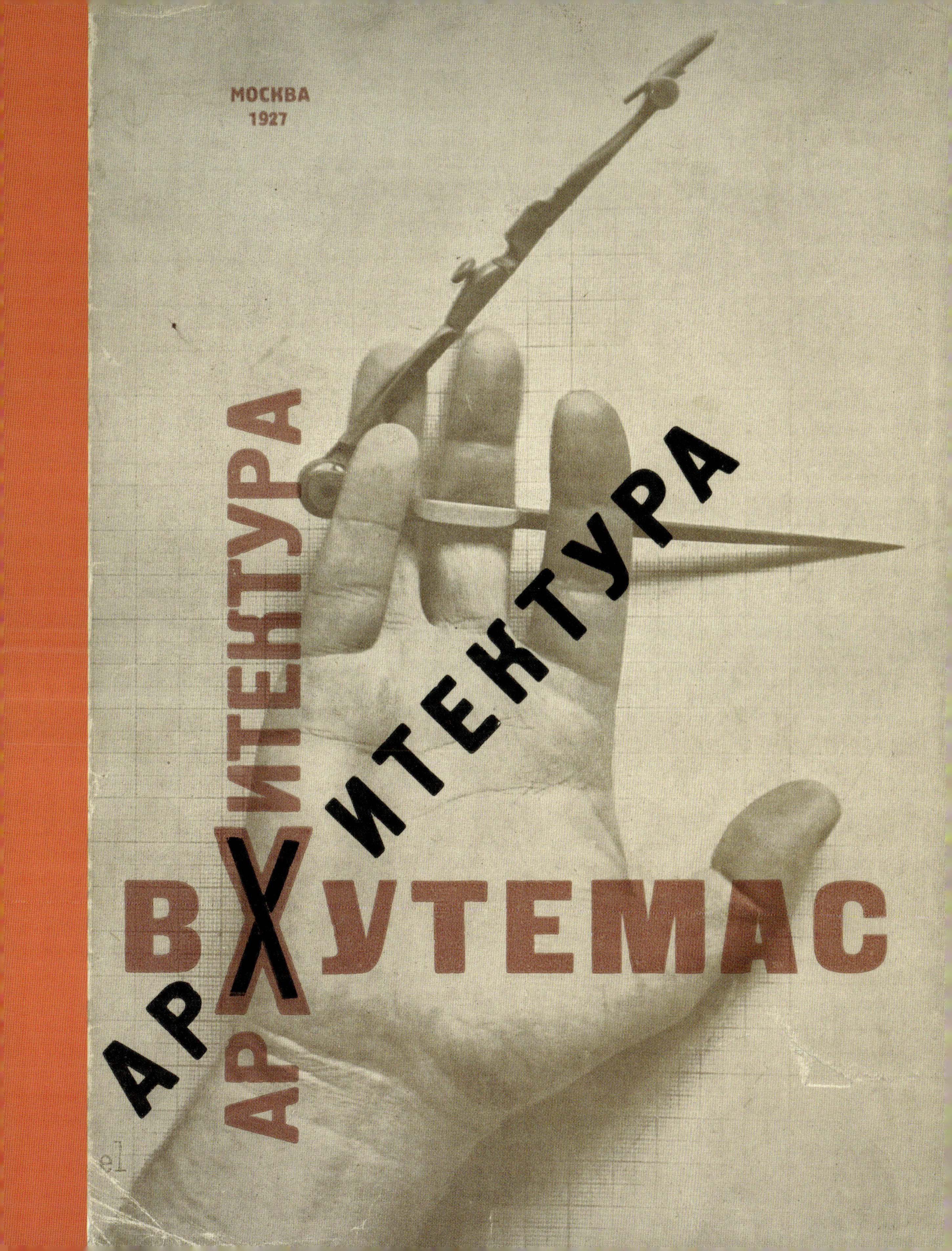
МОСКВА
1927
АРХИТЕКТУРА
АРХИТЕКТУРА
ВХУТЕМАС
el

Anfang des 20. Jahrhunderts schien es um die Buchproduktion gut bestellt: Es erschienen viele Titel, hohe Auflagen sowie besser gedruckte, gestaltete und illustrierte Bücher. Das erhöhte Bildungsangebot und die weite Verbreitung öffentlicher Bibliotheken seit etwa 1850 sicherten Absätze. Die Bibliothekare arbeiteten immer professioneller: In den USA entwickelte Melvil Dewey ein Klassifikationssystem und gründete die erste Gesellschaft für Bibliothekare. An der Pierpont Morgan Library bewies Belle da Costa Greene, dass systematisches Sammeln keine reine Männerdomäne ist. In Großbritannien schuf James Duff Brown ein Katalogisierungsregelwerk. In Deutschland forderten Otto Hartwig und August Wilmanns regelmäßige Etats. In Russland setzte sich Nadeschda Krupskaja, die Ehefrau Lenins, für ein dichtes Netz gut ausgestatteter Bibliotheken ein.

Informationswissenschaft

In Europa wie in Amerika wurde man sich der ungeheuren Mengen von Büchern und anderer Veröffentlichungen bewusst. Diese unübersichtliche Ansammlung von Inhalten war überdies in nach unterschiedlichen Regeln geführten Bibliothekskatalogen verzeichnet. Darauf reagierten zwei belgische Anwälte, die 1895 in Brüssel das Internationale Institut für Bibliografie gründeten, das 1937 zur Internationalen Vereinigung für Information und Dokumentation umbenannt wurde. Ihr Ziel war es, eine weltumspannende bibliografische Auskunftsstelle und eine auch sachlich geordnete Universalbibliografie aufzubauen. Als Klassifikationssystem verwendeten sie das von ihnen abgewandelte Dezimalsystem von Dewey, die Universelle Dezimalklassifikation. 1914 hatten sie elf Millionen Einträge auf Karteikarten gesammelt.

Wie der Name des Instituts nahelegt, war es mehr an Informationen über Bücher als an den Büchern selbst interessiert. Es bildete sich ein bis heute bestehender Gegensatz zwischen der Dokumentation und den Inhalten einer Bibliothek heraus, doch die Arbeit des Instituts war für die späteren computergestützten Systeme unerlässlich und die Entwicklungen, die es anstieß, mündeten schließlich in der Informationswissenschaft. Die universelle Idee regte in Deutschland 1911 die Gründung der »Brücke, Institut für die Organisation geistiger Arbeit« an, die eine Welt-Enzyklopädie auf standardisierten Karteikarten, geordnet nach der Dezimalklassifikation, aufbauen wollte.

Anfangs waren Bibliotheksdirektoren noch Gelehrte oder Dichter, wie Archibald MacLeish (Library of Congress, Washington) und Philp Larkin (University of Hull), doch der Wandel forderte Manager anstelle kreativer Geister. Paul Raabe (Herzog August Bibliothek, Wolfenbüttel) war ein gelehrter Manager, der wunderbare Bücher schrieb. In Buenos Aires leitete Jorge Luis Borges die Nationalbibliothek und brachte eine *Phantastische Bibliothek* heraus (siehe Seite 210–211).

Auch der Amerikaner Fremont Rider betrachtete die Informationsexplosion mit Sorge. In den 1940er-Jahren ging er davon aus, die Bestände wissenschaftlicher Bibliotheken würden sich alle 16 Jahre verdoppeln. Er hatte sich zwar verschätzt, doch die Frage, wohin mit so vielen Büchern, blieb. Rider entwickelte die Mikrokarte, auf der ganze Publikationen verfilmt werden konnten. Große Bibliotheken wie die American Antiquarian Society speicherten ihre Bestände auf Millionen solcher Mikrokarten – doch sie wurden später durch andere Speichermedien ersetzt und sind heute unlesbare Museumsstücke. So erging es manchem Medium, das bedrucktes **Papier** ersetzen sollte (siehe Seite 212–213).

Buchgestaltung

In den Jahren vor dem Ersten Weltkrieg blieb der Einfluss der Kelmscott Press auf die Kunst der Buchgestaltung bedeutend. Aus den Hand- oder **Privatpressen** wie der Cranach-Presse kamen bis weit nach dem Krieg schön und typografisch aufwendig gestaltete Bücher, die nicht in erster Linie mit Blick auf ihre Verkäuflichkeit hergestellt wurden (siehe Seite 214–215 und 216–217). Für solche Pressen arbeiteten Künstler, die traditionelle Illustrationstechniken wiederaufleben ließen. Avantgardistische Künstler prägten einen völlig anderen Stil, der langsam auf die allgemeine Buchgestaltung abfärbte (siehe Seite 218–219 und 220–221). In Asien, Afrika und Südamerika wurde Lesestoff so dringend verlangt, dass man in Ländern wie Indien, Nigeria und Brasilien auf Publikationsformen zurückgriff, die in Europa längst passé waren (siehe Seite 222–223).

Technischer Fortschritt

In Europa und Amerika entwickelten sich vor allem die Illustrationstechniken weiter, Gravuren, Raster- und der relativ teure Lichtdruck (Collotypie) wurden eingesetzt. Typografen wie der Engländer Stanley Morison, der Amerikaner William Addison Dwiggins und der

Holländer Jan van Krimpen entwickelten neue Schriften, die an klassische Vorlagen anknüpften. Die Papierknappheit während des Zweiten Weltkriegs führte dazu, dass in Großbritannien die Buchgestaltung optimiert wurde. Die meisten Käufer lehnten damals ein zu modernes Design ab – das ist an den erfolgreichen Taschenbuchreihen abzulesen (siehe Seite 224–225).

In den Wirren der Oktoberrevolution und während des Zweiten Weltkriegs wurden mehr Bücher zerstört als beim Niedergang Alexandrias und der Eroberung Nalandas. Viele wertvolle Handschriften waren unwiederbringlich verloren. Der tatsächliche Verlust war nur deshalb nicht so hoch, weil es dank gedruckter oder auf Mikrokarte verfilmter Kopien wesentlich mehr Exemplare eines Titels gab und weil zahlreiche Bücher in Archivbibliotheken überdauerten. Zu den seltensten Drucken des 20. Jahrhunderts zählen die der Untergrundverlage (siehe Seite 226–227) oder Bücher, die in der UdSSR im Samisdat (Selbstverlag) oder in gekürzter Form erschienen, wie Alexander Solschenizyns *Archipel Gulag* oder Boris Pasternaks *Doktor Schiwago* (siehe Seite 228–229).

Der gesellschaftliche Wandel lockerte die Moralvorstellungen. Sexuelle Fragen waren bislang nur zurückhaltend in medizinischen Büchern abgehandelt worden; im 20. Jahrhundert erschienen Bücher über Sex, Familienplanung und sexuelle Gesundheit – und wurden viel gelesen (siehe Seite 230–231).

Die jungen Medien, die im 20. Jahrhundert aufkamen, änderten das Denken und Verhalten der Menschen. Sie beförderten den Personenkult in ungeahntem Ausmaß, doch noch immer blieben Bücher für die Meinungsbildung und den Glauben bedeutsam. Die Absätze von Hitlers *Mein Kampf* waren nach damaligem Maßstab enorm.

In der ersten Hälfte des 20. Jahrhunderts ließ sich, auch mit begrenzten finanziellen Mitteln, noch relativ einfach ein Verlag gründen. Die Buchlandschaft war vielfältiger, bevor zahlreiche einst unabhängige Verlage von Konzernen aufgekauft wurden, die mehr an der Rendite als an der Veröffentlichung bedeutender Werke interessiert sind. Als große Ketten wie Barnes & Noble, Waterstones, Thalia oder Hugendubel die kleinen und mittleren unabhängigen Buchhandlungen verdrängten, schien sich das Angebot zunächst zu vergrößern, tatsächlich aber schränkte ihre Einkaufspolitik die Auswahl ein. Ob Amazon Verlagen und Büchern guttut, muss sich noch entscheiden.

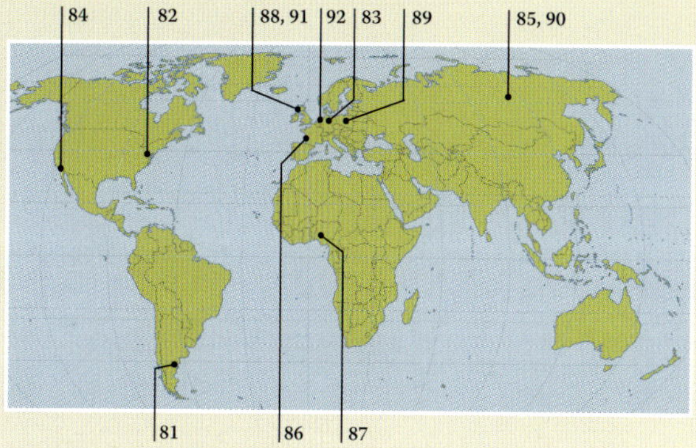

IN DIESEM KAPITEL

Der blinde Seher von Buenos Aires

Mancher Bibliothekar wurde berühmt, weil er Organisationstalent besaß oder eine Sammlung aufbaute, den Argentinier Jorge Luis Borges machten seine phantastischen Werke bekannt, in denen das moderne Informationszeitalter bereits aufscheint.

In alten Zeiten waren Bibliothekare wie Kallimachos in Alexandria oder Antonio Magliabechi in Florenz ob ihrer Gelehrsamkeit berühmt. Auch im 20. Jahrhundert waren Bibliothekare gebildet, doch wenige wurden als Schriftsteller weltberühmt – wie Jorge Luis Borges (1899–1986).

Der in Buenos Aires geborene Borges wurde vor allem für seine Erzählungen berühmt. Während des Ersten Weltkriegs hatte er in Genf die Schule besucht, sich dann in den avantgardistischen literarischen Kreisen von Madrid bewegt und war 1921 nach Argentinien zurückgekehrt. Borges, der in erster Linie Journalist, Dichter und Essayist war, verbrachte viel Zeit mit Büchern und in Bibliotheken, in den frühen 1930er-Jahren wurde er Hilfsbibliothekar in einer Bücherei in Buenos Aires. Dort hatte er viel Zeit zum Schreiben, das immer wieder um Bibliotheken kreiste. Aufgrund seiner politischen Ansichten wurde er 1946 von dem ihm verhassten Präsidenten Juan Perón zum Marktinspektor für Geflügel und Kaninchen »befördert« – eine Beleidigung, die Borges nie vergaß. Nach dem Sturz des Diktators wurde der fast völlig erblindete Autor 1955 zum Direktor der Nationalbibliothek ernannt. Als Perón 1973 erneut an die Macht kam, wurde Borges entlassen.

Seine phantastischen, labyrinthischen Erzählungen sind unter anderem von Surrealisten wie Max Ernst und Magritte inspiriert. Die erste Sammlung *El jardín de senderos que se bifurcan* (*Der Garten der Pfade, die sich verzweigen*, 1941) wurde 1944 in den Band *Ficciones* (deutsch unter dem Titel *Labyrinthe*, 1960) übernommen. Sie brachte ihm internationale Anerkennung, manche Kritiker priesen ihn als bedeutendsten spanischsprachigen Autor seit Cervantes. Die Titelgeschichte *Der Garten der Pfade, die sich verzweigen* gilt als früher Hypertext. Borges' Einfluss auf lateinamerikanische wie auf europäische Autoren, etwa Italo Calvino und Umberto Eco, ist groß.

Der ungemein belesene Borges, ein Meister des knappen Erzählens, schrieb einmal, es sei »ein mühseliger und strapazierender Unsinn«, auf 500 Seiten auszuwalzen, was man auch in einer Minute darlegen könne. Besser sei es, so zu tun, als gäbe es diese Bücher bereits, und sie dann zu resümieren und kommentieren. Er befasste sich nicht nur mit imaginären Werken, sondern gab in der *Bibliothek von Babel* auch phantastische Literatur aus drei Jahrhunderten heraus.

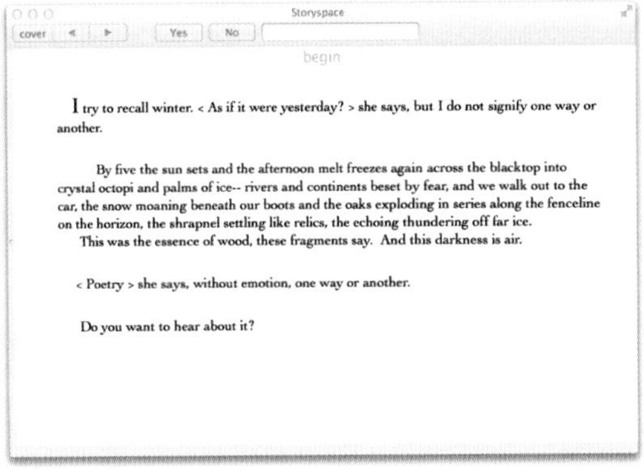

LINKS **Hypertextfiction** Die formalen Experimente von Autoren wie Borges und James Joyce beeinflussten die Entwicklung der Hypertextfiction. Hier ein Ausschnitt aus Michael Joyces *Afternoon. A Story*; die 1987 auf einer Konferenz veröffentlichte bahnbrechende Geschichte gilt als erster Hypertext.

Bezüge

Zu innovativer Erzählweise, siehe:

Laurence Sternes Tristram Shandy, **S. 166–167**

Zu anderen lateinamerikanischen Publikationen, siehe:

Joseph Nnadozies Beware of Harlots, **S. 222–223**

Francisca Prietos Antibook, **S. 250–251**

LINKS ***El jardín de senderos que se bifurcan*** In der Geschichte *Der Garten der Pfade, die sich verzweigen* geht es um einen deutschen Spion in England während des Ersten Weltkriegs, dessen Handeln mit der Geschichte eines Labyrinths verwoben ist. Je weiter sich die Geschichte entwickelt, desto mehr wird der Text selbst zum Labyrinth. Alternative Handlungsverläufe sowie wechselnde Zeitebenen weisen den Weg zu interaktivem Lesen – und zu Computerspielen.

Revolutionäre Vervielfältigung

Chester Carlsons Erfindung und das elektrostatische Druckverfahren von Xerox machten das Kopieren von Dokumenten spielend leicht. Manch einer meint, die Xerografie habe die Entwicklung hin zum papierlosen Büro aufgehalten.

Als dem schottischen Erfinder James Watt (1736–1819) das Abschreiben von Dokumenten für seinen Partner Matthew Boulton zu mühselig wurde, erfand er eine Kopiermaschine. Benjamin Franklin, George Washington und andere machten sie sich zunutze. Watts Erfindung war der Vorläufer aller Kopiertechniken des 19. Jahrhunderts, Mimeo- und Hektografie wurden noch bis nach dem Zweiten Weltkrieg genutzt. Doch diese Art des Vervielfältigens mittels Matrizen war zeit- und materialaufwendig. Für technische Pläne und ähnliche Dokumente eignete sich nur die Fotografie – oder der Mikrofilm, auf dem wissenschaftliche Bibliotheken seit den 1930er-Jahren seltene Bücher und Zeitungen festhielten.

LINKS **Der Xerox-Kopierer** Chester Carlson mit seiner ersten, 1938 entwickelten elektrofotografischen Maschine, Vorstufe des Xerox-Fotokopierers, nicht viel größer als ein moderner Desktopdrucker.

Noch immer aber gelang es nicht, Einzelkopien zu erstellen, die ohne spezielles Gerät gelesen werden konnten. Verschiedene Fotokopiertechniken wie das Thermofax kamen auf, deren Bilder aber schnell verblassten. Den entscheidenden Schritt tat kein gelernter Drucker oder Maschinenbauer, sondern ein Außenseiter, Chester Carlson (1906–1968). Schon als Junge hatte er Erfinder werden wollen und war geradezu besessen von der Idee, ein preiswertes und einfaches Kopierverfahren zu entwickeln. 1930, als die USA mitten in der Wirtschaftskrise steckten, schloss er sein Physikstudium am Californian Institute of Technology ab. Er fand eine Anstellung bei Bell Telephone Laboratories und experimentierte privat weiter mit Vervielfältigungen, die Ergebnisse notierte er in Laborbücher. Im Oktober 1938 hielt er den ersten geglückten elektrostatischen Druckversuch fest.

Erst Ende der 1950er-Jahre brachte Carlson gemeinsam mit der Stiftung Battelle Memorial Institute und der Firma Haloid – später Xerox – einen verlässlich arbeitenden elektrostatischen Drucker auf den Mark, den Xerox 914. Es ging das Gerücht – sicherlich von der Konkurrenz gestreut –, die Benutzung des Fotokopierers mache Männer impotent, doch das konnte den Erfolg nicht aufhalten. Der Xerox 914 und die Folgemodelle hielten in zahllosen Bibliotheken und Büros Einzug.

Carlson erleichterte Verlegern, Händlern und Lernenden das Leben. Anstatt einen Text gründlich zu lesen und dabei Wesentliches zu notieren, machte man schnell und preiswert eine Kopie (ein Fortschritt, aber kein Segen). Firmen wie University Microfilms brachten bald kopierte Dissertationen heraus – doch die Qualität der Kopien ließ noch zu wünschen übrig, und man war weit vom heutigen Print-on-Demand entfernt. Carlsons Erfindung ebnete jedoch den Weg in die moderne Informationsgesellschaft.

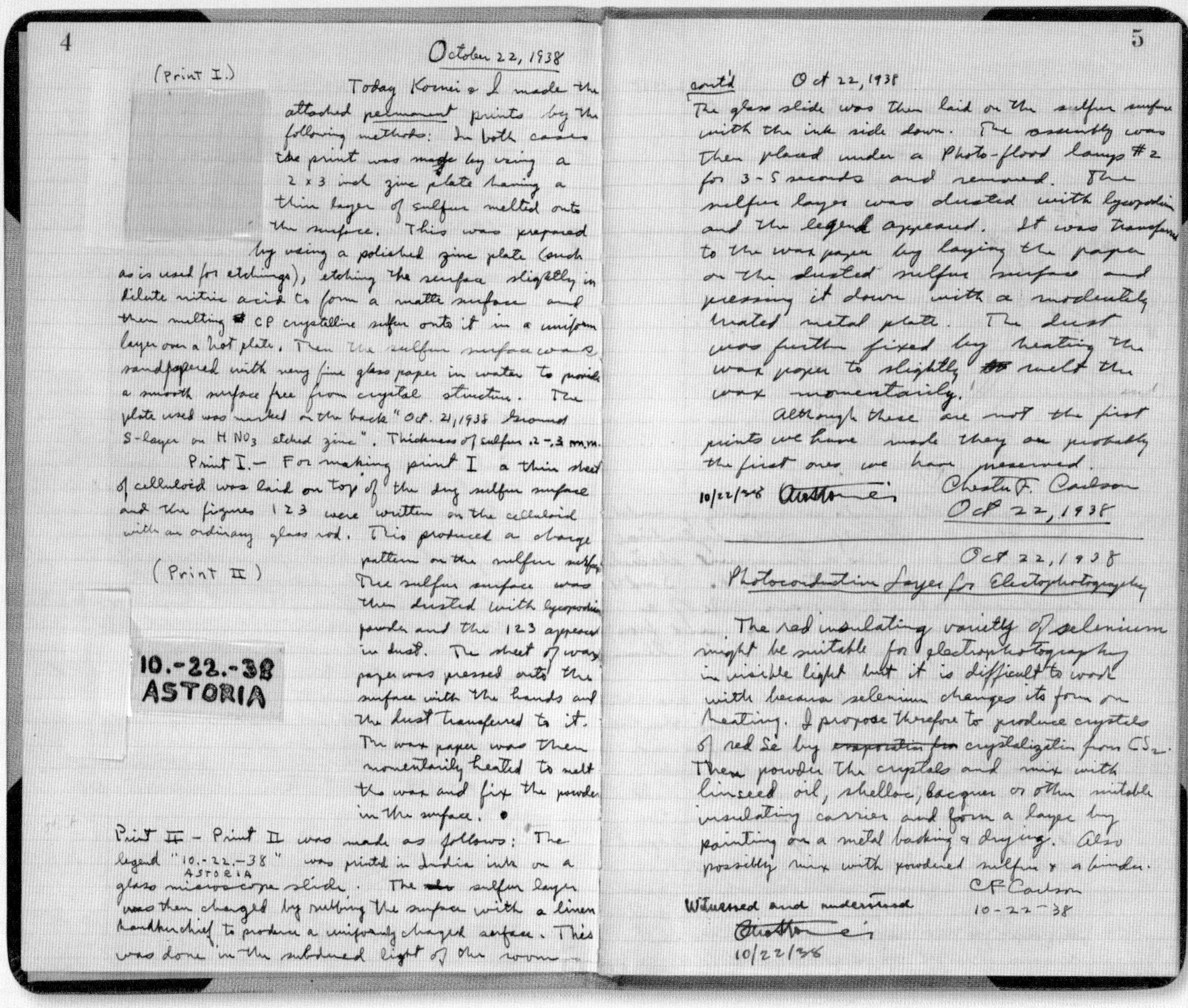

4

October 22, 1938

(Print I.)

Today Kornei & I made the attached permanent prints by the following methods: In both cases the print was made by using a 2 x 3 inch zinc plate having a thin layer of sulfur melted onto the surface. This was prepared by using a polished zinc plate (such as is used for etchings), etching the surface slightly in dilute nitric acid to form a matte surface and then melting CP crystalline sulfur onto it in a uniform layer over a hot plate. Then the sulfur surface was sandpapered with very fine glass paper in water to provide a smooth surface free from crystal structure. The plate used was marked on the back "Oct. 21, 1938 Ground S-layer on HNO_3 etched zinc". Thickness of sulfur .2–.3 m.m.

Print I.– For making print I a thin sheet of celluloid was laid on top of the dry sulfur surface and the figures 123 were written on the celluloid with an ordinary glass rod. This produced a charge pattern on the sulfur surface. The sulfur surface was then dusted with lycopodium powder and the 123 appeared in dust. The sheet of wax paper was pressed onto the surface with the hands and the dust transferred to it. The wax paper was then momentarily heated to melt the wax and fix the powder in the surface.

(Print II)

10.-22.-38
ASTORIA

Print II – Print II was made as follows: The legend "10.-22.-38 ASTORIA" was printed in India ink on a glass microscope slide. The sulfur layer was then charged by rubbing the surface with a linen handkerchief to produce a uniformly charged surface. This was done in the subdued light of the room –

5

cont'd Oct 22, 1938

The glass slide was then laid on the sulfur surface with the ink side down. The assembly was then placed under a Photo-flood lamp #2 for 3–5 seconds and removed. The sulfur layer was dusted with lycopodium and the legend appeared. It was transferred to the wax paper by laying the paper on the dusted sulfur surface and pressing it down with a moderately heated metal plate. The dust was further fixed by heating the wax paper to slightly melt the wax momentarily.

Although these are not the first prints we have made they are probably the first ones we have preserved.

10/22/38 Otto Kornei — Chester F. Carlson Oct 22, 1938

Oct 22, 1938

Photoconductive Layer for Electrophotography

The red insulating variety of selenium might be suitable for electrophotography in visible light but it is difficult to work with because selenium changes its form on heating. I propose therefore to produce crystals of red Se by ~~evaporation for~~ crystallization from CS_2. Then powder the crystals and mix with linseed oil, shellac, lacquer or other suitable insulating carrier and form a layer by painting on a metal backing & drying. Also possibly mix with powdered sulfur & a binder.

C F Carlson
10-22-38

Witnessed and understood
Otto Kornei
10/22/38

OBEN Das Laborbuch von Chester Carlson
Kein veröffentlichtes Buch, dennoch ein Buch. Carlsons Notizbuch, mit seinen handschriftlichen Einträgen über elektrostatisches Drucken, veränderte die Verlagswelt.

Bezüge

Zu früheren Kopierverfahren, siehe:

William Playfairs Commercial and Political Atlas, **S. 162–163**

Anna Atkins' Photographs of British Algae, **S. 184–185**

Zu anderen Versuchen, den Druck zu ersetzen, siehe:

Ángela Ruiz Robles' mechanische Enzyklopädie, **S. 244–245**

Die Nano-Bibel des Technion, **S. 246–247**

Der Druckkunst eine Bühne

Es gibt viele schöne Shakespeare-Ausgaben. Der von Harry Graf Kessler in Weimar gedruckte Hamlet *ist ein Meilenstein der Buchkunst des 20. Jahrhunderts.*

RECHTS **Erster Totengräber** Auf Edward Gordon Craigs Skizze (1927) erscheint der englische Drucker der Cranach-Presse, H. Gage-Cole, als Totengräber.

Um 1900 waren die Druck- und Bildwiedergabetechniken weit fortgeschritten, doch das Aussehen der Bücher ließ zu wünschen übrig. Der Jugendstil, der aus der britischen Arts-and-Crafts-Bewegung hervorgegangen war, lehnte die industrielle Produktion ab, berief sich auf traditionelle Fertigkeiten und stellte die Wahrhaftigkeit der Materialien heraus. Der Einfluss von William Morris' »kleinem typografischen Abenteuer« mit der Kelmscott Press war in Europa und Amerika enorm.

Kein Abenteuer, sondern eine Überzeugungstat war die Gründung der Cranach-Presse in Weimar. Harry Graf Kessler (1868–1937), Sohn eines Hamburger Bankiers und einer anglo-irischen Adeligen, Patensohn von Kaiser Wilhelm I., interessierte sich besonders für die Literatur und die Künste. Zu seinen Freunden zählten Cocteau, Proust, Rodin, Rilke und Liliencron, mit Hugo von Hoffmansthal verfasste er das Libretto zu Richard Strauss' Oper *Der Rosenkavalier* (1911). Seit er in den 1890er-Jahren für die Kunstzeitschrift *Pan* gearbeitet hatte, galt sein Augenmerk der Typografie. 1911 gründete er seine eigene Presse und gewann dafür Künstler aus ganz Europa wie Henry van de Velde und die Grafiker und Bildhauer Aristide Maillol und Eric Gill. Die **Schriften** entwarfen englische Typografen, das **Papier** wurde eigens für ihn in Frankreich hergestellt. Denn der ausgewählte Inhalt des Textes sollte ein harmonisches Ganzes mit allen Bestandteilen des Werkes – angefangen bei der Auswahl des Papiers und der Drucktypen über die Grafik und das Layout bis hin zur Einbandgestaltung – bilden.

Die Cranach-Presse überstand den Ersten Weltkrieg und den Ruin ihrer großbürgerlichen Käuferschicht. 1929 stellte sie für den Insel Verlag eine Luxusausgabe des *Hamlet* in neuer Übersetzung von Gerhart Hauptmann her, deren Verkaufspreis dem Monatslohn eines Arbeiters entsprach, die Herstellungskosten aber nicht deckte – Kessler ruinierte sich finanziell fast für seine Presse. Als Illustrator gewann er den brillanten englischen Grafiker Edward Gordon Craig (1872–1966), der 1911–1912 am Moskauer Künstlertheater für Konstantin Stanislawskis moderne *Hamlet*-Inszenierung die Bühnenbilder entworfen hatte. Während andere **Privatpressen** wie die Doves Press *Hamlet* als reinen Lesetext behandelten, wollte Craig ein suggestives Buch schaffen, in dem sich das Drama wie auf einer Bühne entfaltet. Für die Titelversalien fertigte Eric Gill Holzschnitte an, Edward Johnston entwarf die Hamlet-Schrift, der Text wurde in Schwarz und Rot gedruckt. Das Ergebnis war eines der schönsten Bücher des Jahrhunderts. Von der deutschen Ausgabe erschienen 255 Exemplare, von der englischen 300.

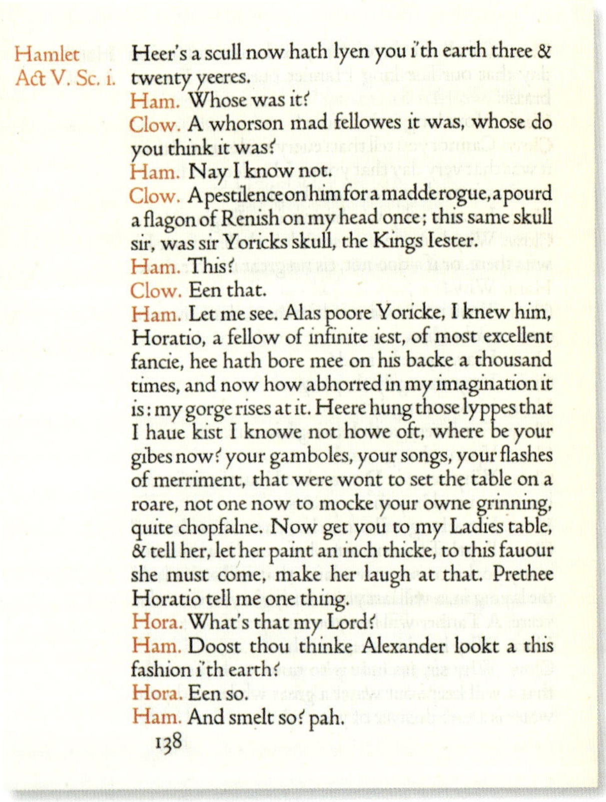

Hamlet
Act V. Sc. i.

Heer's a scull now hath lyen you i'th earth three & twenty yeeres.
Ham. Whose was it?
Clow. A whorson mad fellowes it was, whose do you think it was?
Ham. Nay I know not.
Clow. A pestilence on him for a madde rogue, a pourd a flagon of Renish on my head once; this same skull sir, was sir Yoricks skull, the Kings Iester.
Ham. This?
Clow. Een that.
Ham. Let me see. Alas poore Yoricke, I knew him, Horatio, a fellow of infinite iest, of most excellent fancie, hee hath bore mee on his backe a thousand times, and now how abhorred in my imagination it is: my gorge rises at it. Heere hung those lyppes that I haue kist I knowe not howe oft, where be your gibes now? your gamboles, your songs, your flashes of merriment, that were wont to set the table on a roare, not one now to mocke your owne grinning, quite chopfalne. Now get you to my Ladies table, & tell her, let her paint an inch thicke, to this fauour she must come, make her laugh at that. Prethee Horatio tell me one thing.
Hora. What's that my Lord?
Ham. Doost thou thinke Alexander lookt a this fashion i'th earth?
Hora. Een so.
Ham. And smelt so? pah.

138

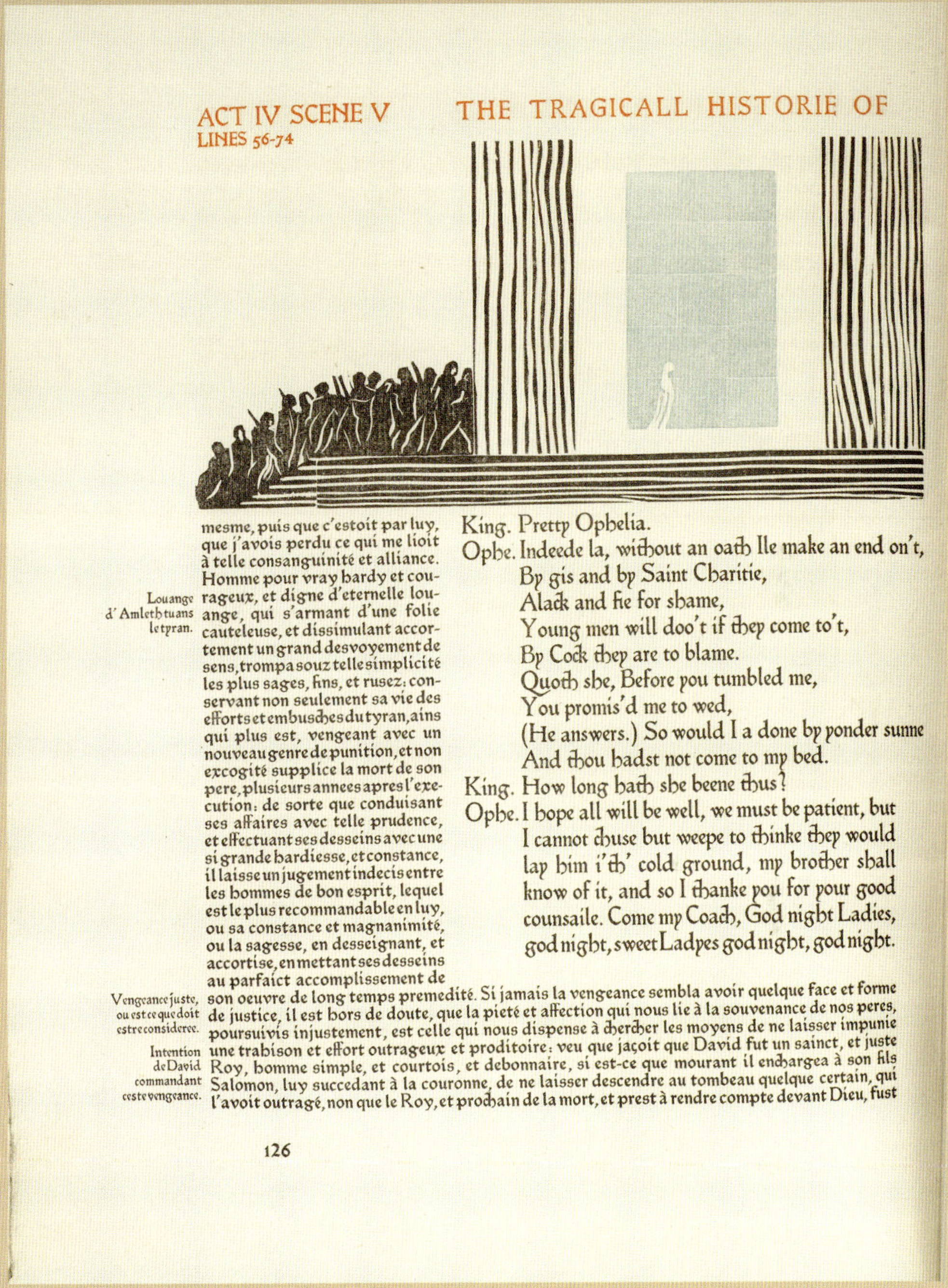

ACT IV SCENE V
LINES 56-74

THE TRAGICALL HISTORIE OF

mesme, puis que c'estoit par luy, que j'avois perdu ce qui me lioit à telle consanguinité et alliance. Homme pour vray hardy et courageux, et digne d'eternelle louange, qui s'armant d'une folie cauteleuse, et dissimulant accortement un grand desvoyement de sens, trompa souz telle simplicité les plus sages, fins, et rusez: conservant non seulement sa vie des efforts et embusches du tyran, ains qui plus est, vengeant avec un nouveau genre de punition, et non excogité supplice la mort de son pere, plusieurs annees apres l'execution: de sorte que conduisant ses affaires avec telle prudence, et effectuant ses desseins avec une si grande hardiesse, et constance, il laisse un jugement indecis entre les hommes de bon esprit, lequel est le plus recommandable en luy, ou sa constance et magnanimité, ou la sagesse, en desseignant, et accortise, en mettant ses desseins au parfaict accomplissement de son oeuvre de long temps premedité. Si jamais la vengeance sembla avoir quelque face et forme de justice, il est hors de doute, que la pieté et affection qui nous lie à la souvenance de nos peres, poursuivis injustement, est celle qui nous dispense à chercher les moyens de ne laisser impunie une trahison et effort outrageux et proditoire: veu que jaçoit que David fut un sainct, et juste Roy, homme simple, et courtois, et debonnaire, si est-ce que mourant il enchargea à son fils Salomon, luy succedant à la couronne, de ne laisser descendre au tombeau quelque certain, qui l'avoit outragé, non que le Roy, et prochain de la mort, et prest à rendre compte devant Dieu, fust

Louange d'Amleth tuans le tyran.

Vengeance juste, ou est ce que doit estre consideree.

Intention de David commandant ceste vengeance.

King. Pretty Ophelia.
Ophe. Indeede la, without an oath Ile make an end on't,
By gis and by Saint Charitie,
Alack and fie for shame,
Young men will doo't if they come to't,
By Cock they are to blame.
Quoth she, Before you tumbled me,
You promis'd me to wed,
(He answers.) So would I a done by yonder sunne
And thou hadst not come to my bed.
King. How long hath she beene thus?
Ophe. I hope all will be well, we must be patient, but I cannot chuse but weepe to thinke they would lay him i'th' cold ground, my brother shall know of it, and so I thanke you for your good counsaile. Come my Coach, God night Ladies, god night, sweet Ladyes god night, god night.

126

RECHTS **Der *Hamlet* der Cranach-Presse** Der Beginn von Akt IV, Szene V, der 1930 in Weimar gedruckten englischen Ausgabe der Cranach-Presse. Kommentare sowie insgesamt 80 Holzschnitte des Grafikers Edward Gordon Craig fassen den Dramentext ein. Die Hamlet-Type von Edward Johnston lehnt sich an den Mainzer Psalter (1457) von Fust und Schöffer an.

LINKS **Der *Hamlet* der Doves Press** Dem Schlichtheits-Credo von William Morris folgend, soll das »ideale Buch« allein auf die handwerkliche Kunst des Druckers und die Schönheit der Schrift bauen. Dieses Buch ist zweifellos schön, jedoch zur Form erstarrte Langeweile.

Bezüge

Zu anderen gedruckten Dramen, siehe:

François Bouchers Molière, *S. 152–153*

Zu anderen Privatpressen-Drucken, siehe:

Walt Whitmans Leaves of Grass, *S. 216–217*

Dard Hunters Old Papermaking, *S. 238–239*

Die Westküsten-Lesart eines amerikanischen Epos

Epinal (Frankreich) war für seine Bilderbogen berühmt, Onitsha (Nigeria) und Recife (Brasilien) für ihre Straßenliteratur. In San Francisco, dem Zentrum der Druckkunst an der amerikanischen Westküste, wirkten die allseits bewunderten Brüder Grabhorn. Ihre Ausgabe von Whitmans Leaves of Grass *ist ein ausgezeichnetes Beispiel für eine limitierte Ausgabe.*

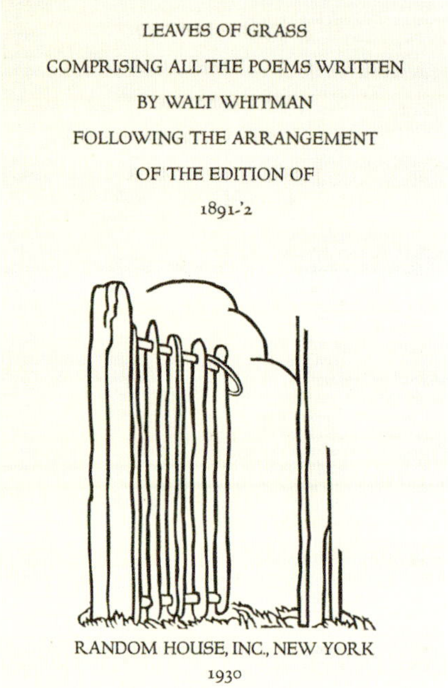
LEAVES OF GRASS
COMPRISING ALL THE POEMS WRITTEN
BY WALT WHITMAN
FOLLOWING THE ARRANGEMENT
OF THE EDITION OF
1891-'2

RANDOM HOUSE, INC., NEW YORK
1930

Der Einfluss von William Morris' Kelmscott Press war in den USA sogar noch größer als in Großbritannien. Drucker wie Daniel Berkeley Updike von der Bostoner Merrymount Press und Typografen wie Bruce Rogers übernahmen den Morris-Stil. Ihre Bücher wurden viel bewundert und von amerikanischen Sammlern gekauft.

In den 1920er-Jahren erlebte die Druckkunst auf beiden Seiten des Atlantiks eine Blüte. Bennet Cerf, der Verleger des New Yorker Verlags Random House, erwarb 1927 die Vertriebsrechte von Golden Cockerel, Nonesuch und anderen englischen **Privatpressen** für den US-Markt. Und er gab bei der noch jungen Grabhorn Press eine Schmuckausgabe des großen amerikanischen Epos *Leaves of Grass* von Walt Whitman in Auftrag.

Bereits in der zweiten Hälfte des 19. Jahrhunderts stellten Verlage in San Francisco schöne Bücher her, und der 1912 von Bibliophilen ins Leben gerufene Book Club of California trug weiter dazu bei, dass sich die Stadt zu einem Zentrum der Buchkunst entwickelte. Edwin und Robert Grabhorn machten sich mit den Editionen ihres 1920 gegründeten Verlags schon bald einen Namen. Im Gegensatz zu den Privatpressen reicher Buchliebhaber, die keinen Gewinn erwirtschaften mussten, waren Verlage wie die Grabhorn Press, Chiswick Press in London, Riverside Press in Massachussetts oder der deutsche Insel Verlag darauf angewiesen, dass ihre schönen Bücher sich auch gut verkauften. Die Grabhorn-Ausgaben waren berühmt dafür, dass sich in ihnen Text und Typografie zu einem Gesamtkunstwerk fügten.

In den auch wirtschaftlich goldenen 1920er-Jahren waren **limitierte Ausgaben** sehr gefragt. Cerf brachte seine *Leaves of Grass* zwar erst nach dem Börsenkrach von 1929 heraus, dennoch konkurrierten 2000 mögliche Subskribenten um die 400 angebotenen Exemplare zum Preis von je 100 Dollar. – Zum Vergleich: Ein Buchbinder verdiente 1928 etwa 176 Dollar im Monat.

Die Herstellung nahm ein Jahr in Anspruch. Die Grabhorns setzten das Buch in der Newstyle-**Schrift** des amerikanischen Typografen Fredric W. Goudy. Ursprünglich wollten sie den Text nicht bebildern, sondern lediglich mit kunstvollen Initialen ausstatten. Da sie mit dem Ergebnis aber unzufrieden waren, entschieden sie sie sich schließlich für atmosphärische Illustrationen. Der Künstler Valenti Angelo war Autodidakt und arbeitete seit 1926 für die Grabhorn Press. Seine minimalistischen **Holzschnitte** passten perfekt zu Whitmans Versen. Die Grabhorns betrachteten *Leaves of Grass* als »das vollkommenste Buch, das wir je gedruckt haben«, und die übrige (Buch-)Welt pflichtete ihnen bei.

Bezüge

Zu anderen Büchern von Privatpressen, siehe:

Der Hamlet der Cranach-Presse, S. 214–215

Dard Hunters Old Papermaking, S. 238–239

LINKS **Eine Random-House-Ausgabe** Die herausragende Ausgabe von Walt Whitmans Gedichten mit dem Schriftzug des Verlags Random House, der das Werk in Auftrag gab. Es ist der vollkommenste Druck der Grabhorn Press. Die fließenden Holzschnitt-Illustrationen und die klare Schrift ergänzen Whitmans Verse perfekt.

RECHTS ***Leaves of Grass*** *(Grasblätter).* Titelseite der Edition der Grabhorn Press von 1930, mit der kraftvollen, unprätentiösen Newstyle-Typografie des amerikanischen Schriftdesigners Goudy in Rot und Schwarz. Edwin Grabhorn erkannte in der Schrift die klaren Verse Whitmans wieder, sie beschwöre »Berge, Felsen und Bäume, nicht aber Stiefmütterchen, Flieder und Vielliebchen« herauf.

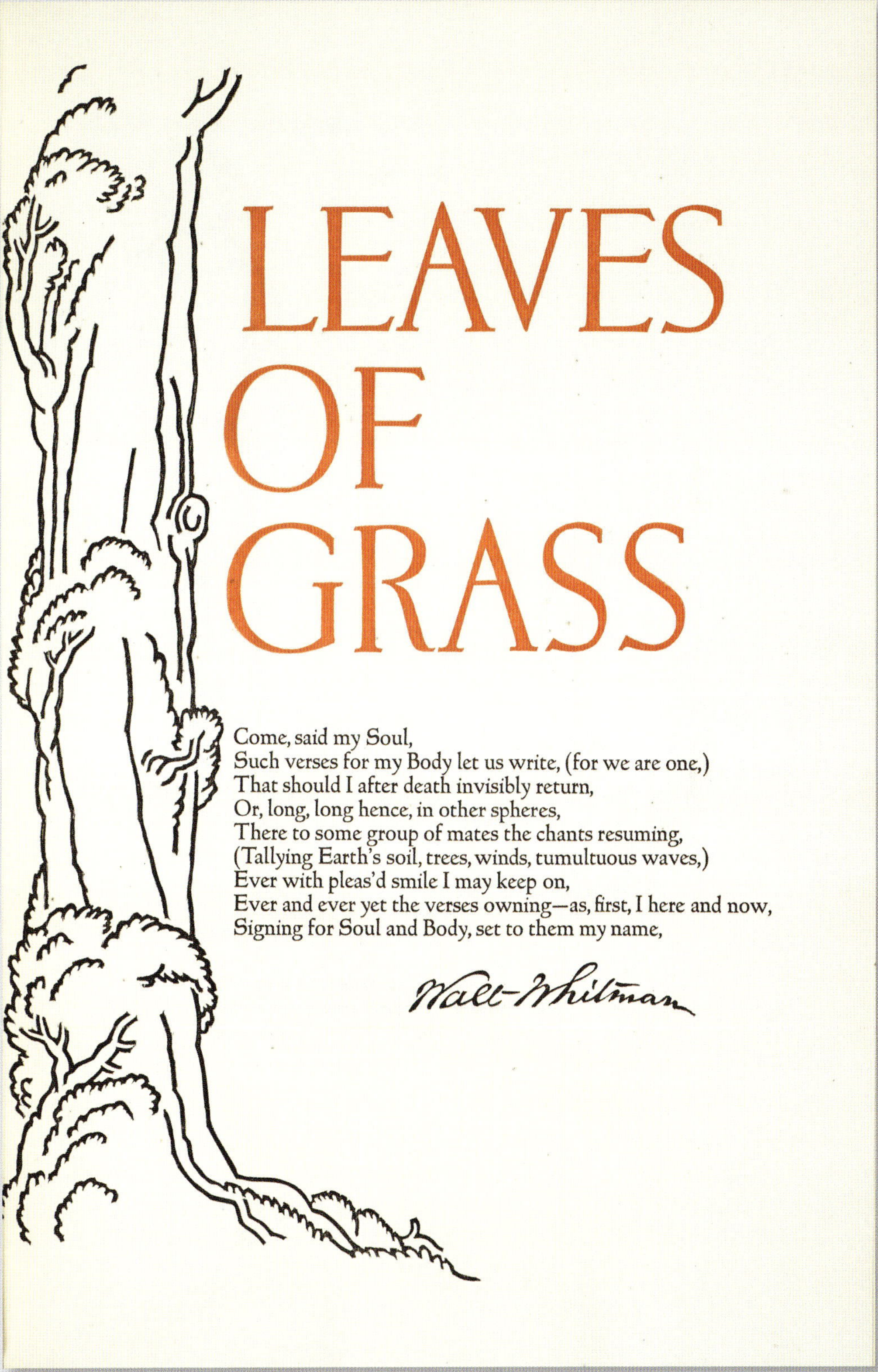

LEAVES
OF
GRASS

Come, said my Soul,
Such verses for my Body let us write, (for we are one,)
That should I after death invisibly return,
Or, long, long hence, in other spheres,
There to some group of mates the chants resuming,
(Tallying Earth's soil, trees, winds, tumultuous waves,)
Ever with pleas'd smile I may keep on,
Ever and ever yet the verses owning—as, first, I here and now,
Signing for Soul and Body, set to them my name,

Walt Whitman

Im Tangoschritt zur Revolution

In Italien und Russland beschritt man in den unruhigen Jahren vor dem Ersten Weltkrieg neue Wege zu einem modernen Buchdesign.

Um 1900 – und noch heute – knüpften Typografen an Schriften der Renaissance an, wie sich auch die Präraffaeliten und Nazarener in der Kunst auf alte Zeiten und Stile besonnen hatten. Andere wollten die Buchkunst radikal und experimentell ändern. Filippo Marinetti gab der Haltung 1909 im Manifest des Futurismus Ausdruck: »… warum will man verfaulen? … Wir wollen von der Vergangenheit nichts wissen!«

Marinettis Manifest fand ein großes Echo, vor allem in Russland, wo nach dem verlorenen Krieg gegen Japan (1904–1905) und der gescheiterten Revolution von 1905 große Teile der Bevölkerung, vor allem die Intellektuellen, desillusioniert waren. In Moskau fühlte sich eine Gruppe radikaler Dichter, die sich Hyläa nannte und zu der auch Majakowski gehörte, von Marinetti ermutigt und veröffentlichte ein Manifest mit dem Titel *Eine Ohrfeige dem öffentlichen Geschmack.*

Für die Buchwelt war es eine kräftige und befremdliche Ohrfeige: *Tango mit Kühen*, von dem Dichter Wassili Kamenski verfasst und den Malern David und Wladimir Burljuk gestaltet, war ganz offensichtlich

OBEN ***Tango s korovami*** – *Tango mit Kühen*, 1914. Wassili Kamenskis Büchlein mit »Eisenbetongedichten« wurde auf gewöhnlichem gemustertem – bourgeoisem – Tapetenpapier gedruckt. David und Wladimir Burljuk, kubofuturistische Künstler der Gruppe Hyläa, steuerten drei Zeichnungen bei. Die weite Anordnung der Wörter verweist auf das Sujet: modernes Großstadtleben.

von Marinettis Klanggedicht *Zang Tumb Tumb* (1912) beeinflusst. *Tango mit Kühen* warf sämtliche Regeln des Druckens, der Gestaltung und der guten Lesbarkeit über den Haufen. Kamenski schrieb es in der Kunstsprache ***Zaum***, einer Sprache ohne bestimmte Bedeutung aus Lautkombinationen. Der Titel verbindet das pulsierende neue urbane Russland (symbolisiert durch den argentinischen Tango, der via Paris dorthin gelangt war) mit dem traditionellen ländlichen (das bald darauf infolge der sowjetischen Zwangskollektivierungen untergehen sollte).

Das Buch wurde auf grobem Tapetenpapier gedruckt, das bewusst fünfeckig geschnitten war. Auch die **Schrift** wirkte grob, laut, ins Auge springend, der Text war figural angeordnet. Die meisten »Leser« wussten mit dieser Buchform nichts anzufangen, dennoch blieb sie nicht folgenlos. El Lissitzky etwa, dessen Arbeiten das Bauhaus und den Konstruktivismus sowie besonders das Grafikdesign prägten, gestaltete später mit zu Mustern angeordneten Schriften. *Tango mit Kühen* war und bleibt ein wahrhaft inspirierendes Werk.

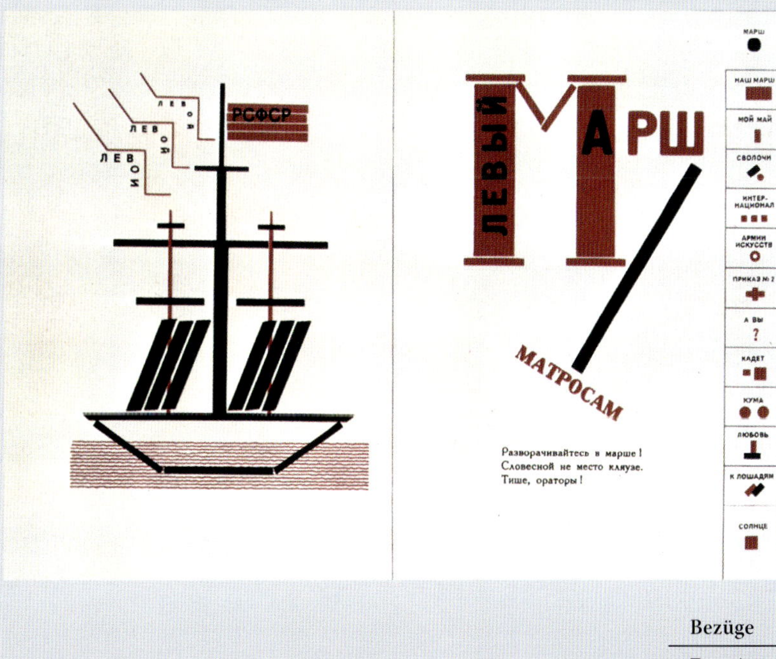

OBEN **Zum Vorlesen** Wladimir Majakowskis Gedichte *Dlja golosa* (Für die Stimme), erschienen im Russischen Staatsverlag, Berlin 1923. El Lissitzy gestaltete das Buch: »So wie bei dem Dichter aus dem Gedanken und dem Laut das Einheitsgebilde, das Gedicht, entsteht, so wollte ich eine gleichwertige Einheit aus dem Gedicht und den Elementen der Typografie schaffen.« – Eine Gipfelleistung der Buchkunst.

Bezüge

Zu anderen modernistischen Büchern, siehe:

Laurence Sternes Tristram Shandy, **S. 166–167**

Jorge L. Borges' Der Garten der Pfade, die sich verzweigen, **S. 210–211**

Max Ernsts Une Semaine de Bonté, **S. 220–221**

Zu anderen Künstlerbüchern, siehe:

Francisca Prietos Antibook, **S. 250–251**

Surreale Zeitreise

Das Grauen des Ersten Weltkriegs schlug sich in der europäischen Kunst und Typografie nieder. In Deutschland und Frankreich eroberten Dada und der Surrealimus die Buchgestaltung. Aus den Händen von Max Ernst stammen einige so wunderbare wie verstörende Bücher.

Wie die russischen Futuristen reagierten die Künstler und Schriftsteller in Westeuropa auf die allgemeine Unzufriedenheit während der Vorkriegsjahre und den folgenden Horror der Schützengräben, indem sie nach neuen Ausdrucksmöglichkeiten suchten. Der von Zürich ausgehende Dadaismus ersetzte Logik und Vernunft durch Unsinn und Zufall, durchströmte Europa und mündete im Surrealismus, dessen Vertreter zumeist in Paris lebten.

Die **Collage** wurde zur bevorzugten Technik der dadaistischen und surrealistischen Künstler. Erfunden wurde sie lange vorher; in China arbeitete man seit der Erfindung des **Papiers** mit Collagen, Anfang des 20. Jahrhundert machten Georges Braque und Pablo Picasso sie mit ihren kubistischen *papiers collés* populär. Unter den Dadaisten zählte Kurt Schwitters zu den bekanntesten und einflussreichsten Collagekünstlern. Diese komponierten aus verschiedenen Papieren individuelle Bilder, die in Büchern und Zeitungsartikeln abgebildet werden konnten. Die Massenproduktion von Büchern wollten sie so allerdings nicht erleichtern.

Der in Brühl geborene Maler, Zeichner und Bildhauer Max Ernst (1891–1976) verwendete in Paris Collagen als Illustrationstechnik – zum ersten Mal in zwei Gedichtbänden seines Freundes Paul Eluard. Später schuf er so drei **Bilderromane** – auf den ersten Blick scheint die Methode einfach zu sein: Er verwendete eine Reihe von Holzschnitten aus Büchern und Zeitschriften des 19. Jahrhunderts, etwa von Gustave Doré, schnitt sie zurecht und klebte sie zu neuen Bildern zusammen, die er schließlich auf fotomechanischem Weg vervielfältigte.

UNTEN ***Une Semaine de Bonté*** Max Ernsts »Woche der Güte« ist ein meisterhaftes surrealistisches Bilderbuch. Aus Stichen des 19. Jahrhunderts entstanden faszinierende, suggestive und verstörende Bilder, auf denen immer wieder eine rätselhafte vogelköpfige Gestalt im Frack zu sehen ist, *Loplop, der Vogelobere*, die berühmte Doppelgängerfigur des Künstlers. Illustratoren wie Edward Gorey ließen sich von Ernst inspirieren.

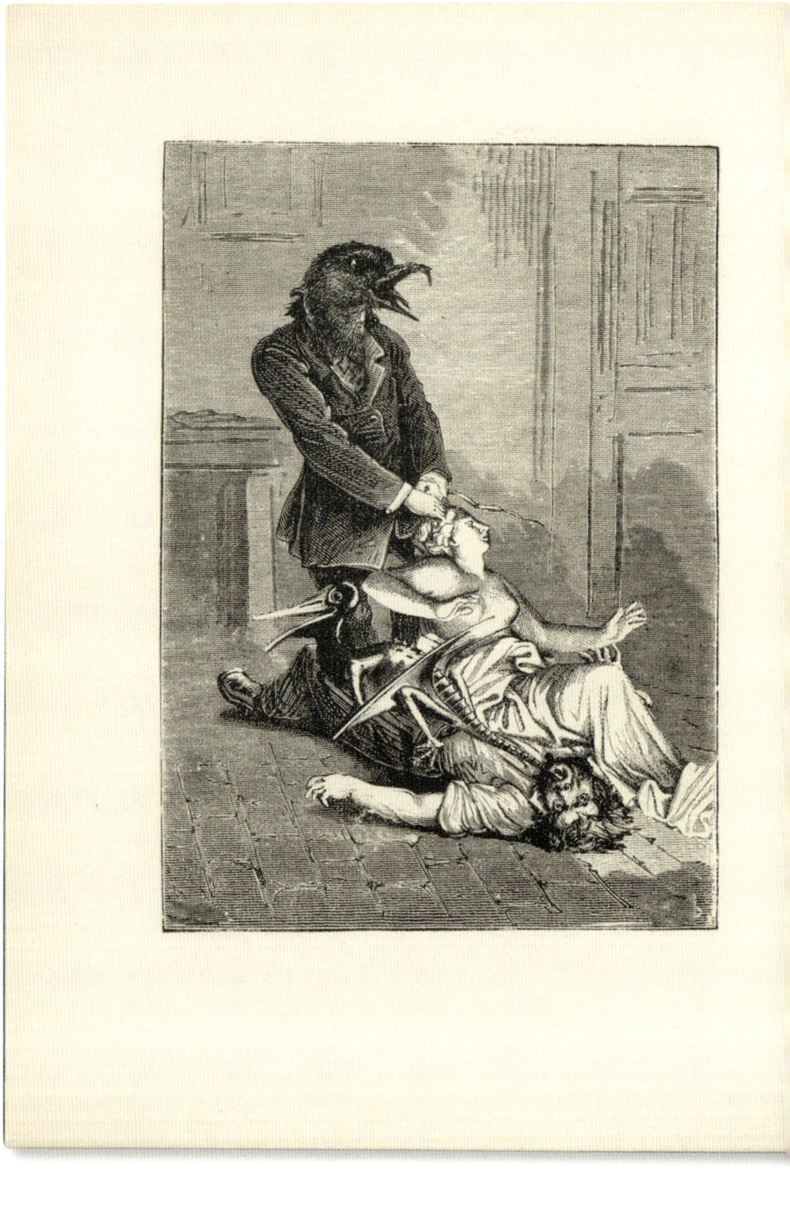

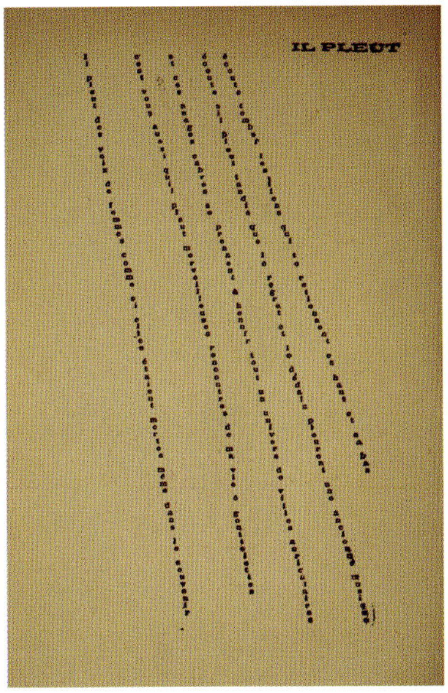

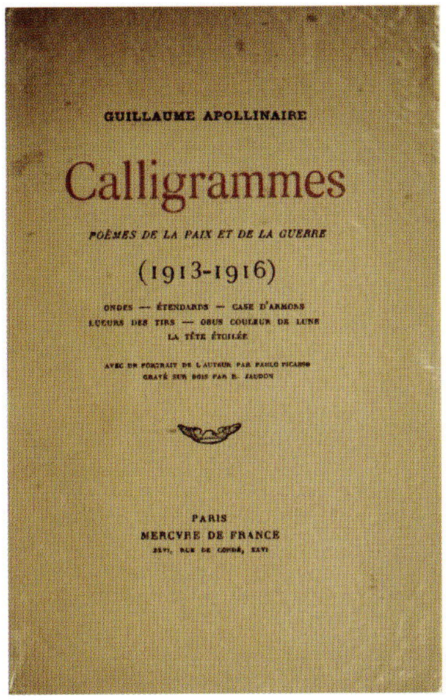

LINKS ***Calligrammes.*** Der französische Poet Guillaume Apollinaire prägte den Begriff *surréalisme*, seine 1918 posthum erschienenen **Kalligramme** – Apollinaire starb im selben Jahr an der spanischen Grippe – entstanden in der von den Surrealisten so geschätzten »automatischen« (unbewussten) Schreibtechnik. Die spielerische Gestaltung der konkreten Gedichte erinnert an *Tristram Shandy.*

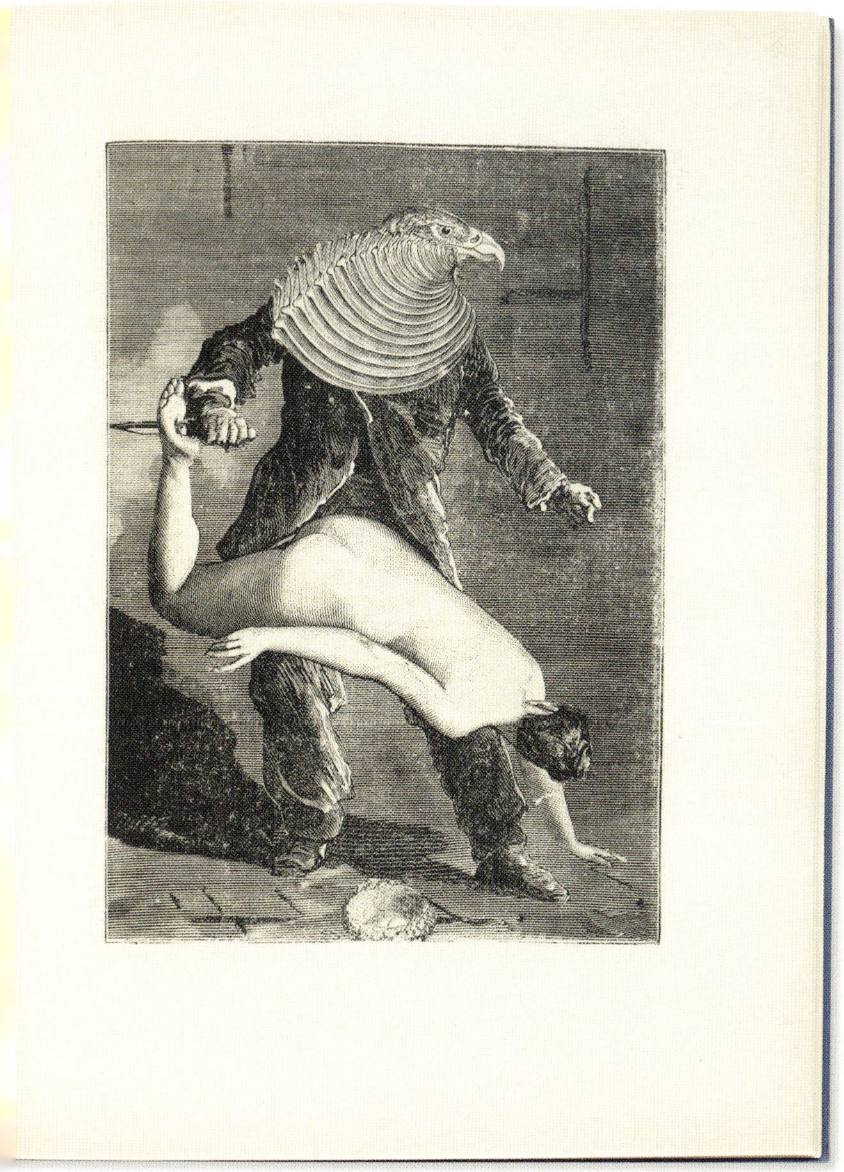

Une Semaine de Bonté (Eine Woche der Güte) erschien 1934. Der Titel geht auf die soziale Einrichtung »Die Woche der Güte« zurück (in ganz Paris appellierten Plakate an die Großmut der Bevölkerung). Es war der dritte von Ernsts Bilderromanen, den er in Italien collagierte. Dafür zerschnitt er auch *Les damnées de Paris* (Die Verdammten von Paris), einen Sensationsroman von Jules Mary. *Une Semaine de Bonté* umfasste sieben Abschnitte (für die Tage einer Woche), die allerdings in fünf Teillieferungen erschienen. Der Bilderroman ohne Worte überlässt die Interpretation ganz dem Betrachter. Erkennbar sind einige Grundmotive des Künstlers: Sexualität, Antiklerikalismus und Ablehnung des Bürgertums. Die Elemente fügten sich zu makabren, bizarren, schockierenden Bildern, die Unbewusstes und verdrängte Träume anzudeuten scheinen – die Surrealisten hatten Freud gelesen. Man mag auch an den von ihnen verehrten Dichter Lautréamont denken, der einmal schrieb: »Schön wie … das zufällige Zusammentreffen eines Regenschirms und einer Nähmaschine auf einem Seziertisch«.

Bezüge

Zu anderen befremdlichen Werken, siehe:

Laurence Sternes Tristram Shandy, ***S. 166–167***
Wassili Kamenskis Tango mit Kühen, ***S. 218–219***
Francisca Prietos Antibook, ***S. 250–251***

Zu anderen besonderen Holzschnitten, siehe:

Thomas Bewicks British Birds, ***S. 172–173***
Der Hamlet *der Cranach-Presse*, ***S. 214–215***

Straßenliteratur – Die Stimme des Volkes

In vielen Ländern florierte früher der Handel mit Volksbüchern, vom Volk fürs Volk gemacht. In Europa gehören sie der Vergangenheit an, doch in Nigeria und Brasilien ist die Straßenliteratur weiterhin lebendig.

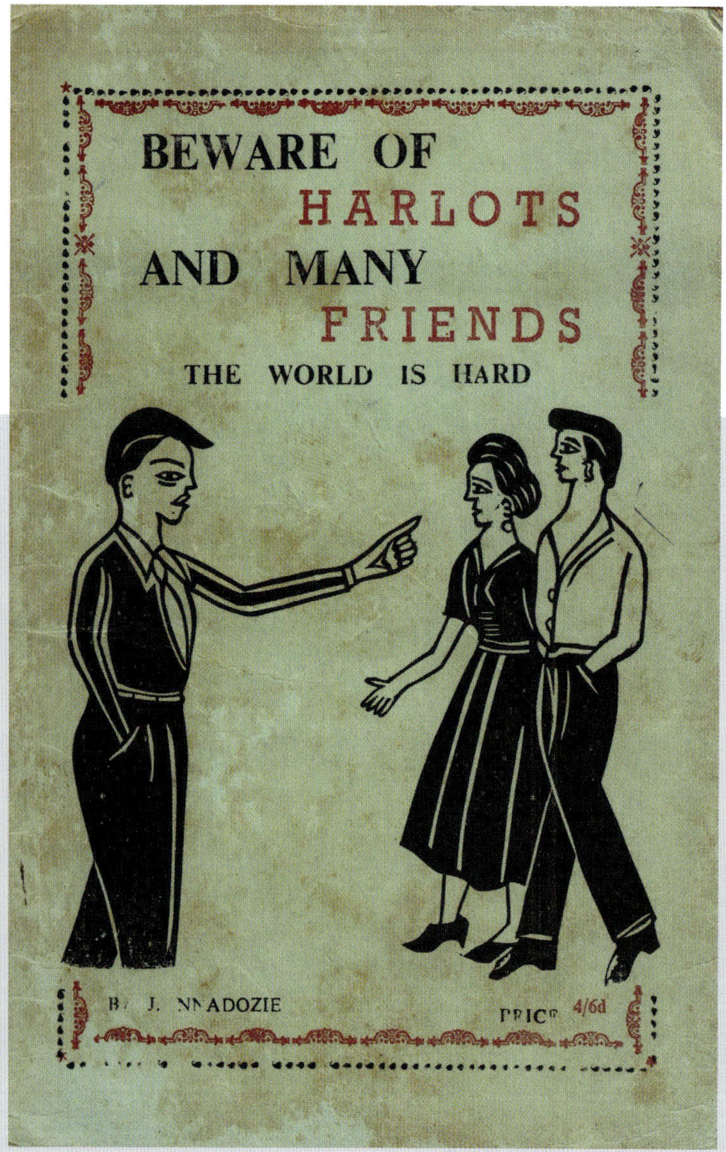

Bezüge

Zu anderen lateinamerikanischen Büchern, siehe:
Das Quipu aus Caral, S. 20–21
Der Codex Mendoza, S. 130–131
Jorge L. Borges' Der Garten der Pfade, die sich verzweigen, S. 210–211
Zu anderen afrikanischen Büchern, siehe:
Sefer Abudarham, S. 112–113
Zu einem ganz anderen Selbsthilfebuch, siehe:
Marie Stopes' Married Love, S. 230–231

OBEN **Romane auf der Schnur** Der anonyme Stich von 1850 zeigt einen Straßenbuchhändler am Kloster San Agustin, im Barrio de la Ribera, Barcelona, der *romanços* verkauft, die spanische Variante der *Cordel*-Literatur (die Heftchenromane wurden an Schnüren bzw. Kordeln hängend präsentiert).

LINKS ***Beware of Harlots*** (Nimm dich vor Huren in Acht). Joseph O. Nnadozies mahnendes Pamphlet ist typisch für die Straßenliteratur der 1970er-Jahre aus Onitsha. Auf einer Tiegelpresse gedruckt; Kartonumschlag mit einem »Stich«, dessen Vorlage mit einer Rasierklinge aus einer Gummimatte geschnitten wurde.

In den ersten Jahrhunderten nach der Erfindung des Buchdrucks, bevor der Buchvertrieb sich stationär organisierte und Bücher in Buchhandlungen verkauft wurden, machten fliegende Händler oder Kolporteure auf Märkten und Messen gute Umsätze mit **Volksbüchern**. Diese Literatur sollte die wenig oder ungebildeten Menschen ansprechen und war damit ein Vorläufer des **Groschenromans**.

Der steigende Bildungsgrad, höhere Einkommen und anspruchsvollere Literatur verdrängten diese volkstümliche Form in Europa fast völlig. Im Nordosten Brasiliens und im südlichen Nigeria, um die Großstadt Onitsha, lebte diese Tradition in unterschiedlichen Varianten bis weit ins 20. Jahrhundert fort. Vor 70 Jahren hieß es, in Onitsha könne man alles und jedes kaufen. Geschäftstüchtige Drucker und ambitionierte Autoren begannen, Heftchen für die Menschen herzustellen, die aus der traditionellen Stammeskultur in eine Englisch sprechende, westlich denkende städtische Welt kamen. In den Druckereien arbeiteten auch Frauen als **Setzer**, was in Nigeria, wie in anderen Ländern, eher unüblich war.

Viele dieser Büchlein waren Selbsthilferatgeber, oft in einem moralisierenden Ton verfasst, wie etwa Sunday O. Olisahs *Life Turns Man Up and Down* (etwa: Das Leben ist wie eine Achterbahn), es erschien, mit einfachen Gummistichen illustriert, um 1964. Andere richteten sich an junge Männer wie J. Abiakams vielversprechendes *How to Make Friends with Girls* (1965, So freundet man sich mit Mädchen an), dessen Cover erstaunlicherweise ein Mädchen im Strickpullover zeigte. Die Produktion der Onitsha-Bücher wurde durch den blutigen Biafra-Krieg von 1967–1970 unterbrochen und konnte sich danach nie ganz erholen.

Die brasilianische *literatura de cordel* (Literatur auf der Schnur) hat ihre Wurzeln wahrscheinlich in den portugiesischen *papéis volantes* (fliegenden Blättern). Die Heftchen wurden wie in Onitsha mit einfachen Pressen gedruckt und mit schlichten Stichen illustriert. Inhaltlich gibt es Unterschiede: Die *literatura de cordel* erschien – und erscheint – oft in Versen, die rezitiert und gesungen werden sollen. Immer mehr Autoren gingen allerdings dazu über, aktuelle Ereignisse zu verarbeiten – Ähnliches geschah auf Trinidad mit dem Calypso. Viele Veröffentlichungen stehen politisch links und sind ausgesprochen populär. Autoren wie Künstler geben der brasilianischen Kultur bis heute wichtige Impulse.

LINKS AUSSEN ***How to Make Friends with Girls*** Straßenliteratur aus Nigeria, veröffentlicht 1965 vom J. C. Brothers Bookshop, zur Blütezeit der »Onitsha Market Literature«. Es erschienen religiöse Traktate oder Ratgeber wie dieser: »So freunde ich mich mit einem Mädchen an« – das Coverbild scheint aus einer Handarbeitszeitschrift entnommen zu sein, der Strickpullover mutet angesichts der klimatischen Verhältnisse in Nigeria eher seltsam an.

LINKS **Brasilianischer *Cordel*** Märchen, Sagen, Politsatiren erscheinen, häufig in Reimform, »auf der Schnur«. Dieses Heft erzählt von einer wahren Begebenheit: 1987 wurde der Rechtsanwalt Dr. Evandro, der im Bundesstaat Pernambuco an der Landreform beteiligt war, vor den Augen seiner Familie erschossen.

Erfüllung verlegerischer Bedürfnisse

In den 1930er-Jahren begannen Taschenbücher an die Stelle der in Leinen gebundenen Ausgaben zu rücken. Ihren Erfolg verdanken sie nicht zuletzt Allen Lane, der Ideen anderer aufgriff und sie im Verlag Penguin Books verbessert umsetzte.

Die außerordentliche Erfolgsgeschichte von Penguin Books lässt vermuten, Verlagsgründer Allen Lane (1902–1970) habe das Taschenbuch erfunden und die »Paperpack-Revolution« eingeläutet. Doch tatsächlich ging der Impuls zum Vertrieb von qualitativ hochwertigen kartonierten Büchern von den erfolgreichen Leipziger Tauchnitz-Editionen aus. 1931 gründete Christian Wegener den Albatross-Verlag, den er von Paris aus leitete und dessen Bücher in Leipzig gedruckt wurden. Der Designer Hans Mardersteig legte ein Format fest, das Penguin später übernahm, setzte auf klare **Schriften** und gab seinen Covern je nach Genre einen eigenen Farbton (in abgewandelter Form fand sich diese Idee später nicht nur bei Penguin). Einen Farbcode für Genres hatte Wegener schon bei Tauchnitz eingeführt, als er dort Anfang der 1930er-Jahre die Verlagsgeschäfte leitete. Albatross vertrieb englischsprachige Bücher weltweit, führte die Tauchnitz-Editionen seit 1934 redaktionell fort und hätte den Weltmarkt beherrschen können – doch der Zweite Weltkrieg setzte dieser Entwicklung ein Ende.

Voraussetzung für die Herausgabe preiswerter Taschenbuchausgaben war, entsprechende Abdruckgenehmigungen zu erhalten, doch die Londoner Verlage scheuten davor zurück, Rechte an die Konkurrenz im eigenen Land zu vergeben. Das Genie von Allen Lane zeigte sich nicht in der Erfindung der Taschenbücher oder in ihrer Gestaltung, sondern darin, wie er es verstand, andere Verleger davon zu überzeugen, ihm die Rechte zu verkaufen, und auf welche Weise er seine Bücher vermarktete.

Lane hatte bereits jahrelange Erfahrungen bei der Arbeit in dem von seinem Onkel John Lane gegründeten Verlag Bodley Head gesammelt, bevor er 1930 dessen Vorstandsvorsitzender wurde. Er war in der Branche bekannt und beliebt, galt allerdings auch als Sonderling, weil er zum Beispiel auf Bahnhöfen billige Bücher in Automaten verkaufte, was andere für absurd hielten. Den Erfolg seiner ersten zehn Penguin-Titel sicherte ihm zu großen Teilen der Vertrieb über die Kaufhauskette Woolworth. 1937 lancierte Lane mit der Sachbuchreihe *Penguin Books* (später *Penguin Specials*) rasch auf den Markt geworfene Bücher zu aktuellen Themen. Dank seiner frühen Verkaufserfolge wurden dem Verlag im Zweiten Weltkrieg ausreichende **Papier**rationen zugeteilt, sodass er auch weiterhin für den Massenmarkt produzieren konnte. Und dank des handlichen **Formats** konnten auch Soldaten Penguin Paperbacks bei sich tragen.

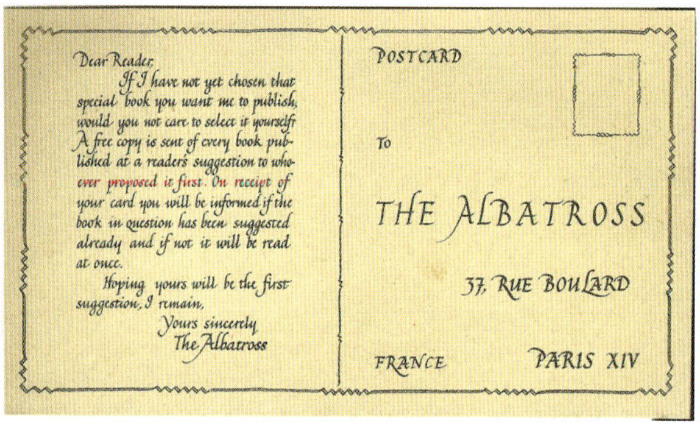

OBEN **Leser-Anrede** Das erste Verlagsprogramm der *Albatross Modern Continental Library* von 1932 zeigte Mut zu Neuem, es erschienen u. a. Virginia Woolfs *To the Lighthouse* und der in Großbritannien noch verbotene *Ulysses* von James Joyce. Diese Postkarte an den Leser lag 1934 als Werbemaßnahme Rosamond Lehmanns *Invitation to the Waltz* (*Aufforderung zum Tanz*) bei.

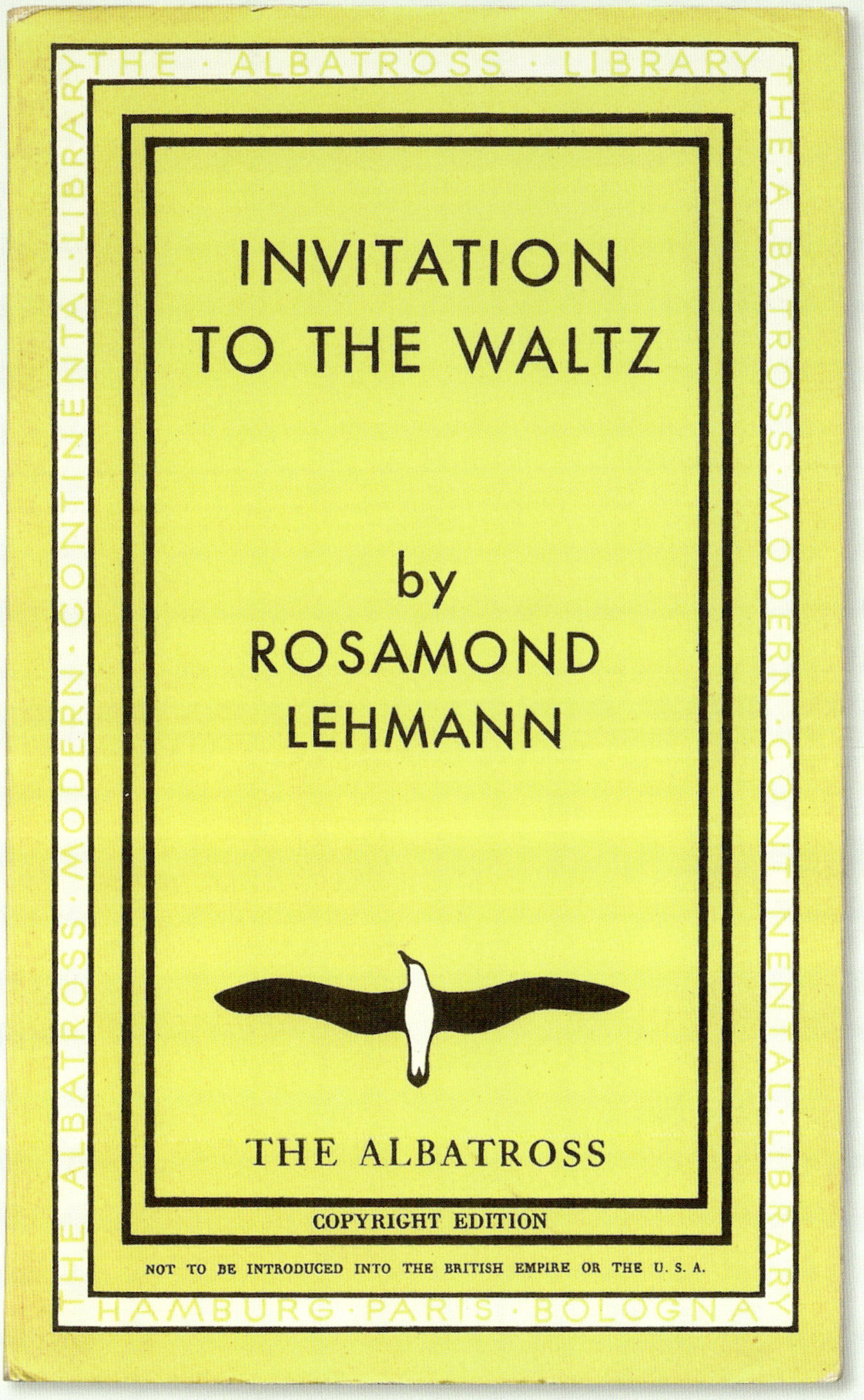

LINKS **Gleich und gleich** Das plakative Design und die klare Typografie der Albatross-Ausgaben von Christian Wegener inspirierten zahlreiche Verlage. Penguin lehnte sich stark an diese Gestaltung an. Hans Schmoller, ein deutscher Emigrant, der das Design von Penguin Books verantwortete, pries sie 1953 als »Gipfel unter den Taschenbuch-Covern«.

OBEN ***Private Angelo*** *(Soldat Angelo).* Das schlichte Coverdesign, Markenzeichen von Penguin, lässt den Wandel des Druckwesens nicht ahnen. Allen Lane hatte 1957 den Text in 2000 Exemplaren als Weihnachtsgabe bei McCorquodale auf einem Intertype-Fotosetter drucken lassen. Der Letternsatz wurde unaufhaltsam durch den Foto- und schließlich den Computersatz verdrängt.

Bezüge

Zu anderen technischen Fortschritten, siehe:

Gutenbergs 42-zeilige Bibel, S. 98–99

Jacob Perkins' Patent, S. 182–183

Zu anderen erfolgreichen Serien, siehe:

Charles Dickens' Pickwick Papers, S. 190–191

Rolf Boldrewoods Robbery Under Arms, S. 204–205

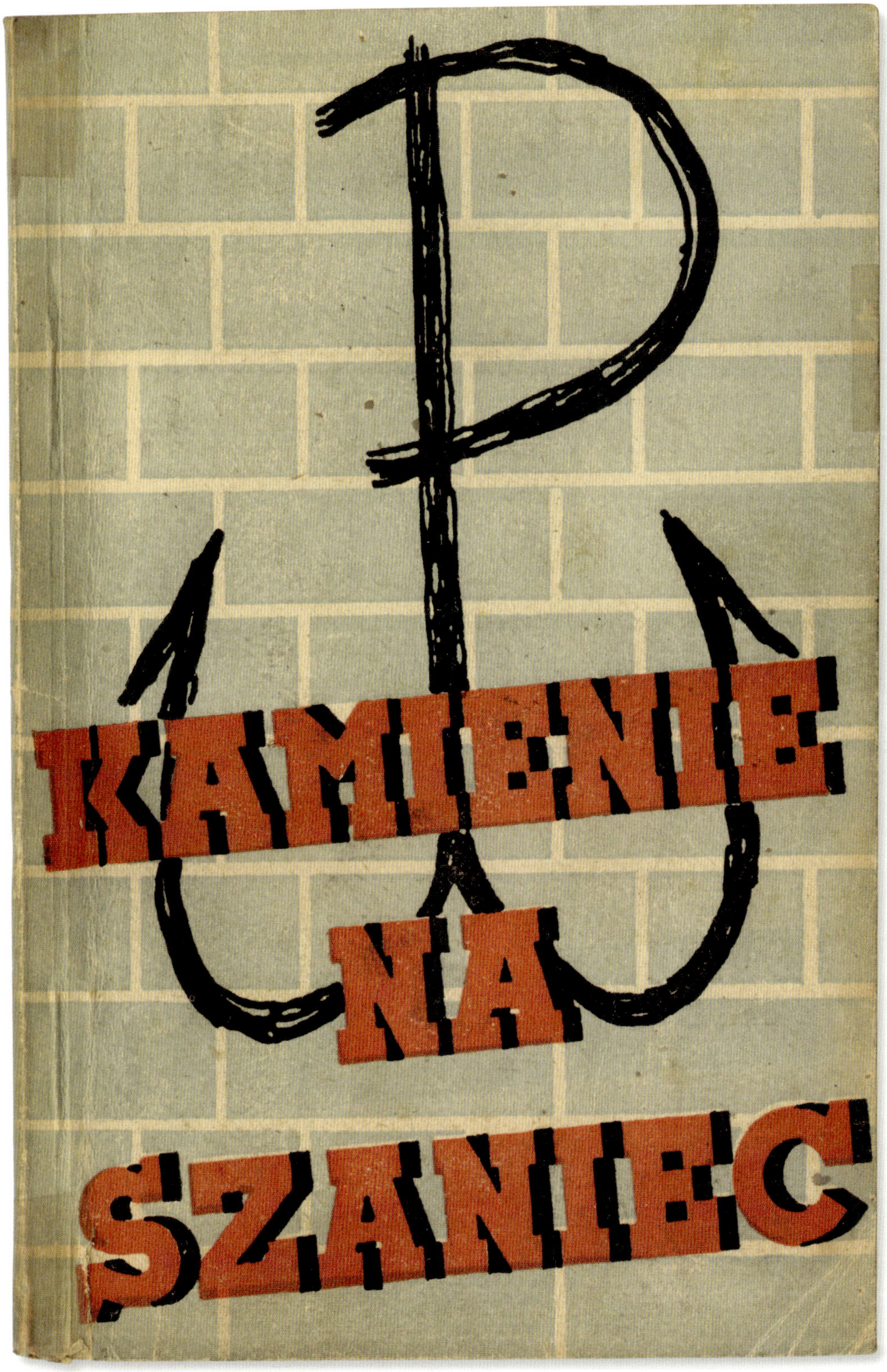

LINKS ***Kamienie na szaniec*** Das Cover der Erstausgabe von 1943 entwarf Stanisław Kunstetter, der in der Heimatarmee in der Abteilung Nachrichten und Propaganda tätig war. Die *Kotwica* (der Anker) besteht aus den Buchstaben P und W, für *Polska Walcząca* (Kämpfendes Polen). Pfadfinder malten dieses Symbol der Widerstandsbewegung an Hauswände.

Nicht aufgeben! Untergrundverlage im Krieg

Im Zweiten Weltkrieg gab es in fast allen besetzten Ländern Untergrundverlage. In Warschau arbeitete einer der wichtigsten und größten.

Die meisten stellen sich einen Untergrundverlag während des Krieges als winziges, streng geheimes Unternehmen vor, im Verborgenen in Kellern, Scheunen oder auf Dachböden operierend. Natürlich gab es solche Verlage, und viele ihrer Mitarbeiter wurden gefasst und hingerichtet. Zur Unterstützung des Widerstands warf die britische Air Force während des Zweiten Weltkriegs über den meisten von Deutschland besetzten Ländern kleine, tragbare Druckerpressen an Fallschirmen ab. In Paris druckte der Untergrundverlag Les Éditions de Minuit als erstes Buch Vercors' *Le silence de la mer* (*Das Schweigen des Meeres*, 1942), das den Kampfgeist der Resistance stärken sollte.

Nichts lässt sich mit dem vergleichen, was die Untergrundverlage in Polen nach der deutschen Invasion 1939 leisteten. Schon seit das Land 1795 zwischen Russland, Österreich und Preußen vollständig aufgeteilt worden war, kämpften die Polen für ihre Freiheit, und im Geheimen gedruckte Bücher gehörten dazu. Während des Zweiten Weltkriegs entwickelte sich der TWZW – Tajne Wojskowe Zakłady Wydawnicze, der Miltärische Geheimverlag – zum wohl größten Untergrundverlag der Welt. 1944 verfügte er über 12 Druckereien und stellte Zeitungen und Plakate zur psychologischen Kriegsführung her.

Aleksander Kamińskis (1903–1978) *Kamienie na szaniec* (Steine für die Schanze) war wie Vercors' *Le silence de la mer* kein sachlicher Bericht, sondern ein Roman, der aber auf Tatsachen beruhte und den der Autor unter dem Pseudonym Juliusz Górecki veröffentlichte. Der Titel spielt auf das Gedicht *Mein Testament* von Juliusz Słowacki an, in dem es heißt: »Wie Steine, die Gott schleudert auf die Schanze.« Der Roman erzählt von Sabotageakten der polnischen Pfadfinder. Kamiński kam aus der Pfadfinderbewegung und war selbst im Widerstand, er wusste also, wovon er schrieb. *Kamienie na szaniec* erschien 1943 in Warschau und wurde noch vor Kriegsende nachgedruckt. 1945 erschien eine englische Übersetzung – bis heute allerdings keine deutsche. Nach dem Krieg galt das Buch den Kommunisten als reaktionär und wurde lange Zeit nicht mehr gedruckt; inzwischen steht es im Lehrplan der polnischen Schulen.

OBEN **Drucken im Untergrund** Dieses Foto, das 1945 in der Zeitschrift *Le Point* erschien, mag gestellt sein, zeigt aber – neben den transportablen Pressen – unter welch klaustrophobischen Bedingungen die Resistance-Verlage arbeiteten.

Bezüge

Zu einer anderen subversive Publikation, siehe:

Michail Bulgakows Meister und Margarita, **S. 228–229**

Das Kultbuch des Samisdat

In Russland gingen Herrschaft und Zensur stets Hand in Hand. In der Stalin- und Nach-Stalin-Ära erschienen einige herausragende Werke der Literatur im Samisdat, im Selbstverlag.

Die Geschichte der Unterdrückung in Russland ist lang, und daher gab es eine Tradition des intellektuellen Widerstands, zu dem die Zirkulation geheimer Schriften gehörte. Unter den Zaren drohten dafür schwere Strafen, etwa die Verbannung nach Sibirien. Nach der Oktoberrevolution 1917 erhofften sich viele mehr Toleranz. Doch unter Lenin und insbesondere unter seinem Nachfolger Stalin war die Zensur noch strenger. Als Alexander Solschenizyns *Archipel Gulag* 1973 im Westen erschien – in der UdSSR wurde er bis 1989 nur im Samisdat veröffentlicht –, entzog man dem Autor die Staatsbürgerschaft und wies ihn aus. Dasselbe Schicksal wäre fast auch dem späteren Nobelpreisträger Boris Pasternak widerfahren, als *Doktor Schiwago* außer Landes geschmuggelt und 1957 in Italien veröffentlicht wurde. Sein Verleger Giangiacomo Feltrinelli wurde aus der Kommunistischen Partei ausgeschlossen. Der Dissident Wladimir Bukowski, der als »Unverbesserlicher« in die Psychiatrie eingewiesen wurde, sagte einmal, er schreibe, lektoriere und zensiere seine Werke selbst – als er sie schließlich auch vervielfältigte und vertrieb, wurde er erneut verhaftet.

Michail Bulgakow (1891–1940) starb, bevor auch nur eine Zeile seines Meisterwerks erschienen war. Er war als Arzt in Frontlazaretten gewesen, doch nach der Revolution hatte er einen Makel – seine Brüder kämpften in der Weißen Armee. Seine frühen Erzählungen wie die autobiografisch geprägten *Arztgeschichten* (1926–1927) passierten noch die Zensur, bald aber durfte seine Prosa nicht mehr erscheinen, auch seine dramatischen Werke wurden nicht mehr aufgeführt.

Kühn und verzweifelt schrieb er Stalin und bat um Ausreise – der Diktator verschaffte ihm eine Stelle am Moskauer Künstlertheater. Das Bolschoi-Theater beschäftigte Bulgakow als Librettisten. Sein *Meister und Margarita* ist eine aberwitzige Satire auf ein erstarrtes repressives System. Seit 1928 schrieb er an verschiedenen Fassungen, einige verbrannte er. Schon sterbenskrank, machte er noch letzte Änderungen. Erst 1966–1967 wurde der Roman zensiert in der Literaturzeitschrift *Moskwa* veröffentlicht. Bevor er 1973 ungekürzt in der UdSSR erscheinen durfte, war er schon mehrfach übersetzt worden und hatte seinen Autor zu Weltruhm erhoben – und später ins Weltall: 1982 wurde ein Asteroid nach ihm benannt.

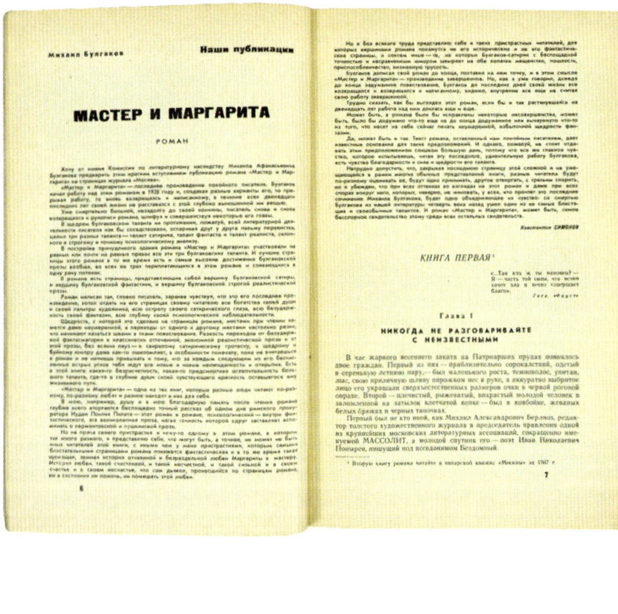
Михаил Булгаков

Наши публикации

МАСТЕР И МАРГАРИТА

РОМАН

Константин СИМОНОВ

КНИГА ПЕРВАЯ

Глава 1

НИКОГДА НЕ РАЗГОВАРИВАЙТЕ С НЕИЗВЕСТНЫМИ

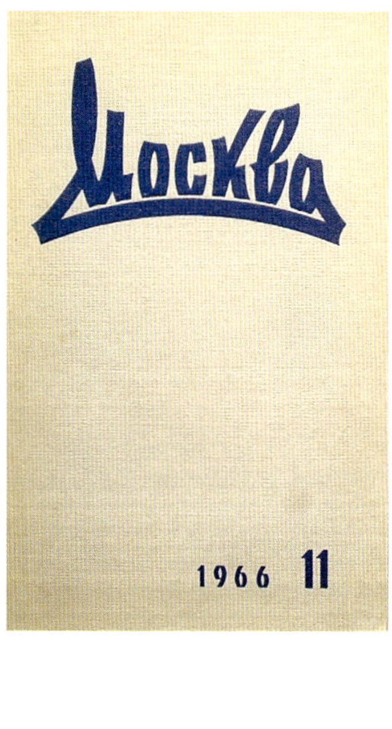

LINKS **Der Meister in Moskau** Der Roman erschien erstmals 1966–1967 in zwei Teilen in der Literaturzeitschrift *Moskwa*, schon am Erscheinungstag war die Auflage von 150 000 Exemplaren vergriffen. Der Text war stark zensiert und um etwa zwölf Prozent – 100 Seiten – gekürzt. Die gestrichenen Stellen waren in der UdSSR bis 1973 nur in Samisdat-Ausgaben zu lesen.

LINKS ***Meister und Margarita*** Bulgakows Meisterwerk konnte in der UdSSR nur in Samisdat-Ausgaben ungekürzt zirkulieren, 1967 erschien eine erste ungekürzte russische Ausgabe im YMCA-Verlag in Paris, 1969 kam diese russische Ausgabe im Verlag Posev, Frankfurt a. M., heraus, die zensierten Passagen waren darin gekennzeichnet.

Bezüge

Zu anderen subversiven Romanen, siehe:

Jorge L. Borges' Der Garten der Pfade, die sich verzweigen, ***S. 210–211***

Zu einem anderen revolutionären russischen Buch, siehe:

Wassili Kamenskis Tango mit Kühen, ***S. 218–219***

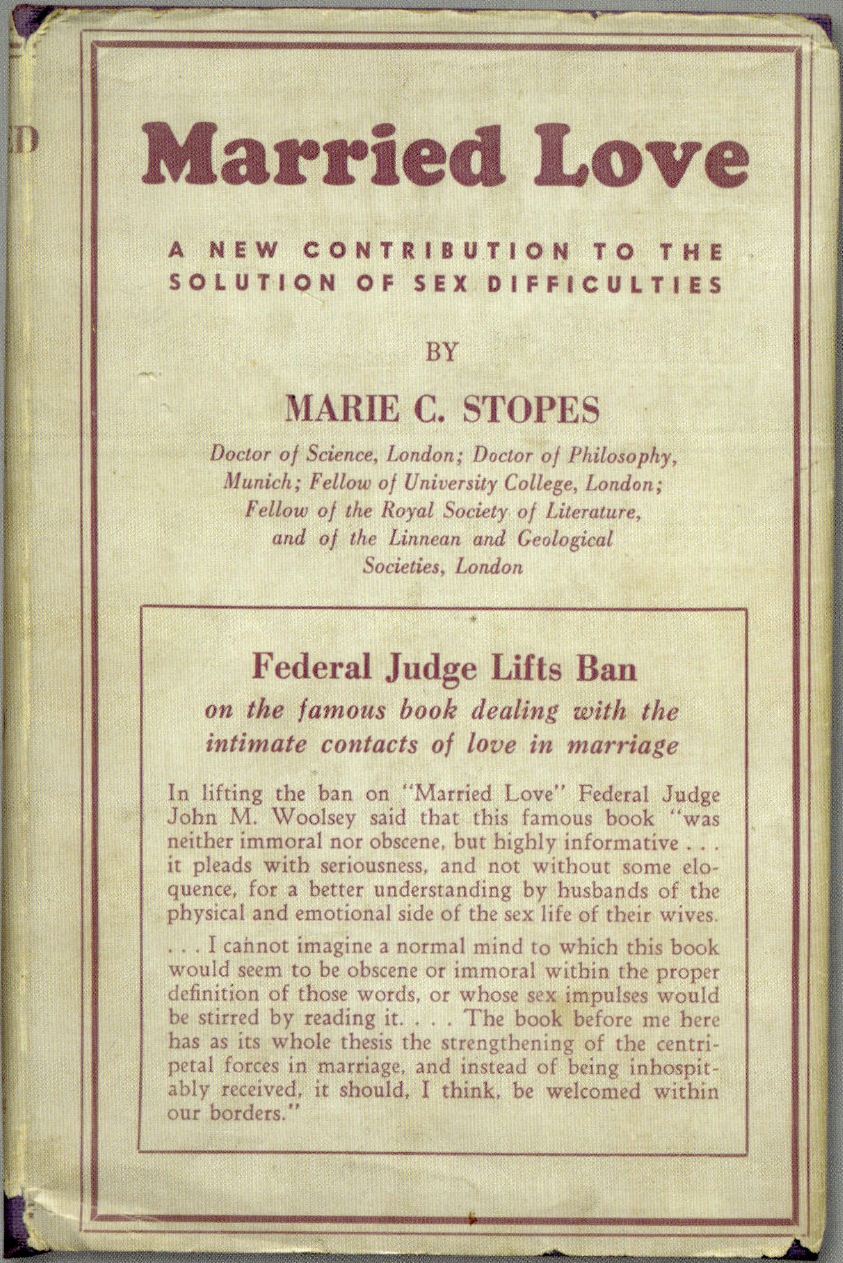

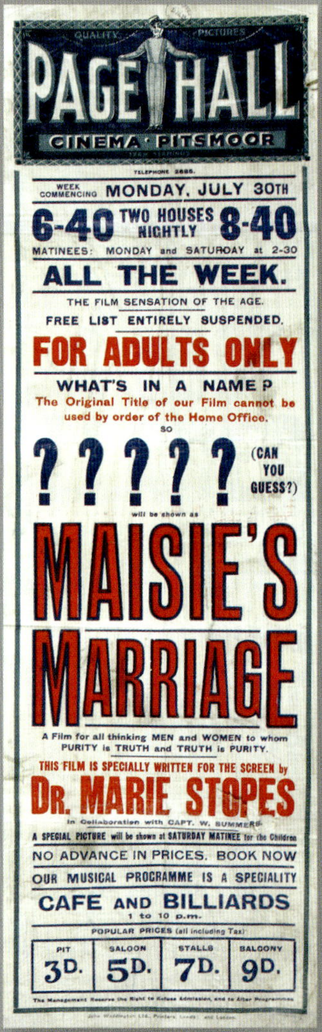

OBEN ***Married Love** (Liebesleben in der Ehe)* schlug 1918 »wie eine Bombe in die englische Gesellschaft ein« und nicht nur dort. Diese Ausgabe erschien 1931 in New York bei Eugenics Publishing, das Marketing machte sich die kontroverse Diskussion um Vererbung und Auslese zunutze. Stopes war eine Befürworterin der Eugenik.

OBEN RECHTS ***Maisie's Marriage*** (*Maisies Ehe*). 1923 kam eine romantisierte Stummfilmversion von *Married Love* mit Lillian Hall-Davis in die Kinos. Die britische Kontrollbehörde wollte jeden Hinweis auf Marie Stopes' kontroversen Bestseller untersagen und setzte durch, dass der Filmtitel nicht dem des Buches entsprach.

Bezüge

Zu anderen Rendezvous mit der Liebe, siehe:

Der Brügger Roman de la Rose, **S. 72–73**

John Clelands Fanny Hill, **S. 168–169**

Zu anderen bahnbrechenden Büchern von Frauen, siehe:

Elizabeth Blackwells A Curious Herball, **S. 144–145**

Anna Atkins' Photographs of British Algae, **S. 184–185**

Frühe Ehe- und Sexberatung

Lebenshilfebücher sind ein wichtiger Sektor des Verlagswesens. Married Love *löste bei Erscheinen hitzige Diskussionen aus und änderte so manche Einstellung.*

Schon seit der Erfindung des Buchdrucks, vermutlich sogar seit Anbeginn des Schreibens, verfassten Autoren Anleitungen für Menschen, die auf bestimmten Gebieten erfolgreich sein wollten. Doch allgemein gilt das 1859 erschienene Buch *Self-Help* des schottischen Reformers Samuel Smiles (1812–1904) als der erste Ratgeber zu allen Lebensfragen. Er verkaufte sich zu seinen Lebzeiten gut 250 000 Mal und wurde als »Bibel des viktorianischen Liberalismus« angesehen. Schon 1867 kam eine deutsche Übersetzung bei Hoffmann & Campe in Hamburg heraus, Die *Selbsthilfe in Lebensbildern und Charakterzügen,* in deren Vorwort vom »berühmten englischen Buch« die Rede ist.

Über die Rechte der Frauen wird schon lange diskutiert, man denke nur an Christine de Pizans *Buch von der Stadt der Frauen* (um 1407). Anfang des 20. Jahrhunderts brachten gebildete Frauen ihre Unzufriedenheit lautstark zum Ausdruck. Den Suffragetten ging es um politische Gleichberechtigung und Mündigkeit der Frau, auch in Fragen der Verhütung. Das Thema war heikel: Margaret Sanger (1879–1966) drohte in den USA eine Anklage, weil sie Verhütungsbroschüren verteilte; sie floh 1915 nach Europa. Marie Stopes (1880–1958) hatte in London Geologie, Botanik und Geografie studiert, in München promoviert und unterrichtete als erste Frau Naturwissenschaften an der Universität Manchester. Sie kannte Havelock Ellis' *Studies in the Psychology of Sex* (1897–1928) – wohl auch aus sehr privaten Gründen, ihr Mann war impotent, 1914 wurde die Ehe annulliert.

Marie Stopes schrieb *Married Love,* weil sie Verständnis für die Bedürfnisse der Frauen wecken und zeigen wollte, wie Frustration in der Ehe zu vermeiden ist. Den meisten Verlegern war das Buch zu freizügig, 1931 beschlagnahmte der amerikanische Zoll das »obszöne« Werk sogar. Seine Veröffentlichung beim kleinen Londoner Verlag Fifield & Co. kam 1918 nur zustande, weil der Flugzeugbauer Humphrey Roe (1878–1949) für die Druckkosten haftete. Im selben Jahr erschien ergänzend *Wise Parenthood.* 1920 kamen die deutschen Übersetzungen *Das Liebesleben in der Ehe* und *Weisheit in der Fortpflanzung* bei Orell Füssli in Zürich heraus. Stopes und Roe heirateten und gründeten 1921 in London gemeinsam die erste Klinik für Geburtenkontrolle. Sie setzten sich unermüdlich für die Sexualaufklärung und weitere solcher Kliniken in anderen Städten ein.

Die von Marie Stopes geforderte sexuelle Befriedigung der Frau war ein Skandal. Katholische wie anglikanische Kirche lehnten das Buch ab. 1922 verlor Stopes einen Prozess wegen Verleumdung gegen Dr. Halliday Sutherland, der ihre Popularisierung von Verhütungsmethoden als »abartiges Verbrechen« bezeichnet hatte. Das änderte nichts am Erfolg des Buches bei Frauen, 1935 wurde *Married Love* bei einer Umfrage in den USA als eines der 25 wichtigsten Bücher der vergangenen 50 Jahre gekürt, es verkaufte sich über eine Million Mal.

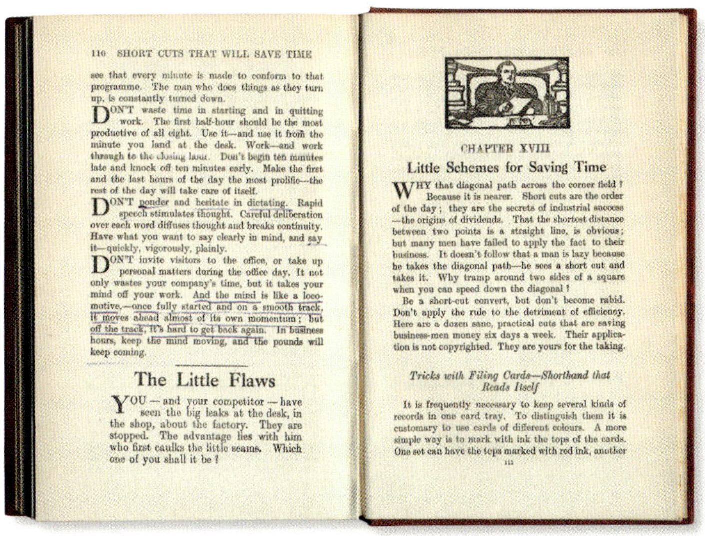
110 SHORT CUTS THAT WILL SAVE TIME

see that every minute is made to conform to that programme. The man who does things as they turn up, is constantly turned down.

DON'T waste time in starting and in quitting work. The first half-hour should be the most productive of all eight. Use it—and use it from the minute you land at the desk. Work—and work through to the closing hour. Don't begin ten minutes late and knock off ten minutes early. Make the first and the last hours of the day the most prolific—the rest of the day will take care of itself.

DON'T ponder and hesitate in dictating. Rapid speech stimulates thought. Careful deliberation over each word diffuses thought and breaks continuity. Have what you want to say clearly in mind, and say it—quickly, vigorously, plainly.

DON'T invite visitors to the office, or take up personal matters during the office day. It not only wastes your company's time, but it takes your mind off your work. And the mind is like a locomotive,—once fully started and on a smooth track, it moves ahead almost of its own momentum; but off the track, it's hard to get back again. In business hours, keep the mind moving, and the pounds will keep coming.

The Little Flaws

YOU — and your competitor — have seen the big leaks at the desk, in the shop, about the factory. They are stopped. The advantage lies with him who first caulks the little seams. Which one of you shall it be ?

CHAPTER XVIII

Little Schemes for Saving Time

WHY that diagonal path across the corner field ? Because it is nearer. Short cuts are the order of the day ; they are the secrets of industrial success —the origins of dividends. That the shortest distance between two points is a straight line, is obvious ; but many men have failed to apply the fact to their business. It doesn't follow that a man is lazy because he takes the diagonal path—he sees a short cut and takes it. Why tramp around two sides of a square when you can speed down the diagonal ?

Be a short-cut convert, but don't become rabid. Don't apply the rule to the detriment of efficiency. Here are a dozen sane, practical cuts that are saving business-men money six days a week. Their application is not copyrighted. They are yours for the taking.

Tricks with Filing Cards—Shorthand that Reads Itself

It is frequently necessary to keep several kinds of records in one card tray. To distinguish them it is customary to use cards of different colours. A more simple way is to mark with ink the tops of the cards. One set can have the tops marked with red ink, another

111

RECHTS **Der Weg zur Effizienz**
Zwei Jahre bevor *Married Love* erschien, brachte *System. The Magazine of Business* in New York diesen Ratgeber mit praktischen Anleitungen zum Selbst- und Zeitmanagement heraus, einen Vorläufer von David Allens Bestseller *Wie ich die Dinge geregelt kriege.*

Die Grenzen politischer Propaganda

Seit der Aufklärung waren Dichter und Denker davon überzeugt, dass die zivilisierte Welt nach Verbesserung strebe. Doch das 20. Jahrhundert erlebte ungeahnte Formen der Barbarei und totalitäre Diktaturen, die sämtliche Medien für Propagandazwecke nutzten. Manche Form des Widerstands war subtil.

UNTEN **»Liebe Kitty«.** Anne Frank bekam zu ihrem 13. Geburtstag am 12. Juni 1942 ihr erstes Tagebuch geschenkt, zwei Tage später, kurz bevor die Familie ins Versteck im Hinterhaus zog, begann sie zu schreiben. Insgesamt drei Bände füllte sie, bis die Familie am 1. August 1944 verhaftet wurde. Auf den Fotos ist Anne mit ihrer Schwester Margot zu sehen. Beide starben in Bergen-Belsen an Typhus.

Stalins Maxime lautete »Der Tod löst alle Probleme. Kein Mensch, kein Problem«. Seit den 1920er-Jahren wütete der – offiziell so genannte – Rote Terror in der UdSSR. Millionen von Bürgerlichen, Bauern und Andersdenkenden fielen ihm zum Opfer. Als Hitler 1933 an die Macht kam, setzten in Deutschland Terror und Verfolgung ein, und nach Kriegsbeginn schließlich die systematische Ermordung der europäischen Juden.

Diktatoren machen sich die Medien zunutze – Hitlers *Mein Kampf* (1925) wurde millionenfach verbreitet. Und immer gibt es Journalisten, die ihnen Glauben schenken, 1933 etwa schrieb Walter Duranty in der *New York Times*, die Zwangskollektivierungen in der UdSSR bedeuteten keine Hungersnot. Tatsächlich fielen dem »Holodomor« (Tod durch Hunger) Millionen Menschen zum Opfer.

Gegen die Tyrannei schrieben Autoren im Untergrund (siehe Kamińskis *Steine für die Schanze*, Seite 226–227). Vom Überleben in den Todeslagern berichteten jüdische Autoren wie Primo Levi, dessen autobiografischer Auschwitz-Roman *Ist das ein Mensch?*

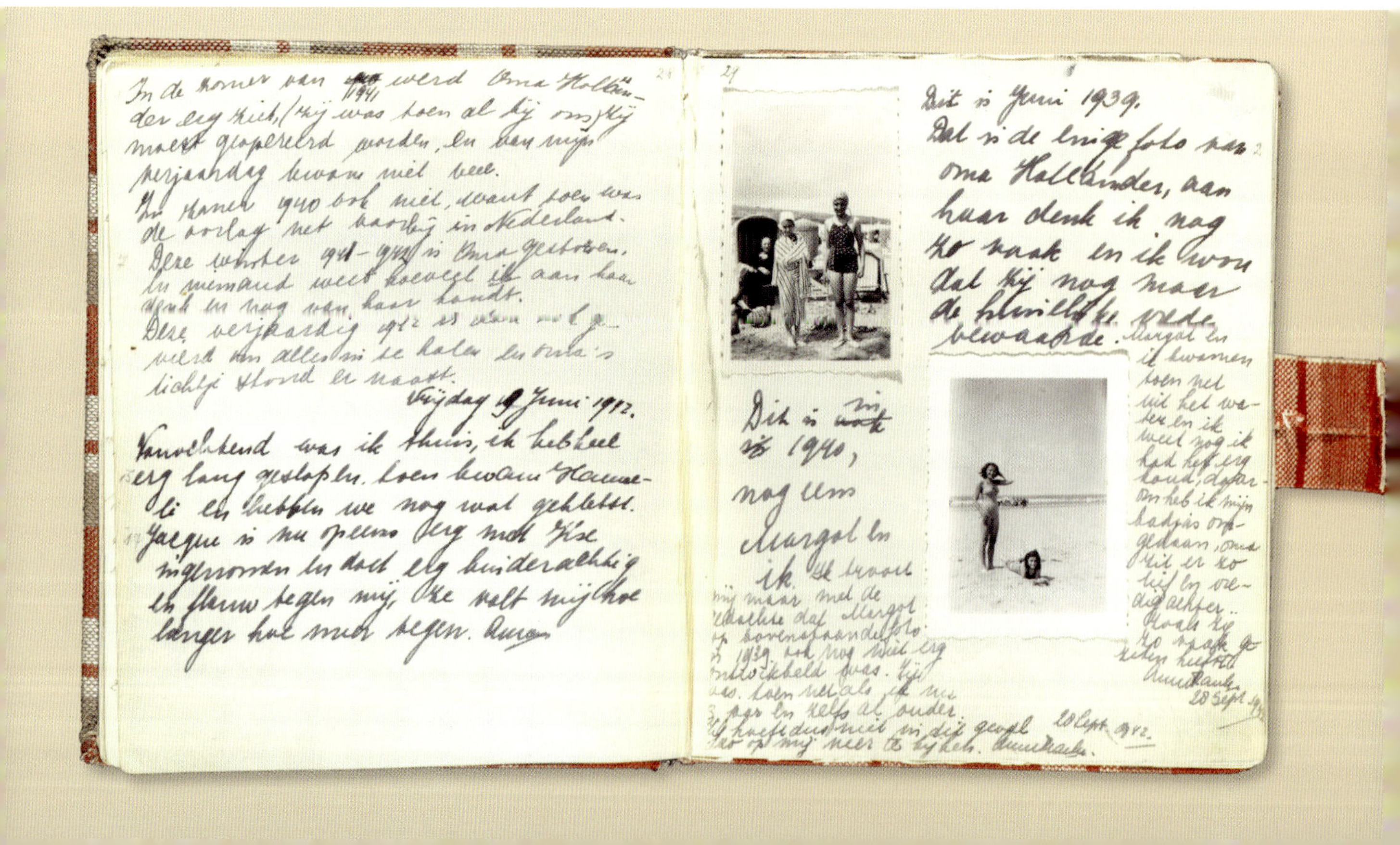

1947 erschien. Alexander Solschenizyn schilderte in seinem literarischen Debüt *Ein Tag im Leben des Iwan Denissowitsch* (1962) das Leben im Gulag.

Die russisch-jüdische Emigrantin Irene Némirovsky (1903–1942) schrieb in den Jahren 1940–1942 im besetzten Paris einen Roman über die deutsche Besatzung. *Suite Française* blieb unvollendet, weil die Autorin nach Auschwitz deportiert wurde. 50 Jahre später entdeckte ihre Tochter das Manuskript in einem Koffer. Der Roman erschien 2004 in Frankreich, wurde mit dem Prix Renaudot ausgezeichnet und wegen der Beschreibungen des Alltags einer Untergetauchten mit dem *Tagebuch der Anne Frank* verglichen.

Anne Frank (1929–1945) emigrierte mit ihrer Familie 1933 von Frankfurt a. M. nach Amsterdam, 1942–1944 lebten sie in einem Hinterhausversteck. Bis zu ihrer Verhaftung und Deportation schrieb Anne Frank ein Tagebuch. Nur der Vater, Otto Frank, überlebte, Anne starb 1945 wenige Tage vor der Befreiung des Lagers durch britische Truppen in Bergen-Belsen. Nach dem Krieg entschloss sich Otto Frank, das Tagebuch zu veröffentlichen. 1947 erschien es unter dem Titel *Het Achterhuis* (Das Hinterhaus) in den Niederlanden, 1950 folgte die erste deutsche Ausgabe bei Lambert Schneider in Heidelberg. Inzwischen wurde es in 70 Sprachen übersetzt und von Millionen von Menschen in aller Welt gelesen. Nelson Mandela sagte: »Manche von uns haben Anne Franks Tagebuch auf Robben Island gelesen und Mut daraus geschöpft. Es gab uns Kraft und stärkte unser Vertrauen in die Unbesiegbarkeit von Freiheit und Gerechtigkeit.« Rechtsextreme behaupten immer wieder, das Tagebuch sei gefälscht – doch seine Echtheit ist längst bewiesen.

Bezüge

Zu einem anderen Buch aus dem Untergrund, siehe:

Aleksander Kamińskis Steine für die Schanze, S. 226–227

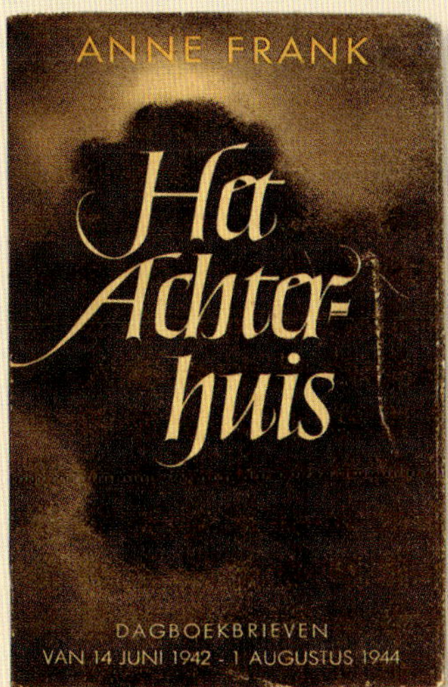

OBEN ***Het Achterhuis* 1947** Miep Gies, eine Freundin der Franks, hob die Tagebücher auf. Nicht alle Hefte sind erhalten, das Jahr 1943 fehlt fast komplett. Otto Frank veröffentlichte zuerst eine gekürzte Fassung mit dem Untertitel *Tagebuchbriefe vom 14. Juni 1942 – 1. August 1944.* Inzwischen erschienen vollständige und textkritische Ausgaben.

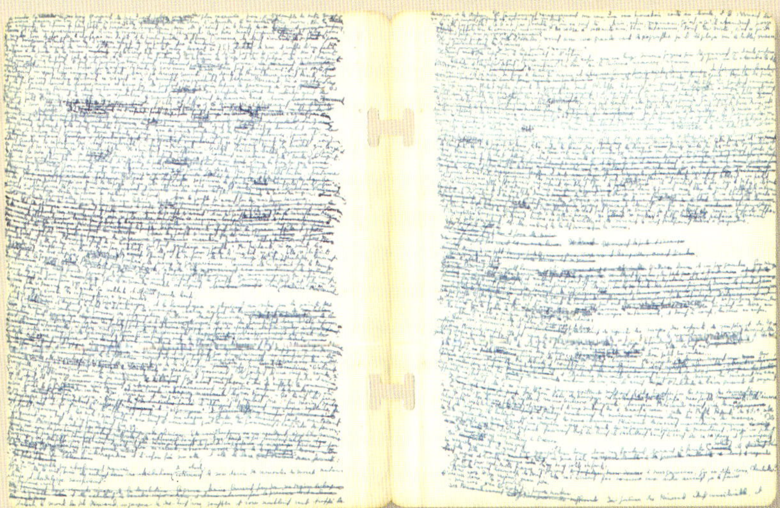

OBEN ***Suite Française*** Irene Némirovsky schrieb die beiden Teile ihres Romans in winziger Schrift in dieses Notizbuch. Die in Kiew geborene jüdische Emigrantin erhielt trotz ihres Übertritts zur katholischen Kirche die französische Staatsbürgerschaft nicht, 1942 wurde sie »als Staatenlose jüdischer Herkunft« nach Auschwitz deportiert.

KAPITEL

11

Digitalisierung & die Zukunft des Buches

Manch einer geht davon aus, das E-Book werde das traditionelle Buch ersetzen und das Publizieren somit grundlegend verändern. Aber wird sich diese neue Herausforderung wirklich so sehr von all jenen unterscheiden, denen sich das gedruckte Buch bereits in der Vergangenheit gegenüber sah?

RECHTS **Androiden-Abenteuer** Brigitte Koyama-Richards betrachtet in *1000 Jahre Manga. Das Kultmedium und seine Geschichte* (Flammarion, 2008) das Phänomen *Astro Boy:* Diese populäre Manga-Figur erschien zunächst als Manga-Heft und als Fortsetzungs-Strip in Magazinen, später als Fernsehserie, dann als Kinofilm, schließlich als Videospiel sowie als E-Book, begleitet von Merchandising. (Für den außerasiatischen Markt laufen Seiten und Bilder von links nach rechts.) Das Manga steht für die fließende, interaktive Art des modernen Publizierens (siehe Seite 248–249).

259
Tezuka Osamu, *Astro Boy*, 1960 © Tezuka Production

Mit der Erfindung des Telegrafen, so glaubten damals viele, bräche eine bessere Zukunft an. Man ging davon aus, dass die elektronische Nähe ein Band knüpfen würde, das sich weder gesellschaftlich noch politisch oder kulturell zerschneiden ließe. Zudem sei nur das technisch Neueste auch das Beste. Leider erwiesen sich diese Erwartungen als zu hoch gesteckt (siehe Seite 238–239). Natürlich gehen diejenigen, die etwas vorantreiben, davon aus, dass ihre Neuerungen allen nur zum Besten gereichen. Die Ansicht, die Digitalisierung von Texten beseitige alle Probleme der Bewahrung von physischen Büchern, ist weit verbreitet. Sie stand hinter Projekten wie der Open Library, dem Projekt Gutenberg oder der inzwischen eingestellten Universal Digital Library, in die viel Geld und Mühe flossen, um Bücher einzuscannen. Oft genug wurden dabei Urheberrechte missachtet, zudem war die Qualität der Texte bei der Auswahl nicht unbedingt das ausschlaggebende Kriterium (siehe Seiten 240–241 und 242–243).

Das Internet

Zweifellos brachte das Internet seinen Nutzern den Zugriff auf reichliche Informationsquellen. Für viele wäre es ein Verlust, wenn sie nur in der *Encyclopedia Britannica* oder dem *Großen Brockhaus*, nicht aber auf Wikipedia nachschlagen könnten. Doch man sollte dabei stets an Diderot denken, der über die *Encyclopédie* und ihre Beiträger (siehe Seite 158–159) urteilte: Sie »war eine Grube, in welche diese elenden Lumpensammler alles durcheinander hineinwarfen – Unverdautes, Gutes, Schlechtes, Abscheuliches, Wahres, Falsches, Ungewisses, und das alles ebenso wirr wie unzusammenhängend.« Trotz aller Anstrengungen wird es bei Wikipedia und selbst in so gut geführten Werken wie dem *Oxford Dictionary of National Biography* weiterhin Fehler, Lücken, falsche und voreingenommene Informationen geben.

Zugang zu Informationen

Rückblickend scheint es, als hätten Buchkäufer und Leser vom Raubdruckwesen im 19. Jahrhundert profitiert. Heutzutage werden Urheber- und Abdruckrechte teuer gehandelt, einige wenige Agenten sind in der Lage, die Preise in die Höhe zu treiben. Das kann dazu führen, dass potenziellen Lesern der Zugang zu Texten erschwert wird. Die Abonnementpreise für wissenschaftliche Zeitschriften etwa sind so stark gestiegen, dass manche Bibliothek sie sich nicht mehr leisten kann.

Viele Buchliebhaber beklagen den Niedergang des unabhängigen Buchhandels. Für Autoren wird es immer schwieriger, ihre Werke über einen Agenten an einen Verlag heranzutragen. Gleichzeitig ist das »Self-Publishing« leichter als je zuvor. Die Autoren müssen in diesem Fall die Herstellungskosten selbst tragen und Amazon oder anderen Großhändlern enorme Rabatte einräumen – oder einen anderen Vertriebsweg finden. Es gibt Verleger, die wieder auf die **Subskription** zurückgreifen, und Autoren, die den traditionellen Buchhandel komplett umgehen (siehe Seite 244–245).

Weil immer mehr Neuerscheinungen auf den Markt kommen, können Bibliotheken im Verhältnis weniger einkaufen, denn ihre Budgets steigen nicht entsprechend. Selbst Nationalbibliotheken müssen sich einschränken und zu kostensenkenden Maßnahmen greifen. Die Ausleihe in öffentlichen Bibliotheken ist nicht mehr kostenlos, ein flächendeckendes Netz von Bibliotheken nicht länger selbstverständlich. Natürlich müssen öffentliche Bibliotheken über Computer verfügen und ihren Nutzern den Zugang zu teuren Online-Publikationen ermöglichen. Aber benötigen sie wirklich Bücher auf **Papier**? – Es gibt Tollkühne, die diese Frage mit Nein beantworten: Die erste *bewusst* bücherfreie öffentliche Bibliothek eröffnete 2013 in Texas.

Viele Autoren befürworten ein elektronisches Publizieren, andere – und nicht nur Autoren – argumentieren, dass durch das Versagen der UNESCO sowie der Regierungen noch immer die großen Wirtschaftsnationen die Medienlandschaft beherrschen, während ärmere Länder nicht von den Neuerungen profitieren. Kaum ein Online-Artikel über E-Books weist darauf hin, dass viele potenzielle Leser in Ländern leben, in denen es kaum Computer oder kein ausgebautes, verlässliches Stromnetz gibt. Die Kluft zwischen Informationsarmen und Gutinformierten wächst stetig. Auch in den sogenannten entwickelten Ländern besitzen zahlreiche Menschen keinen Zugang zu Computern. Das Internet hat seinen Fans viel Gutes gebracht, doch es hat auch Betrug, Täuschung und bewusste Fehlinformation befördert oder neue Formen der Desinformation hervorgebracht – darin ähnelt es dem Telegrafen.

Ein gewinnbringendes Gewerbe?

Verlage riskieren den Konkurs, wenn sie zu früh oder mit zu hohen Preisen auf E-Books umschwenken, doch auch Verlage, die ausschließlich auf das physische

Buch setzen, gehen ein Risiko ein. Vorsichtige veröffentlichen Titel parallel als Buch und als E-Book. Alle großen Verlage erlauben Bibliotheken die uneingeschränkte Ausleihe von E-Books – wie es beim traditionellen Buch üblich ist. Aber wird das auch so bleiben? HarperCollins kündigte kürzlich an, man werde Bibliotheken pro E-Book nur noch 26 Ausleihen genehmigen, danach werde der Text gelöscht. Der Verlag hat etwas davon – Bibliotheken und Leser auch?

Niemand kann die Zukunft des Buches vorhersehen. Die Digitalisierung hat bisher große Vorteile gebracht, sie ermöglicht zum Beispiel, große Textmengen auf kleiner Fläche wiederzugeben (siehe Seite 246–247). Sie erlaubt es Lesern, online viele Quellen zu überfliegen. Sie eröffnet Wissenschaftlern neue, faszinierende Einsichten, wie etwa beim Archimedes-Palimpsest oder bei der *Ilias* der Biblioteca Marciana. Solche Digitalisierungsprojekte sind jedoch kostspielig – zwar werden sie derzeit von vielen Regierungen bezahlt oder bezuschusst, aber wie lange das noch der Fall sein wird, weiß niemand, die Etats der Bibliotheken wurden bereits gekürzt.

Optimisten glauben an eine rosige Zukunft: In einigen Jahren, so sagen sie, erschienen zwar weniger Bücher, doch diese Bücher würden sorgfältiger lektoriert, schöner gestaltet und besser gedruckt sein (siehe Seite 248–249 und 250–251). Das mag sich bewahrheiten, doch bisher gibt es keine Anzeichen für diese Entwicklung. Andere sehen die Zukunft schwärzer. Ein Kritiker meint gar, das Buch sei tot, schon seit geraumer Zeit sei es dem »Antibuch« gewichen – marketingorientierten, ideenlosen Verlagserzeugnissen, die gut verkäuflich, aber völlig belang- und niveaulos sind. Unter diesem Aspekt könnten auch Schundliteratur und einige Mangas als Antibuch gewertet werden. Kritiker klagen seit Jahrhunderten über den schlechten Geschmack der Leser – doch das E-Book wird daran nichts ändern, die Anzahl der seichten Titel ist erschreckend groß.

Die traditionellen Publikationsformen werden für Leser in ärmeren Ländern und diejenigen, die nicht online sind, auch in Zukunft wichtig sein. Man kann sich an jeder Straßenecke eine Bratwurst kaufen oder beim Pizzaservice bestellen, trotzdem lieben die Menschen immer noch gutes Essen. Und so wird auch das traditionelle Buch weiterbestehen (siehe Seite 252–253). Gewiss wird das E-Book eine Zukunft haben – wenn auch nicht in der derzeit noch üblichen lieblosen Form. Seit Tausenden von Jahren werden Bücher von hoher Qualität hergestellt, vielleicht erscheinen Ende des 21. Jahrhunderts elektronische Bücher in dieser Tradition.

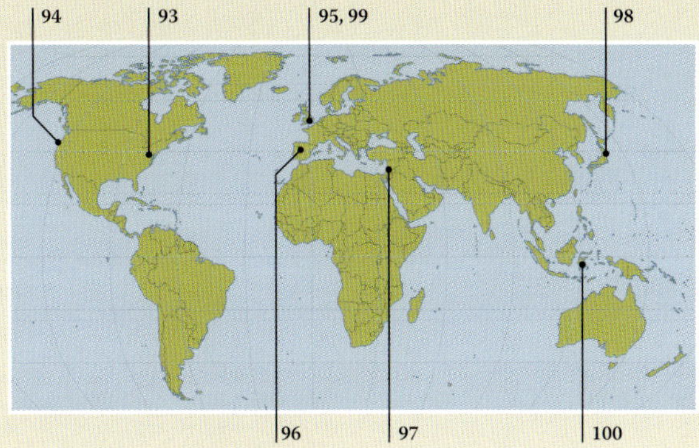

IN DIESEM KAPITEL | Seite

OBEN **Druckkunst als Handwerk** Dard Hunter prüft im Jahr 1922 einen Druckbogen von *Old Papermaking* in der Druckwerkstatt seiner Mountain House Press, in Chillicothe, Ohio.

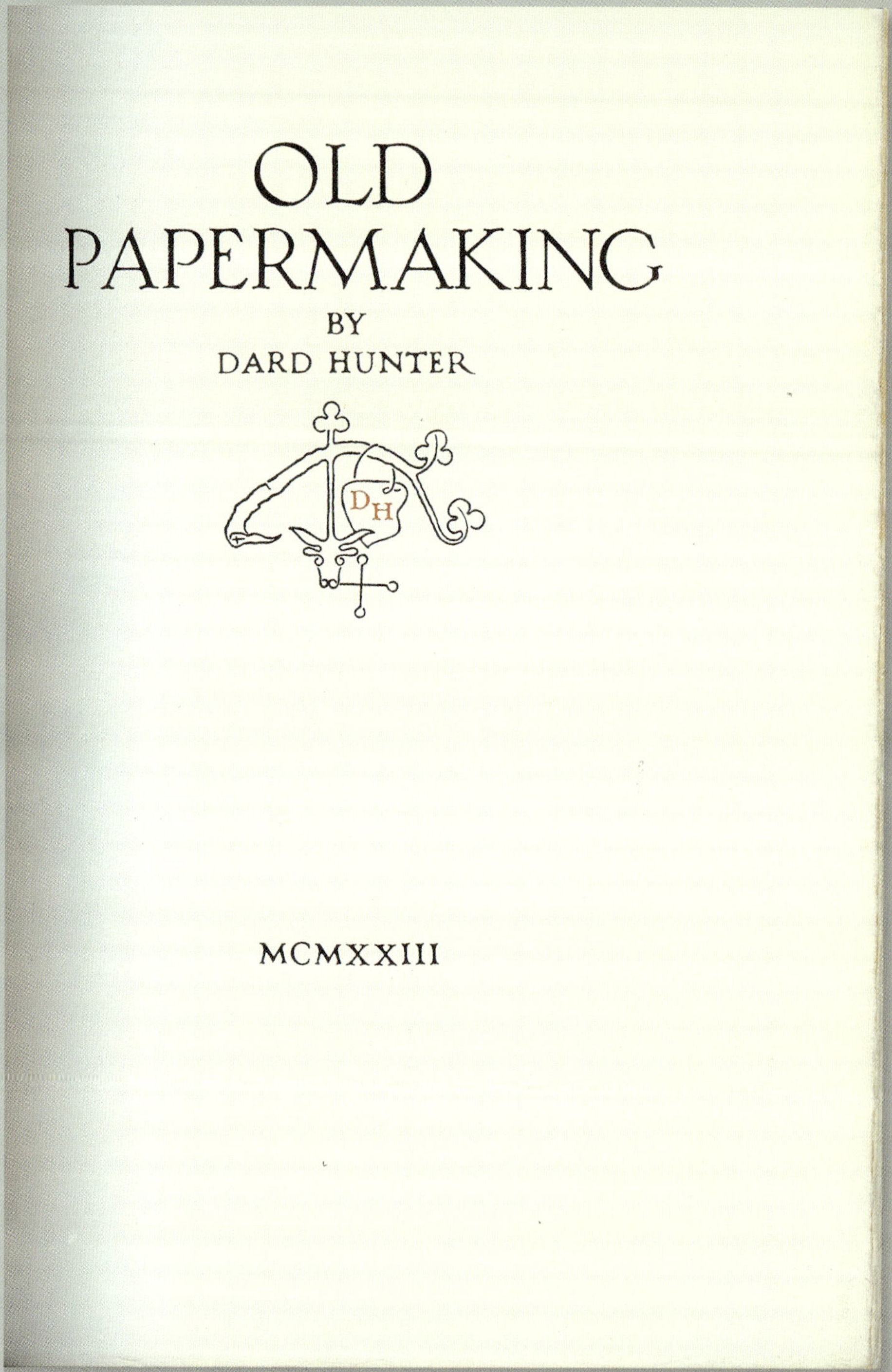

OLD
PAPERMAKING
BY
DARD HUNTER

MCMXXIII

RECHTS *Old Papermaking* Titelseite von Dard Hunters Buch über traditionelles Papiermachen, auf eigenem Papier und mit selbst entworfenen und geschnittenen Lettern gedruckt. Seine **Druckermarke** zeigt Zweig, Blätter und einen Stierkopf, der seit 1310 in **Wasserzeichen** verwendet wird.

Alles in Eigenarbeit

Maschinelle Abläufe hatten die Handarbeit in der Buchherstellung ersetzt. Individualisten wie Dard Hunter machten erfolgreich eine Kehrtwende.

Anfang des 20. Jahrhunderts drückte sich die Unzufriedenheit mit manchen Aspekten des modernen Lebens in unterschiedlichsten Veröffentlichungen aus. Bücher propagierten den politischen und gesellschaftlichen Wandel oder eine neue Sicht auf die Kunst. Selbst Traditionalisten, die eigentlich nur schönere Bücher machen wollten, waren sanfte Revolutionäre.

Dard Hunter (1883–1966) wuchs in Ohio auf, seine Familie besaß dort eine Zeitung. Er hatte künstlerische Interessen und schloss sich 1904 den Roycrofters an, einer vom Schriftsteller Elbert Hubbart im Bundesstaat New York nach dem Vorbild der Arts-and-Crafts-Bewegung gegründeten Künstlerkommune (der Name erinnert an die königlichen Kunsthandwerker). Hunter beschäftigte sich mit Holzschnitzerei, Buchbinderei, Kalligrafie, er machte Buntglasfenster, Schmuck und Möbel. Er war ein hervorragender Designer, und seine Stücke werden heute von Sammlern hoch geschätzt. Weil er die Roycrofters für zu kommerzialisiert hielt, verließ er sie und studierte an den Wiener Werkstätten, der damals wohl bedeutendsten Handwerkskunstschule der Welt, unter anderem Buchdruck. 1911 ging er nach London, wo er als Werbedesigner arbeitete. Dort entdeckte er im Science Museum Gerätschaften zum Papiermachen sowie Stanzen und Gussformen für die Letternherstellung.

Hunter wurde zum Papierexperten. Er reiste durch Europa und Asien, um die verschiedensten Techniken zu studieren. Aus seiner Papiersammlung entstand später das American Museum of Papermaking. In den 1910er-Jahren machte er in seiner Papiermühle in Marlborough-on-Hudson das einzige handgeschöpfte Papier in den USA. Später zog er nach Ohio, wo er auch seine Bücher über das Papiermachen druckte, die Lettern hatte er entworfen, geschnitten und gegossen, das Papier kam natürlich aus seiner Mühle, und er band die Bücher auch selbst.

Es erscheint eigensinnig und etwas verschroben, in Handarbeit nach alten Methoden etwas zu herzustellen, das mit neuester Technik produziert werden kann – doch das ist es nicht. Noch heute gibt es Menschen, die per Hand setzen und drucken, ihr eigenes Papier machen, ihre eigenen Druckerpressen bauen und die Stanzen für die Lettern selbst schneiden – und ihre Bücher sind äußerst gefragt. Doch kaum jemand reicht an Hunter heran.

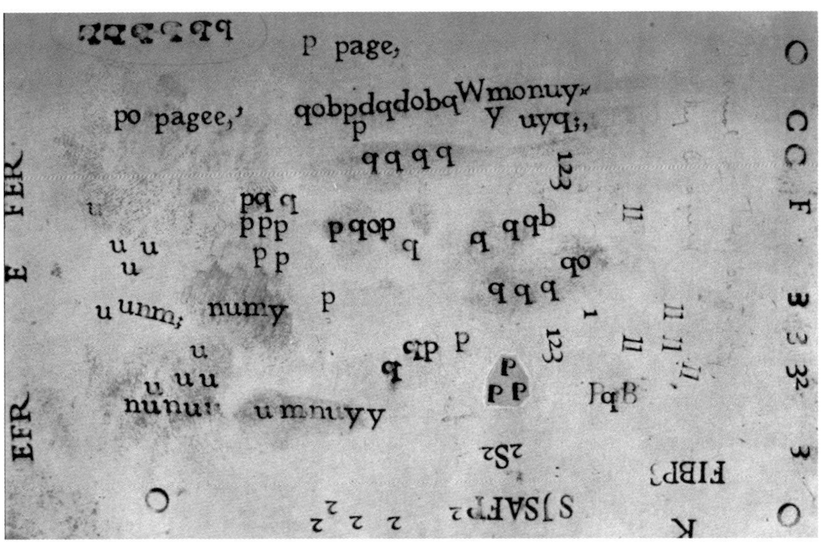

LINKS **Probedruck** Hunter benötigte vier Jahre, um die 63 Stanzen für seine Schrift zu schneiden. Die Typen werden über offener Flamme mit Ruß geschwärzt und aufs Papier gedruckt, um das Druckbild zu prüfen. Hier sind die lebhaften Striche erkennbar, die man bei alten Schriften noch sieht, die bei den meisten maschinengeschnittenen aber fehlen.

Bezüge

Zu einer anderen Auslegung von Arts-and-Crafts, siehe:

Der Hamlet der Cranach-Presse, S. 214–215

Zu einer anderen amerikanischen Auslegung von Arts-and-Crafts, siehe:

Walt Whitmans Leaves of Grass, S. 216–217

Das Ende einer Ära,

Sternkarten, Logarithmen und Schaubilder waren vor der Computer-Ära schwer zu erstellen, und noch schwerer akkurat zu drucken. Das RAND-Handbuch von 1955 markierte den Wandel zur Automatisierung – es ist immer noch gebräuchlich.

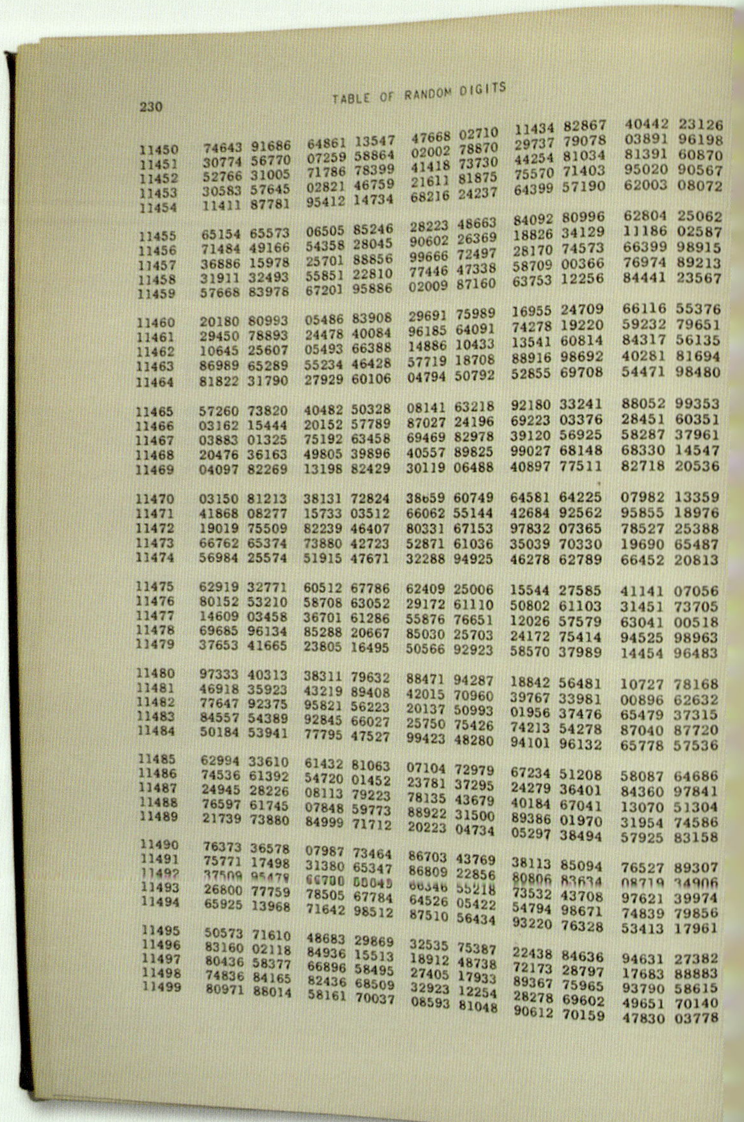
230 TABLE OF RANDOM DIGITS

11450	74643	91686	64861	13547	47668	02710	11434	82867	40442	23126
11451	30774	56770	07259	58864	02002	78870	29737	79078	03891	96198
11452	52766	31005	71786	78399	41418	73730	44254	81034	81391	60870
11453	30583	57645	02821	46759	21611	81875	75570	71403	95020	90567
11454	11411	87781	95412	14734	68216	24237	64399	57190	62003	08072
11455	65154	65573	06505	85246	28223	48663	84092	80996	62804	25062
11456	71484	49166	54358	28045	90602	26369	18826	34129	11186	02587
11457	36886	15978	25701	88856	99666	72497	28170	74573	66399	98915
11458	31911	32493	55851	22810	77446	47338	58709	00366	76974	89213
11459	57668	83978	67201	95886	02009	87160	63753	12256	84441	23567
11460	20180	80993	05486	83908	29691	75989	16955	24709	66116	55376
11461	29450	78893	24478	40084	96185	64091	74278	19220	59232	79651
11462	10645	25607	05493	66388	14886	10433	13541	60814	84317	56135
11463	86989	65289	55234	46428	57719	18708	88916	98692	40281	81694
11464	81822	31790	27929	60106	04794	50792	52855	69708	54471	98480
11465	57260	73820	40482	50328	08141	63218	92180	33241	88052	99353
11466	03162	15444	20152	57789	87027	24196	69223	03376	28451	60351
11467	03883	01325	75192	63458	69469	82978	39120	56925	58287	37961
11468	20476	36163	49805	39896	40557	89825	99027	68148	68330	14547
11469	04097	82269	13198	82429	30119	06488	40897	77511	82718	20536
11470	03150	81213	38131	72824	38659	60749	64581	64225	07982	13359
11471	41868	08277	15733	03512	66062	55144	42684	92562	95855	18976
11472	19019	75509	82239	46407	80331	67153	97832	07365	78527	25388
11473	66762	65374	73880	42723	52871	61036	35039	70330	19690	65487
11474	56984	25574	51915	47671	32288	94925	46278	62789	66452	20813
11475	62919	32771	60512	67786	62409	25006	15544	27585	41141	07056
11476	80152	53210	58708	63052	29172	61110	50802	61103	31451	73705
11477	14609	03458	36701	61286	55876	76651	12026	57579	63041	00518
11478	69685	96134	85288	20667	85030	25703	24172	75414	94525	98963
11479	37653	41665	23805	16495	50566	92923	58570	37989	14454	96483
11480	97333	40313	38311	79632	88471	94287	18842	56481	10727	78168
11481	46918	35923	43219	89408	42015	70960	39767	33981	00896	62632
11482	77647	92375	95821	56223	20137	50993	01956	37476	65479	37315
11483	84557	54389	92845	66027	25750	75426	74213	54278	87040	87720
11484	50184	53941	77795	47527	99423	48280	94101	96132	65778	57536
11485	62994	33610	61432	81063	07104	72979	67234	51208	58087	64686
11486	74536	61392	54720	01452	23781	37295	24279	36401	84360	97841
11487	24945	28226	08113	79223	78135	43679	40184	67041	13070	51304
11488	76597	61745	07848	59773	88922	31500	89386	01970	31954	74586
11489	21739	73880	84999	71712	20223	04734	05297	38494	57925	83158
11490	76373	36578	07987	73464	86703	43769	38113	85094	76527	89307
11491	75771	17498	31380	65347	86809	22856	80806	83634	08719	34906
11492	37509	95479	66700	[illegible]	[illegible]	55218	73532	43708	97621	39974
11493	26800	77759	78505	67784	64526	05422	54794	98671	74839	79856
11494	65925	13968	71642	98512	87510	56434	93220	76328	53413	17961
11495	50573	71610	48683	29869	32535	75387	22438	84636	94631	27382
11496	83160	02118	84936	15513	18912	48738	72173	28797	17683	88883
11497	80436	58377	66896	58495	27405	17933	89367	75965	93790	58615
11498	74836	84165	82436	68509	32923	12254	28278	69602	49651	70140
11499	80971	88014	58161	70037	08593	81048	90612	70159	47830	03778

Charles Babbages Differenzmaschine von 1832 (ein Nachbau befindet sich heute im Londoner Science Museum) sollte automatisch fehlerfreie Zahlentabellen errechnen. Die Maschine funktionierte nie zufriedenstellend – offenbar überforderte sie die Fähigkeiten der viktorianischen Ingenieure. Ihr System ähnelte dem der modernen elektronischen Computer.

Damals wie heute benötigte man absolut exakte Berechnungen, die ebenso akkurat gedruckt werden müssen – das war und ist eine mühevolle und fehleranfällige Arbeit, auch beim Korrekturlesen. Im Zweiten Weltkrieg waren lange Reihen von Zufallszahlen für geheimdienstliche Verschlüsselungstechniken ebenso unerlässlich wie für die Wissenschaftler des Manhattan-Projekts, aber nur schwer zu generieren.

1947 begann die Projektgruppe RAND (die vom Flugzeughersteller Douglas als »Research and Development«-Gruppe eingerichtet worden war) mit der Arbeit an *A Million Random Digits* (Eine Million Zufallszahlen). Weil es keine effizienten Computer gab, erzeugte die Gruppe die Zahlen mit Hilfe eines elektronischen

der Beginn einer neuen

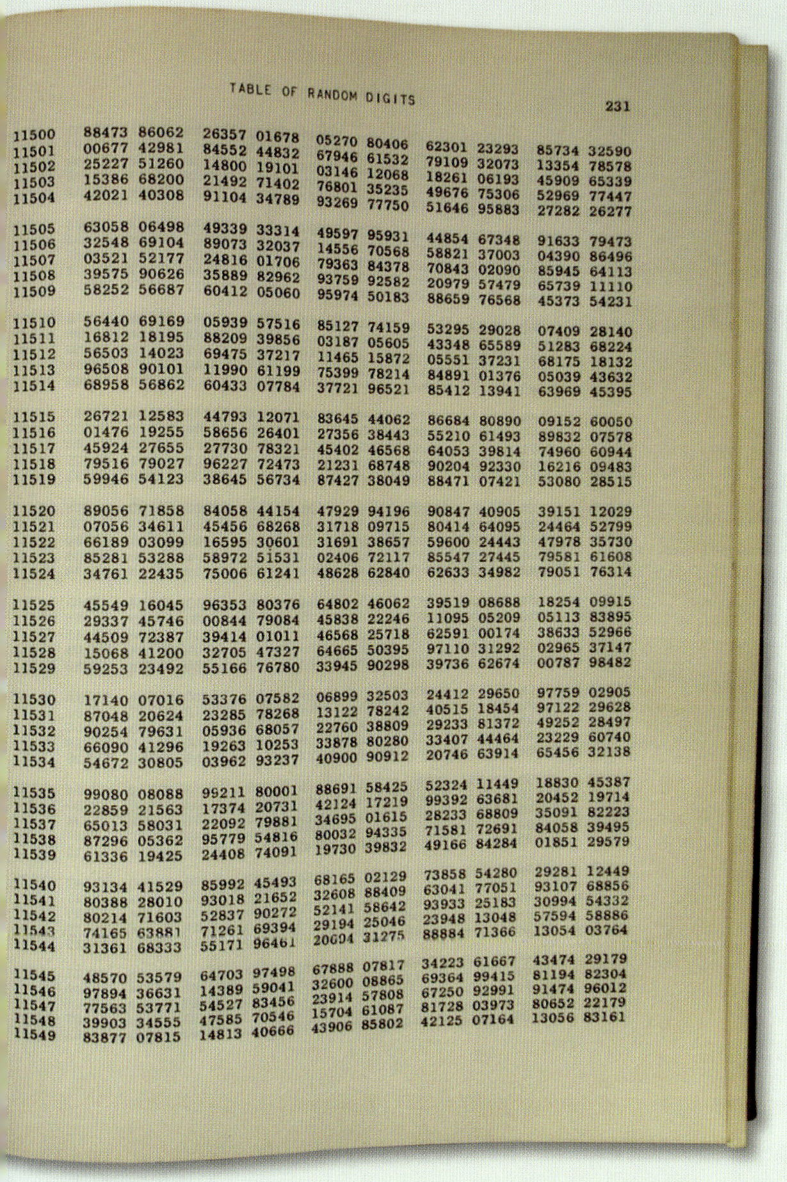

TABLE OF RANDOM DIGITS 231

11500	88473	86062	26357	01678	05270	80406				
11501	00677	42981	84552	44832	67946	61532	62301	23293	85734	32590
11502	25227	51260	14800	19101	03146	12068	79109	32073	13354	78578
11503	15386	68200	21492	71402	76801	35235	18261	06193	45909	65339
11504	42021	40308	91104	34789	93269	77750	49676	75306	52969	77447
							51646	95883	27282	26277
11505	63058	06498	49339	33314	49597	95931	44854	67348	91633	79473
11506	32548	69104	89073	32037	14556	70568	58821	37003	04390	86496
11507	03521	52177	24816	01706	79363	84378	70843	02090	85945	64113
11508	39575	90626	35889	82962	93759	92582	20979	57479	65739	11110
11509	58252	56687	60412	05060	95974	50183	88659	76568	45373	54231
11510	56440	69169	05939	57516	85127	74159	53295	29028	07409	28140
11511	16812	18195	88209	39856	03187	05605	43348	65589	51283	68224
11512	56503	14023	69475	37217	11465	15872	05551	37231	68175	18132
11513	96508	90101	11990	61199	75399	78214	84891	01376	05039	43632
11514	68958	56862	60433	07784	37721	96521	85412	13941	63969	45395
11515	26721	12583	44793	12071	83645	44062	86684	80890	09152	60050
11516	01476	19255	58656	26401	27356	38443	55210	61493	89832	07578
11517	45924	27655	27730	78321	45402	46568	64053	39814	74960	60944
11518	79516	79027	96227	72473	21231	68748	90204	92330	16216	09483
11519	59946	54123	38645	56734	87427	38049	88471	07421	53080	28515
11520	89056	71858	84058	44154	47929	94196	90847	40905	39151	12029
11521	07056	34611	45456	68268	31718	09715	80414	64095	24464	52799
11522	66189	03099	16595	30601	31691	38657	59600	24443	47978	35730
11523	85281	53288	58972	51531	02406	72117	85547	27445	79581	61608
11524	34761	22435	75006	61241	48628	62840	62633	34982	79051	76314
11525	45549	16045	96353	80376	64802	46062	39519	08688	18254	09915
11526	29337	45746	00844	79084	45838	22246	11095	05209	05113	83895
11527	44509	72387	39414	01011	46568	25718	62591	00174	38633	52966
11528	15068	41200	32705	47327	64665	50395	97110	31292	02965	37147
11529	59253	23492	55166	76780	33945	90298	39736	62674	00787	98482
11530	17140	07016	53376	07582	06899	32503	24412	29650	97759	02905
11531	87048	20624	23285	78268	13122	78242	40515	18454	97122	29628
11532	90254	79631	05936	68057	22760	38809	29233	81372	49252	28497
11533	66090	41296	19263	10253	33878	80280	33407	44464	23229	60740
11534	54672	30805	03962	93237	40900	90912	20746	63914	65456	32138
11535	99080	08088	99211	80001	88691	58425	52324	11449	18830	45387
11536	22859	21563	17374	20731	42124	17219	99392	63681	20452	19714
11537	65013	58031	22092	79881	34695	01615	28233	68809	35091	82223
11538	87296	05362	95779	54816	80032	94335	71581	72691	84058	39495
11539	61336	19425	24408	74091	19730	39832	49166	84284	01851	29579
11540	93134	41529	85992	45493	68165	02129	73858	54280	29281	12449
11541	80388	28010	93018	21652	32608	88409	63041	77051	93107	68856
11542	80214	71603	52837	90272	52141	58642	93933	25183	30994	54332
11543	74165	63881	71261	69394	29194	25046	23948	13048	57594	58886
11544	31361	68333	55171	96461	20604	31275	88884	71366	13054	03764
11545	48570	53579	64703	97498	67888	07817	34223	61667	43474	29179
11546	97894	36631	14389	59041	32600	08865	69364	99415	81194	82304
11547	77563	53771	54527	83456	23914	57808	67250	92991	91474	96012
11548	39903	34555	47585	70546	15704	61087	81728	03973	80652	22179
11549	83877	07815	14813	40666	43906	85802	42125	07164	13056	83161

LINKS **Eine Bibel des Zufalls** Man ahnt kaum, wie problemtisch es war, *A Million Random Digits* herzustellen, der ungewöhnliche »Text« wurde von RAND erzeugt, um zufällige Zahlenreihen, die man für Wahrscheinlichkeitsrechnungen benötigte, zur Verfügung zu stellen. Noch heute wird das Handbuch von Statistikern, Physikern, Wirtschaftsexperten, Marktanalytikern, Lotterie- und Glückspiel-Kontrolleuren verwendet.

Rouletterads und einer zufallsgesteuerten Frequenzquelle. Die Zahlen wurden auf IBM-Lochkarten übertragen – damals topmoderne digitale Speichermedien. Man überprüfte, ob die Zahlen tatsächlich zufällig waren, kein statistisches Muster hatten, also nicht vorhersagbar waren, doch man verzichtete darauf, jede einzelne Seite Korrektur zu lesen. Die Zahlenreihen wurden auf IBM-Geräten ausgedruckt, dann wurden Druckplatten erstellt.

A Million Random Digits kam 1955 heraus und wurde der wissenschaftlichen Welt unentbehrlich. Antiquarische Exemplare besitzen einen hohen Sammlerwert, obwohl die Zahlenreihen für den Durchschnittsleser unverständlich sind. Der Essayist Charles Lamb sprach in einer Abhandlung über Bücher und das Lesen einmal von »Büchern, die keine Bücher sind«, und er hätte *A Million Random Digits* sicherlich dazugezählt. 2001 erschien eine zweite Ausgabe, die einigen Spott hervorrief; ein Rezensent schrieb: »Bei so vielen tollen Zufallszahlen ist es doch ein Jammer, dass sie nicht sortiert sind, damit man die einfacher finden kann, die man sucht.«

Bezüge

Zu anderen mathematischen Büchern, siehe:

Euklids Elementa Geometriae, *S. 106–107*

Isaac Newtons Principia Mathematica, *S. 138–139*

Zu anderen rechnergestützten Büchern, siehe:

Electronic Beowulf, *S. 242–243*

Ángela Ruiz Robles' mechanische Enzyklopädie, S. 244–245

LINKS ***Beowulf*** Der Kodex Cotton Vitellius A.XV der British Library (hier Folio 101) enthält das einzige Manuskript des angelsächsischen Epos: 3182 Verse erzählen von König Scyld und dem Kampf gegen das Ungeheuer Grendel und dessen Mutter. Die Handschrift wurde um 1000 n. Chr. von zwei Schreibern angefertigt; Teile des Textes gingen bei einem Brand sowie durch unsachgemäße Restaurierung verloren.

Vom Mittelalter in die Moderne

Wie stellt man einen Schlüsseltext der englischen Literatur, dessen einziges erhaltenes Exemplar durch Feuer beschädigt wurde, der Wissenschaft zur Verfügung?

Der *Beowulf* gehört wie Homers *Ilias* und Vergils *Aeneis* zu den großen klassischen Werken der europäischen Literatur. Er wurde in viele Sprachen übersetzt und für englische Leser modernisiert, denn die altenglischen Verse des anonymen Heldenepos, das zur Zeit König Knuts um 1000 niedergeschrieben wurde, können heute nur noch Experten lesen.

Das einzige erhaltene Manuskript aus jener Zeit, auf dem alle späteren Ausgaben basieren, befindet sich heute neben anderen wertvollen Büchern aus der Sammlung von Sir Robert Cotton (um 1570–1631), der damals bedeutendsten Privatbibliothek, im Besitz der British Library. 1731 vernichtete ein Brand zahlreiche von Cottons Büchern, der Kodex Cotton Vitellius A.XV (unter diesem Namen ist das *Beowulf*-Manuskript bekannt) wurde dabei schwer beschädigt. Obwohl sich Restauratoren seit 280 Jahren alle Mühe geben, ging ein Großteil des Textes der äußeren Seiten verloren. Für seine Rekonstruktion müssen die Forscher heutzutage auf eine Abschrift zurückgreifen, die der isländische Gelehrte Grímur Jónsson Thorkelin 1786 anfertigte.

Wie das *Ilias*-Manuskript der Biblioteca Marciana (siehe Seite 48–49) bot sich das des *Beowulf* als ideales Objekt für forensische Untersuchungen und elektronisches Publizieren an. Der *Electronic Beowulf* wurde von Kevin Kiernan ediert, einem Anglisten von der University of Kentucky, und 1999 als allgemein zugänglicher Download zur Verfügung gestellt. 2011 ersetzte ihn eine DVD-Ausgabe der British Library als *Electronic Beowulf 3.0.* Wir haben es nun mit einem Computer-Produkt zu tun, nicht mehr mit einem Buch. An ihm lassen sich die Probleme der neuen Medien festmachen: *Electronic Beowulf 3.0* ist auf alten Betriebssystemen nicht abspielbar – und wird es auf zukünftigen möglicherweise auch nicht mehr sein.

Es stellen sich auch andere Fragen, ähnlich jenen, die in Johannes Trithemius' Sorge um die Haltbarkeit gedruckter Bücher anklingt – wie lange eine DVD tatsächlich funktioniert (vielleicht zwei oder 15 Jahre), steht nicht fest, doch sicherlich ist sie nichts für die Ewigkeit. Und was wäre ein alternatives Medium? Der *Electronic Beowulf 3.0* war ein kühner und im Großen und Ganzen erfolgreicher Versuch, eine kritisch herausgegebene Textfassung allgemein zugänglich zu machen – auch wenn englische Leser die modernen Übertragungen von J. R. R. Tolkien oder Seamus Heaney bevorzugen mögen.

LINKS *Beowulf*-DVD
Professor Kevin Kiernan war die treibende Kraft hinter der Digitalisierung des *Beowulf*, die 1998 abgeschlossen war. Die DVD bietet vielfarbige Scans jeder Seite, Sekundärliteratur und die Übertragung ins moderne Englisch von Seamus Heaney – und jedem Interessierten virtuellen Zugriff auf dieses empfindliche Manuskript.

Bezüge

Zu anderen inzwischen digitalisierten Büchern, siehe:

Der Brügger Roman de la Rose, *S. 72–73*

Das St. Galler Cantatorium, *S. 114–115*

Zu anderen Büchern mit Restaurierungsproblemen, siehe:

Das Totenbuch des Ani, *S. 22–23*

Das Book of Kells, *S. 60–61*

Das Panchatantra, *S. 84–85*

Das erste E-Book?

E-Books wurden entwickelt, weil Computer und preiswerte Lesegeräte verfügbar waren. Doch schon viele Jahre bevor der technische Fortschritt sie realisierbar machte, hatte eine weitsichtige spanische Lehrerin eine geniale Idee.

Die meisten Entwicklungen der Computerindustrie stammen aus den USA, daher scheint es zunächst unwahrscheinlich, dass eine spanische Lehrerin das erste »E-Book« erfunden haben soll. Doch genau so sehen es viele. Ángela Ruiz Robles (1895–1975) meldete 1949 ein Patent für eine »mechanische Enzyklopädie« an, die die Form eines Buches hat und Textrollen enthält, die von den Nutzern abgespult werden können. Sie sieht ganz anders aus als die modernen E-Book-Reader, doch Ruiz Robles' Vorstellungen kommen dem E-Book recht nahe. Offenbar griff sie auf das Design von Mikrofilm-Lesegeräten zurück, als sie eine tragbare Maschine entwickelte, die es Schülern ersparen sollte, stapelweise Bücher mit sich herumzutragen. Ruiz Robles fand niemanden, der die Produktion ihrer mechanischen Enzyklopädie finanzieren wollte, und so existiert – wie vom amerikanischen Dynabook aus den 1970er-Jahren – lediglich ein Prototyp. Erfinder konzentrieren sich meist auf die technischen Herausforderungen und lassen andere Fragen außer Acht. Der Prototyp geriet recht klobig – ähnlich frühen mechanischen Rechenmaschinen –, auch Copyright oder Marketing wurden nicht bedacht. Inzwischen aber eröffnen sich durch das Internet und die Digitalisierung ganz neue Möglichkeiten für leichtgewichtige, tragbare neue Medien.

Schriftsteller von Laurence Sterne bis Georges Perec haben mit Texten experimentiert, allerdings in traditioneller Buchform. Die Autoren des 21. Jahrhunderts versuchen sich an (vermeintlich neuen) Ausdrucksformen, die ihnen die neuen Medien bieten. Desktop- und Online-Publishing versprechen, jeden zu Wort kommen zu lassen. Die Verlage bemühen sich, die Nachfrage nach E-Books zu befriedigen und dem Lesepublikum klarzumachen, dass trotzdem Kosten, etwa für das Lektorat oder das Marketing, anfallen. Im Jahr 2000 veröffentlichte der Bestsellerautor Stephen King seine Kurznovelle *Riding the Bullet* exklusiv als E-Book und war damit der erste, der diesen Schritt wagte. Der Erfolg gab ihm Recht, innerhalb von 24 Stunden wurden 400 000 Exemplare heruntergeladen – nie war ein Erstverkauf so hoch.

Das *Oxford English Dictionary* nutzte schon im 19. Jahrhundert das »Crowdsourcing«, eine Finanzierungsmethode, die sich inzwischen etabliert hat. Mit dem Ziel, die Leser in den Schreibprozess einzubeziehen, begann Silvia Hartmann im September 2012, einen Fantasy-Roman online zu verfassen (auf Google Drive). Zu ihrem »Naked-Writer-Project« trugen 13 000 Nutzer bei, die jeden Fortschritt online kommentierten. Den letzten Teil schrieb sie tatsächlich »live« vor und mit den Delegierten einer Konferenz, die sie organisiert hatte. *Dragon Lords*, 2012 auch als E-Book und danach als traditionelles Buch auf Papier erschienen, ist wohl das erste Beispiel eines Crowd-und-cloud-source-Romans. Ob das Experiment Schule macht, wird sich zeigen.

RECHTS ***Dragon Lords*** Soziale Medien verleihen jedem eine Stimme – zumindest jedem, der einen Internetzugang besitzt – und nehmen inzwischen auch Einfluss auf die Entstehung von Romanen.

Bezüge

Zu anderen Lern-Büchern, siehe:
John Newberys Little Pretty Pocket-Book, **S. 156–157**
Valentin Haüys Über die Erziehung von Blinden, **S. 176–177**
Zu einem anderen Spulen-Buch, siehe:
Sulawesisches Lontar, **S. 252–253**

OBEN **Ein »mechanisches, elektrisches und Luftdruck-Lesebuch«** steht im Patent (Nr. 190.698) der Lehrerin Ángela Ruiz Robles. Die »mechanische Enzyklopädie«, das wahrscheinlich erste E-Book der Welt, erfand sie für ihre Schüler. Es hat Spulen, auf denen sich mehrsprachige Texte, die wir heute Hypertexte nennen würden, befinden. Wie moderne E-Book-Reader verfügt auch dieses Gerät über eine Zoom-Funktion, um bestimmte Passagen hervorzuheben.

LINKS **E-Book-Reader**, eine Marketing-Erfolgsgeschichte; die kompakte Form des Datenspeichers passt perfekt zum mobilen Zeitalter. Doch hier geht es allein um die Wiedergabe des Textes, vielen Lesern ist das zu wenig – sie möchten nach wie vor ein Buch in die Hand nehmen, Papier und Einband fühlen und sich an seiner Schönheit erfreuen.

Multum in parvo – winzige Bücher

Technischer Fortschritt ermöglichte die Herstellung winziger Bücher – echter Sammlerstücke. Entwickelt sich mithilfe der Nanotechnologie eine Buchform, die über das E-Book hinausgeht?

Die Miniaturisierung fasziniert die Menschheit seit Langem. Zur Feier des 500. Jahrestags von Gutenbergs Erfindung verschenkten einige Schriftgießer einzelne Typen, in die das gesamte Vaterunser geschnitten war, und demonstrierten auf diese Weise ihr handwerkliches Können. Graveure und Kalligrafen schufen Texte in winziger Schrift, die nur mit einem Vergrößerungsglas entziffert werden kann. Auch für Kinder wurden Minibücher hergestellt, die allerdings technische Probleme aufwarfen.

Zahlreiche Sammler widmen sich ausschließlich dem Miniaturbuch, es gibt internationale wie regionale Gesellschaften der Freunde solcher Bücher. In den USA wurden Höchstmaße von 76 × 76 Millimeter festgelegt, in Deutschland von 100 × 100. Bereits im Jahr 1475 wurde ein religiöser Text in derart winzigem Format von Nicolas Jenson veröffentlicht.

Ende des 19. Jahrhunderts waren die fotomechanischen Drucktechniken so weit fortgeschritten, dass einige Verleger auf Minibücher als Geschenkbücher

setzten. Der Glasgower Verlag David Bryce & Son brachte unter anderem ein Wörterbuch, Gedichte und das Neue Testament in Kleinstform heraus, alle Bücher wurden in einem Medaillon und mit einer Lupe geliefert. Eine entsprechende Ausgabe des Korans trugen viele muslimische Soldaten der indischen Armee in den Schützengräben des Ersten Weltkriegs als Talisman. Der 1870 gegründete Leipziger Verlag Heinrich Schmidt & Carl Günther wurde durch seine Liliput-Wörterbücher bekannt.

Zu den größten Errungenschaften der modernen Technologie gehört die Möglichkeit, riesige Datenmengen auf winzigem Raum zu speichern. Der einflussreiche Naturwissenschaftler Vannevar Bush beschrieb bereits 1945 in seinem Artikel »As We May Think« (Wie wir denken werden) eine Welt der Nanotechnologie, in der die *Encyclopedia Britannica* in der Größe einer Streichholzschachtel erscheinen würde. In Israel knüpfte man an die Arbeiten von Pawan Sinha vom Massachusetts Institute of Technology an: Am Technion, dem Israel Institute for Technology in Haifa, erstellten Professoren und Studenten des Russell Berrie Nanotechnology Institute eine Nano-Thora. Der gesamte Text der hebräischen Bibel wurde mit einem Ionenstrahl auf einen goldbeschichteten Silizium-Chip graviert, der nur einen halben Quadratmillimeter groß ist. Die Forscher wollten auf diese Weise Jugendliche für die Nanowissenschaften interessieren. Der israelische Präsident Shimon Peres schenkte die Nano-Bibel Papst Benedikt XVI, als dieser 2009 das Heilige Land besuchte. Noch ist es das einzige Nano-Buch, doch es eröffnet ungeahnte Möglichkeiten. Wie mag wohl die Zukunft des E-Books aussehen?

LINKS **Miniatur-Koran** Den feinen kleinen Koran, mit goldgeprägtem rotem oder schwarzem Maroquin-Einband und Goldschnitt, stellte David Bryce & Son von etwa 1900–1910 her. Wie die übrigen Bücher wurde er in einem Medaillon und mit einer Lupe geliefert – muslimischen Soldaten diente er im Ersten Weltkrieg als Talisman.

RECHTS **Bibel in Stecknadelkopfgröße** Den gesamten Text der hebräischen Bibel speicherte man am Technion-Institut auf einen goldbeschichteten Silizium-Chip von 0,5 mm^2 Fläche. Der zuvor digitalisierte Text wurde in eine geeignete Schriftart umgewandelt. Über 1,2 Millionen 0,0002 mm »große« Buchstaben wurden mit einem dünnen Strahl von Gallium-Ionen eingraviert.

Bezüge

Zu anderen Fortschritten der Datenspeicherung, siehe:

Chester Carlsons Laborbuch, S. 212–213

Electronic Beowulf, S. 242–243

Moderne Technologie und Manga

In den 1950er-Jahren entstanden in Japan die Mangas, deren Stil auf der ganzen Welt kopiert wurde. Auch neue Techniken des Farbdrucks änderten die Sicht auf Comics und andere »Bilderbücher«.

Seit Mitte des 20. Jahrhunderts machten Fortschritte in der Drucktechnik die Veröffentlichung von reich bebilderten Büchern aller Genres sehr viel einfacher und erschwinglicher. Früher konnten nur wenige Firmen Farben verlässlich drucken, und farbige Illustrationen waren häufig unverhältnismäßig teuer. Der komplizierte Herstellungsprozess hielt viele Verlage davon ab, illustrierte Bücher in mehr als einer Sprache herauszubringen. Da ein weltweiter Absatzmarkt fehlte, konnten keine Kostenersparnisse durch Massenproduktion erzielt werden. Ausnahmen bildeten etwa Reiseführer oder die Tauchnitz-Editionen, die nicht bebildert waren.

Verbesserte Hochdruck-Verfahren ermutigten Verleger, mit Farbfotografien zu arbeiten – zum Beispiel in so unterschiedlichen Magazinen wie *National Geographic* und *Playboy*, die in mehreren Ländern in hohen Auflagen gedruckt werden. Logistische Probleme, mit denen man noch vor etwa 30 Jahren zu kämpfen hatte, wurden durch das Internet und den Vierfarb-Offsetdruck (mit dem auch dieses Buch gedruckt wurde) aus dem Weg geräumt. Heute können illustrierte Bücher mit exakter Farbwiedergabe und zu moderaten Preisen hergestellt werden. Wir hätten für diese Kategorie auf Garten-, Natur- oder Reisebücher zurückgreifen können, haben uns aber für die Geschichte eines modernen japanischen Publikationsphänomens entschieden: des Mangas.

Bildgeschichten waren schon immer beliebt; im 20. Jahrhundert wurden in Frankreich und Belgien die *bandes dessinées* mit Serien wie *Asterix* und *Tintin* (*Tim und Struppi*) ebenso beliebt wie die Comics in den USA. In Japan entwickelte sich im 18. Jahrhundert eine Tradition der Bildheftliteratur, *kibyōshi* genannt, in der viele die Vorläufer des Mangas sehen. Die ersten Mangas erschienen in Japan während der amerikanischen Besatzungszeit nach dem Zweiten Weltkrieg. Eine der berühmtesten Serien war und ist *Astro Boy*

RECHTS ***1000 Jahre Manga*** Brigitte Koyama-Richards Buch wurde in Japan recherchiert und in Frankreich lektoriert. Der Druck der englischen und französischen Ausgabe erfolgte 2007 simultan in Singapur. Heutzutage werden Text- und Bilddateien per Computer ans andere Ende der Welt verschickt und dort zu einem brillanten vierfarbigen Buch verarbeitet. – Die deutsche Ausgabe erschien 2008.

LINKS **Kawanabe Kyōsai** (1831–1889) war der vielleicht letzte Virtuose des traditionellen japanischen Malstils; seine Darstellungen historischer Ereignisse brachten ihm häufig Ärger ein. Die **Holzschnitt**-Illustration (um 1872) einer Explosion bei einer Schlacht in Osaka (1615) verweist bereits auf den Manga-Stil, der in Koyama-Richards Buch behandelt wird.

(eigentlich *Tetsuwan Atomu*, übersetzt etwa »Eisenarm Atom«), die Osamu Tezuka seit 1952 zeichnete und schrieb – der Einfluss von Disney ist nicht zu übersehen. Trotz des atomaren Sujets ist der Android Astro Boy ein Superheld, der für den Frieden kämpft. In Deutschland wurde Tezuka mit *Kimba, der weiße Löwe* berühmt.

1000 Jahre Manga steht hier stellvertretend für die besten modernen Drucktechniken und farbigen Bücher. Es demonstriert die Entwicklung von Animations- und Zeichentrickfilmen sowie der Marketing-Industrie (die Computerspiele, Puppen und andere Manga-Spielzeuge herstellt) und veranschaulicht, wie Mangas in Japan und anderen Ländern den Buchmarkt und den Blick auf Bücher und Bilder verändert haben – so wie es auch der Vierfarbdruck tat. Liegt die Zunkunft im Manga?

Bezüge

Zu älteren japanischen Publikationen, siehe:

Die Dharani der Kaiserin Shōtoku, **S. 30–31**

Murasaki Shikibus Geschichte vom Prinzen Genji, **S. 82–83**

Zu anderen beliebten Lesestoffen, siehe:

Frank Powells Old Grizzly Adams, **S. 192–193**

Joseph Nnadozies Beware of Harlots, **S. 222–223**

Sind Künstlerbücher Bücher?

»Bücher« sind weitaus mehr als reine Textvehikel; sie sind Objekte der Liebe, der Gleichgültigkeit und des Hasses. Wenn ein Buch zum Ausdruck einer Künstlerphantasie wird, kann es unerwartete Formen annehmen.

Für manche Leser ist ein Buch ein reines Textträgermedium – diese Vorstellung steht auch hinter den Entwicklungen von Kindle und anderen E-Book-Readern. Andere sehen den Text als Ausgangsbasis für weitere kreative Ideen, aus denen Illustrationen entstehen und die bestimmte Aspekte durch Materialien, Farben und taktile Eigenschaften hervorheben. Dazu gehört auch die Druckkunst – der gestaltete Text soll nicht allein gelesen, sondern auch betrachtet, berührt und bestaunt werden.

Künstlerbücher sind Ausdrucksformen der Gedanken und ästhetischen Vorstellungen eines einzelnen Künstlers. Sie alle sind darauf ausgelegt, betrachtet zu werden, doch manche kann man nicht lesen. Solche Werke werden meist in signierter und bewusst limitierter Auflage produziert und an Galeristen und Sammler verkauft. In Buchhandlungen oder Bibliotheken findet man sie selten. Und sicherlich werden sie niemals durch das E-Book ersetzt werden können.

Der Essayist Charles Lamb urteilte über Almanache und Verzeichnisse, es seien Bücher, die keine Bücher seien: nicht lesbare Bücher. Manche Künstlerbücher stellen die physischen und konzeptionellen Grundgedanken des Buches auf den Kopf. Der chilenische Dichter Nicanor Parra, Erfinder der »Antipoesie«, pflegte bei seinen Rezitationen »*Me retracto de todo lo dicho*« (»Ich nehme alles zurück, was ich gesagt habe«) zu wiederholen. Sein Band *Artefactos* (1973) vereinigte Postkarten mit einem kurzen, pointierten Sinnspruch unter einer einfachen Illustration – Parra fragte nicht nur: Was ist Poesie?, sondern auch: Was ist ein Buch? Sein »Antibuch«, das hier stellvertretend für das Genre Künstlerbuch steht, gibt eine radikale Antwort.

Parras Antipoesie war für die in London lebende chilenische Papierkünstlerin Francisca Prieto die ideale Ausgangsbasis für ihre Interpretation des »Antibuchs«. Prieto arbeitet häufig mit Origami-ähnlichen Falttechniken; in ihrer Serie »Between Folds« (etwa: Zwischen den Falten) scheinen Teile von Karten, Buch- und Zeitschriftenseiten aus dem 19. Jahrhundert in den eingefalteten Flächen auf (die entfernt an Himmel-und-Hölle-Spiele erinnern). Man mag dabei auch an die surrealistischen Arbeiten von Max Ernst denken, dessen **Collagen** sich aus ebenso alten Stichen zusammenfügten (siehe Seite 220–221).

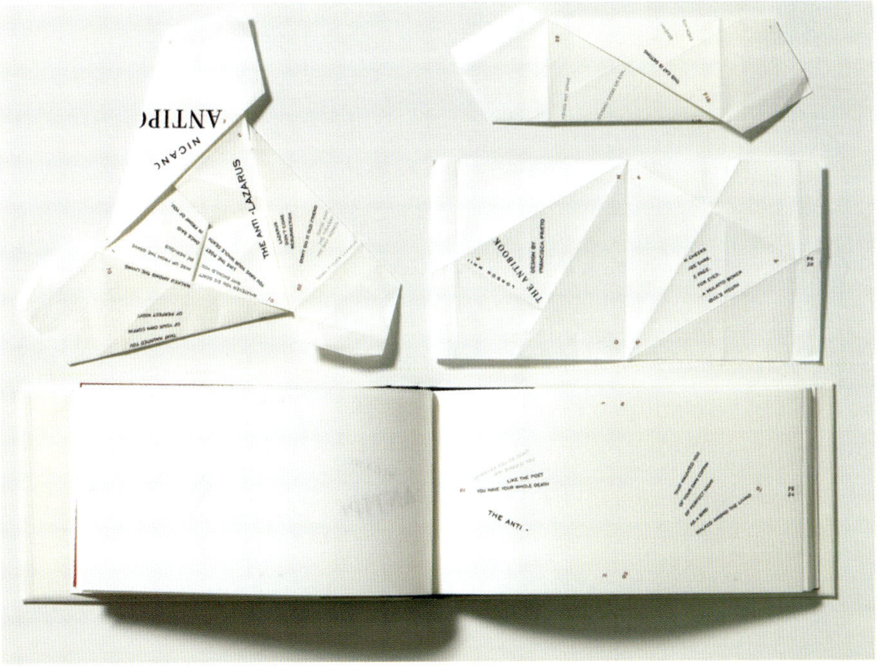

LINKE SEITE UND LINKS **Das »Antibuch«** Die Interaktion von Künstlern und Büchern ist Tradition, mag auch die Kunst innovativ sein. Die Idee des Buches als Kunstwerk bzw. der Kunst im Buch wandelt sich: Max Ernst schuf ein völlig neuartiges Buch in konventionellem Format, während Francisca Prieto, von einem existierenden Text ausgehend (hier Parras Antipoesie), neue Formate entwickelt: Ihr Papier-Ikosaeder misst 15 × 17 × 19 cm.

Bezüge

Zu anderen Interpretationen der Buch-Form, siehe:

Das Gilgamesch-Epos, **S. 18–19**

Das Parabaik, **S. 40–41**

Lothar Meggendorfers Internationaler Circus, **S. 198–199**

Sulawesisches Lontar, **S. 252–253**

Zu anderen Ansätzen der Buchkunst, siehe:

Der Hamlet der Cranach-Presse, **S. 214–215**

Max Ernsts Une Semaine de Bonté, **S. 220–221**

Ist es ein Buch, oder ein Buch?

Unterschiedliche Bedürfnisse geben entsprechend unterschiedliche Formate vor – was erwarten Leser von ihren Büchern?

Was hat dieses verblüffende Stück aus dem indonesischen Sulawesi in einem Kapitel, das sich mit Digitalisierung und E-Books beschäftigt, zu suchen? Wir haben es aufgenommen, weil das **Format** sofort erkennbar ist, man fühlt sich an die **Schriftrollen** der Thora oder die nahezu verschwundene Musikkassette erinnert. Man fragt sich allerdings, warum die sulawesische Volksgruppe der Bugis ausgerechnet dieses Format wählte. Sie kannten Formate anderer Kulturen und benutzten die **Kodex**-Form. – Selbst wenn man nicht in der Lage wäre, die Schrift zu entziffern, liegt die Schlussfolgerung nahe, dass dieses Buch von Anfang bis Ende gelesen werden sollte und dass es wohl für bestimmte Zeremonien gedacht war.

Zum schnellen Nachschlagen eignet sich die Schriftrolle kaum; heutige Forscher verzweifeln, wenn sie in Mikrofilmen durch Hunderte Textseiten scrollen müssen, bevor sie die eine gesuchte finden. Als man in der Antike auf **Papyrus** schrieb, bot sich die Schriftrolle als Format an, doch die Griechen und Römer stellten sehr schnell auf das Kodex-Format um, das wir noch heute benutzen, weil man viel einfacher darin suchen und zum Anfang zurückblättern – oder Seiten überschlagen – kann. E-Book-Leser haben, egal ob sie online oder auf einem Reader lesen, Probleme, im Text zu springen, vor- und zurückzu»blättern«. Nur ein sorgfältiges Layout führt ihnen den kontextbezogenen Zusammenhang vor Augen, der ihnen im Kodex-Buch ganz selbstverständlich erscheint.

Es muss noch einmal wiederholt werden: Bücher sind viel mehr als reine Textvehikel. Ein erfahrener Leser erfühlt geradezu instinktiv, wie ein Buch gemacht wurde, für wen es gemacht wurde, er registriert, welche Materialien verwendet wurden, blättert es rasch durch, um zu sehen, wie es gestaltet ist, sucht nach Spuren früherer Besitzer und Beschädigungen, macht sich Gedanken über den besten Standort … Wer mit seltenen Büchern zu tun hat, beschnuppert einen Band oder schüttelt ihn sanft, um die Seiten knistern zu hören und »forensische« Informationen zu

sammeln. Dies alles könnte man als Metadaten bezeichnen – die ein E-Book nicht besitzt. Der »Blick ins Buch« bei Amazon ist für den Kauf zwar durchaus hilfreich, aber keinesfalls mit dem Blättern in einem gedruckten Buch vergleichbar.

In den vorhergehenden Kapiteln haben wir anhand vieler Beispiele gezeigt, welche Bedeutung diese Metadaten haben. Wenn Bibliotheken ihre seltenen Bücher digitalisieren, bemühen sie sich, den potenziellen Lesern die Metadaten so weit wie möglich zur Verfügung zu stellen. Das ist nicht einfach: Wie könnte eine digitalisierte Textfassung des hier gezeigten sulawesischen Manuskripts Rückschlüsse auf sein Format zulassen? Es ist bedauerlich, dass die Verleger und Designer von E-Books sich darüber nach wie vor kaum Gedanken machen. Wenn sich diese Einstellung in Zukunft nicht ändert, wird das E-Book wohl lediglich als Ergänzung zu den Büchern in Papierform bestehen – während Letztere auch in Zukunft gedruckt und gelesen werden.

LINKS **Sulawesische Spule** Dieses Lontar(Palmblatt)-Manuskript entstand im Süden von Sulawesis, Indonesien, vor 1907. Es erinnert mehr an eine Angel als an ein Buch, wie wir es kennen. Der Text (eine Episode aus dem Bugis-Epos *La Galigo*) läuft ähnlich wie bei Ángela Ruiz Robles' mechanischer Enzyklopädie (siehe Seite 244–245) auf Rollen.

OBEN **Textrolle** Dieses Lontar-Manuskript aus Bulukumba im Süden Sulawesis ist ein Brief der Königin von Tanette in der Sprache der Bugis, vor 1887.

Bezüge

Zu anderen Rollen-Büchern, siehe:

Das Totenbuch des Ani, *S. 22–23*

Ángela Ruiz Robles' mechanische Enzyklopädie, *S. 244–245*

Zu anderen indonesischen Buchformen, siehe:

Pustaha *der Batak*, *S. 38–39*

Das Boek van Bonang, *S. 92–93*

A

ABLEGEN: So bezeichnet man im Buchdruck das Auseinandernehmen der Bleisatzformen und das Einsortieren der Lettern in den Setzkasten, damit sie wieder verwendet werden können; mithilfe von Setzmaschinen lässt sich die mechanische Ausführung dieser aufwendigen Arbeit erleichtern.

ABUGIDA (oder Syllabar): Silbenschrift, deren Zeichen aus Konsonanten, die einen Vokal beinhalten, bestehen, es gibt also eines für »ba«, eines für »be«, ein drittes für »bi« usw. Der Name leitet sich von den ersten vier Buchstaben der äthiopischen Schrift Ge'ez ab, so wie auch das Alphabet nach den ersten (*alpha, beta*) im Griechischen benannt ist. Die semitische Sprache Amharisch wird beispielsweise in Ge'ez geschrieben.

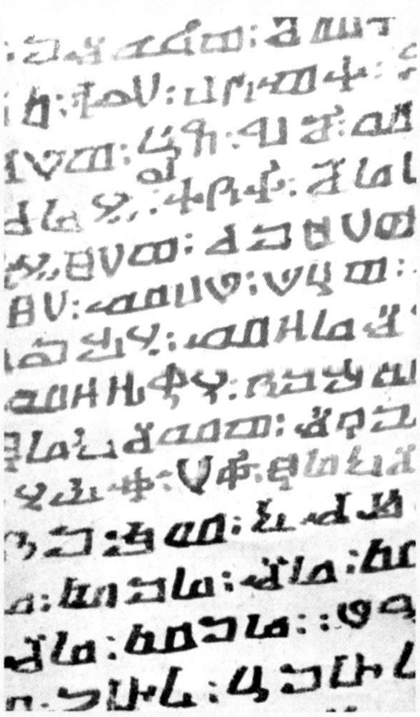

Ein Pergamentseite mit amharischem Text in der äthiopischen GE'EZ*-Schrift, Äthiopien.*

Fleuron, 17. Jh., Blumen als abstraktes **ARABESKES** *Muster.*

ADLERHOLZ- oder Agarbaum *(Aquilaria malaccensis)*; sein Rindenbast wird auf den indonesischen Inseln wie Sumatra als Beschreibstoff verwendet.

ANTIQUA: Eine rundbogige Druckschrift römischen Ursprungs, daher auch lateinische Schrift, die nach dem Vorbild von Renaissance-Handschriften gestaltet wurde. Antiqua-Schriften sind klar und leicht lesbar und heute die am häufigsten genutzten Druckschriften für westliche Sprachen. In Venedig entwickelten der französische Typograf Nicolas Jenson seine als vollkommen ausgewogen geltende »Jenson-Antiqua« und Aldus Manutius die nach seinem Förderer benannte »Bembo«. *Siehe auch* KLASSIZISTISCHE ANTIQUA.

ARABESKE: dekoratives Motiv, ursprünglich stilisierte rankende Darstellung der distelartigen Akanthusblätter; in der islamischen Kunst häufig verwendet, beispielsweise auf Kacheln. Der Stil wurde für Buchillustrationen übernommen, vor allem in Venedig; frühe gedruckte Blumenverzierungen (Fleurons) leiten sich aus abstrakten Arabesken ab.

ATELIER: franz. für »Werkstatt«, meist verwendet für die Werkstatt eines Künstlers, in der Meister, Lehrlinge und Gehilfen gemeinsam im Namen des Künstlers, der in aller Regel auch der Meister war, etwas herstellten. Nach dem alten Gildensystem verfügten im Grunde genommen alle Handwerker, also auch Drucker, über ein Atelier, verwendet wird der Begriff aber meist für Künstlerwerkstätten, die herausragende Arbeit leisteten, wie beispielsweise die Maler und Holzschneider Michael Wolgemut und Wilhelm Pleydenwurff in Nürnberg. *Siehe Die Schedel'sche Weltchronik* (Seite 100–101). Auch Thomas Bewick besaß ein Atelier, *siehe* Thomas Bewicks *British Birds* (Seite 172–173).

AUSSTATTUNG: sämtliche Merkmale eines Druckprodukts wie **Format**, Art des **Papiers** und der Bindung, **Typografie** und Layout.

B

BANDE(S) DESSINÉE(S): franz. für »gezeichnetes Band«; Bezeichnung für frankobelgische Comics, z. B. Hergé, *Tintin* (*Tim und Struppi*).

BASTARDA (franz. *lettre bâtarde*): Eine in der Zeit der Spätgotik verwendete Schriftart; im 14. und 15. Jahrhundert in Europa beim Kopieren von Büchern und Dokumenten in Landessprachen benutzt, selten für lateinische Texte. Sie ist mit gerundeten Buchstaben schnell und fließend zu schreiben; seit Gutenberg sie 1454–1455 in den Buchdruck eingeführt hatte, wurden Bastardschriften von mehreren Druckern in verschiedenen Ländern verwendet. In Frankreich und Burgund entwickelten sich sehr elegante Formen, Caxtons erste englische Typen waren eine grobe Nachahmung. Die französische *lettre bâtarde* wurde im 16. Jahrhundert durch magere, **kursive** Schriften ersetzt, in Deutschland wurden bis ins 20. Jahrhundert **Schwabacher**- und **Fraktur**-Schriften verwendet. *Siehe* Cristoforo Buondelmontis *Liber insularum archipelagi* (Seite 70–71); Caxtons Sittenbuch über das Schachspiel (Seite 102–103).

BILDERBOGEN: Einblattdrucke mit vielen einfachen Bildern und wenig Text, die im 18. und 19. Jahrhundert weit verbreitet waren und von fahrenden Händlern und auf Jahrmärkten verkauft wurden; berühmt sind die Bilderbogen aus Epinal (Frankreich) und Neuruppin. Manche behandelten lehrreiche oder informative Themen wie »Früchte« oder »Landschaftsansichten«, andere berichteten in populärer Weise über aktuelle Ereignisse wie der *Newgate Calendar* (Seite 164–165). Als eine Form des Bilderhefts ähneln sie der Straßenliteratur aus Nigeria und Brasilien (Seite 222–223).

BILDERROMAN: eine Geschichte für Erwachsene oder für Kinder, deren Handlung durch eine Bilderfolge mit oder ohne Begleittext erzählt wird, wie bei Graphic Novels, Comics, ***bandes dessinées*** und Mangas. *Siehe* Max Ernsts *Une Semaine de Bonté* (Seite 220–221).

BUSTROPHEDON: griech., von *bous* (Ochse) und *strophē* (wenden) – »wenden wie pflügende Ochsen«. Die Schreibrichtung wechselt zeilenweise (ein von links nach rechts laufender Text wird in der nächsten Zeile von rechts nach links fortgeführt usw.), etwa in antiken griechischen und etruskischen Handund Inschriften. Die Schrift der modernen europäischen Sprachen läuft von links nach rechts, die der semitischen von rechts nach links.

C

CAMERA OBSCURA: lat. *camera* (Raum), *obscura* (dunkel). In einen dunklen Kasten fällt durch ein schmales Loch das Licht und erzeugt auf der gegenüber liegenden Wand ein spiegelverkehrtes, auf dem Kopf stehendes reelles Bild; bekannt ist dieser Effekt seit der Antike, ab dem 17. Jahrhundert wurde er in der Malerei verwendet. Sofern der dunkle Raum die Größe einer Schachtel hat, spricht man auch von einer Lochkamera. Louis Daguerre nutzte eine *camera obscura* für seine **Daguerreotypie**, seither heißen Fotoapparate Kameras.

CANG JIE: der Legende nach der Erfinder der chinesischen Schrift; Namensgeber eines 1976 in Taiwan entwickelten Eingabesystems, mit dem über eine lateinische Computertastatur sämtliche chinesischen Schriftzeichen erzeugt werden können.

CHOLIAMBUS/ CHOLIAMBEN: jambisches Versmaß der antiken griechischen und lateinischen Lyrik.

COLLAGE: Eine Technik oder auch ein Kunstwerk, bei der Stücke aus Papier und anderen Materialien auf einem Untergrund angeordnet und festgeklebt werden (vom franz. *coller*, kleben). Mary Delany verwendete Ende des 18. Jahrhunderts Collagen. Zumeist verbindet man den Begriff mit moderner Kunst, vor allem der Surrealisten wie Max Ernst und der Kubisten wie Pablo Picasso und Georges Braque. *Siehe* Max Ernsts *Une Semaine de Bonté* (Seite 220–221).

CYANOTYPIE (Blaudruck): Ein von Sir John Herschel 1842 entwickeltes fotografisches Verfahren, bei dem in Kaliumferrocyanid getränktes Papier unter einem Schatten werfenden Objekt belichtet wird. Man verwendete es für technische Blaupausen und für Edeldrucke. *Siehe* Anna Atkins' *Photographs of British Algae* (Seite 184–185).

Ein **Volksbuch** *mit dem Stück* Die Versteigerung des Teufels, *Hochdruck auf Holzstoffpapier, mit einem Stich des populären Illustrators José Guadalupe Posada, zwischen 1890 und 1932 in Mexiko erschienen.*

D

DAGUERREOTYPIE: eine frühe, in den 1830er-Jahren in Frankreich entwickelte Form der Fotografie, die nach ihrem Erfinder Louis Daguerre benannt wurde. Versilberte, durch Joddämpfe lichtempfindlich gemachte Kupferplatten werden in einer Kamera belichtet, die Bilder über heißem Quecksilberdampf entwickelt. Es handelt sich um das erste kommerziell genutzte fotografische Verfahren;

nachdem die Belichtungszeiten verkürzt wurden, war es vor allem für Porträts beliebt. *Siehe* Adolphe Duperlys *Daguerian Excursions in Jamaica* (Seite 186–187).

DIDOT: (1) eine berühmte, im 18. bis 19. Jahrhundert wirkende französische Drucker-Verleger-Dynastie; (2) eine klassizistische, in Frankreich häufig verwendete **Antiqua**-Schrift; (3) ein lange Zeit in Europa verwendetes Schriftgrößenmaß. Heute orientiert man sich dagegen überwiegend am anglo-amerikanischen **Pica**-System.

DLUWANG (oder javanisches Papier): ein Beschreibstoff aus dem Rindenbast des Papiermaulbeerbaums (*Broussonetia papyrifera*) und anderer tropischer Pflanzen; der Bast wird zu Bogen geklopft, die daraufhin geglättet und poliert werden. Das für Insektenbefall sehr anfällige **Pseudopapier** wurde bis in die jüngste Zeit in Indonesien und auf den Philippinen benutzt, früher auch in China und Südostasien. Noch heute verwendet wird es in Polynesien, wo es **Tapa** genannt wird, und – aus anderen Pflanzen hergestellt – in Mexiko, wo es unter dem Namen *Amatl* bekannt ist. *Siehe* das *Boek van Bonang* (Seite 92–93).

DRUCKERMARKE (oder -signet): Ein Markenzeichen (Logo), entweder im **Kolophon** oder auf der Titelseite, das dem Leser zeigt, wer das Buch herstellte.

E

ELEKTROTYPIE: ein galvanisches Verfahren zur Herstellung von wiederverwendbaren Matrizen aus dünnen Kupferplatten, in den späten 1830er-Jahren parallel in St. Petersburg und Liverpool entwickelt; von etwa 1840 bis in die zweite Hälfte des 20. Jahrhunderts weit verbreitet. (1) Um exakte Kopien von Druckformen herzustellen; dadurch wurde die Massenproduktion mit chinesischen Schriftzeichen erleichtert. Gleichzeitig ermöglichte dieses Verfahren Raubdruckern, das Design anderer Typografen zu übernehmen. (2) Um Kopien von Kupferstichplatten anzufertigen wie auch, Mitte des 19. Jahrhunderts, zur Herstellung von Naturdrucken. (3) Um Kopien von Hochdruckformen (mit Lettern oder Holzblock) für die Massenproduktion herzustellen. *Siehe auch* STEREOTYPIE.

EMBLEMBÜCHER: eine von der Renaissance bis ins 17. Jahrhundert beliebte Form, die Text und Bilder zu einem Sinn verband; Zensoren argwöhnten, aus den Bildern sei möglicherweise herauszulesen, was im Text nicht ausdrücklich stand. *Siehe* Erasmus' *De ratione conscribendi epistolas* (Seite 126–127).

Delphin und Anker, die **DRUCKERMARKE** *von Aldus Manutius (seit 1501), inspiriert von einer antiken römischen Münze, die er von Kardinal Bembo als Geschenk erhielt.*

EVANGELIAR: liturgisches Buch mit dem vollständigen Text der vier Evangelien, das zudem für den Gottesdienst bestimmte Texte wie Perikopen (Abschnitte gottesdienstlicher Lesungen), Kanontafeln (Textparallelen in den Evangelien von Matthäus, Markus und Lukas) oder Predigten enthält. Evangeliare waren reich illustriert, ihre Einbände oft aus geschnitztem Elfenbein oder Gold und Edelsteinen. Sie wurden nicht in Klosterbibliotheken, sondern wie Reliquiare und Kreuze auf Altären aufbewahrt. Das berühmteste Beispiel aus einem deutschen Skriptorium ist das »goldglänzende« Evangeliar Heinrichs des Löwen, um 1175 im Kloster Helmarshausen (Nordhessen) entstanden. *Siehe* das *Book of Kells* (Seite 60–61) und Toros-Roslin-Evangeliar (Seite 66–67).

F

FLACHDRUCK: ein Druckverfahren, bei dem druckende und nicht druckende Elemente auf einer Ebene liegen, im Unterschied zum Hochdruck – z. B. mit erhabenen Buchstaben – und zum **Tiefdruck** wie dem Kupferstichdruck. Das bekannteste Beispiel ist die **Lithografie** sowie in heutiger Zeit der Offsetdruck.

FOLIO (auch fo. oder 2°): ein einmal – zu zwei Blatt – gefalteter Papierbogen. Die Buchgröße hängt von der Größe des Bogens ab,

RECHTS *Eine Darstellung des Druckens mit beweglichen Lettern aus Diderots und d'Alemberts Enzyklopädie (1751–1757): Oben wird ein* **SETZER** *bei der Arbeit gezeigt, in der Mitte Lettern und Blindmaterial für Leerzeichen, unten auf exakte Zeilenlänge ausgeschlossene Lettern.*

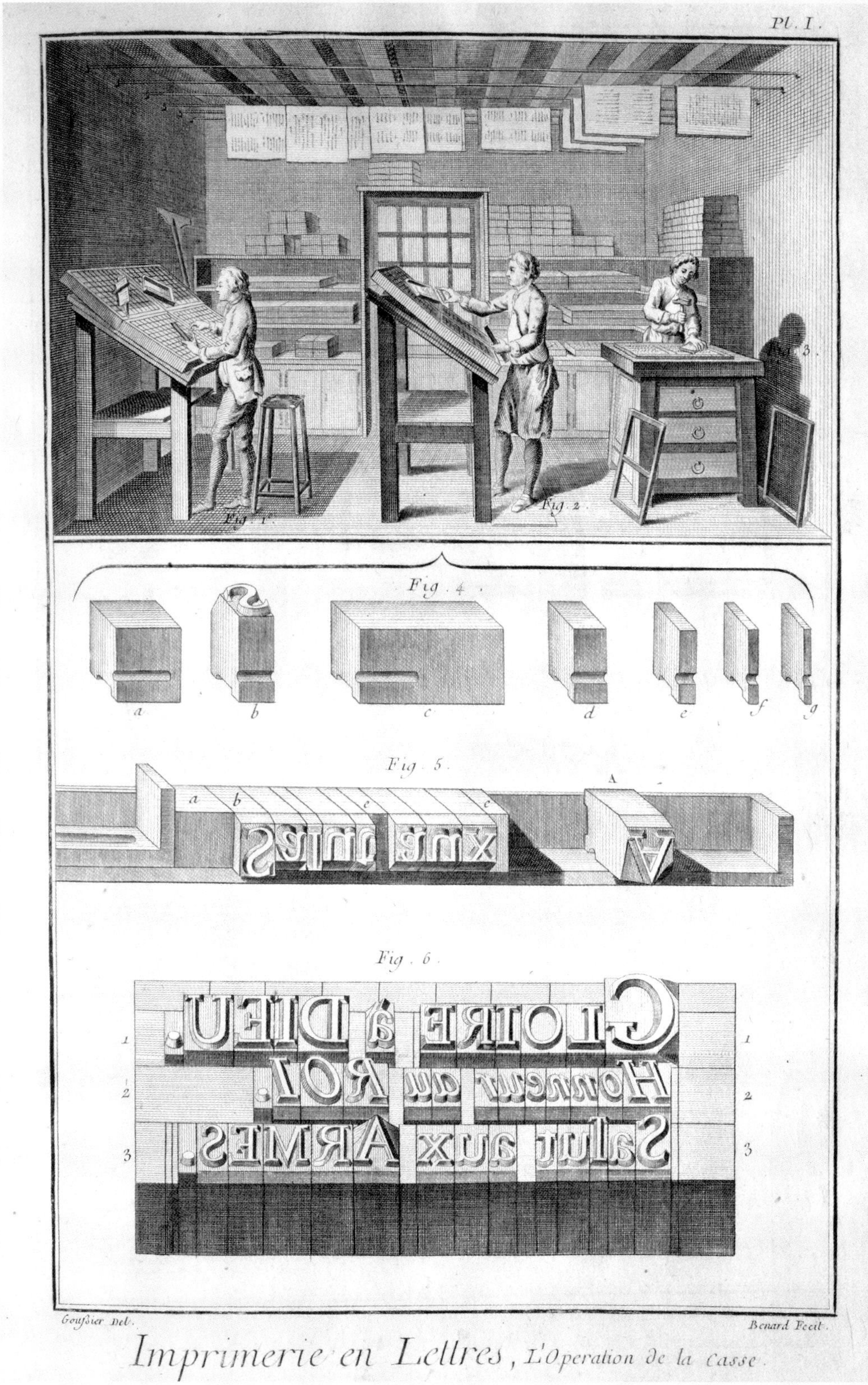
Pl. I.
Fig. 1.
Fig. 2.
3.
Fig. 4.
a
b
c
d
e
f
g
Fig. 5.
A
Fig. 6.
1
2
3
Goussier Del.
Benard Fecit.
Imprimerie en Lettres, L'Operation de la casse.

Foliobände sind relativ groß, kleinere Formate sind Quart- (zwei Mal zu vier Blatt, das heißt acht Seiten gefalzter Bogen) oder **Oktav**bände.

FORMAT: Größe und Form eines Buches, die dadurch bestimmt wird, wie oft ein Bogen Papier zu Blättern gefaltet wurde, *siehe auch:* FOLIO, OKTAV.

FRAKTUR: eine deutsche gotische **gebrochene** Schrift, die seit dem frühen 16. Jahrhundert bis zum Zweiten Weltkrieg in Deutschland und Nordeuropa verwendet wurde; ab dem 18. Jahrhundert wurde sie zunehmend durch **Antiqua**-Schriften ersetzt, deutsche Literatur aber noch bis ins 20. Jahrhundert in Fraktur gedruckt. Da Frakturschriften über keinen kursiven Schnitt verfügen, mit dem etwa in Antiqua-Schriften Hervorhebungen gekennzeichnet werden, nutzt man dafür eine andere gotische Schrift (wie **Schwabacher**) oder fügt z. B. Leerzeichen zwischen die Buchstaben ein. *Siehe* die *Gustav-Wasa-Bibel* (Seite 124–125).

G

GE'EZ (Altäthiopisch): bis ins 19. Jahrhundert die Hauptschriftsprache in Eritrea und Äthiopien. Noch heute ist sie die Kirchensprache der äthiopischen orthodoxen Kirche sowie der äthiopischen Juden. *Siehe auch* ABUGIDA

GEBROCHENE SCHRIFTEN: auch gotische Schriften. In den Tagen des **Wiegendrucks** verwendet, dazu gehören **Schwabacher** und **Fraktur**, sowie ähnliche alte englische Schriften. *Siehe* Wynkyns *Demaundes Joyous* (Seite 104–105).

GROSCHENROMAN: ein Begriff für zumeist in Heftform verkaufte preiswerte Trivialliteratur, die in den USA »dime novel« genannt wurde. *Siehe* Frank Powells *Old Grizzly Adams* (Seite 192–193).

H

HARLEQUINADES: Die auch als **Verwandlungs- (Metamorphosis)** und **Klapp-Bücher** bekannten »Harlekinaden« wurden vom Londoner Verleger Robert Sayer entwickelt und waren von etwa 1765 bis ins frühe 19. Jahrhundert beliebt. Sie bestanden aus vier Bildtafeln, die von zwei weiteren am oberen bzw. unteren Rand befestigten beweglichen Halbseiten verdeckt wurden. Bei Kinderbüchern sind Klapp-Bilderbücher nach wie vor gefragt, durch das Umschlagen mehrgeteilter Seiten lassen sich zum Beispiel Phantasiewesen schaffen wie der »Krogufant«. Die mit beweglichen Teilen ausgestatteten Verwandlungsbücher waren Spielbücher. *Siehe* Lothar Meggendorfers *Internationaler Circus* (Seite 198–199).

Ein sich selbst verschlingender Drache und ein Epigramm. Aus: Michael Maier, Atalanta fugiens *(Atalanta flieht), einem alchemistischen* EMBLEMBUCH *mit Versen, Texten und 50 musikalischen Fugen (als Anspielung auf den Titel); Stiche von Johann Theodor de Bry, 1618 in Oppenheim erschienen.*

HEISSKALANDERN *siehe* KALANDRIEREN.

HIEROGLYPHEN: ein Schriftsystem aus Laut- und Bildzeichen (**Ideogrammen**), das im Alten Ägypten verwendet wurde; für religiöse Schriften auf **Papyrus** oder Holz nutzten die Ägypter kursive Hieroglyphen. *Siehe Das Totenbuch des Ani* (Seite 22–23).

HOLLÄNDER (Papierholländer): ein trogförmiges Mahlwerk zur Papierherstellung, um 1670 in den Niederlanden erfunden, in dem nicht mehr nur der Faserbrei gestampft und gemahlen, sondern zugleich das Rohmaterial zerkleinert wurde. Der rotierende Trog arbeitete schneller als alte Stampfwerke.

HOLZSCHNITT (Xylografie): ein Hochdruckverfahren, das zuerst in Ostasien und seit etwa 1400 in Europa auf Stoffen und später Papier angewendet wurde. Das Bild wird in einen geglätteten Holzblock geschnitten, die erhabenen Flächen werden mit Druckerfarbe bestrichen und auf die zu druckende Fläche gepresst. Häufig wurden die Bilder von einem Maler entworfen und von einem Formschneider ausgeführt. Der berühmteste europäische Künstler, der mit Holzschnitten arbeitete, war Albrecht Dürer.

Die 1550 in Dänemark erschienene Bibel Christians III., als »Reformationsbibel« bekannt, ist einer der ersten Drucke in **Fraktur**-*Schrift; hier der Titel (in roter Farbe). Die Holzstiche stammen von Erhard Altdorfer.*

HOLZSCHNITTBÜCHER (Xylographica): schmale Bücher mit bis zu 50 Seiten Umfang, bei denen sowohl Text als auch Illustrationen in einen Holzblock geschnitten wurden, mit dem dann gedruckt wurde; im späten 15. Jahrhundert – nach Gutenbergs Erfindung – wurde diese Technik meist verwendet, um preisgünstige religiöse Erbauungsliteratur fürs Volk herzustellen.

HOLZSTICH (Xylografie): Thomas Bewicks Weiterentwicklung des Holzschnitts im späten 18. Jahrhundert; beim Holzstich wird mit einem feinen Kupferstich-Grabstichel in einer quer zur Holzfaser geschnittenen Platte gestochen, auf diese Weise können feine Halbtonabstufungen erzielt werden – daher wird diese Technik noch heute für illustrierte Bücher benutzt.

HYPERTEXT: ein auf einem elektronischen Gerät angezeigter Text, dessen Elemente wie Text, Tabellen, Bilder und Links zu anderen Webseiten auf verschiedenen Ebenen gespeichert sind. Querverweise werden als Hyperlinks angelegt und oft in Zusatzfarben markiert. Der Leser wird so zu weiteren Informationen geleitet. Diese Textform wird beispielsweise verstärkt für Essays und Online-Nachrichten verwendet und findet sich auch in Romanen (*siehe Afternoon. A Story,* Seite 210), in denen sie dem Leser etwa alternative Handlungsstränge anbietet, wodurch das lineare Erzählen aufgebrochen wird.

I

IDEOGRAMM/ IDEOGRAFISCH: Ideogramme sind Zeichen, die eine Idee, eine Vorstellung darstellen und nicht Wörter oder Silben wie Alphabete und **Abugidas**. Die ägyptischen **Hieroglyphen** und die frühesten chinesischen Schriftzeichen bestanden aus **Piktogrammen** oder Ideogrammen, deren Bedeutung im Laufe der Zeit immer abstrakter wurde. Das erste phönizische Alphabet, von dem sich alle modernen europäischen ableiten, bestand aus Konsonantenzeichen, etwa aleph = Ochse, beth = Haus, gimel = Kamel, daleth = Tür.

IMPRESSUM: ein Druckvermerk, im 18. und 19. Jahrhundert am Fuß der Titelseite, heute meist auf der Rückseite der Titelseite, in dem Autor, Titel, Verlag, Erscheinungsort, Erscheinungsjahr und weitere Angaben zum Druckwerk stehen.

INITIALE: lat. *initium* (Anfang, Beginn); ein schmückender Anfangsbuchstabe von Kapiteln oder Abschnitten. In der Vergangenheit wurden Initialen, etwa in Handschriften oder **Inkunabeln,** reich verziert.

INKUNABEL: eine Bezeichnung für die ersten in Europa mit beweglichen Lettern gedruckten Bücher. In der Regel werden Drucke des 15. Jahrhunderts so bezeichnet, manchmal auch bis 1520 gedruckte Bücher.

INSULARER STIL: eine Form der Buchmalerei mit verschlungenen Ornamenten, die auf den Britischen Inseln und in Irland zwischen 600 und 900 n. Chr. vorherrschte, zum Beispiel im *Lindisfarne-Evangeliar. Siehe* das *Book of Kells* (Seite 60–61).

ISOLARIO: Inselbuch, auch **Periplus**, **Portolan** oder **Seebuch**, kartografische Bücher, die im 15. und 16. Jahrhundert vor allem in Venedig gedruckt wurden. *Siehe* Cristoforo Buondelmontis *Liber insularum archipelagi* (Seite 70–71).

K

KALANDRIEREN oder satinieren: Glätten des **Papiers** zwischen heißen, polierten Walzen, damit es Glanz erhält; seit dem 18. Jahrhundert wurden auf diese Weise bearbeitete Papiere für den Tief- und **Kupferstich**druck oder zum Bedrucken mit **Antiqua**-Schriften verwendet.

KALLIGRAMM (Figurengedicht): ein Gedicht, das nicht nur als Text gedacht ist, sondern darüber hinaus in optischer Hinsicht eine weitere Bedeutungsebene aufbaut, zum Beispiel durch Formung des Textkörpers. *Siehe auch* KONKRETE POESIE

KAMAWA-SA: von den Birmanen geheiligte buddhistische Handschriften, Auszüge aus den Schriften Pali Vinayas, mit Blattgold auf rot lackierte Palmblätter geschrieben.

KAROLINGISCHE MINUSKEL: eine Schrift, die unter Alkuin im **Skriptorium** in Tours im Rahmen der Reformen Karls des Großen entwickelt wurde; sie war klar, einheitlich und einfach lesbar und setzte sich in Westeuropa durch. Die Schrift führte unter anderem Kleinbuchstaben ein und war Vorbild für die **Antiqua**. *Siehe* das St. Galler *Cantatorium* (Seite 114–115).

KEILSCHRIFT: ein Schriftsystem, das in Mesopotamien von etwa 3300 v. Chr. bis um 75 n. Chr. benutzt und später vom phönizischen Alphabet verdrängt wurde. Die Zeichen wurden mit keilförmigen Schilfgriffeln in feuchte Tontafeln geritzt; viele Kulturen übernahmen die Schrift und wandelten sie ab. Viele der Hunderttausenden, bei Ausgrabungen gefundenen Tafeln sind noch unentschlüsselt. *Siehe* das *Gilgamesch-Epos* (Seite 18–19).

Ein Detail aus dem Lindisfarne-Evangeliar, der Anfang des Lukas-Evangeliums. Das Buch wurde Ende des 7. Jahrhunderts vom Mönch Eadfrith im Kloster Lindisfarne, auf einer Insel im Nordosten Englands, auf Pergament geschrieben und illustriert. Es ist ein herausragendes Beispiel des INSULAREN STILS. *Verwendet wurden regionale wie importierte tierische, pflanzliche und mineralische Farbpigmente und Gallustinte. Den lateinischen Text begleitet ein altenglisches Glossar.*

KLAPP-BUCH *siehe* HARLEQUINADES.

KLASSIZISTISCHE ANTIQUA: eine Mitte des 18. Jahrhunderts entwickelte Schrift, die strenger geometrisch geschnitten war als die alten **Antiqua**, denen noch die mit breiter Feder geschriebenen Buchstaben der Handschriften als Vorbild dienten. Ende des 19. Jahrhunderts hatte sie sich weltweit durchgesetzt, zur gleichen Zeit besann man sich in den englischsprachigen Ländern allerdings zurück auf ältere Antiqua.

KLISCHEE: eine stempelartige Nachdruckform (Hochdruck), auch Schablone.

KODEX/KODIZES: Manuskripte, deren beschriebene Bogen, geordnet und gefalzt, zu einem handlichen Buchformat gebunden wurden, wie wir es heute kennen. (Urkunden und Abrechnungen wurden noch bis in die Neuzeit als **Schriftrollen** angefertigt, auch Verzeichnisse wie Stamm- und Handwerkerrollen.)

KOLOPHON: eine Schlussformel am Ende eines Manuskripts oder frühen Drucks, vor der Einführung von Titelseiten, mit Angaben zu Autor, Drucker, Druckort und Erscheinungsjahr (nach Art eines **Impressums**); heute manchmal auch mit Angaben zur limitierten Auflage, Schriftart und zum Papier. Seit dem Erscheinen der 48-zeiligen Bibel der Fust-Schöffer'schen **Offizin** 1462 stand dort meist auch die **Druckermarke**.

KONKRETE POESIE: Gedichte, deren typografische Gestaltung genauso wichtig ist wie die Wörter;

manche verzichten sogar gänzlich auf Buchstaben wie Christian Morgensterns *Fisches Nachtgesang. Siehe* Wassili Kamenskis *Tango mit Kühen* (Seite 218–219); Francisca Prietos *Antibook* (Seite 250–251).

KÜNSTLERBÜCHER: von bedeutenden Künstlern illustrierte Bücher, die in kleinen Auflagen vor allem in Paris von qualifizierten **Offizinen** gedruckt wurden. Die Bücher wurden aufwendig gebunden und zu hohen Preisen verkauft. Gestaltet als Kunstwerk, das in erster Linie betrachtet, aber nicht unbedingt gelesen werden sollte, waren sie für ein kleines Publikum gedacht. Die Grenzen zwischen Büchern von **Privatpressen** und Künstlerbüchern sind fließend, beide werden maßgeblich von der Philosophie der Künstler und Drucker bestimmt.

KUPFERSTICH: ein Tiefdruckverfahren, bei dem die Striche einer Zeichnung in eine Kupferplatte gestochen oder geätzt werden. Die Druckfarbe wird in die Vertiefungen gestrichen. Dann wird die übrige Platte gereinigt und das Papier mit großem Druck auf die Platte gepresst, damit das Bild sich überträgt. Kupferstiche lassen eine sehr viel detailliertere Darstellung zu als Holzschnitte, daher waren sie sehr gefragt. *Siehe* Linschotens *Itinerario* (Seite 132–133), Kellom Tomlinsons *Art of Dancing* (Seite 146–417).

KURSIV: ein schräg nach rechts geneigter Schriftstil, der im 15. Jahrhundert in Norditalien entwickelt wurde; Aldus Manutius schnitt die ersten kursiven Lettern. Kursivschriften waren eine Zeit lang beliebter als (die aufrechten) **Antiqua**-Schriften, wurden später aber meist zur Hervorhebung in Antiqua-Schriften benutzt. *Siehe* die *Vergil-Aldine* (Seite 108–109).

L

LEIHBIBLIOTHEK: im weiteren Sinn Bibliotheken, in denen Bücher geliehen werden können; im engeren Sinn ein Unternehmen, das Bücher gegen Gebühr für eine bestimmte Zeit verleiht. Leihbüchereien kamen während der Aufklärung auf und prosperierten im 19. Jahrhundert, in Deutschland war »Fritz Borstells Lesezirkel« der Nicolaischen Buchhandlung, Berlin, die größte, in Großbritannien »Mudie's Select Library«, die bis Ende des 19. Jahrhunderts sieben Millionen Bände erwarb.

LEIMEN/LEIMUNG: In der Papierherstellung steht Leimen für eine Behandlung der Papieroberfläche, damit sie Tinte oder Farbe nicht aufsaugt (wie etwa Küchenpapier) und fester wird. Die Oberfläche wird gleichsam imprägniert, früher verwendete man dazu tatsächlich Tierleim, auch Stärke, und nach 1850 Harze. Entwickelt wurde das Verfahren im 5. Jahrhundert in China, wo man Stärke verwendete. Durch chemische Reaktionen entstehen bei Harzleimen Schwefelsäuren, die das Papier angreifen – heute verwendet man daher synthetische Leimungen.

Verzierte Initiale und griechische **Minuskeln** *aus einem Psalter, den der Priestermönch Matthaios 1661 im Katharinenkloster auf dem Berg Sinai (Ägypten) schrieb. Die* **Initiale** *ist in roter und gelber Farbe verziert.*

LETTER *siehe* Type.

LIMITIERTE AUFLAGE: eine Angabe im Buch, die besagt, dass die Auflage, also die Anzahl der gedruckten Bücher, begrenzt ist, bei Privatpressen etwa. Bei gezählten limitierten Auflagen findet man beispielsweise im **Kolophon** den Vermerk »19. Exemplar« oder »19. von 250 Exemplaren«.

LINOTYPE: eine 1886 von Ottmar Mergenthaler in den USA entwickelte Setzmaschine, die über eine Tastatur Matrizen für Buchstaben ausgab. Die Matrizen wurden unmittelbar in einer Zeile gesetzt und ausgegossen (engl. *line*, Zeile), nicht mehr benötigte Matrizen gelangten automatisch in den passenden Buchstabenkasten zurück. Bis zum Durchbruch des Filmsatzes in den 1960er-Jahren wurden solche Maschinen insbesondere für den Zeitungs- und Zeitschriftensatz eingesetzt.

LITHOGRAFIE: Steindruck, ein **Flachdruck**verfahren, das Alois Senefelder Ende des 18. Jahrhunderts erfand. Er machte sich zunutze, dass Öl und Wasser sich nicht mischen, und führte Zeichnungen mit Feder und Fetttusche auf heimischen, bayerischen Kalksteinplatten aus. Wird der Stein befeuchtet, haftet Druckerfarbe nur auf den fettigen Stellen an. Die Lithografie hat den enormen Vorteil, dass Drucke von Hoch- und **Tiefdruck**verfahren auf den Stein übertragen werden können; sie ermöglichte billigeres Drucken und später brillante Farbwiedergaben, daher wurde sie etwa im Plakatdruck eingesetzt. Bis Mitte des 20. Jahrhunderts erreichte sie nahezu die

Cai Lun, der erste Papiermacher, Holzschnitt aus dem 18. Jahrhundert nach einer Vorlage der Qing-Dynastie.

Bedeutung von Hochdruckverfahren. *Siehe* Adolphe Duperlys *Daguerian Excursions in Jamaica* (Seite 186–87), Lothar Meggendorfers *Internationaler Circus* (Seite 198–199).

LONTAR: in Indien und Südostasien auf getrocknete Palmblättern geschriebene Manuskripte; verwendet wurden Palmyra- oder Lontarpalme (*Borassus flabellifer*) oder Talipot-Palme (*Corypha umbraculifera*). Spätestens seit dem 5. Jahrhundert v. Chr. waren Palmblätter in Teilen Asiens ein üblicher Beschreibstoff, die Konservierung ist allerdings schwierig. *Siehe* das *Sutra der vollkommenen Weisheit* von Nalanda (Seite 34–35).

M

METAMORPHOSIS *siehe* HARLEQUINADES.

MINUSKEL: lat. Bezeichnung für einen Kleinbuchstaben aus einem Alphabet griechischen oder lateinischen Ursprungs. Die Einführung von Kleinbuchstaben verbesserte die Lesbarkeit eines Textes. *Siehe auch:* KAROLINGISCHE MINUSKEL.

MISSAL/MISSALE: Messbuch, das die katholische Messordnung für die Tage des Kirchenjahrs, die liturgischen Handlungen sowie Psalmen, Gesänge und Gebete enthält. Viele Messbücher waren mit Ornamenten und Illustrationen versehen.

MONOTYPE: eine 1890 von Talbot Lanston in den USA erfundene Setzmaschine, die Setzen und Gießen, anders als die **Linotype**, nicht in einer Maschine vereint. Zuerst wird über eine Tastatur ein Lochstreifen erstellt, der in eine zweite Maschine eingespeist wird, die einzelne Buchstaben gießt und zu Zeilen setzt. Monotype wurde vor allem für den Buchdruck genutzt und in den 1960er-Jahren schließlich vom Filmsatz verdrängt.

N

NATURDRUCK: (1) ein Druckverfahren, bei dem natürliche Materialien wie Blätter, Blüten oder Federn mit Farbe bestrichen und auf Papier gepresst werden. Die älteste Form des Naturdrucks ist der Handabdruck. (2) Im 19. Jahrhundert wurde ein Verfahren entwickelt, bei dem man natürliche Materialien oder Stoffe zwischen eine Blei- und eine Kupferplatte legte und durch eine Walze presste, der dabei entstandene Abdruck im Blei wurde wie ein **Kupferstich** weiterverarbeitet.

NEUMEN: vom griech. *pneuma*, Hauch. Aus griechischen Textakzenten abgeleitet, zeigten die Neumen Melodiegestalt in einer Art Akzentnotation an. Seit dem

9. Jahrhundert findet man Neumen in einstimmigen gregorianischen Gesängen, in liturgischen wie weltlichen Liedern und später auch zu polyphonen (mehrstimmigen) Gesängen. Aus den Neumen entwickelte sich schließlich die Notenschrift.

O

OBERLÄNGE: Alle Großbuchstaben des lateinischen Alphabets besitzen dieselbe Höhe und stehen (bis auf das Q) auf derselben Grundlinie. Kleinbuchstaben stehen ebenfalls auf dieser Grundlinie. Mit Oberlänge bezeichnet man diejenigen Teile der Kleinbuchstaben, die über die Höhe des x hinausragen – Oberlänge besitzen b, d, f, h, k, l, t. In seltenen Fällen ragen Buchstaben sowohl über als auch unter die x-Höhe, wie das kursive *f*. *Siehe auch:* UNTERLÄNGE.

OFFIZIN: vom lat. *officina*, Werkstätte; vor allem im 15. und 16. Jahrhundert gebräuchliche Bezeichnung für Druckereien mit angeschlossenem Verkaufsraum. Der Begriff wird bis heute auch für Betriebe verwendet, die sich auf die künstlerische Buchproduktion spezialisiert haben.

OKTAV (8°): ein Buchformat, bei dem der Bogen drei Mal gefalzt wird, also in acht Blätter; beidseitig bedruckt, erhält man 16 Seiten. Eine Oktav-Seite ist also ein Achtel des Bogens. Die Seitengröße hing früher von der wechselnden Bogengröße ab, nach DIN entspricht das heutige Oktavformat DIN A5.

P

PALIMPSEST: vom griech. *palimpsēstos*, wieder abgekratzt; ein Manuskript, meist aus **Papyrus** oder **Pergament**, dessen Text abgeschabt oder abgewaschen wurde, damit es neu beschrieben werden konnte. Berühmtestes Beispiel ist das Palimpsest des Archimedes (Seite 54–55), bei dem der unerwünschte antike Text entfernt und durch christliche Gebete ersetzt wurde.

PAPIER: vom lat. *papyrus* abgeleitet; ein traditionell aus Flachs- oder Hanffasern hergestelltes Beschreibmaterial. Die Fasern zerkleinert und mahlt man in Mühlen. Sie werden dann in Bottichen (Bütten) mit Wasser zu einem Faserbrei aufgeweicht (Pulp) und in eine Schöpfform gestrichen. Die Blätter bzw. Bogen werden getrocknet, gepresst, geglättet und zugeschnitten. Das erste Papier, von Cai Lun während der Han-Zeit um 105 n. Chr. entwickelt, wurde in Formen aus feinem Bambus getrocknet, in Europa verwendete man Formen mit Gitterböden aus Kupferdraht; gegen das Licht betrachtet, konnte man im Papier das typische Muster erkennen. Im 19. Jahrhundert wurden Maschinen mit rotierenden Metallsieben eingesetzt. **Privatpressen** und Künstler ließen ihr Papier nach wie vor handschöpfen. Da Lumpen zur Papierherstellung knapp wurden, setzte man auf andere Rohstoffe, vor allem auf Holz. Heutzutage auch auf recyceltes Papier; solche Papiere sind allerdings häufig von minderer Qualität und schwerer zu konservieren.

PAPYRUS/PAPYRI: ein Beschreibstoff, der seit dem 4. Jahrtausend v. Chr. nicht nur in Ägypten genutzt wurde; man schnitt das Mark der Stängel des Nilgrases (*Cyperus papyrus*) in Streifen, legte sie kreuzweise übereinander, presste und klopfte sie, daraufhin trocknete und polierte man die Papyri und schnitt sie zu. Je nach Platzbedarf wurden die Blätter zu meterlangen Rollen zusammengeklebt.

PARABAIK: eine birmanische Manuskriptform im Faltformat (ähnlich einem Leporello), aus dickem geleimtem **Papier**; für Illustrationen war es weiß oder cremefarben, für den nicht religiösen Gebrauch schwarz eingefärbt.

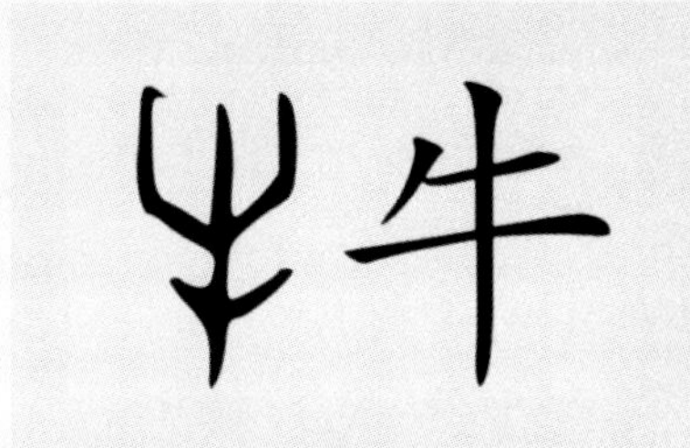

Das niú-Zeichen (für »Kuh«, rechts) aus dem Mandarin-Chinesisch ist ein **PIKTOGRAMM**; *seine Vorform erinnert stärker an Kuhhörner.*

PERGAMENT: ein lang haltender Beschreibstoff aus Pergamon (heute: Bergama, Türkei), der unter dem Attalidenkönig Eumenes II. entwickelt worden sein soll, als kein Papyrus mehr importiert werden konnte. Streng genommen gilt der Begriff nur für Beschreibstoffe aus Schafshaut – das feinere **Vellum** ist aus Kalbs- oder Ziegenhaut –, wird aber häufig für alle aus Tierhäuten gemachten Beschreibstoffe verwendet. Die Häute werden gekalkt, geschabt, gespannt und mit Bimsstein geglättet.

PECIA: vom mittelalterlich-lat. für »Stück«; ein im 12. Jahrhundert an den italienischen Universitäten eingeführtes System, nach dem vor allem universitäre Werke in Lagen aufgeteilt und zum Kopieren an verschiede Schreiber verteilt wurden – auf diese Weise konnte der Arbeitsprozess beschleunigt werden. Der Universitätsbuchhändler verlieh diese Lagen auch für eine begrenzte Zeit gegen eine Gebühr. Im späten 13. Jahrhundert war dieses System in Paris bereits zur Regel geworden.

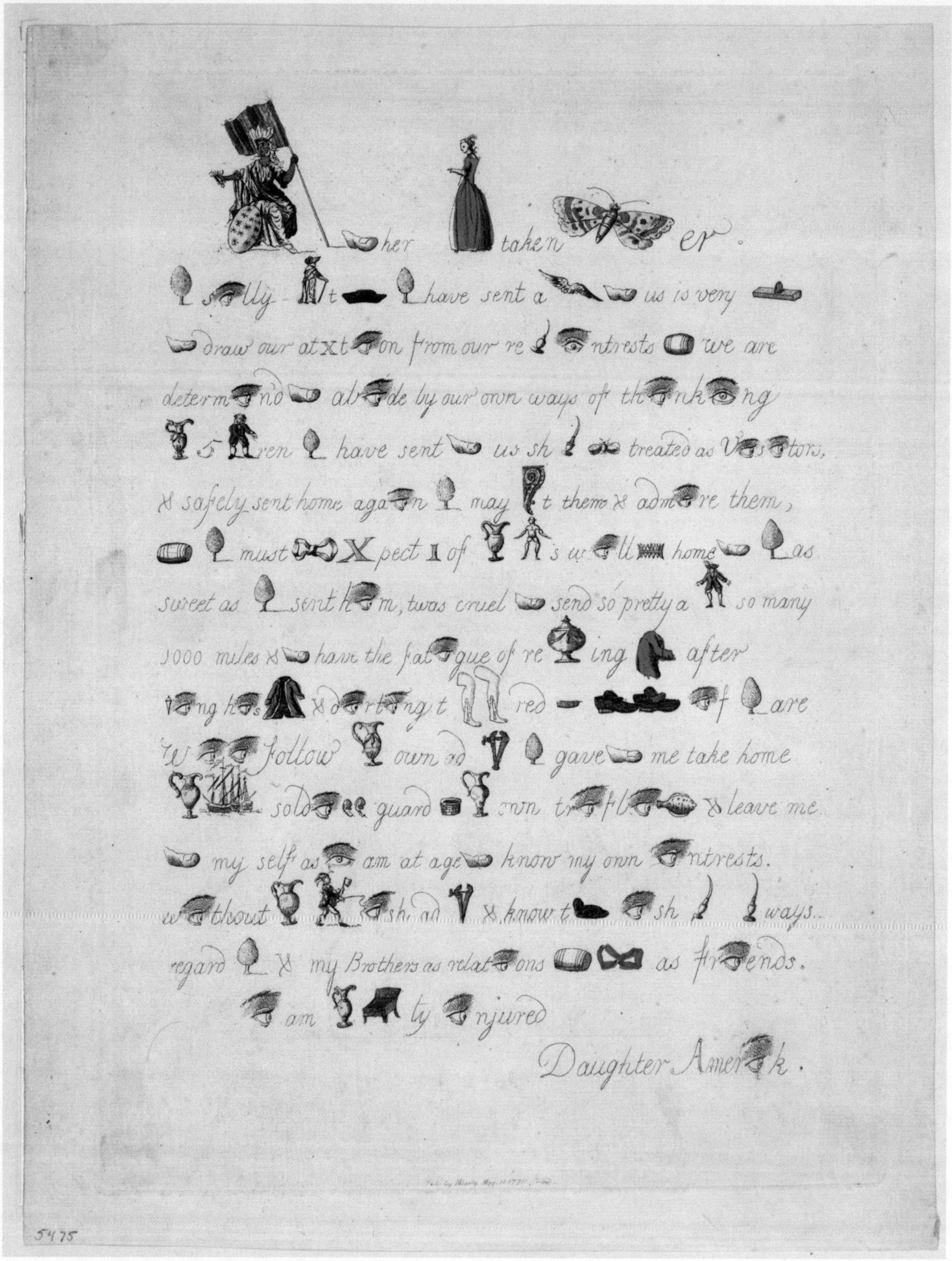
her taken er.
lly- t have sent a us is very
draw our at x t on from our re ntrests we are
determ nd ab de by our own ways of th nk ng
5 ren have sent us sh treated as V s tors,
& safely sent home aga n may t them & adm re them,
must X pect 1 of s w ll home as
sweet as sent h m, twas cruel send so pretty a so many
3000 miles & have the fat gue of re ing after
ng h s & d rt ng t red - f are
W Follow own as gave me take home
sold ee guard own tr fl & leave me
my self as am at age know my own ntrests.
w thout sh as & know t sh ways.
regard & my Brothers as relat ons as fr ends.
am ty njured
Daughter Amer k.
5475

LINKS *Ein* **REBUS**, *der Gruß der Tochter Amerika an die falsche Mutter Britannia »[miss/Fräulein]taken [moth/Motte]er«, von M. Darly, Strand, 11. Mai 1778.*

PERIPLUS: altgriech. Begriff für nautische Navigationshilfen, die Seerouten beschreiben, *siehe* ISOLARIO.

PICA: ein amerikanisches Punktsystem zur Bestimmung der Schriftgröße bzw. des Schriftgrads. Die kleinste Einheit ist ein Punkt, in diesem Fall ein Pica-Punkt; in Kontinentaleuropa wurde lange Zeit das **Didot**-System verwendet. 1 Pica-Punkt = 0,352778 mm; 1 Didot-Punkt = 0,375 mm.

PIKTOGRAMM/PIKTOGRAFISCH: ein Symbol, das bildlich die Bedeutung einer Idee darstellt, beispielsweise steht die Darstellung eines Flugzeugs für Flughafen. **Keilschriften**, **Hieroglyphen** und zahlreiche chinesische Schriftzeichen sowie Verkehrsschilder sind piktografisch.

POLYGLOTT: Als polyglott bezeichnet man einen mehrsprachigen Text oder Menschen; in einem polyglotten Lexikon oder einer Bibel, wie der Complutense, steht der Text parallel in verschiedenen Sprachen, meist auf derselben Seite. Ein frühes Beispiel ist die von Origenes um 245 n. Chr. zusammengestellte *Hexapla* (griech. »die Sechsfache«), eine Synopse des Alten Testaments: In sechs Spalten stehen der hebräische Urtext und verschiedene griechische Übersetzungen nebeneinander.

PORTOLAN: nautische Karte, oft auf Schafshaut gezeichnet, von Navigatoren nach Kompassmessungen und geschätzten Distanzen angefertigt. Sie entstanden in Italien (das früheste Beispiel ist die *Carta Pisana*, um 1296) und wurden später auch von spanischen und portugiesischen Seefahrern geführt. *Siehe auch* SEEBUCH.

PRIVATPRESSEN: Oft kleine vom Inhaber betriebene Druckwerkstätten, die Bücher nach bibliophilen Gesichtspunkten gestalteten. Privatpressen gab es seit dem 15. Jahrhundert; im 19. Jahrhundert gewannen sie dank William Morris und der Arts-and-Crafts-Bewegung Aufschwung, weil die Handwerkskunst wieder in den Mittelpunkt rückte. *Siehe* Der *Hamlet* der Cranach-Presse (Seite 214–215), Walt Whitmans *Leaves of Grass* (Seite 216–217), Dard Hunters *Old Papermaking* (Seite 238–239).

PROVENIENZ: ein Herkunfts- und Besitzbeleg, durch Verträge, Bibliotheksstempel, Exlibris etc., eines bestimmten Exemplars. In der Buch- und Kunstwelt von großer Bedeutung zur Echtheits- und Wertbestimmung; ein berühmter Vorbesitzer etwa steigert den Wert.

PSALTER: ein Psalmenbuch, vor allem im Mittelalter gebräuchlich, das häufig auch einen liturgischen Kalender oder Fürbitten enthielt. Viele Psalter wurden von Privatpersonen in Auftrag gegeben und enthielten kunstvolle Illustrationen. Die ältesten lateinischen Psalter stammen aus dem 8. Jahrhundert, unbebilderte koptische sind noch älter; das älteste vollständige Exemplar, aus al-Mudil in Ägypten, entstand im 4. Jahrhundert.

PSEUDOPAPIER: ein papierähnlicher Beschreibstoff. Zur Herstellung wird Rindenbast so lange geklopft bis ein weiches, dichtes Blatt entsteht; echtes Papier entsteht durch das Verfilzen von Fasern. *Siehe* DLUWANG, TAPA und PAPIER.

Q

QUIPU (auch Khipu): ein Erinnerungssystem aus gedrehten und geknoteten Schnüren, das von den Kulturen der Anden bis zur Kolonisation durch die Spanier benutzt wurde. Auch in China verwendete man Knotenschnüre – bis der Gelbe Kaiser, Huang Di, um 2625 v. Chr. die Einführung der Schrift anordnete. *Siehe* das Quipu aus Caral (Seite 20–21).

R

REBUS: eine Art Bilderrätsel, das Bild und Text verbindet und in dem Bilder für eine bestimmte Silbe oder ein Wort stehen, beispielsweise ergibt ein R neben dem stilisierten Bild einer Uhr das Wort »Ruhr«. In der Heraldik in »sprechenden« Wappen zu finden; im 18. und 19. Jahrhundert als Rätselspiel und in Briefen beliebt.

RECHENSTAB: ein Speichermedium für Zahlen, Mengen, selbst Botschaften. Bereits in prähistorischer Zeit ritzte man Zeichen in Knochen oder Holz; die Stäbe wurden immer weiter verfeinert, Rechenschieber nutzte man bis weit ins 20. Jahrhundert. *Siehe auch* QUIPU. *Siehe* Der Ishango-Knochen (Seite 16–17).

RECTO *siehe* VERSO.

ROMANZE: ein volksliedhaftes episches Gedicht, der Ballade ähnlich, das sich aus den Epen des Mittelalters entwickelte und oft von heldenhaften Rittern und höfischer Liebe erzählte; im Hochmittelalter und der frühen Neuzeit war es in adligen Kreisen beliebt. Seit dem frühen 13. Jahrhundert wurden Romanzen vermehrt in Prosaform verfasst, in altfranzösischer, anglo-normannischer oder okzitanischer (*langue d'oc*) Sprache, später auch in deutscher und englischer. Um 1600 kam das Genre aus der Mode, wurde aber im 19. Jahrhundert von Schriftstellern wie Alfred Tennyson und Heinrich Heine wiederbelebt; in der Malerei verwendeten die Präraffaeliten Motive aus mittelalterlichen Romanzen.

RUBRIK: der rot geschriebene oder gedruckteTextanfang, v. a. mittelalterlicher Manuskripte oder Inkunabeln.

S

SATINIEREN
siehe KALANDRIEREN.

SCHRIFTART: Eine Familie von Buchstaben, entworfen und geschnitten, um als Einheit benutzt zu werden. Die Schriftart hat Zeichen für jeden Buchstaben des Alphabets: A–Z in Großbuchstaben (sowie Æ, Œ und andere), a–z in **Kleinbuchstaben** (sowie ß und andere), **kursive** Groß- und Kleinbuchstaben, Satz- und Sonderzeichen wie *, & und $. Der Begriff »Schriftart« wird in der Regel für alle Schriftgrößen (wie 12 Punkt, 24 Punkt usw.) und Schnitte (mager, fett, kursiv) einer Familie angewendet. Viele Drucker wie Schöffer, Manutius und Baskerville entwarfen ihre eigenen Schriften. Waren einzelne bewegliche Zeichen abgenutzt, mussten sie schnell und exakt nachgefertigt werden. Da Schriften individuell geschnitten wurden, ließ die Art zunächst keine Rückschlüsse auf die Größe der Schrift, also den Schriftgrad, zu, deshalb bemühte man sich um ein einheitliches Maßsystem. Das erste typografische Punktsystem wurde Anfang des 18. Jahrhunderts in Frankreich geschaffen, der Pariser Drucker François Ambroise **Didot** entwickelte es später weiter. In Amerika gab die Linotype ein anderes Maß vor, den **Pica**-Punkt, der sich heute für lateinische Schriften durchgesetzt hat.

SCHRIFTROLLE: Die früheste Form edierbarer Aufzeichnungen stammt aus altägyptischer Zeit – ein Beschreibmaterial für Texte und Bilder aus Papyrus, Pergament oder Papier. Schriftrollen können aus mehreren aneinandergeleimten Papyrus- oder Papierblättern bestehen, die gerollt werden, oder aus einem gerollten Blatt mit Markierungen für die Seitentrennungen. Plinius beschrieb 1 n. Chr. in seiner *Naturgeschichte* Handelsrollen mit etwa 20 Blättern und einer Länge von 4,5 Metern, Buchrollen waren häufig 9–10,5 Meter lang. Schriftrollen wurden zusammengebunden oder versiegelt oder wie Thora-Rollen in einem hölzernen oder elfenbeinernen Behältnis aufbewahrt.

SCHWABACHER: eine gotische, gebrochene, schwungvolle Schrift, die sich aus der strengen Textur entwickelte. In Deutschland wurde sie vor allem im 15. Jahrhundert häufig gedruckt, etwa in Anton Kobergers *Schedel'scher Weltchronik* (*siehe* Seite 100–101), zahlreichen Luther-Schriften und -Bibeln. Die von Rudolf Koch nach 1918 für die Offenbacher Schriftgießerei Klingspor entwickelte »deutsche Schrift« orientiert sich stark an ihr. *Siehe auch* FRAKTUR.

SEEBUCH, auch **Portolan** oder **Periplus**: Segelanweisungen mit Angaben zu Kursen, Wassertiefen, Landmarken etc. Das älteste erhaltene niederdeutsche Seebuch zur Navigation in Nordwesteuropa stammt aus dem Jahr 1470.

SETZER: Schriftsetzer, der den Text aus beweglichen Lettern zusammensetzte. Für griechische, hebräische und mathematische Texte wurden Experten beschäftigt; Setzer beherrschten nicht nur Rechtschreibung, Zeichensetzung und Grammatik, sondern waren auch in der Lage, die oft unleserlichen Handschriften von Autoren zu entziffern.

SIDEROGRAFIE (Stahlstich): ein von Jacob Perkins entwickeltes **Tiefdruck**verfahren, das die einfache Herstellung von Stahlmatrizen für große, präzise Druckauflagen von Banknoten und Briefmarken ermöglichte.

SKRIPTORIUM: Die Schreibstube eines Klosters, in der im Mittelalter Texte, vor allem religiöse Werke, handschriftlich kopiert wurden. Die Arbeitsgänge wie das Ziehen der Linien, Kopieren und Illustrieren wurden von verschiedenen Mönchen ausgeführt. Da das Skriptorium einer der wenigen beheizten Klosterräume war, wurden die meisten Arbeiten dort unter Aufsicht des Bibliothekars (*Armarius*) erledigt, der die Materialien wie Pergament, Farben und Tinten zuteilte. Seit dem 13. Jahrhundert gab es auch weltliche Schreibwerkstätten.

SPECKSTEIN: ein Mineral, das, als Stift genutzt, auf dunklen Flächen weiße Striche zieht, wie in birmanischen **Parabaiks**.

STEREOTYPIE: ein von William Ged im frühen 18. Jahrhundert in Schottland entwickeltes Verfahren, mit dem gesetzte Seiten auf einer Matrize aus Papiermaché oder Gips abgeformt und Metallabgüsse kompletter Druckplatten erstellt werden. Seiten mussten nicht neu gesetzt, sondern konnten jederzeit nachgedruckt werden – preiswerte Reihen wie etwa die *Tauchnitz Collection* wurden so gedruckt. *Siehe auch* ELEKTROTYPIE.

RECHTS *Musterdruckbogen von William Caslon mit* TYPEN *und Sprachen, aus Ephraim Chambers'* Cyclopaedia *or* An Universal Dictionary of Arts and Sciences, *London, James & John Knapton, 1728.*

A SPECIMEN

By WILLIAM CASLON, Letter-Founder, in Chiſwell-Street, LONDON.

ABCD
ABCDE
ABCDEFG
ABCDEFGHI
ABCDEFGHIJK
ABCDEFGHIJKL
ABCDEFGHIKLMN

French Cannon.

Quouſque tandem abutere, Catilina, pati-
Quouſque tandem abutere, Catilina, patientia noſtra?

Two Lines Great Primer.

Quouſque tandem abutere, Catilina, patientia noſtra? quamdiu nos etiam
Quouſque tandem abutere, Catilina, patientia noſtra? quamdiu nos etiam furor

Two Lines English.

Quouſque tandem abutere, Catilina, patientia noſtra? quamdiu nos etiam furor iſte tuus elu-
Quouſque tandem abutere, Catilina, patientia noſtra? quamdiu nos etiam furor

DOUBLE PICA ROMAN.

Quouſque tandem abutere, Catilina, patientia noſtra? quamdiu nos etiam furor iſte tuus eludet? quem ad finem ſeſe effrenata jac-
ABCDEFGHJIKLMNOP

GREAT PRIMER ROMAN.

Quouſque tandem abutêre, Catilina, patientia noſtra? quamdiu nos etiam furor iſte tuus eludet? quem ad finem ſeſe effrenata jactabit audacia? nihilne te nocturnum præſidium palatii, nihil urbis vigiliæ, nihil timor populi, nihil con-
ABCDEFGHIJKLMNOPQRS

ENGLISH ROMAN.

Quouſque tandem abutêre, Catilina, patientia noſtra? quamdiu nos etiam furor iſte tuus eludet? quem ad finem ſeſe effrenata jactabit audacia? nihilne te nocturnum præſidium palatii, nihil urbis vigiliæ, nihil timor populi, nihil conſenſus bonorum omnium, nihil hic munitiſſimus
ABCDEFGHIJKLMNOPQRSTVUW

PICA ROMAN.

Melium, novis rebus ſtudentem, manu ſua occidit. Fuit, fuit iſta quondam in hac repub. virtus, ut viri fortes acrioribus ſuppliciis civem perniciosum, quam acerbiſſimum hoſtem coërcerent. Habemus enim ſenatuſconſultum in te, Catilina, vehemens, & grave: non deeſt reip. conſilium, neque autoritas hujus ordinis: nos, nos, dico aperte, conſules deſumus. De-
ABCDEFGHIJKLMNOPQRSTVUWX

SMALL PICA ROMAN. No 1.

At nos vigeſimum jam diem patimur hebeſcere aciem horum autoritatis. habemus enim hujuſmodi ſenatuſconſultum, verumtamen incluſum in tabulis, tanquam gladium in vagina reconditum: quo ex ſenatuſconſulto confeſtim interfectum te eſſe, Catilina, convenit. Vivis: & vivis non ad deponendam, ſed ad confirmandam audaciam. Cupio, P. C., me eſſe clementem: cupio in tantis reipub. periculis non diſ-
ABCDEFGHIJKLMNOPQRSTVUWXYZ

SMALL PICA ROMAN. No 2.

At nos vigeſimum jam diem patimur hebeſcere aciem horum autoritatis. habemus enim hujuſmodi ſenatuſconſultum, verumtamen incluſum in tabulis, tanquam gladium in vagina reconditum: quo ex ſenatuſconſulto confeſtim interfectum te eſſe, Catilina, convenit. Vivis: & vivis non ad deponendam, ſed ad confirmandam audaciam. Cupio, P. C., me eſſe clementem: cupio in tantis reipub. periculis non diſſolutum
ABCDEFGHIJKLMNOPQRSTVUWXYZ

LONG PRIMER ROMAN No 1.

Verum ego hoc, quod jampridem factum eſſe oportuit, certa de cauſſa nondum adducor ut faciam. tum denique interficiam te, cum jam nemo tam improbus, tam perditus, tam tui ſimilis inveniri poterit, qui id non jure factum eſſe fateatur. Quamdiu quiſquam erit qui te defendere audeat, vives: & vives, ita ut nunc vivis, multis meis & firmis præſidiis obſeſſus, ne commovere te contra rempub. poſſis. multorum te etiam oculi & aures non ſentientem, ſicut adhuc fecerunt, ſpeculabuntur, atque cuſtodient. Etenim quid eſt, Catilina,
ABCDEFGHIJKLMNOPQRSTVUWXYZÆ

LONG PRIMER ROMAN. No 2.

Verum ego hoc, quod jampridem factum eſſe oportuit, certa de cauſſa nondum adducor ut faciam. tum denique interficiam te, cum jam nemo tam improbus, tam perditus, tam tui ſimilis inveniri poterit, qui id non jure factum eſſe fateatur. Quamdiu quiſquam erit qui te defendere audeat, vives: & vives, ita ut nunc vivis, multis meis & firmis præſidiis obſeſſus, ne commovere te contra rempub. poſſis. multorum te etiam oculi & aures non ſentientem, ſicut adhuc fecerunt, ſpeculabuntur, atque cuſtodient. Etenim quid eſt, Catili-
ABCDEFGHIJKLMNOPQRSTVUWXYZÆ

BREVIER ROMAN.

Novemb. C. Manlium audaciæ ſatellitem atque adminiſtrum tuæ? num me fefellit, Catilina, non modo res tanta, tam atrox, tam incredibilis, verum, id quod multo magis eſt admirandum, dies? Dixi ego idem in ſenatu, cædem te optimatum contuliſſe in ante diem v Kalend. Novemb. tum cum multi principes civitatis Roma non tam ſui conſervandi, quam tuorum conſiliorum reprimendorum cauſſa profugerunt. num inficiari potes, te illo ipſo die meis præſidiis, mea diligentia circumcluſum, commovere te contra rempub. non potuiſſe; cum tu diſceſſu ceterorum, noſtra tamen, qui remanſiſſemus, cæde contentum te eſſe dicebas? Quid? cum te
ABCDEFGHIJKLMNOPQRSTVUWXYZÆ

Nonpareil Roman.

[illegible]

Pearl Roman.

[illegible]

Double Pica Italick.

Quouſque tandem abutere, Catilina, patientia noſtra? quamdiu nos etiam furor iſte tuus eludet? quem ad finem ſeſe effrenata jac-
ABCDEFGHJIKLMNO

Great Primer Italick.

Quouſque tandem abutêre, Catilina, patientia noſtra? quamdiu nos etiam furor iſte tuus eludet? quem ad finem ſeſe effrenata jactabit audacia? nihilne te nocturnum præſidium palatii, nihil urbis vigiliæ, nihil timor populi, nihil con-
ABCDEFGHIJKLMNOPQR

Engliſh Italick.

Quouſque tandem abutere, Catilina, patientia noſtra? quamdiu nos etiam furor iſte tuus eludet? quem ad finem ſeſe effrenata jactabit audacia? nihilne te nocturnum præſidium palatii, nihil urbis vigiliæ, nihil timor populi, nihil conſenſus bonorum omnium, nihil hic munitiſſimus habendi ſe-
ABCDEFGHIJKLMNOPQRSTVU

Pica Italick.

Melium, novis rebus ſtudentem, manu ſua occidit. Fuit, fuit iſta quondam in hac repub. virtus, ut viri fortes acrioribus ſuppliciis civem perniciosum, quam acerbiſſimum hoſtem coërcerent. Habemus enim ſenatuſconſultum in te, Catilina, vehemens, & grave: non deeſt reip. conſilium, neque autoritas hujus ordinis: nos, nos, dico aperte, conſules deſumus. Decrevit quondam ſenatus
ABCDEFGHIJKLMNOPQRSTVUWXYZ

Small Pica Italick. No 1.

At nos vigeſimum jam diem patimur hebeſcere aciem horum autoritatis. habemus enim hujuſmodi ſenatuſconſultum, verumtamen incluſum in tabulis, tanquam gladium in vagina reconditum: quo ex ſenatuſconſulto confeſtim interfectum te eſſe, Catilina, convenit. Vivis: & vivis non ad deponendam, ſed ad confirmandam audaciam. Cupio, P. C., me eſſe clementem: cupio in tantis reipub. periculis non diſſolutum videri: ſed jam
ABCDEFGHIJKLMNOPQRSTVWXYZ

Small Pica Italick. No 2.

At nos vigeſimum jam diem patimur hebeſcere aciem horum autoritatis. habemus enim hujuſmodi ſenatuſconſultum, verumtamen incluſum in tabulis, tanquam gladium in vagina reconditum: quo ex ſenatuſconſulto confeſtim interfectum te eſſe, Catilina, convenit. Vivis: & vivis non ad deponendam, ſed ad confirmandam audaciam. Cupio, P. C., me eſſe clementem: cupio in tantis reipub. periculis non diſſolutum videri: ſed jam meipſum inertiæ
ABCDEFGHIJKLMNOPQRSTVUWXYZ

Long Primer Italick. No 1.

Verum ego hoc, quod jampridem factum eſſe oportuit, certa de cauſſa nondum adducor ut faciam. tum denique interficiam te, cum jam nemo tam improbus, tam perditus, tam tui ſimilis inveniri poterit, qui id non jure factum eſſe fateatur. Quamdiu quiſquam erit qui te defendere audeat, vives: & vives, ita ut nunc vivis, multis meis & firmis præſidiis obſeſſus, ne commovere te contra rempub. poſſis. multorum te etiam oculi & aures non ſentientem, ſicut adhuc fecerunt, ſpeculabuntur, atque cuſtodient. Etenim quid eſt, Catilina, quod jam
ABCDEFGHIJKLMNOPQRSTVUWXYZÆ

Long Primer Italick. No 2.

Verum ego hoc, quod jampridem factum eſſe oportuit, certa de cauſſa nondum adducor ut faciam. tum denique interficiam te, cum jam nemo tam improbus, tam perditus, tam tui ſimilis inveniri poterit, qui id non jure factum eſſe fateatur. Quamdiu quiſquam erit qui te defendere audeat, vives: & vives, ita ut nunc vivis, multis meis & firmis præſidiis obſeſſus, ne commovere te contra rempub. poſſis. multorum te etiam oculi & aures non ſentientem, ſicut adhuc fecerunt, ſpeculabuntur, atque cuſtodient. Etenim quid eſt, Catilina, quod jam amplius expectes,
ABCDEFGHIJKLMNOPQRSTVUWXYZÆ

Brevier Italick.

[illegible]

Nonpareil Italick.

[illegible]

Pearl Italick.

[illegible]

Pica Black.

And be it further enacted by the Authority aforeſaid, That all and every of the ſaid Exchequer Bills to be made forth by virtue of this Act, or ſo many of them as ſhall from
ABCDEFGHIJKLMNOPQRST

Brevier Black.

And be it further enacted by the Authority aforeſaid, That all and every of the ſaid Exchequer Bills to be made forth by virtue of this Act, or ſo many of them as ſhall from time to time remain undiſcharged and uncancelled, until the diſcharging and cancelling the ſame purſuant to this Act,

Pica Gothick.

[illegible]

Pica Coptick.

[illegible]

Pica Armenian.

[illegible]

Engliſh Syriack.

[illegible]

Pica Samaritan.

[illegible]

Engliſh Arabick.

[illegible]

Hebrew with Points.

[illegible]

Hebrew without Points.

בראשית ברא אלהים את השמים ואת הארץ׃ והארץ היתה תהו ובהו וחשך על־פני תהום ורוח אלהים מרחפת על־פני המים׃ ויאמר אלהים יהי אור ויהי־אור׃ וירא אלהים את־האור כי־טוב ויבדל אלהים בין האור ובין החשך׃ ויקרא אלהים לאור יום ולחשך קרא לילה

Brevier Hebrew.

[illegible]

Engliſh Greek.

[illegible]

Pica Greek.

[illegible]

Long Primer Greek.

[illegible]

Brevier Greek.

[illegible]

Long Primer Saxon.

[illegible]

Pica Saxon.

[illegible]

This SPECIMEN to be placed in the Middle of the Sheet 5 U u, VOL. II.

SUBSKRIPTION: ein Vorabverkaufsverfahren im Verlagswesen. Das heißt: Titel werden bestellt, bevor die Bücher gedruckt – oder geschrieben – sind. Subskription wird oft bei teuren oder mehrbändigen Werken (wie Lexika) angewendet. Dieses Verfahren entwickelte sich im 17. Jahrhundert und war im 18. Jahrhundert sehr beliebt; entsprechende Werke enthielten teilweise sogar die Namen der Subskribenten. Auch Privatpressen und Verleger von Künstlerbüchern griffen und greifen auf die Subskription zurück.

SYLLABAR: ein phonetisches Schriftsystem, dessen Zeichen jeweils für Silben stehen. In der Regel steht ein Konsonant in Verbindung mit einem bestimmten Vokal; zu ihnen zählen beispielsweise die Maya-Schriften, das mykenische Griechisch, die noch heute verwendete japanische Hiragana und die Cherokee-Schrift Tsalagi.

T

TAPA: polynesisches Rinden-Papier. *Siehe auch* DLUWANG.

TIEFDRUCK: ein Druckverfahren, beispielsweise beim Kupferstich, bei dem die Farbe in die in eine Platte eingeritzten Linien und Flächen gestrichen wird; die erhabenen Stellen drucken also nicht.

TYPE (Letter): ein Druck-Buchstabe, der für den Letterndruck einzeln gegossen, in Setzkästen abgelegt und zu Zeilen und Seiten zusammengesetzt wurde.

TYPOGRAFIE: der Gestaltungsprozess von Druckwerken mittels Schrift, Bildern, Flächen, Linien, Aufteilungen; meist bezeichnet man damit die Auswahl oder den Entwurf von Schriftarten.

Merowingische **UNZIALEN**, *mit schlichten Großbuchstaben, aus einem Pergament-Kodex mit Predigten, der wohl im nordfranzösischen Corbie im letzten Viertel des 7. Jahrhunderts geschrieben wurde. Manche Großbuchstaben besitzen fischähnliche Verzierungen.*

U

UNTERLÄNGE: Kleinbuchstaben, die unter die Grundlinie ragen, auf der die Großbuchstaben stehen – g, j, p, q, y. *Siehe auch* OBERLÄNGE.

UNZIALE: eine runde Schrift in Großbuchstaben (Majuskeln), die sich aus der alten römischen Kursive entwickelte und mit einer Rohrfeder geschrieben wurde, etwa im *Book of Kells*; im 6. Jahrhundert wurde sie um **Ober-** und **Unterlängen** ergänzt. Papst Gregor der Große orderte viele Schriften der Kirchenväter in dieser Schrift. Unzialen wurden manchmal mit christlichen Symbolen wie Kreuz oder Fisch verziert.

V

VELLUM: vom lat. *vitulinum*, »vom Kalb« und dem altfranz. *vélin*; ein feiner, haltbarer Beschreibstoff, der für **Schriftrollen** und **Kodizes** verwendet wurde. Man verwendete die Haut von Ziegen oder Kälbern; die feinsten **Pergamente** lieferten die Häute ungeborener Lämmer oder Kälber. Die abgeschabte Haut wurde

WASSERZEICHEN *in* Quodlibets, Lately Come Over from New Britaniola, Old Newfoundland *von Robert Hayman, des wohl ersten amerikanischen Dichters, erschienen 1628 in London. Wasserzeichen stehen, besonders bei Quartformaten, wegen der Bogenfalzung häufig im Bundsteg (im Knick).*

Danse macabre *oder* Der Tod in der Druckwerkstatt, *ein* **Holzschnitt** *von Mathias Huss, am 18. Februar 1499/1500 in Lyon erschienen. Zu sehen ist eine französische Druckerei des 15. Jahrhunderts. Der Setzer sitzt mit einer Textvorlage an seinem Tisch, in seinem Rücken die Handpresse; die Bücher werden gleich nebenan verkauft.*

in Rahmen gespannt, getrocknet, mit Bimssteinen geglättet und mit Kreide geweißt. Vellum wurde vor allem für Prachthandschriften verwendet.

VERSO: **Recto** und verso bezeichnen »vorn« und »hinten« einer Seite in einem gebundenen Manuskript oder gedruckten Buch. In Sprachen, die von links nach rechts geschrieben werden (wie Deutsch), ist recto die rechte, verso die linke Seite; in Sprachen, die von rechts nach links geschrieben werden, verkehrt sich die Ordnung.

VERWANDLUNGSBUCH *siehe* Harlequinades.

VOLVELLE: Drehscheibe, ein Instrument für mathematische und astronomische Berechnungen, meist eine Papierscheibe, die einem Astrolab ähnelt. Die Volvelle wurde vermutlich in Babylonien entwickelt, seit dem 11. Jahrhundert nutzte man sie in Persien zur Vorhersage der Sternen- und Planetenbewegungen; in Europa wurde sie im späten 13. Jahrhundert offenbar von Ramon Llull in seiner *Ars Magna* eingeführt.

VOLKSBUCH: von Johann Gottfried Herder und Joseph Görres um 1800 analog zum Begriff »Volkslied« eingeführter Begriff für volkstümliche Geschichten Märchen, Sagen, Historienbücher etc., die zu relativ niedrigen Preisen verkauft wurden.

W

WASSERZEICHEN: ein Muster oder Bild, das während der Papierherstellung erzielt wird, indem man einen dickeren, geformten Draht in die Schöpfform einflicht. Die Faserschicht des Papiers wird an diesen Stellen dünner. Hält man das Papier gegen das Licht, wird das Muster sichtbar. Die ersten Wasserzeichen wurden im 13. Jahrhundert in Italien angefertigt, sie hatten meist einfache Formen, christliche Symbole wie den Anker, das Lamm oder das Kreuz. Sie dienten Papiermühlen und Gilden als Marken- und Herkunftszeichen und verbreiteten sich rasch in ganz Europa. Noch heute sieht man sie manchmal in teuren Papieren sowie in Banknoten. Wasserzeichen erleichtern das Datieren historischer Dokumente.

WIEGENDRUCK *siehe* Inkunabel.

X

XYLOGRAFIE *siehe* Holzdruck und Holzschnitt.

Z

ZAUM: russisch заумь, was so viel wie »transrational« bedeutet; die russischen Futuristen experimentierten mit dieser »sinnlosen Klangrede«, einer Kunstsprache aus Lautkombinationen. Alexej Krutschonych prägte den Begriff 1921 in seiner Programmschrift *Phonetik des Theaters*, in der er feststellte, Sprache sei »einengend«, die ungewöhnliche Lautreihung aber »erfrischend«.

Bibliografie

Als wir diese sehr selektive Bibliografie erstellten, wurde uns deutlich bewusst, dass man tatsächlich von einer Informations- und Datenexplosion sprechen kann, wenn man die Zeit von den antiken Manuskripten bis zu den heutigen E-Books betrachtet. Einige der Quellen sind ausschließlich im Internet zu finden. Wenn man Bücher sucht, wird man – so denken wir – selbstverständlich in Bibliothekskatalogen suchen, doch heutzutage findet man viele Titel ebenso online. Gedruckte Bücher können Fehler und Lücken enthalten, eventuelle Schwächen treten jedoch offen zutage, bei elektronischen Quellen ist das häufig schwer zu erkennen; manche sind allerdings exzellent.

Zu den guten Quellen gehört Jeremy Normans »Von der Höhlenmalerei bis zum Internet«, *From Cave Paintings to the Internet: Chronological and Thematic Studies on the History of Information and Media* (www.historyofinformation.com).

Viele Bibliotheken bieten inzwischen reiche digitalisierte Sammlungen mit »bedeutenden« Büchern, so etwa die British Library (www.bl.uk/onlinegallery/index.html), die Bayerische Staatsbibliothek (www.bsb-muenchen.de/index.php) oder die Bibliothèque Nationale de France (www.bnf.fr/fr/acc/x.accueil.html), um nur drei zu nennen. Häufig kann man sich diese Bücher auch als PDF-Datei herunterladen.

Wir haben zunächst allgemeine Werke angegeben und dann gedruckte Bücher sowie Internetquellen den einzelnen Kapiteln zugeordnet.

ALLGEMEIN

Nicholas A. Basbanes, *On Paper. The Everything of its Two Thousand-Year History.* New York, Knopf, 2013

Michael Bhaskar, *The Content Machine. Towards a Theory of Publishing from the Printing Press to the Digital Network.* London, Anthem Press, 2013

Wilfrid Blunt und William T. Stearn, *The Art of Botanical Illustration*, überarb. Aufl. Woodbridge, Suffolk; Antique Collectors' Club, 1994

Christine L. Borgman, *From Gutenberg to the Global Information Infrastructure. Access to Information in the Networked World.* Cambridge, MA, MIT Press, 2000

Joseph A. Dane, *What Is a Book? The Study of Early Printed Books.* Notre Dame, Indiana, University of Notre Dame Press, 2013

Simon Eliot und Jonathan Rose (Hg.), *A Companion to the History of the Book.* Chichester, Wiley-Blackwell, 2009

Stuart Kelly, *The Book of Lost Books.* London, Viking, 2005

David Pearson, *Books as History; the Importance of Books Beyond Their Texts*, überarb. Aufl. London, British Library/ New Castle, DE, Oak Knoll Press, 2012

KAPITEL 1: AM ANFANG …

Die Höhle El Castillo, S. 14–15

Kevin Sharpe and Lesley Van Gelder, *Evidence for Cave Marking by Palaeolithic Children* (www.ksharpe.com/word/AR86.htm)

Der Ishango-Knochen, S. 16–17

Laurence Kirby, *Plimpton 322. The Ancient Roots of Modern Mathematics* (http://media.baruch.cuny.edu/mediacenter/Plimpton_322.mov)

Das *Gilgamesch-Epos*, S. 18–19

Vybarr Cregan-Reid, *Discovering Gilgamesh: Geology, Narrative and the Historical Sublime in Victorian Culture.* Manchester, Manchester University Press, 2013

Das Quipu aus Caral, S. 20–21

Guaman-Poma-Webseite (www.kb.dk/permalink/2006/poma/info/en/frontpage.htm)

Gary Urton, *Signs of the Inka Khipu: Binary Coding in the Andean Knotted-String Records.* Austin, University of Texas Press, 2003

Das *Totenbuch des Ani*, S. 22–23

Richard Parkinson und Stephen Quirke, *Papyrus.* London, The British Museum Press, 1995

James Wasserman, *The Egyptian Book of the Dead. The Book of Going Forth by Day*, überarb. Aufl. Chicago, University of Chicago Press, 2008

KAPITEL 2: ÖSTLICHE HERANGEHENSWEISE

Guodian-Bambustexte, S. 28–29

Jiang Guang-hui, »Guodian and Early Confucianism« (www.lunwentianxia.com/product.free.3455418.1/)

Joseph Needham, *Science and Civilisation in China. Chemistry and Chemical technology*, in: Tsien Tsuen-Hsuin, *Part 1 Paper and Printing*. Cambridge, Cambridge University Press, 1985

Die *Tripitaka Koreana*, S. 32–32

Research Institute of Tripitaka Koreana (RITK), *The Tripitaka Koreana Knowledgebase Project* (http://kb.sutra.re.kr/ritk_eng/intro/introProject03.do)

Pustaha der Batak, S. 38–39

Ann Kumar und John F. McGlynn, *Illuminations. The Writing Traditions of Indonesia*. Jakarta, Lontar Foundation/New York, Weatherhill, 1996

Teygeler, René, »Pustaha; A study into the production process of the Batak bokk«, in: *Bijdragen tot de Taal-, Landen Volkenkunde*, Bd. 149, S. 593–611

Das *Parabaik*, S. 40–41

Stephanie Watkins, *Hand Papermaking in Central Burma and Northern Thailand* (http://cool.conservation-us.org/coolaic/sg/bpg/annual/v11/bp11-41.htm)

KAPITEL 3: DIE GROSSEN KLASSIKER

Äsops *Fabeln*, S. 46–47

Anne Stevenson-Hobbs (Hg.), *Fables*. London, Victoria and Albert Museum, 1986

Homers *Ilias*, S. 48–49

Casey Dué (Hg.), *Recapturing a Homeric Legacy. Images and Insights from the Venetus A Manuscript of the Iliad*. Washington: Center for Hellenic Studies, Harvard University, 2009. Online zugänglich unter: www.homermultitext.org/Pubs/Due_Recapturing_a_Homeric_Legacy.pdf

Die Abba-Garima-Evangelien, S. 50–51

Martin Bailey, *Discovery of Earliest Illuminated Manuscript* (www.ethiopianheritagefund.org/artsNewspaper.html)

Lester Capon, *Extreme Bookbinding. A Fascinating Preservation Project in Ethiopia* (www.hewit.com/skin_deep/?volume=26&article=1#article)

Richard Pankhurst, *How to Lose Your History. The Microfilming of Ethiopian Manuscripts* (www.linkethiopia.org/guide-to-ethiopia/the-pankhurst-historylibrary/the-microfilming-of-ethiopian-manuscripts-a-nostalgic-view/)

Apicius, S. 52–53

Apicius (http://penelope.uchicago.edu/~grout/encyclopaedia_romana/wine/apicius.html)

Eric Quayle, *Old Cook Books, an Illustrated History*. New York, E. P. Dutton, 1978

Das Palimpsest des Archimedes, S. 54–55

Archimedes Palimpsest Project, *The Archimedes Palimpsest* (http://archimedespalimpsest.org/about/history/archimedes.php)

Reviel Netz und William Noel, *The Archimedes Codex*. London, Weidenfeld & Nicolson, 2007

KAPITEL 4: MITTELALTERLICHE WELTEN & BÜCHER

Das *Book of Kells*, S. 60–61

Faksimile Verlag, *Book of Kells* (www.faksimile.de/werk/Book_of_Kells.php?we_objectID=17)

Trinity College Dublin, Digital Collections (http://digitalcollections.tcd.ie/home/#searchresults)

St. Gallen, *Codices Electronici Sangallenses Virtual Library* (www.cesg.unifr.ch/en/index.htm)

Der Chludow-Psalter, S. 62–63

Robin Cormack, *Writing in Gold, Byzantine Society and its Icons*. London, George Philip, 1985

Dioskurides' *De materia medica*, S. 64–65

Wilfrid Blunt und Sandra Raphael, *The Illustrated Herbal*, überarb. Aufl. London, Frances Lincoln, 1994

Encyclopaedia Romana, *Dioscorides De Materia Medica* (http://penelope.uchicago.edu/~grout/encyclopaedia_romana/aconite/materiamedica.html)

Das Toros-Roslin-Evangeliar, S. 66–67

Christopher De Hamel, *Scribes and Illuminators*. London, British Museum Press, 1992

Ptolemäus' *Geographia*, S. 68–69
Ralph E. Ehrenberg, *Mapping the World, an Illustrated History of Cartography*. Washington, National Geographic Society, 2006

Cristoforo Buondelmontis *Liber insularum archipelagi*, S. 70–71
Sullacrestadellonda.it (Die Welle reiten), Die ägäischen Inseln (www.sullacrestadellonda.it/cartografia/mar_egeo1_en.htm)

Der Brügger *Roman de la Rose*, S. 72–73
Roman de la Rose Digital Library (http://romandelarose.org/)

University of Glasgow Special Collections, *Roman de la Rose* (http://special.lib.gla.ac.uk/exhibns/month/feb2000.html)

Das Stundenbuch des Alessandro Farnese, S. 74–75
J. J. G. Alexander (Hg.), *The Painted Page, Italian Renaissance Book Illumination, 1450–1550*. München, Prestel, 1994; dt.: *Buchmalerei der italienischen Renaissance im 15. Jahrhundert*, 1977

KAPITEL 5: LICHT AUS DEM OSTEN

Das *Diamant-Sutra* aus Dunhuang, S. 80–81
British Library, *Diamond Sutra* (www.bl.uk/onlinegallery/sacredtexts/podsusanwhitfield.html)

British Library, Online Gallery, *The Diamond Sutra* (www.bl.uk/onlinegallery/ttp/sutra/accessible/introduction.htm)

International Dunhuang Project, The Silk Road Online (http://idp.bl.uk/)

Dorothy C. Wong, *Personal Devotional Objects of Buddhist Asia* (http://people.virginia.edu/~dcw7a/articles/Personal-Devotional-Objects-of-Buddhist-Asia.pdf)

Murasaki Shikibus *Geschichte vom Prinzen Genji*, S. 82–83
Peter Kornicki, *The Book in Japan, A Cultural History*. Honolulu, University of Hawai'i Press, 2001

Das *Panchatantra*, S. 84–85
Bodleian Library, *Kalilah wa-Dimnah* (Fabeln des Bidpai) (http://treasures.bodleian.ox.ac.uk/The-Fables-of-Bidpal)

Al-Dschazaris *Kompendium der mechanischen Künste*, S. 88–89
Ahmad Y. al-Hassan (Hg.), »Al-Jazari and the History of the Water Clock« (www.history-science-technology.com/articles/articles%206.htm)

Mansurs *Anatomie*, S. 90–91
National Library of Medicine, *Historical Anatomies on the Web, Mansur* (www.nlm.nih.gov/exhibition/historicalanatomies/mansur_bio.html)

David J. Roxburgh (Hg.), *Turks; a Journey of a Thousand Years, 600–1600*. London, Royal Academy of Arts, 2005

Das *Boek van Bonang*, S. 92–93
Teygeler, René, *Dluwang, a near-paper from Indonesia* (www.scribd.com/doc/39391411/Dluwang)

KAPITEL 6: WANDELBARE TYPEN

Allgemein
K. Lesley Knieriem, *Book-Fools of the Renaissance*. Champaign, IL, University of Illinois, Graduate School of Library and Information Science, 1993

Alberto Manguel, *A History of Reading*. London, Flamingo, 1997; dt.: *Eine Geschichte des Lesens*. Berlin, Verlag Volk und Welt, 1998

Andrew Pettegree, *The Book in the Renaissance*. New Haven, Yale University Press, 2010

Southern Methodist University, Bridwell Library, *Invention and Discovery, Books from Fifteenth-Century Europe* (www.smu.edu/Bridwell/Collections/pecialCollectionsand Archives/Exhibitions/InventionDiscovery)

Gutenbergs 42-zeilige Bibel, S. 98–99
Lucien Febvre und Henri Jean Martin, *The Coming of the Book, The Impact of Printing 1450–1800*, 3. Aufl. London, Verso, 2010

Morgan Library & Museum, The Morgan Gutenberg Bible Online (www.themorgan.org/collections/works/gutenberg/provenance)

Eric Marshall White, *Peter Schoeffer, Printer of Mainz*. Dallas, TX, Bridwell Library, 2003

Die *Schedel'sche Weltchronik*, S. 100–101
Cambridge Digital Library, *Nuremberg Chronicle* (http://cudl.lib.cam.ac.uk/view/PR-INC-00000-A-00007-00002-00888/1)

Bayerische Staatsbibliothek, *Liber chronicarum* (http://inkunabeln.digitale-sammlungen.de/Seite_S-199,1,a1a.html)

Caxtons Sittenbuch über das Schachspiel, S. 102–103
John Rylands University Library, *Jacobus de Cessolis* (www.library.manchester.ac.uk/firstimpressions/assets/downloads/07-Jacobus-de-Cessolis-The-game-of-chess-translated-by-William-Caxton.pdf)

Euklids *Elementa Geometriae*, S. 106–107
University of British Columbia, *Images from the first (1482) edition of Euclid* (www.math.ubc.ca/~cass/euclid/ratdolt/ratdolt.html)

Die Vergil-Aldine, S. 108–109
Bartolomeo Sanvito, The Life and Work of a Renaissance Scribe (www.paulshawletterdesign.com/2011/04/bartolomeo-sanvito-the-life-and-work-of-a-renaissance-scribe/)

Martin Davies, *Aldus Manutius, Printer and Publisher of Renaissance Venice*. London, British Library, 1995

Garamond, *Aldus Manutius and his Innovations* (www.garamond.culture.fr/en/page/aldus_manutius_and_his_innovations)

Gregorios Stundenbuch, S. 110–111
Miroslav Krek, »The Enigma of the First Arabic Book Printed from Movable Type« (www.ghazali.org/articles/jnes-38-3-mk.pdf)

Paul Lundes, »Arabic and the Art of Printing« (www.saudiaramcoworld.com/issue/198102/arabic.and.the.art.of.printing-a.special.section.htm)

***Sefer Abudarham*, S. 112–113**
Jewish Virtual Library, *Judaic Treasures of the Library of Congress, First Book in Africa* (www.jewishvirtual library.org/jsource/loc/Africa.html)

Das St. Galler *Cantatorium*, S. 114–115
Jenneka Janzen, *Pondering the Physical Scriptorium* (http://medievalfragments.wordpress.com/2013/01/25/pondering-the-physical-scriptorium/)

D. W. Krummel und Stanley Salie, *Music Printing and Publishing*. New York, Norton, 1990

St. Galler Stiftsbibliothek, E-Codices, Cod Sang. 359 (www.e-codices.unifr.ch/en/description/csg/0359)

Das *Missale speciale Constantiense*, S. 116–117
Newberry Library Chicago, *Apocolypse Block Book* (www.newberry.org/apocalypse-block-book)

Das Bernstein Projekt: »The Memory of Paper« (www.memoryofpaper.eu:8080/BernsteinPortal/appl_start.disp)

Die polyglotte Complutense-Bibel, S. 118–119
Pecia Complutense, *The Pinciano and his Contribution to the Edition of the Alcalá Polyglot Bible (1514–1517)* (http://biblioteca.ucm.es/pecia/56309.php)

KAPITEL 7: EINE GEFÄHRLICHE ERFINDUNG

Erasmus' *De ratione conscribendi epistolas*, S. 126–127
Glasgow University Emblem-Webseite, »Andrea Alciato's *Emblematum liber*« (www.emblems.arts.gla.ac.uk/alciato/books.php?id=A31a&o=)

Jewish Virtual Library, *Christian-Jewish Relations, The Inquisition* (www.jewishvirtuallibrary.org/jsource/History/Inquisition.html)

Das »Bay Psalm Book«, S. 128–129
Dick Hoefnagel, *The Dartmouth Copy of John Eliot's Indian Bible (1639), Its Provenance* (www.dartmouth. edu/~library/Library_Bulletin/Apr1993/LB-A93-Hoefnagel.html?mswitch-redir=classic)

Sotheby's, *The Bay Psalm Book, America's First Printed Book* (www.sothebys.com/en/news-video/videos/2013/11/The-Bay-Psalm-Book-America-First-Printed-Book.html)

Der *Codex Mendoza*, S. 130–131
Frances Berdan und Patricia Anawalt, *The Essential Codex Mendoza*. Berkeley, University of California Press, 1997

Vesalius' *De humani corporis fabrica*, S. 134–135
National Library of Medicine, *Historical Anatomies on the Web, Andreas Vesalius* (www.nlm.nih.gov/exhibition/historicalanatomies/vesalius_home.html)

Andreas Vesalius, *De humani corporis fabrica* (http://vesalius.northwestern.edu/flash.html)

Tycho Brahes *Astronomiae*, S. 136–137
Museum of the History of Science, Oxford, *The Noble Dane, Images of Tycho Brahe* (www.mhs.ox.ac.uk/tycho/index.htm)

Isaac Newtons *Principia Mathematica*, S. 138–139
Thomas Levenson, *Newton and the Counterfeiter, The Unknown Detective Career of the World's Greatest Scientist*. London, Mariner Books, 2010

Gervase Markhams *Cavelarice*, S. 140–141
Gervase Markham, *Cavalarice* (www.classicrarebooks.co.uk/sports/cavalarice_book.html)

Margaretha Helms *Nadel-Ergötzungen*, S. 142–143
Moira Thunder, »Deserving Attention, Margaretha Helm's Designs for Embroidery in the Eighteenth Century«, in: *Journal of Design History*, Dezember 2010, S. 409 (http://connection.ebscohost.com/c/articles/55370545/deserving-attention-margaretha-helms-designsembroidery-eighteenth-century)

Elizabeth Blackwells *A Curious Herball*, S. 144–145
British Library Online Gallery, *Blackwell's Herbal* (www.bl.uk/onlinegallery/ttp/blackwells/accessible/introduction.html)

Bruce Madge, »Elizabeth Blackwell – the Forgotten Herbalist?«, in: *Health Information & Libraries Journal*, Bd. 18, Nr. 3, S. 144–152, September 2001 (http://onlinelibrary.wiley.com/doi/10.1046/j.1471-1842.2001.00330.x/full)

Kellom Tomlinsons *Art of Dancing*, S. 146–147
Baroque Dance Notation Systems (www.baroquedance.com/research/dancenotation.htm)

Library of Congress, *Dance Instruction Manuals* (http://memory.loc.gov/cgi-bin/ampage?collId=musdi&fileName=158/musdi158.db&recNum=183&itemLink=r?ammem/musdibib,@field(NUMBER+@band(musdi+158)))

KAPITEL 8: DRUCKKUNST & AUFKLÄRUNG

François Bouchers *Molière*, S. 152–153
Bland, David, *A History of Book Illustration, the Illuminated Manuscript and the Printed Book*. Cleveland, World Publishing Company, 1985

Metropolitan Museum of Art, *Gravures de Boucher pour les Oeuvres de Moliere* (www.metmuseum.org/collections/search-the-collections/346508)

Metropolitan Museum of Art, *Dangerous Liaisons, Fashion and Furniture in the Eighteenth Century* (http://resources.metmuseum.org/resources/metpublications/pdf/Dangerous_Liaisons_Fashion_and_Furniture_in_the_Eighteenth_Century.pdf)

Samuel Johnsons *Dictionary*, S. 154–155
Beryl Bainbridge, »Words count« (www.theguardian.com/books/2005/apr/02/classics.wordsandlanguage)

Dictionary of the English Language, *A Digital Edition of the 1755 Classic by Samuel Johnson* (http://johnsonsdictionaryonline.com/)

Technische Universität Berlin, *A Brief History of English Lexicography* (http://classic-web.archive.org/web/20080309181613/http://angli02.kgw.tu-berlin.de/lexicography/b_history.html)

John Newberys *Little Pretty Pocket-Book*, S. 156–157
Virginia Haviland und Margaret Coughlan, *Yankee Doodle's Literary Sampler… Selected from the Rare Book Collections of the Library of Congress*. New York, Thomas Y. Crowell Company, 1974

Library of Congress Digital Collections, *A Little Pretty Pocket-Book* (http://lcweb2.loc.gov/cgi-bin/ampage?collId=rbc-3&fileName=rbc0001_2003juv05880page.db&recNum=10)

Morgan Library & Museum, *A Little Pretty Pocket-Book* (www.themorgan.org/collections/collections.asp?id=130)

South Australia State Library, Treasures, *Orbis sensualium pictus* (www.samemory.sa.gov.au/site/page.cfm?u=965&c=3702)

Denis Diderots *Encyclopédie*, S. 158–159
BBC Radio 4, »In our time«: *The Encyclopédie* (www.bbc.co.uk/programmes/p0038x93)

Philipp Blom, *Encyclopédie, the Triumph of Reason in an Unreasonable Age*. London, Fourth Estate, 2004

Massachusetts Institute of Technology, Library Exhibits, *Technology and Enlightenment, The Mechanical Arts in Diderot's Encyclopédie* (http://libraries.mit.edu/exhibits/maihaugen/diderots-encyclopedie/)

Carl von Linnés *Species plantarum*, S. 160–161
Staffan Müller-Wille und Sara Scharf, »Indexing Nature, Carl Linnaeus (1707–1778) and his Fact-Gathering Strategies«, in: *Working Papers on The Nature of Evidence* Nr. 36/08 (www.lse.ac.uk/economicHistory/pdf/FACTSPDF/3909MuellerWilleScharf.pdf)

Natural History Museum, *A Film about Carl Linnaeus* (www.youtube.com/watch?v=Gb_IO-SzLgk)

Uppsala Universitet, Linné on line (www.linnaeus.uu.se/online/life/8_3.html)

William Playfairs *Commercial and Political Atlas*, S. 162–163
enlightenment-revolution.org., *William Playfair* (http://enlightenment-revolution.org/index.php/Playfair%2C_William)

Rosalind Reid, »A Visionary and a Scoundrel« (www.americanscientist.org/bookshelf/pub/a-visionary-and-a-scoundrel)

Ian Spence, »William Playfair and the Psychology of Graphs« (www.psych.utoronto.ca/users/spence/Spence%20(2006).pdf)

Edward R. Tufte, *The Visual Display of Quantitative Information.* Cheshire, CT, Graphics Press, 1993

Der *Newgate Calendar,* S. 164–165

British Library, *Learning, Dreamers and Dissenters* (www.bl.uk/learning/histcitizen/21cc/crime/media1/calendar1/calendar.html)

oldbaileyonline.org, *The Proceedings of the Old Bailey, 1674–1913* (www.oldbaileyonline.org/)

Laurence Sternes *Tristram Shandy,* S. 166–167

Jesus College, Cambridge, *Laurence Sterne* (www.jesus.cam.ac.uk/about-jesus-college/history/pen-portraits/laurence-sterne/)

Laurence Sterne Trust, »The First Publication of *Tristram Shandy*« (www.laurencesternetrust.org.uk/wp/sterneana/first-publication-of-tristram-shandy/the-first-publication-of-tristram-shandy/)

John Clelands *Fanny Hill,* S. 168–169

Julie Peakman, *Mighty Lewd Books, the Development of Pornography in Eighteenth-Century England.* Basingstoke, Palgrave Macmillan, 2012

Benjamin Bannekers *Almanack,* S. 170–171

Inventors.about.com, *Benjamin Banneker* (http://inventors.about.com/od/bstartinventors/a/Banneker.htm)

Thomas Bewicks *British Birds,* S. 172–173

Thomas Bewick, *My life,* hg. von Iain Bain. London, Folio Society, 1981

Bewick Society, *Thomas Bewick* (www.bewicksociety.org/index.html)

Diana Donald, *The Art of Thomas Bewick.* London, Reaktion Books, 2013

Humphry Reptons »Rote Bücher«, S. 174–175

gardenhistorygirl, *Humphrey Repton and Accessible Gardening History* (http://gardenhistorygirl.blogspot.co.uk/2013/02/humphrey-repton-and-accessible.html)

Morgan Library & Museum, *Humphry Repton's Red Books* (www.themorgan.org/collections/works/repton/#self)

Valentin Haüys *Essay über die Bildung von Blinden,* S. 176–177

Emmy Csocsán und Solveig Sjöstedt, *Learning and Visual Impairment* (www.isar-international.com/_files/didaktikpool_9_20090710102624.pdf)

Royal London Society for Blind People, *RLSB Archive Exhibition, Celebrating 175 years of RLSB* (www.rlsb.org.uk/175years)

John Rutherford, *William Moon and his Work for the Blind.* London, Hodder & Stoughton, 1898 (https://docs.google.com/document/d/1Rg0lW6DCpcm8Fwk5qYdkDxX-POZ5XCA9ZGKl0wr__RM/edit#)

Sobre a Deficiencia Visual, *Essai sur l'Éducation des Aveugles par Valentin Haüy.* Paris, 1786 (http://deficienciavisual9.com.sapo.pt/r-Hauy.htm)

KAPITEL 9: DRUCK & DAMPF

Allgemein

Ann M. Blair, *Too Much to Know. Managing Scholarly Information before the Modern Age.* New Haven, Yale University Press, 2010

Tom Standage, *The Victorian Internet, the Remarkable Story of the Telegraph and the Nineteenth Century On-line Pioneers.* New York, Berkley Books, 1999

Jacob Perkins' Patent, S. 182–183

Baker Perkins Historical Society, »Jacob Perkins in the Printing Industry« (www.bphs.net/GroupFacilities/J/JacobPerkinsPrinting.htm)

hevac-heritage.org, »The Perkins Family« (www.hevac-heritage.org/victorian_engineers/perkins/perkins.htm)

Stephen Van Dulken, *Inventing the 19th Century. The Great Age of Victorian Inventions.* London, British Library, 2001

Anna Atkins' *Photographs of British Algae,* S. 184–185

Roderick Cave, *Impressions from Nature. A History of Nature Printing.* London, British Library/New York, Mark Batty, 2010

Liz Hager, »Anna Atkins« (http://venetianred.net/2010/05/08/anna-atkins-mistress-of-blueprint-manor/)

Naomi Rosenblum, *A History of Women Photographers*, 3. Aufl. New York, Abbeville, 2010

Adolphe Duperlys *Daguerian Excursions in Jamaica*, S. 186–187

National Library of Jamaica, »The Beginning of Photography in Jamaica« (http://nljblog.wordpress.com/2011/11/25/the-beginning-of-photography-in-jamaica/)

James Evans' Gesangbuch in Silbenschrift, S. 188–189

Bruce Peel, *Rossville Mission Press, The Invention of the Cree Syllabic Characters, and the First Printing in Rupert's Land.* Montreal, Osiris Publications, 1974

Charles Dickens' *Pickwick Papers*, S. 190–191

John Siers (Hg.), *The Culture of the Publisher's Series*. 2 Bde., Basingstoke, Palgrave Macmillan, 2011

Frank Powells *Old Grizzly Adams*, S. 192–193

Albert Johannsen, *The House of Beadle & Adams and its Dime and Nickel Novels* (www.ulib.niu.edu/badndp/bibindex.html)

Thomas L. Bonn, *Under Cover. An Illustrated History of American Mass Market Paperbacks*. Harmondsworth, Penguin, 1982

Robert J. Kirkpatrick, *From the Penny Dreadful to the Ha'penny Dreadfuller. A Bibliographical History of the British Boys' Periodical*. London, British Library, 2013

Library of Congress, »Dime Novels« (www.loc.gov/exhibits/treasures/tri015.html)

Monash University, Library, »Yellowbacks« (http://monash.edu/library/collections/exhibitions/yellowbacks/xyellowbackscat.html)

worldwidewords.org, »Penny Dreadful« (www.worldwidewords.org/qa/qa-pen2.htm)

Lucy Aikins *Robinson Crusoe...*, S. 194–195

publicdomainreview.org, *Nursery Lessons in words of one syllable* (http://publicdomainreview.org/2013/08/01/nursery-lessons-in-words-of-one-syllable-1838/)

Heinrich Hoffmanns *Struwwelpeter*, S. 196–197

curiouspages.blogspot.co.uk, *Struwwelpeter* (http://curiouspages.blogspot.co.uk/2009/10/struwwelpeter-or-shock-headed-peter.html)

Lothar Meggendorfers *Internationaler Circus*, S. 198–199

Ana Maria Ortega, *Pop-Up, Mobile and Deployable Books* (http://emopalencia.com/desplegables/historia.htm)

University of Florida, Baldwin Library, »Always Jolly; Movable Book by Lothar Meggendorfer« (www.youtube.com/watch?v=yWzrGpp7DGo)

University of North Texas, Libraries, *A Brief History of Movable Books* (www.library.unt.edu/rarebooks/exhibits/popup2/introduction.htm)

Baedekers *Schweiz*, S. 200–201

Richard Mullen und James Munson, »*The Smell of the Continent, The British Discover Europe*. London, Macmillan, 2009

oldguidebooks.com, »History of Guide Books« (http://oldguidebooks.com/guidebooks/)

Frank Werner, »Collecting Baedeker Travel Guides« (www.ilab.org/eng/documentation/197-collecting_baedeker_travel_guides.html)

Alexis Soyers *Modern Housewife*, S. 202–203

Michael Garval, »Alexis Soyer and the Rise of the Celebrity Chef« (www.rc.umd.edu/praxis/gastronomy/garval/garval_essay.html)

Nancy Mattoon, »Britain's Original Celebrity Chef, Alexis Soyer« (www.booktryst.com/2010/12/britains-original-celebrity-chef-alexis.html)

Rolf Boldrewoods *Robbery Under Arms*, S. 204–205

Paul Eggert, »*Robbery Under Arms*; the Colonial Market, Imperial Publishers, and the Demise of the Three-Decker Novel«, in: *Book History*, Bd. 3, 2003, S. 127–146 (www.jstor.org/discover/10.2307/30227345?uid=3738032&uid=2&uid=4&sid=21102980036937)

KAPITEL 10: DAS BUCH IM TURBULENTEN 20. JAHRHUNDERT

Allgemein

Federation of British Industry, *Oxford University Press and the Making of a Book* (www.slate.com/blogs/lexicon_valley/2013/11/07/oxford_english_dictionary_a_1925_silent_film_about_the_making_of_a_book.html)

Jorge L. Borges' *Der Garten der Pfade, die sich verzweigen,* S. 210–211
Adam Lee, »How Big is the Library of Babel?« (www.patheos.com/blogs/daylightatheism/2006/03/how-big-is-the-library-of-babel/)

Chester Carlsons Laborbuch, S. 212–213
David Owen, *Copies in Seconds, Chester Carlson and the Birth of the Xerox Machine.* New York, Simon & Schuster, 2004

Der *Hamlet* der Cranach-Presse, S. 214–215
John Dieter Brinks, *The Book as a Work of Art. The Cranach Press of Count Harry Kessler* Laubach, Triton/Williamstown, Williams College, 2005; dt.: *Das Buch als Kunstwerk. Die Cranach-Presse des Grafen Harry Kessler.* Laubach, Triton, 2003

Roderick Cave, *The Private Press,* 2. Aufl. New York, R.R. Bowker Co., 1983

Wassili Kamenskis *Tango mit Kühen,* S. 218–219
Tim Harte, »Vasily Kamensky's *Tango with Cows,* a Modernist Map of Moscow«, in: *Slavic and East European Journal,* Bd. 48, Nr. 4 (Winter, 2004), S. 545–566 (www.jstor.org/discover/10.2307/3648812?uid=3738032&uid=2&uid=4&sid=21102983729067)

Museum of Modern Art, *Tango s korovami. Zhelezobetonnye poemy* (www.moma.org/collection/object.php?object_id=11018)

tangowithcows.com, *Tango with Cows* (www.tangowithcows.com/)

Max Ernsts *Une Semaine de Bonté,* S. 220–221
Elza Adamowicz, *Surrealist Collage in Text and Image. Dissecting the Exquisite Corpse.* Cambridge, Cambridge University Press, 1998

Dorothy Kosinski, *The Artist and the Book in Twentieth-Century France.* Dallas, Bridwell Library, 2005

Musée d'Orsay, »Max Ernst, *Une semaine de bonté* – die Original-Collagen« (www.musee-orsay.fr/en/events/exhibitions/in-the-musee-dorsay/exhibitions-in-the-museedorsay-more/article/les-collages-de-max-ernst-20484.html?cHash=83c594fbdb)

M.E. Warlick, »Max Ernst's Alchemical Novel, *Une Semaine de bonté*«, in: *Art Journal,* Bd. 46, Nr. 1, Frühjahr 1987, S. 61–73 (www.jstor.org/discover/10.2307/776844?uid=3738032&uid=2&uid=4&sid=21102984022587)

Joseph Nnadozies *Beware of Harlots,* S. 222–223
Mark J. Curran, *Brazil's Folk-Popular Poetry – »A Literatura de cordel«.* Bloomington, Ind., Trafford Publishing, 2010

Mark Dinneen (Hg.), *Brazilian Popular Prints.* London, Redstone Press, 1995

Cavan McCarthy, »Printing in Onitsha« (www.lsu.edu/faculty/mccarthy/OnitshaText.htm)

University of Florida »Onitsha Market Literature« (http://ufdc.ufl.edu/onitsha)

University of Kansas, »Onitsha Market Literature« (http://onitsha.diglib.ku.edu/index.htm)

Rosamond Lehmanns *Invitation to the Waltz,* S. 224–225
University of Bristol, Library, *Penguin Book Collection* (www.bristol.ac.uk/library/resources/specialcollections/archives/penguin/penguinbooks.html)

Aleksander Kamiński *Steine für die Schanze,* S. 226–227
Grzegorz Mazur, »The ZWZ-AK Bureau of Information & Propaganda« (www.polishresistance-ak.org/13%20Article.htm)

Michail Bulgakows *Meister und Margarita,* S. 228–229
Middlebury College, *Master and Margarita* (http://cr.middlebury.edu/bulgakov/public_html/intro.html)

***Das Tagebuch der Anne Frank,* S. 232–233**
Anne Frank Museum, Amsterdam (www.annefrank.org/)

Robert Gellately, *Lenin, Stalin and Hitler. The Age of Social Catastrophe.* London, Vintage, 2008

Irene Némirovsky gewidmete Webseite (www.irenenemirovsky.guillaumedelaby.com/en_biography.html)

KAPITEL 11: DIGITALISIERUNG & DIE ZUKUNFT DES BUCHES

Allgemein
Nicholson Baker, *Double Fold. Libraries and the Assault on Paper.* London, Vintage, 2002

Nick Bilton, *I live in the Future & Here's How it Works. Why Your World, Work, and Brain are Being Creatively Disrupted.* New York, Crown Business, 2010

Ian F. McNeely, *Reinventing Knowledge; from Alexandria to the Internet.* New York, W.W. Norton, 2009

Janet H. Murray, *Hamlet on the Holodeck. The Future of Narrative in Cyberspace.* New York, Free Press, 1997

polarstarfilms.com, *Google and the World Brain* (http://shop.polarstarfilms.com/?product=dvd-google-and-the-world-brain)

Abigail Sellen und Richard Harper, *The Myth of the Paperless Office.* Cambridge, MA, MIT Press, 2003

Sherman Young, *The Book is Dead.* Sydney, NewSouth Publishing, 2007)

Dard Hunters *Old Papermaking,* S. 238–239
Cathleen A. Baker, *By His Own Labor. The Biography of Dard Hunter.* New Castle, DE, Oak Knoll, 2000

www.dardhunter.com, »Mountain House Press« (www.dardhunter.com/mhpress.htm)

www.pbs.org, »Elbert Hubbard, an American Original« (www.pbs.org/wned/elbert-hubbard/index.php)

RANDs *Million Random Digits,* S. 240–241
www.wps.com, »Book review, *A Million Random Digits*« (www.wps.com/projects/million/index.html)

Electronic *Beowulf,* S. 242–243
Grant Leyton Simpson, Review of *The Electronic Beowulf* (www.digitalmedievalist.org/journal/8/simpson/)

Benjamin Slade (Hg.), *Beowulf on Steorarume* (www.heorot.dk/)

www.audioholics.com, »Data Longevity on CD, DVD Media, How Long Will They Last?« (www.audioholics.com/audio-technologies/cd-and-dvd-longevity-how-long-will-they-last)

Ángela Ruiz Robles' mechanische Enzyklopädie, S. 244–245
Robert McCrum, »The Dragon Lords, world's first, cloudsourced' novel, prepares to land« (www.theguardian.com/books/booksblog/2012/dec/17/the-dragon-lords-novel-silvia-hartmann)

unbound, »How to Crowdfund a Book« (http://unbound.co.uk/about)

Die Nano-Bibel des Technion, S. 246–247
Simon Beattie, »Used in the Trenches« (www.simonbeattie.kattare.com/blog/archives/843)

Louis W. Bondy, *Miniature Books. Their History from the Beginnings to the Present Day.* Farnham, Richard Joseph, 1994

Martin Chilton, »Is this the World's Smallest Book?« (www.telegraph.co.uk/culture/books/booknews/9927200/Is-this-the-worlds-smallest-book.html)

Brant Rosen, »Nano-Torah Technology?« (http://rabbibrant.com/2007/12/26/nano-torah-technology/)

University of Indiana, Lilly Library, *4,000 Years of Miniature Books* (www.indiana.edu/~liblilly/miniatures/earlyprinted.shtml)

Francisca Prietos *Antibook,* S. 250–251
Harry Polkinhorn, »From Book to Anti-book« (www.thing.net/~grist/lnd/hp-book.htm)

Francisca Prieto, »My Life with Paper« (http://uppercasemagazine.com/blog/2012/11/29/my-life-withpaper-francisca-prieto#.UpOCCcR7KSp)

Victoria and Albert Museum, »Artists' Books and Books as Art« (www.vam.ac.uk/vastatic/wid/exhibits/bookandbeyond/case1.html)

Danksagung

Die Autoren möchten allen danken, die ihnen so großzügig ihre Zeit gewidmet, ihr Wissen und ihre Unterlagen zur Verfügung gestellt und sie begeistert unterstützt haben. Bei einem Buch mit einem so großen Rahmen ist es leider nicht möglich, alle namentlich aufzuführen. Unser besonderer Dank gilt David Chambers, Ray Desmond, Ross Harvey, Pia Ostlund, John Randle und Boyd Rayward sowie Julie Farquhar und Gary Haines für ihre Anregungen und ihren Zuspruch. Wir möchten auch den Mitarbeitern von Quarto danken, vor allem Victoria Lyle und Sarah Bell. Besonderer Dank gilt Dawn Cave, die uns mit Rat und Tat bei allen Entwürfen und Überarbeitungen zur Seite stand.

Bildnachweise

Der Verlag dankt allen Institutionen, Wissenschaftlern und privaten Sammlern, die ihre Texte und Daten großzügig zur Verfügung stellten. Wir waren bestrebt, alle Rechte zu klären, und entschuldigen uns für jede unbeabsichtigte Verletzung des Urheberrechts. Abbildungen der British Library © The British Library Board. Alle anderen sind unten aufgeführt.

S. 2–3: Esther-Rolle, 18. Jh., Feder und Tinte auf Pergament, mit reichem, getriebenem Silbereinband. Aus Italien, die Punze zeigt die Einfuhr in die Niederlande an. Israel Museum, Jerusalem, Israel, Stieglitz Collection, mit großzügiger Unterstützung von Erica und Ludwig Jesselson. © The Bridgeman Art Library.

S. 4, 11, 15: Handabdrücke und Büffel, Höhle El Castillo, Puente Viesgo, Spanien, wohl von Neandertalern. Farbige Mineralpigmente mit einem Blasrohr aufgetragen. Mit freundlicher Genehmigung von Marcos Garcia Diez.

S. 4, 25: Orakelbuch der Batak, um 1855. Knochen und Rindenpapier. Sumatra, Toba Region. Tropenmuseum, Amsterdam, Samml. Nr. A.1389.

S. 4, 43: Nach Homer, *Ilias*, 10. Jh. Hier: S. 24, Detail einer griech. Minuskel. Biblioteca Marciana, Venedig, MS Homer Venetus A/B., Gr Z. 454 (= 822), fo. 1v. Mit freundlicher Genehmigung des Ministero per I Beni e le Attivita Culturali.

S. 5, 57: Toros-Roslin-Evangeliar, 1262. Hier: Fo.104r, hl. Matthäus. Tinte, Farbpigmente und Blattgold auf Pergament. Türkei: Rumkale, in Gaziantep. Mit freundlicher Genehmigung von The Walters Art Museum, Baltimore, W.539.

S. 5, 77: Der reisende Mönch, Nördl. Song-Dynastie, 851–900 n. Chr. Seidenmalerei, Tinte und Farben auf Papier. Provinz Gansu, China, Mogao, nahe Dunhuang: Grotte 17, Die Grotten der 1000 Buddhas. © The Trustees of the British Museum, OA 1919,1-1,0.168.

S. 6, 95: Hartmann Schedel, *Liber Chronicarum*, 1493. Hier: Fo. XII, Secundas etas mundi. Schwabacher-Schrift; zahlr. Holzschnitte des Ateliers Michael Wolgemut, Wilhelm Pleydenwurff. Nürnberg, A. Koberger. Bayerische Staatsbibliothek München, BSB-Ink A-195,94.

S. 6, 121: Andreas Vesalius, *De humani corporis fabrica libri septem*, 1543. Hier: S. 190, Körper, an einem Galgen hängend. Lateinischer medizinischer Text mit Holzschnitten, wohl von Jan Steven van Kalkar. Basel, Johannes Oporinus. Wellcome Library London, L0031739.

S. 6, 149: Samuel Johnson, *A Dictionary of the English Language*, 1755–1756. Hier: Titelseite der 2. Aufl. London, J. & P. Knapton, etc. The British Library, London, 680.k.12,13.

S. 7, 179, 194: Mary Godolphin (eigtl. Lucy Aikin), *Robinson Crusoe in Words of One Syllable*, 1882. New York, McLoughlin Brothers. Aus der Sammlung des Autors.

S. 7, 207: *Architektur der VkhUTEMAS*, 1927. Coverdesign von El Lissitsky. Moskau: VkhUTEMAS. Russische Nationalbibliothek, St. Petersburg © Heritage Image Partnership Ltd/Alamy.

S. 7, 235, 248–249: Brigitte Koyama-Richard, *Mille Ans de Manga*, 2008. Hier: S. 150–151; 94–95; Cover der franz. Ausgabe. Paris/London, Flammarion. © Flammarion und (S. 150–151) © Tezuka Production; (S. 94–95) © Kawanabe Kyôsai Memorial Museum; (Cover der franz. Ausg.) © Mizuki Shigeru Production/© Kumon Institute of Education/© Chiba City Museum of Art/© Mizuki Shigeru Production.

S. 14: Handabdrücke, Cuevas de las Manos, Provinz Santa Cruz, Argentinien, um 9500 v. Chr. Farbige Mineralpigmente. Mariano Cecowski. Creative Commons Attribution Share Alike 2.5 Generic license.

S. 16: Rechenstäbe, Steuerquittungen, 13. Jh., Haselstäbe, geteilt und gekerbt. © National Archives, Kew, E402.

S. 17: Ishango-Knochen, 25 000–20 000 v. Chr. Eingekerbter Pavianknochen; Belgisch-Kongo. Institut Royal des Sciences naturelles de Belgique, Brüssel.

S. 18: *Gilgamesch-Epos*, 7. Jh. v. Chr. Tontafel-Fragment mit neuassyrischer Keilschrift. Irak, Bibliothek des Assurbanipal, Kuyunjik, Ninive. © The Trustees of the British Museum, K.3375.

S. 19: Assyrische Schreiber, Relief aus dem Palast in Nimrud, 730 v. Chr. Gips-Relief. British Museum, London, ME 124955. © Zev Radovan/BibleLandPictures/ © www.BibleLandPictures.com/ Alamy.

S. 20: Quipu aus Caral, 4600 v. Chr., aus geknoteter, um Stöckchen gewickelter Baumwolle. Peru, Ausgrabungsstätte der hl. Stadt Caral Supe © Archaeological Zone Caral, Peru, Mit freundlicher Genehmigung von Dr. Ruth Shady.

S. 21: Felipe Guamán Poma de Ayala, *Nueva corónica y buen gobierno*, 1615. Hier: S. 335 [337], Mann mit Quipu in einem Lagerhaus. Manuskript in Spanisch und Quechua; Tinte auf Papier. Lucanas Ayacucho, Peru, für König Phillip III. von Spanien. © Königliche Bibliothek, Kopenhagen, GKS 2232.

S. 22–23: *Totenbuch des Ani*, um 1275 v. Chr. Bemalter Papyrus. Theben, Ägypten, aus dem Grabmahl des Ani. © The Trustees of the British Museum, EA 10470/3.

S. 23: Ptahschepses der Schreiber, 5. Dynastie, um 2450 v. Chr. Bemalte Kalkstein-Figur. Sakkara, Fundort: Mastaba C10. Ägyptisches Nationalmuseum, Kairo. © The Art Archive/ Collection Dagli Orti.

S. 28: Orakelknochen, wohl späte Shang-Dynastie, China, um 1400 v. Chr. Schildkrötenpanzer mit eingeritzten Zeichen. Museum of East Asian Art, Bath. © Heritage Image Partnership Ltd/Alamy.

S. 29: Chu-Stäbe von Laozi (Version A), um 300 v. Chr. Bemalter Bambus. Guodian, Jingmen, Provinz Hubei, aus dem Chu-Grabmahl Nr. 1. Privatsammlung. © Archives Charmet/The Bridgeman Art Library.

S. 30: Hyakumanto-Pagode mit gedrucktem *Dharani*, um 770 n. Chr. Pagode (ursprüngl. bemalt) mit Aushöhlung für eine Dharani-Rolle, Blockdruck, Kiefernholz und Hanfpapier. Japan, Nara. Mit freundlicher Genehmigung von Bloomsbury Auctions, London, UK.

S. 32–33: *Tripitaka Koreana*, 13. Jh. Hier: Raum im buddhistischen Tempel Haeinsa mit einigen der 81 258 Holzdruckstöcke in Hanja-Schrift. Buddhistischer Tempel Haeinsa, Provinz Gyeongsangbuk-do, Südkorea. © Image Republic Inc./Alamy.

S. 34–35: *Astasahasrika Prajnaparamita Sutra*, um 1112. Bemaltes Palmblatt-Manuskript, Bengalen. © Victoria & Albert Museum, London, IS.8-1958.

S. 36: Chieh Ming u. a., *Yongle Dadian*, 1562–1567. 3. Kopie, Jiajing-Zeit. Hier: Folios 44–45r, über Hochwasserschutz. The British Library, London, Or.14446.

S. 37: Papiermachen, um 1800. Aquarell aus einem chinesischen Album über Handwerke für den Export. The British Library London, Or. 2262, Nr.69.

S. 38: Orakelbuch der Batak, um 1855. Bemaltes und beschriebenes Rindenpapier. Sumatra, Toba-Region. Tropenmuseum, Amsterdam, Samml. Nr. A.1389.

S. 39: Indonesischer Kalender-Knochen, spätes 20. Jh., Büffelknochen mit eingeritzten Zeichen. Jakarta. Sammlung des Autors.

S. 41: Parabaik *Tattoo-Handbuch*, 19. Jh. Handschrift auf Papier, mit roter und schwarzer Tinte illustriert. Birma. © Trustees of the British Museum, inv. 2005,0623,0.5.

S. 46: »Der Bär und der Bienenkorb«, 17. Jh., Stich von James Kirk nach Francis Barlow zu Äsops *Fabeln*. Wellcome Library, London, 39904i.

S. 47: Valerius Babrius, nach Aesop, *Mythiambi Aesopici*, 11. Jh. Hier: Fo.3r, Text mit griech. Choliamben. Handschrift auf Pergament. Wohl aus Syrien. The British Library, London, Add MS 22087.

S. 48: Nach Homer, *Ilias*, 10. Jh. Hier: Fo.1v, Helena, Paris und Aphrodite auf dem Schiff nach Troja. Vermutlich Griechenland. Biblioteca Marciana, Venedig, MS Homer Venetus A/B., Gr Z. 454 (= 822). Mit freundlicher Genehmigung des Ministero per i Beni e le Attivita Culturali.

S. 50–51: Abba-Garima-Evangelien, 330 und 650 n. Chr. Illuminierte Handschrift auf Pergament (wahrscheinlich Ziegenhaut); 2 Bde. Adwa, Nordäthiopien, Kloster Abba Garima. Mit freundlicher Genehmigung des Ethiopian Heritage Fund © Lester Capon und Jacques Mercier.

S. 52: Nach Apicius, *De Re Culinaria*, um 830 n. Chr. Hier: Fo. 24–25r. Handschrift auf Pergament. Kloster Fulda. Mit freundlicher Genehmigung der New York Academy of Medicine Library.

S. 53: Römische Schule, Küchenjungen weiden ein Tier aus, 50–75 n. Chr. Fresco aus einer Villa bei Boscoreale. Getty Villa, Malibu, 79.AG.112. © Alex Ramsay/Alamy.

S. 54: Johannes Myronas u. a., Palimpsest des Archimedes, 1229 n. Chr. Illustriertes griech. Gebetbuch (Euchologion), überschriebene antike Texte (287–212 v. Chr.) von Archimedes, Hysperides u. a.; Tinte auf Pergament. Aus Jerusalem. Privatsammlung. Mit freundlicher Genehmigung des Rochester Institute of Technology, Archimedes Palimpsest Imaging project.

S. 61: Angelsächsischer Verfasser, *Book of Kells* (*Leabhar Cheanannais*), um 800 n. Chr. Hier: Fo.34r, *Chi-Ro*. Gallustinte und Farbpigmente auf Vellum; insulare Majuskel-Schrift. County Meath, Irland, Abtei Kells. Trinity College Library, Dublin, MS A. I. (58). © The Board of Trinity College, Dublin/Bridgeman Art Library.

S. 63: Chludow-Psalter, 850 n. Chr. Hier: Fo.67r, Psalm 69 und der Ikonoklast Johannes VII. Tinte, Zinnober, Gold und Tempera auf Pergament; Unzial- und jüngere Minuskelschrift. Konstantinopel, vermutlich aus dem Skriptorium des Klosters des hl. Johannes. © Staatliches Historisches Museum, Moskau, GIM 86795 Khlud. 129.

S. 64–65: Bihnam bin Mus bin Yusuf al-Mawsili (nach Dioskurides), *De Materia Medica*, 1228.
Hier: Dioskurides mit einem Schüler, der eine Alraune hält. Medizinische Handschrift, Gold und Farbpigmente auf Papier. Anatolien oder Nordsyrien, für Shams ad-Din. Topkapi Museum, Istanbul, Ahmed III 2127. © Topkapi Saray Museum, Istanbul; © Werner Forman Archive, London.

S. 66–67: Toros-Roslin-Evangeliar, 1262. Hier: Fo.104r, Zeichen des Menschensohnes am Himmel; Fo.88v (Detail) Die Blinden von Jericho. Tinte, Farben und Blattgold auf Pergament; Unzialen. Türkei, aus Rumkale. Mit freundlicher Genehmigung des Walters Art Museum, Baltimore, W.539.

S. 68: Johannes Schnitzer, nach Claudius Ptolemäus, *Geographia* (*Cosmographia*), 1482.
Hier: S. 12–13, nach einer handgezeichneten Karte von Donnus Nicolaus Germanus (nach Claudius Ptolemäus). Atlas mit handkolorierten Holzschnitt-Karten von Johannes dem Schnitzer. Ulm, Lienhart Holle. The British Library, London, Maps.C.1.d.2.

S. 69: Psalterkarte, nach 1262.
Hier: Fo.9, Weltkarte. Lateinische Handschrift, Tinte und Farbpigmente auf Vellum. England, wohl London oder Westminster. The British Library, London, Add. MS 28681.

S. 70–71: Cristoforo Buondelmonti, *Liber Insularum Archipelago*, 1482.
Hier: Fo.156–157, Bildkarte vom Berg Athos. Pergamentkodex, Lateinisch mit gotischer Kursivschrift, mit zahlreichen farbigen Karten illustriert. Niederlande, S. (Gent). The British Library, London, MS Arundel 93.

S. 72: Christine de Pizan, *Die Lof der Vrouwen*, 1475.
Hier: Fo.17, Christine und die Vernunft reinigen die Literatur von misogynen Ansichten, um die Stadt der Frauen zu errichten. Flämische Übersetzung der *Cité des Dames*. Brügge, für Jan der Baenst. The British Library, London, Add. 20698 © The Art Archive/British Library.

S. 73: Guillaume de Lorris und Jean de Meung, *Roman de la Rose*, um 1490–1500.
Hier: Fo.12, Lautenspieler und Sänger im Garten. Franz. Handschrift, vom Meister des Gebetbuchs illustriert; Farben, Gold und schwarze Tinte auf Pergament, gotische Kursivschrift. Brügge, für den Grafen Engelbert von Nassau. The British Library, London, MS Harley 4425.

S. 74–75: Giulio Clovio, Stundenbuch des Alessandro Farnese, 1546.
Hier: Fo. 126v–127, Krippenszene, Adam und Eva im Paradies. Lateinisch; Gold und Farbpigmente auf Vellum. Rom, für Kardinal Alessandro Farnese. The Pierpont Morgan Library, New York, M.69. © Photo Pierpont Morgan Library/Art Resource/Scala, Florenz.

S. 80–81: *Diamond Sutra*, Tang-Dynastie, 11. Mai. 868. Schriftrolle, Blockdruck mit Frontispiz; sieben Streifen Maulbeerbaum-Papier (etwa fünf Meter lang). Provinz Gansu, China, Dunhuang, gedruckt für Wang Jie. The British Library, London, Or. 8210/P. 2.

S. 82–83: Murasaki Shikibu, *Genji Monogatari Emaki (Die Geschichte vom Prinzen Genji)*, 1100–1150.
Hier: Die Liebe von Niou zur sechsten Tochter des Prinzen, Hofdamen und Dienerinnen. Bemalte Handrolle; Tinte und Farben auf Papier. Tokugawa Art Museum, Nagoya © The Art Archive/Granger Collection.

S. 84–85: Rajasthanische Schule (Śri Rāmacondra?), *Panchatantra* (Fünf Bücher von Erzählungen), 1754–1755. Tierfabeln; Sanskrit, Handschrift auf Papier, mit 49 Miniaturen, Indien, Rajasthan. Mit freundlicher Genehmigung von Sam Fogg, London.

S. 85: Kalila und Dimna, 15. Jh. Tinte, Farben und Gold auf Papier. Irak, wohl für Pir Budaq, den Qara-Qoyonlu-Gouverneur von Bagdad. Teheran, Golestan Library, MS 827. © Werner Forman Archive.

S. 86: Sternkreiszeichen, spätes 17. bis frühes 18. Jh.
Hier: Fo.12r (Detail), das Sternbild des Großen Bären. Wellcome Library, London, MS Persian 373.

S. 87: Abd al-Rahman bin Umar al-Sufi, *Kitāb Suwar al-kawākib* (Buch der Fixsterne), 1009–1010.
Hier: Fo. 325–326, al-Jannâr (Orion), der Jäger. Arab. Astronomischer Kodex (wahrscheinlich eine Kopie von al-Sufis Sohn); Tinte auf Papier. Bodleian Library, Oxford, MS Marsh 144. © The Art Archive/Bodleian Library Oxford.

S. 89: Al-Dschazari, *Kitab fi Ma'rifat al-Hiyal al-Handisayya*, 1205–1206.
Hier: Fo.136a, Wasserspeier für rituelle Waschungen in Form eines Pfaus. Seldschukisch-türkische Handschrift; Tinte und Wasserfarben auf Papier. Türkei, Diyarbakir. Topkapi Museum, Istanbul, MS Ahmet III 3472. © The Art Archive/Gianni Dagli Orti.

S. 90: Buddhistische Anatomie, um 1830–1850. Beidseitig handbeschriebenes und bemaltes Leporello; Tinten und Farben auf Papier, in thailänd. (Rattanakosin) und kambodschanischer Schrift. Aus Kambodscha oder Thailand. Mit freundlicher Genehmigung von Sam Fogg, London.

S. 91: Mansur ibn Ilyas, *Tašrī-e mansūrī*, spätes 15. Jh.
Hier: Arterien und Verdauungssystem. Persische anatomische Handschrift; farbige Tinten auf Papier. Iran, wohl Shiraz. Museum für islamische Kunst, Kairo. © The Art Archive/Kharbine-Tapabor/Photo Boistesselin.

S. 92: *Kitab pangeran Bonang*, vor 1600. Hier: Fo.1, erste Seite. muslimisch-theologische Abhandlung; alte javanische quadratische Schrift auf *Dluwang*-Papier. Java, bezieht sich auf Sek ul-Bari. Leiden Universitätsbibliothek, Or. 1928.

S. 93: Dayak-Frau klopft Rindenbast zu Papier, in Kalimantan, Indonesien, 1910–1925. Fotografie, Silbergelatine-Abzug. Tropenmuseum, Amsterdam, Samml. Nr. 60056064.

S. 98: Göttinger Musterbuch, um 1450. Hier: Fo. 2–3, Blumenmuster. Handbuch für Buchmaler; Tinte und Farben auf Papier. Bastarda-Schrift. Niedersächsische Staats- und Universitätsbibliothek, Göttingen, 8° Kod. Ms. Uff. 51 Cim. © SUB Göttingen.

S. 99: Gutenberg-Bibel, um 1455. Hier: Fo.1r, Brief des hl. Hieronymus an Paulus. Illustrierte 42-zeilige lateinische Bibel; in gotischer Schrift auf Papier, rubriziert. Mainz, Johannes Gutenberg & Johann Fust. The British Library, London, C.9.d.3, 1, Bd.1.

S. 100: Hartmann Schedel, *Liber Chronicarum*, 1493. Hier: Fo. XLIIII, Ansicht von Venedig. Gotische Rotunda-Schrift; zahlreiche Holzschnitte von Michael Wolgemut, Wilhelm Pleydenwurff und ihrem Atelier. Nürnberg, A. Koberger (aus der ehemaligen Sammlung von William Morris). Wellcome Library, London, EPB 5.f.6.

S. 101: Michael Wolgemut(?), Gottvater. Zeichnung für den Holzschnitt des Frontispiz des *Liber Chronicarum*. Feder und braune Tinte, Wasserfarben und Blattgold auf Papier. © The Trustees of the British Museum, AN149421001.

S. 102: William Caxton (nach Jacobus de Cessolis), *A book of the chesse moralised*, 1482.
Hier: Tafel IV, »Die Sitten der Kaufleute und Wechseler«. Von William Caxton aus dem Französischen von Jean de Vignay übersetzt, George Duke of Clarence gewidmet. Auf Papier gedruckt, mit 24 Holzschnitten. Westminster, William Caxton. Rare Book and Special Collections, Library of Congress, Washington, D. C., Incun. X .C42.

S. 103: Werbung für *Sarum Ordinale*, ein Brevier, auch *Sarum Pye*, 1476–1477. Einblattdruck mit handschriftlichen Anmerkungen. Westminster, William Caxton. Mit freundlicher Genehmigung des Universitätsbibliothekars und des Direktors, The John Rylands Library, The University of Manchester, 23122.

S. 105: Wynkyn de Worde, *Demaundes Joyous*, 1511. Gedrucktes Buch, 4 Blätter, mit 1 Holzschnitt. London, Wynkyn de Worde. Newton Library, University of Cambridge, Sel.5.20. Mit freundlicher Genehmigung des Syndikus der Cambridge University Library.

S. 106–107: Euklid, *Elementa Geometriae*, 1482.
Hier: Widmung und erste Seite. Lateinisch, nach Euklid (Griechisch, um 200 v. Chr.); erste gedruckte Ausgabe, auf einer mittelalterlichen arabischen Fassung basierend (übers. von Abelard von Bath und überarb. von Campanus von Novara im 13. Jh). Venedig, Erhard Ratdolt. The British Library, London, C.2.c.1.

S. 108–109: Vergilius (Vergil), 1501. Hier: Buch 1, *Aeneis*, A2r; S. C1r. *Georgica*, (Detail). Gedruckter lateinischer Kodex auf Vellum, mit handgemalten Illustrationen. Venedig, Aldus Manutius. The University of Manchester Library, Aldine Collection 3359. Mit freundlicher Genehmigung des Universitätsbibliothekars und des Direktors, The John Rylands Library, The University of Manchester.

S. 110–111: *Kitab Salat al-Sawa'i*, 1514. Arabisch, mit lateinischer Widmung. Fano, Gershom Soncino, für Gregorio de Gregorii (von Papst Julius II. in Auftrag gegeben). The British Library, London, Or.70.aa.12.

S. 112: David ben Josef ben David Abudirham, *Sefer Abudarham*, 1516. Hebräische Liturgie, auf Papier gedruckt. Fez, Samuel und Isaac Nedivot. Hebraic Section, Rare Book and Special Collections, Library of Congress, Washington, D. C.

S. 113: *Sefer Kol Bo*, 1526.
Hier: Titelseite mit Druckermarke. Jüdische rituelle Gesetze, auf Papier gedruckt. Rimini, Gershom Soncino. Hebraic Section, Rare Book and Special Collections, Library of Congress, Washington, D. C.

S. 115: *Cantatorium*, 922–926.
Hier: Fo. 26–27, Hallelujah. Rote und schwarze Farbe auf Pergament; karolingische Minuskel-Schrift. St. Gallen, Stift. St. Gallen, Stiftsbibliothek, Cod. Sang. 359.

S. 116: *Missale speciale*, um 1473.
Hier: Fo.6r. Missale, auf Papier gedruckt, rubriziert. Basel, Drucker des *Missale Speciale* (wahrscheinlich Johann Meister). New York, The Pierpont Morgan Library, Ms. PML 45545. © 2013. Photo Pierpont Morgan Library/Art Resource/Scala, Florenz.

S. 117: *Ars memorandi per figures Evangelistarum*, um 1470. Illustriertes gedrucktes Blockbuch, braune Druckerfarbe, Text nur einseitig, abwechselnd verso und recto, mit handkolorierten Initialen. Deutschland, unbekannter Drucker. Rare Books and Special Collections, Library of Congress, Washington D. C., Incun. X .A88.

S. 118–119: Polyglotte Complutense-Bibel (1514–1517), 1520. Texte in Hebräisch, Griechisch, Chaldäisch, Aramäisch und Lateinisch. Alcalá de Henares, Academia Complutensi, Arnao Guillén de Brocar (für Francisco Jiménez de Cisneros). The British Library, London, Or.72.c.2.

S. 119: Desiderius Erasmus, *Novum Instrumentam omne*, 1516. Hier: Fo.1, Titelseite. Griechisch, mit aus der lateinischen Vulgata übersetzten Passagen. Basel, Johannes Froben. The British Library, London, C.24.f.14.

S. 124: Bibel, 1541. Schwedische Bibel, übersetzt von Laurentius Andreæ und Olaus und Laurentius Petri. Uppsala, für König Gustav Wasa von Schweden. The British Library, London, 1109.kk.5.

S. 125: *The Byble in Englyshe*, 1539. Mit roter und schwarzer Tinte gedruckt; Holzschnitte mit Darstellungen von König Heinrich VIII., Thomas Cromwell und Erzbischof Cranmer sowie Laien. London, John Cawood. The British Library, London, C.18.d.1.

S. 125: *Die Heilige Bibel* (Luther-Bibel), 1681–1682. Hier: Titelseite (Bd. 1), mit J. S. Bachs Monogramm. Wittenberg, Christian Schroedter. Mit freundlicher Genehmigung der Special Collections, Concordia Seminary Library, St. Louis.

S. 126: Desiderius Erasmus, *Ratione Conscribendis Epistolis*, 1522.
Hier: S. 80 sowie 83, zensiert und mit einem Vermerk des Zensors der Inquisition versehen, 1747. Basel, Johannes Froben. Bischöfliche Bibliothek, Barcelona © PRISMA ARCHIVO/Alamy.

S. 127: Hans Holbein, Zeichnung von Erasmus als Marginalie im Exemplar des Autors des *Lobs der Torheit*, 1511. Tuschezeichnung auf Papier, Kupferstichkabinett, Basel.

S. 128: *The Whole Booke of Psalmes ...* , 1640. Cambridge, Mass., Stephen Daye. Privatsammlung. Mit freundlicher Genehmigung von Sotheby's.

S. 129: *The Whole Booke of Psalmes ...* , 1640. Hier: S. 59–60, Psalm XXVII. Cambridge, Mass., Stephen Daye. American Imprint Collection, Library of Congress, Washington, D. C., BS1440.B4.

S. 129: *Die Heilige Bibel mit dem Alten Testament und dem Neuen. In die indianische Sprache übersetzt*, 1663. Cambridge, Mass., Samuel Green und Marmaduke Johnson. Rare Book and Special Collections, Library of Congress, Washington, D. C., BS345 A2E4.

S. 130: *Codex Mendoza*, frühe 1540er-Jahre. Hier: Fo.65r, sechs Etappen im Leben eines Priesterkriegers (*calmecac*); unten zwei Reihen von Würdenträgern des Reiches. Aztekische Handschrift, kurz nach der spanischen Eroberung Mexikos zusammengestellt. Bodleian Library, Oxford, Arch. Seld. 1. © The Art Archive/ Bodleian Library, Oxford.

S. 131: Samuel Purchas, *Haklvytvs posthumus* oder *Pvrchas his Pilgrimes* (Purchas' Pilgerfahrt), 1625. Hier: Reproduktion des *Codex Mendoza*. London, William Stansby für Henrie Featherstone. Library of Congress, Washington, D. C., G159.P98.

S. 132: Jan Huygen van Linschoten, *Itinerario*, 1595–96. Hier: Tafel 80–88, Eingeborene sammeln Kokosnüsse. Drei Teile, mit handkolorierten Bildtafeln. Amsterdam, Cornelius Claesz. The British Library, London, 569.g.23. © The British Library Board/Art Archive.

S. 133: Jan Huygen van Linschoten, *Itinerario*, 1595–1596. Hier: Fo.544b, Titelseite. Drei Teile, mit handkolorierten Bildtafeln. Amsterdam, Cornelius Claesz. Bodleian Library, Oxford, THETA. © The Art Archive/ Bodleian Library, Oxford.

S. 134: Andreas Vesalius, *De humani corporis fabrica libri septem*, 1543. Hier: Titelseite, Darstellung einer Sektion während einer Anatomie-Vorlesung von Vesalius. Lateinischer medizinischer Text, mit Holzschnitten, wohl von Jan Steven van Kalkar. Basel, Johannes Oporinus. Bibliotheque de l'Académie national de Médecine, Paris. © The Art Archive/CCI.

S. 136: William Cheselden, *Osteographia, or The Anatomy of the Bones*, 1733. Hier: Frontispiz – mit einer Galen-Darstellung – und Titelseite mit Vignette, darin die *Camera obscura*, mit deren Hilfe die Zeichnungen entstanden. London, William Bowyer. The British Library, London, 458.g.1.

S. 137: Tycho Brahe, *Astronomiae instauratae mechanica*, 1598. Hier: Tycho Brahe in seinem Observatorium. Wandesburgi, Tycho Brahe. The British Library, London. © The British Library Board/The Art Archive, London.

S. 138: Isaac Newton, *Philosophia Naturalis Principia Mathematica*, 1687. London, Samuel Pepys, für die Royal Society. The British Library, London, C.58.h.4. © The British Library Board/The Art Archive, London.

S. 139: Isaac Newton, *Philosophia Naturalis Principia Mathematica*, 1687. Hier: S. 402, Hypothesen mit Anmerkungen Newtons. London, Jussu Societatis Regiæ ac Typis Joseph Streater. Cambridge University Library, Adv.b.39.1.

S. 139: Francesco Algarotti, *Il Newtonianismo per le dame*, 1737. Hier: Frontispiz-Stich von Marco Pitteri nach Giambattista Piazzetta. Neapel. Biblioteca Marciana, Venedig © The Art Archive, London/DeA Picture Library.

S. 141: Gervase Markham, *Cavelarice, or the English Horseman*, 1607. London, für Edward White. The British Library, London.

S. 142–143: Margaretha Helm, *Kunst-und Fleiss-übende Nadel-Ergötzungen oder neu erfundenes Neh-und Stick-Buch*, um 1725. Hier: ein Muster für Handschuhe; Titelseite. Nürnberg, Johann Christoph Weigel. Bayerische Staatsbibliothek München, 4 Techn. 41 gf.

S. 144: Mary Delany, Album mit Blumen-Collagen, 1778. Hier: Bd. 1, 1, *Acanthus Spinosus* (*Dydinamia Angospermia*, Prachtakanthus). Farbige Papierseiten, mit Deckfarben und Wasserfarben, auf schwarzem Tusche-Hintergrund. © The Trustees of the British Museum, AN330030001.

S. 145: Elizabeth Blackwell, *A Curious Herball*, 1737. Hier: Bildtafel 1, Löwenzahn. London, Samuel Harding. The British Library, London, 34.i.12.

S. 146: Kellom Tomlinson, *The Art of Dancing Explained*, 1775. Hier: Bildtafel VI, »Menuett-Schritte«. The British Library, London, K.7.k.8.

S. 147: Kellom Tomlinson, *A small treatise of time and cadence in dancing*, 1708–um 1721. Hier: Handschrift, Notizbuch, Cover; »Takt des Vierviertel- und Tripeltakts«; »Sarabande für zwei«. © Alexander Turnbull Library, Wellington, New Zealand.

S. 152–153: Jean-Baptiste Poquelin (Molière), *Oeuvres de Molière*, 1734. Hier: *Le Malade Imaginaire*; Titelseite des »Eingebildeten Kranken«. Mit Stichen von Laurent Cars und anderen nach Zeichnungen von François Boucher. Mit freundlicher Genehmigung von Le Feu Follet, Paris.

S. 154–155: Samuel Johnson, *A Dictionary of the English Language*, 1755–56. Hier: S. 114–115, mit Anmerkungen zum Stichwort »Bandog« versehene Seiten. London, W. Strahan, für J. & P. Knapton. Beinecke Rare Book and Manuscript Library, Yale University, IIm J637 755D.

S. 156: Isaiah Thomas, *A curious hieroglyphick Bible ...*, 1788. Nach T. Hodgson, London, 1783. Worcester, Mass., Isaiah Thomas. Rare Book and Special Collections, Library of Congress, Washington, D. C., BS560 1788.

S. 157: Isaiah Thomas, *A little Pretty Pocket-book*, 1787. Hier: Titelseite; S. 43 »Baseball«. Worcester, Mass., Isaiah Thomas. Rare Book and Special Collections, Library of Congress, Washington, D. C., PZ6.L7375.

S. 158–159: Denis Diderot und Jean Baptiste Le Rond d'Alembert, *L'Encyclopédie*, 1751–1757. Hier: Marmorieren von Papier, Stich von Prévost; Titelseite. Paris, André le Breton, Michel-Antoine David, Laurent Durand, und Antoine-Claude Briasson. © The Art Archive/ Gianni Dagli Orti.

S. 160: Carolus Linnaeus, *Praeludia sponsaliorum plantarum in quibus physiologia ...*, 1729.Universitätsbibliothek Uppsala, Schweden © The Art Archive/Gianni Dagli Orti.

S. 161: Carl Linnaeus, *Species Plantarum*, 1753.
Hier: Titelseite; Detail von S. 491, »Polygynia«, mit Anmerkungen. Stockholm, Impensis Laurentii Salvii. Linnean Society of London, BL.83.

S. 162–163: William Playfair, *The Commercial and Political Atlas*, 1786. Hier: Bildtafeln 5 & 20, »Exporte aus ganz Nordamerika« und »Englands nationales Defizit«. London, für J. Debrett. The British Library, London, 8247.de.2.

S. 164: *The Malefactor's Register; or, the Newgate and Tyburn calendar*, 1779. Hier: »Die Verurteilten auf ihrem Marsch nahe Blackfriars Bridge ...« London, Alexander Hogg. The British Library, London. © The British Library/Robana/Getty Images.

S. 165: *The Newgate Calendar ...*, 1824–1826. London, J. Robins & Co. The British Library, London. © British Library/Robana/Getty Images.

S. 166: Laurence Sterne, *The Life and Opinions of Tristram Shandy, Gentleman*, 1760.
Hier: S. 152–153, Kapitel XL. York, Ann Ward. The British Library, London, C.70.aa.28.

S. 167: Werbung für die Staatliche Lotterie in Form eines Rebus, um 1805. Einblattdruck mit Stichen. Amoret Tanner Collection. © The Art Archive.

S. 168: [Michel Millot], *L'Escole des Filles*, 1668. Fribourg, Roger Bon Temps. (Falsches Impressum, wahrscheinlich Amsterdam).
The British Library, London, P. C.29.a.16.

S. 169: John Cleland, *Memoirs of a Woman of Pleasure*, um 1765. London, für G. Fenton; (falsches Impressum). Privatsammlung. Mit freundlicher Genehmigung von David Chambers.

S. 169: *Whitehall Evening Post* or *London Intelligencer*, 6.–8. März, 1750. Hier: Werbung für *Fanny Hill*. London, C. Corbett. The British Library, London, Burney collection, issue 635. © The British Library Board.

S. 170: Benjamin Banneker, Pennsylvania, *Delaware, Maryland and Virginia Almanack and Ephemeris, for the Year of Our Lord 1792*, 1791. Hier: S. 6–7 Tierkreiszeichenmensch; Titelseite. Baltimore, William Goddard und James Angell. Rare Book and Special Collections, Library of Congress, Washington, D. C.

S. 171: Phillis Wheatley, *Poems on various subjects, religious and moral*, 1773.
Hier: Porträt der Dichterin, Stich von Scipio Moorhead. London, Archibald Bell. Rare Book and Special Collections, Library of Congress, Washington, D.C., LC-USZC4-5316.

S. 172–173: Thomas Bewick, *A History of British Birds*, 1804. Hier: »Die Nachtigall«; Schlussvignette ohne Titel (»Der Teufel«); Titelseite von Bd. II, »Geschichte und Beschreibung der Wasservögel«. Newcastle, Edward Walker für Thomas Bewick. © Mit freundlicher Genehmigung der Natural History Society of Northumbria, Great North Museum: Hancock.

S. 174: Humphry Repton, *Wimpole Red Book*, 1801. Hier: Ansicht des Anwesens, mit Klappe, darauf die Front von Wimpole Hall, vorgesehene Veränderungen und neue Bepflanzungen. The National Trust, Wimpole Estate, Cambridgeshire. © The National Trust Photolibrary/Alamy.

S. 176: Valentin Haüy, *Essai sur L'Éducation des aveugles*, 1786. Hier: S. 44–45, Lettern, in schweres Papier geprägt. Paris, les Enfants-Aveugles, sous la direction de M. Clousier. Mit freundlicher Genehmigung des Museum of the American Printing House for the Blind, Louisville, Kentucky, 2004134502.

S. 177: William Moon, *Dr. Moon's Alphabet for the Blind*, 1877. Geprägte Seite mit Alphabet. Brighton, Moon Printing Works. Mit freundlicher Genehmigung des Museum of the American Printing House for the Blind, Louisville, Kentucky, 1992313.

S. 177: John Bunyon, *The Pilgrim's Progress*, 1860.
Hier: Textseite in der erhabenen Lucas-Schrift. Mit freundlicher Genehmigung des Museum of the American Printing House for the Blind, Louisville, Kentucky, 1998.66.

S. 182: Musterbanknote, um 1821. Muster einer siderografisch gedruckten Pfundnote, die Fälschungen verhindern sollte. Patentiert. London, Perkins, Fairman & Heath. Mit freundlicher Genehmigung des Heath-Caldwell Family Archive.

S. 183: Jacob Perkins, Patent für den »Apparat zur Erzeugung von Eis und zum Abkühlen von Flüssigkeiten« vom 14. August 1835. The British Library, London, GB 6662/1835.

S. 183: Thomas Campbell, *The Pleasures of Hope with Other Poems*, 1821. »Neue Ausgabe«: Nachdruck mit Stahlplatten von Richard Westall und Charles Heath. London, Longman, Hurst, Rees, Orme and Brown; Edinburgh, Stirling and Slade. Mit freundlicher Genehmigung des Heath-Caldwell Family Archive.

S. 184–185: Anna Atkins, *Photographs of British Algae. Cyanotype Impressions*, 1843–1850. Hier: Titelseite; Fo. 55, »Dictyotadichotoma, Jungpflanzen; und solche mit Fruchtkörpern«. The British Library, London, C.192.c.1.

S. 186–187: Adolphe Duperly, *Daguerian Excursions in Jamaica*, 1840. Hier: Titelseite; Lithografie, »Eine Ansicht des Gerichtsgebäudes in Kingston«. Kingston, Jamaica, Adolphe Duperly. The British Library, London, Maps.19.b.12.

S. 188: James Evans, *Cree Syllabic Hymnbook*, 1841. Elchledereinband, auf Vorder- und Rückseite mit Silbenschrift bedruckt. Norway House, Manitoba, James Evans. Victoria University Library, Toronto, AS42 .B49 no.4.

S. 189: Jacob Hunziker, *Nature's Self-Printing...*, 1862. Hier: Titelseite; Text in Kanaresisch, Naturdruck des *Lycopodium cernuum* (einer Bärlapp-Art). Mangalore, J. Hunziker, Basler Missionsdruckerei. © Archiv der Basler Missionsdruckerei/Basler Missionsarchiv, BMA C.325.I.004.

S. 189: *Chinese Recorder and Missionary Journal*, 1875. Hier: Anzeige der amerikanischen presbyterianischen Missionsdruckerei. Shanghai, American Presbyterian Mission Press. Sammlung des Autors.

S. 190: *The Tauchnitz Magazine*, August 1892. Leipzig, Bernhard Tauchnitz. Mit freundlicher Genehmigung von Alistair Jollans.

S. 191: Charles Dickens, *The Posthumous Papers of the Pickwick Club*, 1836–1837. erschienen in 20 monatlichen Lieferungen (19 & 20 in einer Nummer), April 1836–November 1837; Bildtafeln von R.W. Buss, H.K. Browne (»Phiz») und Robert Seymour (inklusive des Covers). London, Chapman and Hall. © 2013 Bonhams Auctioneers Corp. All Rights Reserved.

S. 192: Dr. Frank Powell, *Old Grizzly Adams, The Bear Tamer, or, The Monarch of the Mountains*, 1899. In der Reihe: *Beadle's Boy's Library of Sport, Story and Adventure*, Bd. II, Nr. 23, 11. Juni, 1899. New York, M. J. Ivers & Co. Johannsen Collection, Rare Books and Special Collections, Northern Illinois University Libraries, 23.

S. 193: *The Indian Queen's Revenge*, 1864. In der Reihe: *Munro's Ten Cent Novels*, Nr. 55. New York, George Munro & Co.; Philadelphia, J. Trenwith. Johannsen Collection, Rare Books and Special Collections, Northern Illinois University Libraries, 241.

S. 195: Anne und Jane Taylor, *Rural scenes, or, A peep into the country: For children*, 1825.
Hier: S. 48–49, »Angeln« etc. London, Harvey & Darton. Sammlung des Autors.

S. 196–197: Heinrich Hoffmann, *Struwwelpeter*, 1848. Hier: Cover; S. 16, »The Story of Little Suck-a-Thumb« (Die Geschichte vom Daumenlutscher). Glasgow, Blackie & Sons. Sammlung des Autors.

S. 197: Mark Twain, *Slovenly Peter* (*Der Struwwelpeter*), 1935. Hier: Cover (2. Aufl.). New York, Harper & Brothers. Sammlung des Autors.

S. 198–199: Lothar Meggendorfer, *Le Grand Cirque International*, 1887. Pop-up-Buch. Paris, Nouvelle Librarie de la Jeunesse, 1887. Sammlung Ana Maria Ortega. Photo © Álvaro Gutiérrez.

S. 199: Ramón Llull, *Ars Magna*, 1305. Hier: Volvelle. Faksimile (1990) nach dem Original in der Biblioteca El Escorial, Madrid. Madrid, Kaydeda Ediciones in Madrid. Sammlung Ana Maria Ortega. Photo © Álvaro Gutiérrez.

S. 199: Robert Sayer, *Harlequinade with Adam & Eve*, 1788. Klapp-Buch; handkolorierte Stiche, gezeichnet und ausgeführt von James Poupard; Text nach Benjamin Sands, »The Beginning, Progress and End of Man« (Anfang, Entwicklung und Ende des Menschen). (London, 1650). Philadelphia, James Poupard. Sammlung Ana Maria Ortega. Photo © Álvaro Gutiérrez.

S. 200: Baedekers *Äygyten* [und der Sudan], 1928. Reiseführer, mit Karten und Illustrationen; überarb. und verbesserte Ausgabe. Leipzig, Karl Baedeker. Mit freundlicher Genehmigung des Karl Baedeker Verlags.

S. 201: *Rheinreise von Straßburg bis Düsseldorf*, 1839. Gelber, illustrierter Biedermeiereinband. Koblenz, Karl Baedeker. Mit freundlicher Genehmigung des Karl Baedeker Verlags.

S. 201: *Die Schweiz*, 1844. Erstauflage mit gelbem, illustriertem Biedermeiereinband. Koblenz, Karl Baedeker. Mit freundlicher Genehmigung von Shapero Rare Books, London.

S. 202: Alexis Soyer, *The Modern Housewife or Menagere*, 1849. Hier: Titelseite; Werbung für »Soyer's Sauce«. London, Simpkin, Marshall. Sammlung des Autors.

S. 203: Soyers Biwak-Küche auf der Krim, 1855. Stich in *Illustrated London News*, 22. September 1855. London, Herbert Ingram. © 19th era 2/Alamy.

S. 204: Rolf Boldrewood, *Robbery Under Arms*, 1927. London, MacMillan and Co. Mit freundlicher Genehmigung von Ian Riley.

S. 205: Sir Arthur Conan Doyle, *The Hound of the Baskervilles*, 1902. Erste koloniale Ausgabe; Bildtafeln von Sydney Paget. London, Longman, Green and Co. Mit freundlicher Genehmigung von Adrian Harrington Rare Books, London.

S. 205: Theaterplakat von *Robbery Under Arms*, 1896. Für eine Produktion des Theatre Royal, Hobart. Hobart, John Hennings. Tasmanian Library, LINC Tasmania. © Tasmanian Archive and Heritage Office.

S. 210: Michael Joyce, *Afternoon, a story*, 1987. Interaktives E-Book, mit dem Hypertext-System Storyspace. Watertown, Mass., Eastgate Systems. © Eastgate Systems.

S. 211: Jorge Luis Borges, *El jardín de senderos que se bifurcan*, 1942. Buenos Aires, Sur. Mit freundlicher Genehmigung von Ken Lopez Bookseller, Massachusetts.

S. 212: Chester Floyd Carlson mit seinem ersten 1938er Xerox-Kopierer, um 1960. © Pictorial Press/Alamy.

S. 213: Chester Carlson, Laborbuch, 1938. Hier: S. 4–5, handschriftliches Notizbuch A4 mit Notizen zum elektrostatischen Drucken. The New York Public Library, Chester F. Carlson Archiv, MssCol 472.

S. 214: William Shakespeare, *The Tragedie of Hamlet Prince of Denmark*, 1930. Hier: S. 126 IV. Akt IV, Szene V. Mit 80 Holzschnitten und Stichen von Edward Gordon Craig. Weimar, Cranach-Presse. The British Library, London, C.100.l.16.

S. 214: William Shakespeare, *The tragicall historie of Hamlet, Prince of Denmark*, 1909.
Hier: S. 138, V. Akt V, Szene I. Hammersmith, Doves Press. The British Library, London, C.99.g.30.

S. 215: Edward Gordon Craig, »Erster Totengräber«, 1927. Harry Gage-Cole, der Drucker des *Hamlet* für die Cranach-Presse stand Modell. In: *Matrix*, Nr. 12, 1992 (auf S. 97 ff.). Mit freundlicher Genehmigung von John Randle.

S. 216–217: Walt Whitman, *Leaves of Grass*, 1930. Hier: rot und schwarz gedruckte Blätter; Holzschnitte von Valenti Angelo. New York, [Grabhorn Press für] Random House Inc. The British Library, London, RF.2003.c.9.

S. 217: David und Wladimir Burljuk und Wassili Kamenski, *Tango s korovami* (*Tango mit Kühen*). *Eisenbetongedichte*, 1914. Buch mit drei Illustrationen im Hochdruck und einem Tapeten-Cover. Moskau, David D. Burliuk, Fo.12. Museum of Modern Art, New York, Schenkung der Judith Rothschild Foundation, inv. 74.2001. © Digital image, The Museum of Modern Art, New York/Scala, Florenz.

S. 218: Wladimir Majakowski, *Dlja golosa* (Für die Stimme), 1923. Zeichnung »Nach links« von El Lissitzy. Berlin, R.S.F.S.R. gos. izd. (Russischer Staatsverlag). © Image Asset Management Ltd./Alamy.

S. 220–221: Max Ernst, *Une Semaine de Bonté*, 1934. »Collage-Roman«, mit Collagen von M. Ernst, 1933–34. Paris, Éditions Jeanne Bucher, gedruckt von Georges Duval. The Louis E. Stern Collection, Museum of Modern Art (MoMA). © Digital image, Museum of Modern Art, New York/Scala, Florenz © ADAGP, Paris and DACS, London 2014.

S. 221: Guillaume Apollinaire, *Calligrammes; poèmes de la paix et da la guerre, 1913–1916*, 1918. Konkrete Poesie mit typografischer Form. Posthum erschienen. Paris, *Mercure de France*.

S. 222: Joseph O. Nnadozie, *Beware of harlots and many friends, the world is hard*, um 1970. Überarb. und erweitert von J. C. Anorue; enthält einige einfache Gummistiche. Onitsha (Nigeria), J. C. Brothers Bookshop. Mit freundlicher Genehmigung von Cavan McCarthy.

S. 223: Unbekannter Künstler, Verkaufsstand für *»romanços«* beim Kloster San Agustin, , Barcelona, um 1850. Stich aus einem Sainete (Einakter). Erschienen 1850.

S. 223: J. Abiakam, *How to Make Friends with Girls*, um 1965. Cover-Abb. aus einem Strickmusterheft. Onitsha (Nigeria), J. C. Brothers Bookshop. Mit freundlicher Genehmigung von Cavan McCarthy.

S. 223: Olegário Fernandes da Silva, *A morte do Dr. Evando, Veriador de Surubim*, 1987. Cover mit Holzschnitt oder Gummistich. Caruaru (Brasilien, Pernambuco), unbekannter Verlag. Mit freundlicher Genehmigung von Cavan McCarthy.

S. 224: Rosamond Lehman, *Invitation to the Waltz*, 1934. Albatross Modern Continental Library, Bd. 223. Hamburg, The Albatross. Sammlung des Autors.

S. 225: Eric Linklater, *Private Angelo*, 1958. Taschenbuch, der limitierten Fotosatz-Weihnachtsgabe 1957 folgend. Middlesex, Penguin Books Limited. Mit freundlicher Genehmigung von Penguin Books Ltd.

S. 225: Postkarte an die Leser der Modern Continental Library, um 1934. Paris, The Albatross. Sammlung des Autors.

S. 226: Aleksander *Kamiński*, *Kamienie na szaniec*, 1944. Unter dem Pseudonym Julius Górecki veröffentlicht; Coverdesign von Stanisław Kunstetter. Warschau, TWZW. Museum des Warschauer Aufstands, Warschau.

S. 227: Fotografie einer Druckwerkstatt der Resistance in *Le Point*, 1945. Unbekannter Fotograf. Sammlung des Autors.

S. 228: Michail Bulgakow, *Meister und Margarita*, 1966–1967. Als Fortsetzung in der Literaturzeitschrift *Moskwa* erschienen. Hier: Cover; Text (1966). Mit freundlicher Genehmigung des Helix Art Center, San Diego www.russianartandbooks.com; Mit freundlicher Genehmigung von Shapero Rare Books, London.

S. 229: Michail Bulgakow, *Meister und Margarita*, 1969. Hier: Cover der Frankfurter Ausgabe 1974, die zuvor zensierte Passagen enthielt. Frankfurt, Possev Verlag. Mit freundlicher Genehmigung des Possev Verlags, Frankfurt a. M.

S. 230: Marie Stopes, *Married Love. A New Contribution To The Solution Of Sex Difficulties*, 1931. Schutzumschlag mit der Meldung »Bundesrichter hebt Verbot auf«. New York, Eugenics Publishing Company. Sammlung des Autors.

S. 230: Filmplakat zu *Maisie's Marriage*, 1923. Page Hall Cinema, Pitsmoor, Yorkshire; Film nach Motiven von *Married Love*. Leeds und London, John Waddington Ltd. © National Archives, Kew, HO45/11382.

S. 231: *How to be Personally Efficient*, 1916. Ratgeber für *System. The Magazine of Business*.
Hier: Kapitel 18, »Little Schemes for Saving Time« (Kleine Tricks zum Zeitsparen). London and Chicago, A.W. Shaw & Company. Sammlung des Autors.

S. 232: Anne Frank, *Tagebuch*, 1942–1944. Hier: Seiten des ersten Tagesbuch, datiert 19. Juni 1942. © Anne Frank Fonds – Basel via Getty Images.

S. 233: Anne Frank, *Het Achterhuis*, 1947. Erste Ausgabe von Anne Franks Tagebüchern, nach ihrem Tod von Otto Frank herausgegeben. Amsterdam, Contact Publishing © Allard Bovenberg/Anne Frank Fonds – Basel via Getty Images.

S.233: Irene Némirovsky, *Suite Française*, 1940–41. Handschriftliches Notizbuch. © Fonds Irene Némirovsky/ IMEC, mit freundlicher Genehmigung der Erben.

S. 238: Dard Hunter druckt *Old Papermaking* in der Mountain House Press, Chillicothe, Ohio, 1922. Mit freundlicher Genehmigung von Dard Hunter III.

S. 238: Dard Hunter, *Old Papermaking*, 1923. Chillicothe (Ohio), Mountain House Press. Mit freundlicher Genehmigung von Dard Hunter III.

S. 239: Dard Hunter, Probedruck einiger Lettern, um 1922. Mit freundlicher Genehmigung von Dard Hunter III.

S. 240–241: Rand Corporation, *A Million Random Digits with 100,000 Normal Deviates*, 1955. Glencoe (Illinois), Free Press Publishers. Foto mit freundlicher Genehmigung von Tom Jennings und der Rand Corporation.

S. 242: Angelsächsischer Verfasser, *Beowulf*, um 1000 n. Chr. Hier: Fo.101, Miniatur, nach Gold grabende Ameisen im Land Gorgoneus, aus »Marvels of the East (Wunder des Ostens)«, Beowulf-Manuskript. The British Library, London, MS Cotton Vitelius A.XV.

S. 243: *Electronic Beowulf*, CD, Version 2, 2011. CD nach dem angelsächsischen Manuskript des *Beowulf* und anderer Werke, Vitellius A.XV. 3. Aufl., 2011. London, British Library Publishing.

S. 244: Silvia Hartmann, *Dragon Lords*, 2013. Cover der Taschenbuchausgabe des durch Crowdsourcing finanzierten Romans. Eastbourne, DragonRising Publishing. Mit freundlicher Genehmigung von Silvia Hartmann (www.SilviaHartmann.com) und DragonRising Publishing (www.DragonRising.com).

S. 245: Ángela Ruiz Robles, *Enciclopedia Mecánica*, 1949. Hier: Prototyp im heutigen Zustand, im Besitz der Erben von Ángela Ruiz Robles. Spanisches Nationalmuseum für Wissenschaft und Technik. Photo © Luis Carré.

S. 245: Umblättern einer E-Book-Seite auf einem iPad Mini-Tablet. © Iain Masterton/Alamy.

S. 246: Miniatur-Koran mit Medaillon und Lupe, um 1900–1910. Glasgow, David Bryce & Sons. Mit freundlicher Genehmigung von Simon Beattie, www.simonbeattie.co.uk.

S. 247: Jüdische Bibel in Stecknadelkopfgröße, 2009. Nano-Bibel, am Technion Russell Berrie Nanotechnology Institute entwickelt. Tel Aviv, Technion, Israel Institute of Technology. © Technion, Israel Institute of Technology, Tel Aviv.

S. 250–251: Francisca Prieto, *The Antibook*, 2003. Ikosaeder aus Papier, 15 × 17 × 19 cm, unter Verwenung von Nicanor Parras Antigedichten; Origami-Faltung. Sammlung der Künstlerin. All rights reserved. Copyright © Francisca Prieto, 2001–2013.

S. 252: Spulen-Manuskript aus dem Süden Sulawesis, Indonesien, vor 1907, Lontar-Papier. Tropenmuseum, Amsterdam, Samml. Nr. 673-4.

S. 253: Spulen-Manuskript aus Bulukumba, im Süden Sulawesis, Indonesien, vor 1887. Geschrieben in Buginese, Lontar-Papier. Tropenmuseum, Amsterdam, Samml. Nr. A-4515b.

S. 254: Äthiopische Schrift, Äthiopien, o. J. Schwarze und rote Ge'ez- oder äthiopische Schrift auf Vellum. © The Art Archive.

S. 254: Arabeske, zur Verzierung von Druckwerken, 17. Jh. Sammlung des Autors.

S. 256: Druckermarke von Aldus Manutius, um 1501. Sammlung des Autors.

S. 257: Denis Diderot und Jean Baptiste Le Rond d'Alembert, *L'Encyclopédie*, 1751–1757. Hier: »Druck mit beweglichen Lettern«, Stich von Bernard nach Goussier; Titelseite. Paris, André le Breton, Michel-Antoine David, Laurent Durand und Antoine-Claude Briasson. © The Art Archive/DeA Picture Library.

S. 258: Michael Maier, *Atalanta fugiens*, 1618. Hier: Ouroboros, der »Schwanzverzehrer«. Alchemistisches Emblembuch; Gedichte, Texte, Fugen; Stiche von Johann Theodor de Bry. Oppenheim, Hieronymi Galleri, 1618. Prints and Photographs Division, Library of Congress, Washington, D. C., LC-USZ62-95263.

S. 259: Bibel Christians III., 1550. Hier: Titelseite (Detail) mit Titel in Fraktur-Schrift und einem Holzschnitt von Erhard Altdorfer. Erste Übersetzung der gesamten Bibel ins Dänische. Kopenhagen, Ludowich Dietz.

S. 260: *Lindisfarne-Evangeliar*, um 700. Hier: fo.139r (Detail), Erste Seite des Lukasevangeliums. Farbpigmente und Tinte auf Vellum. The British Library, London, Cotton MS Nero D.IV.

S. 261: Psalter, 1661. Hier: Fo.1 (Detail), Schmuckinitiale mit griechischer Minuskel-Schrift. Geschrieben von Matthaios im Katharinenkloster, Berg Sinai, für den Mönch Pachomios. Berg Sinai, Ägypten, Katharinenkloster. The British Library, London, MS Burney 16.

S. 262: Cai Lun, der erste Herr der »weißen Kunst«, 18. Jh. Holzschnitt aus dem 18. Jh. nach einer Vorlage aus der Qing-Dynastie. Sammlung des Autors.

S. 263: Mandarin-chinesische Schriftzeichen für »Rind«.

S. 264: »[America toe] her [miss] taken [moth]er«, Rebus, 11. Mai 1778. Handkolorierter Stich. London, M. Darly, Strand, 11. Mai. Prints and Photographs Division, Library of Congress, Washington, D. C., PC 1-5475.

S. 267: Ephraim Chambers, *Cyclopadia; or, an Universal dictionary of arts and sciences*, 1728. Hier: »A specimen sheet by William Caslon…«, Musterdruckbogen. London, James & John Knapton.

S. 268: Origenes, *Homiliae in numeri 15–19, 675–700*. Hier: Fo.11, (Detail) Merowingische Unzial-Schrift, mit einfachen Großbuchstaben. Fankreich, N. (Corbie?). The British Library, London, MS Burney 340.

S. 268: Robert Hayman, *Quodlibets, lately come over from New Britaniola, Old Newfoundland*, 1628. Hier: Wasserzeichen im Bundsteg. London: Elizabeth Allde im Namen von Roger Michell. Privatsammlung. Creative Commons, Ambassador Neelix.

S. 269: Matthais Huss und Otto Schäfer, *La Grant Danse macabre*, 1499–1500. Lyons, Matthais Huss. Sammlung des Autors.

Register